本书系河北省科技创新智库与软科学理论研究联合基金项目《中国传统漆器工艺品牌研究》(21SFB4020)的阶段性成果。

律令的精神

长治 著

九州出版社

图书在版编目（CIP）数据

律令的精神／长治著． -- 北京：九州出版社，
2024.9． -- ISBN 978-7-5225-3358-2
Ⅰ．D929.2
中国国家版本馆 CIP 数据核字第 2024CL5198 号

律令的精神

作　　者	长　治　著
责任编辑	赵恒丹
出版发行	九州出版社
地　　址	北京市西城区阜外大街甲 35 号（100037）
发行电话	（010）68992190/3/5/6
网　　址	www.jiuzhoupress.com
印　　刷	唐山才智印刷有限公司
开　　本	710 毫米×1000 毫米　16 开
印　　张	24
字　　数	431 千字
版　　次	2025 年 1 月第 1 版
印　　次	2025 年 1 月第 1 次印刷
书　　号	ISBN 978-7-5225-3358-2
定　　价	99.00 元

★版权所有　侵权必究★

我们之所以还需要研究古代法，很大程度上是因为：

与覆车同轨者，未尝安也。
与死人同病者，未尝生也。
与亡国同法者，未尝存也。①

---

① 此语出《晋书·段灼传》。更早的版本，《韩非子》中有"与死人同病者，不可生也。与亡国同事者，不可存也"，秦汉之交《黄石公素书》中有"与覆车同轨者，倾。与亡国同事者，灭"。当然，对惯例、习惯、传统，也可以从另外的角度进行分析，即它们是古代文明的根基，则它们在现代社会即使不再是文明根基本身，也应是文明根基的组成部分。即如哈耶克所说，"如果因为我们的前人并没有告诉我们采用那些经反复试验的过程而形成的做事方式的理由，而不去依赖它们，那么我们就会摧毁我们得以获得成功的基石"。参见哈耶克. 自由宪章 [M]. 杨玉生，等，译. 北京：中国社会科学出版社，2012：99.

代　　序

　　数年以前，我与长海相识羊城之初，《律令的精神》就已完稿，有幸先睹。初读煌煌书稿，便给长海发去感慨："虽（出于自身执见）怀批判各论，更感卓苦用旨。"昔日常想，在著作等身已不出奇的年代，是否真有如此之多的见解为砖、理论为厦，以撑持这些本本？画地为牢、象牙成塔盖为势所必然，学林方家撰文反如乱花迷眼，又不过是在层累缘饰同一论说？"超越"胆魄愈发式微，愈是不免引人疑虑，也应因此认真审思一文、一书的真正价值。

　　冠以"律令"的研究似乎是项艰深晦涩的工作，往往专属于业内行家，视阈融合、跨越会通可能更是一种奢求侈谈了。然而，《律令的精神》让我顿感一种阔别已久的清新锐意。不同于我对"律令"题旨的刻板印象，可以说该书不惟断代，不惟制度，不惟中国。从先秦以迄清末对律令起源、创制、传承、发展规律考述详尽、归纳完整，其间重大关键问题多能显出思想与制度的统合解释与体系建构。而且，律令不纯视作一个中国传统论题，在律令传统的现代性诠释部分便将这番巡游从传统进于当下的景致，也将中国律令传统的问题置于更为宏阔的中西会通的场域之中。

　　从当时这番初步观感，至今已历数年，长海仍求尽善尽美，熔裁雕琢。近日听闻终于付梓，很是欣喜。长海邀序，愚浅妄陋学实不敢当，勉为其难仅就法经考辨、秦法评价、律令认识谈点管见。

　　长海在更早之前曾著《商君书评注》一书，荣获曾宪义先生法律史奖学金，该书对商鞅变法以前李悝相魏及撰《法经》史事考证颇详。诚然，李悝及《法经》属于前律令时代的原始问题，考证首要解决李悝其人问题。按《史记》以及崔适、章炳麟、钱穆、冯友兰、郭沫若等考证，是为一人说；按《汉书》、司马贞索隐对《史记》的"勘误"以及顾实、杨宽、齐思和、古棣等考证，则为二人说。该书认为，李克明显倾向于儒家，著有儒家书《李克》且传授《诗经》，而李悝则明显倾向于兵家或法家，有治狐疑之讼、治军、尽地力之教等事迹。尽管重新考释前人论据，仍以儒法关系认识奠定这一问题的答案："正是由于儒、法二家在那个特定的历史背景下是泾渭分明的，这决定了被归于儒家的李克与持鲜明法家兵家主张的李悝不可能是同一人。"愚案，正是由于儒法在商鞅以前"由儒入法"的时代并非泾渭分明，恰存在曾为儒门弟子、后为法家拂士的可能。若回顾战国初年"儒分为八"的思想环境，体认后世史家"同归而殊途，一致而百虑"的学史观念，李悝（克）分列儒法两家并不足奇，亦非孤例，且恰好反映李悝"由儒入法"的特点：出于儒门、师承子夏的学术背景使李悝思想镌刻着儒学印记；襄助魏文侯尽地力之政，及《法经》对商鞅变法乃至中华法统的源头意义，又使李悝贴有法家标签。《律令的精神》对李悝其人的考证尤其"悝克一声之转"的批驳富有创见，"悝克分辨"仍显著反映儒法严格二分的思路。倘若是在更为宏阔的意义上辨识传统儒法两家，固为一些文化观念上的弥合习见所不及。

至于李悝所撰《法经》，当下学界愈发趋向质疑成说。早在1933年，仁井田陞《唐令拾遗》认为，直到《晋书·刑法志》《唐律疏议》《唐六典》《通典》才见到李悝《法经》六篇的相关记述，而《史记》《汉书》均未见载，因而提出李悝《法经》是否真实存在的问题；贝冢茂树继而提出《法经》是在曹魏任用法术的学问风气中炮制出来的。此后，关于《法经》是否存在、性质如何、是否保留抑或伪造等问题，学者考证聚讼。一方（包括钱穆、守屋美都雄、张晋藩、田昌五、张警、金景芳、何勤华等）认为《法经》真实存在，构成法统源头，《新论》《七国考》可信。尤其需要考证的是，桓谭的《新论》至明末依然存在，董说有可能看到引用。程树德《九朝律考·汉律考序》中对李悝《法经》"其源最古"的评价，以及将《法经》列于"律系表"首位的观点，中国法律史教科书基本持肯定态度，毕竟在形成法史知识体系上宁信其有。然而，详考历史文献与法条者多予怀疑，又可分四说。其一，《法经》非法典说，即李悝《法经》并非魏国法典而只是私家法律著述。其二，《法经》不存在说，即商鞅携李悝《法经》入秦，抑或李悝撰《法经》之事均应怀疑。（广濑薰雄《秦汉律令研究》全面梳理了围绕《法经》在历史上存在与否的论争，认为所谓的从李悝《法经》到商鞅《法经》再到萧何《九章律》是一个虚构的法典编纂史，不能作为研究法制史的资料，但可以作为研究法思想史的资料。）其三，《七国考》所引《法经》条文伪造说。此观点认为，如果汉代桓谭的《新论》曾辑录《法经》真实内容，但该书在南宋时就已亡佚，《七国考》属于伪造。其四，《新论》《七国考》双重伪造说。鲍格拉于1959年发表的《李悝〈法经〉的一个双重伪造问题》，《新论》本身可能构成伪造，而董说《七国考》更非出自《新论》，其引用的条文是根据《晋书·刑法志》伪造的。该书认为，不应轻易怀疑推翻《法经》的真实存在，《七国考》所引桓谭《新书》所述《法经》内容是基本可信的，但《法经》很可能是李悝私人著述，并未成为魏国或秦国的法律。不过，盖因始终属意于商君之功，该书将《法经》视为影响极小、微不足道的事件，或嫌过当。一方面，究竟是高居相位的李悝的私家著述，还是魏国"实施"秦国"照搬"的法典，这在今天看来迥然不同，实际上并无想象之差距，作为意识形态的治国理政之道则一。另一方面，商鞅变法创举绝非无源之水，而是列国变法运动的推进，观李悝"平籴法""尽地力"、吴起"什伍相保""徙辕立信"即可见端倪。诚然马非百揭示李悝、吴起作为法家先驱对商鞅之政的影响："李悝、吴起之政治理想及其在魏楚之一切措施，全为商鞅所接受，影响于秦国变法者甚为巨大。"

关于秦法是否"严苛"的评价问题，确实须得辩证看待。近年倍感扬法美秦之声甚嚣尘上，深觉有待拂鉴重观。民国曾有西学东渐、西法东移态势下的新法家思潮希求挖掘法家富强之道，二十世纪七十年代评法批儒之时奉法家为批判进步之道亦不待言，晚近更不乏重述法家法理价值者。该书指出，秦法精细严密，适应当时国家政治与社会治理的发展要求，是文明的体现，值得肯定。的确，近年出土律令为世人深入认识秦的"法治"提供丰富资料。秦律的"先进"从汉承秦制有所确证。不过，这些能否扭转甚或推翻秦法"严苛"的成说？究帝制之根本，律令实乃君主口含之天宪，非但不能构成君权约束，终将圆融于君上"抱法处势"的格局。秦自行商君之法后，鼓励告奸、推行连坐、全民皆兵、徭役繁重，此为秦法根基，暴政皆是借律令得以普施天下。尽管秦法"严苛"或有汉人矫枉过正之旨，却非全然与史实不符。秦兴以前，荀卿深入秦地踏勘，表面客套的认同言语实则透露描绘民众"甚畏有司而顺"的察见。批驳李斯时，才真切谴责秦"諰諰然常恐天下之一合而轧己"，流于"末世之兵，未有本统"；汉初陆贾、贾谊诸儒过秦非鞅，成为千古佳谈，后人引以为鉴；而今秦鉴依旧未远，愚以为仍应警醒秦之兴亡、秦法之苛的问题。

秦的法律思想体系展示了"事统上法"的政法理念与统一化制度体系形影相依的法权格局，以"皆有法式"为合法性叙述，呈现出显著的"法治"面相。然而，及秦国进于秦朝之际，其政权神圣性话语失之疏阔，法治的兵刑修辞激化仇恨，于权力转化、政策转型、文化关怀方面均有疏失，未能有效解决法统困境以致重刑而亡。秦朝统治者常以"建定法度""初平法式""普施明法"之功自居，希望后代"永承重戒""后嗣循业""长承圣治"，法家思想的意识形态化无以复加。在秦朝所标榜宏大绵密的法律体系中，已存在着律、令等诸多法律规范形式。睡虎地秦简可窥秦法一斑，所见法律条文、法律答问、治狱程式，确在一定程度上印证秦国秦朝逐步形成一套"繁于秋荼，密于凝脂"的法律制度。除法律条文外，秦简还记载具有最高法律效力、全体臣民均须严格遵行的君王诏令。对观李斯"督责书"，大倡申韩，修明法术，最终无非使皇帝"独制于天下而无所制"。显然，法家学说在与帝制政治的结缘过程中，军政思维、急进政策、文化专制共同驱使秦政坐实于重刑。秦始皇"专任刑罚，躬操文墨"，导致"赭衣塞路，囹圄成市"；赵高鼓吹"严法而刻刑"，李斯奏言独断、督责、深罚诸义，更纵使秦二世践祚不久便"法令诛罚日益深刻"。"合法性"困境难破，再强推法律体系，以弃置恩德、仁义、礼仪为要务，以繁密法网、严刑峻法为宗旨，恰为六国遗民蓄势反扑营造契机。已经难以推考陈胜吴广起事是否缘于"失期当斩"，毕竟理性反思已让后世警醒严刑峻法、刻薄寡恩的恶果。故此，秦法真"可敬""可爱"欤？

  该书所述学理之要还在于作为法律渊源、法律形式的律令问题，将律令发展分为秦法创制、汉承秦制、后世律令分立三个阶段。该书指出，律令在秦汉时无别，此颇具卓识。有如现代法理学所谓行为模式与法律后果之分，该书运用事制与罪名是否得以区分的标准进行分析，认为秦汉时律令都既包括事制，又包括刑罚规定，因此律与令尚不存在后世所谓"令以存事制，律以正罪名"之区分。然正如该书亦言，古人最重"名正言顺"，律令之别恐怕不无律令治国的现实意义。律令名称的差异背后有深刻的历史原因与制度考量。如果将律令细细对观便可发现，与令相比，律具有更高的抽象性。与律相比，令更切近现实层面。令因其为一时立法，所以往往因事而立，事已令止。而律作为国家的基本法度，效力一般不因君主更替而变动。从权威上讲，律是由令颁布，令生法，而令本身代言君权，权威高于律。具体到现实中，官吏对于如何适用律，不仅依据律文本身，更是需要翻检令文，以贴合现实的令来作为行为的依凭。律令之别兹事体大，又不可不辨。对此该书在重申秦汉律令无别之余，依旧不乏辨识，"律"倾向于为普通公众提供具体可行的规则，"令"倾向于官制官规方面的规定，而且律、令在稳定、经久长行的程度上是有差异的。

  不管《法经》考辨、秦法评价，还是律令认识，以上仅是个人遐思之余浅谈一二。该书研究立基于史实、史料等经验材料，希求"一种足够率直的方式表达观念，而不用各种哲学行话、套话来掩饰"，诚为能激发灵感、引起共鸣的曼妙章法。以至于对法籍性质、法籍类型、法籍编制类型与过程、法籍与法典区别的论断，通读下来皆能察觉颇有新意的观点，由此或有助于重述一些法制史上文本典籍应当视为何种法律的关键问题。凡此独出心裁之论不一而足，有待读者同仁细心阅读，深加品鉴。

即将代序之际，我刚好参加第一届"法史重大疑难问题重述"学术研讨会。躬逢此次足以展望引领法律史学未来的盛会，体会到礼法秩序、律令体系抑或其他精细化界说仍是研讨空间富足的议题。长海之大作也促进助益于我对这些问题的求索认知。祈望该书得到更多同仁的关注，牵引传统中国律令问题的论辩。悉为序言。

马　腾[1]

2024年春于暨南大学

---

[1]　马腾，暨南大学法学院教授，博士生导师。

序　言

就中国古代法而言，其实存在着巨量的数据，包括巨量的法令文本、巨量的判例、巨量的法律运行记录等，法律文化财富是客观存在的，但若缺乏获取、利用这一财富的方法，也就不可能获取这些财富。那么，要想取得这些文化财富，就不能只是望"财"兴叹，而须着手探索、研究，以获得相应的方法。对于古代法的研究，如果立场、态度、方法得当的话，我相信我们也能取得成功。

任何的研究、探索都必是艰辛的，但艰辛却不能保证研究的必然成功，因为这里至少有一个立场问题。立场，其实主要是"为谁"的问题。我们现代人研究古代法，是为了让外国人了解中国古代法吗？当然不是，因为外国人对他们自己国家的古代法更感兴趣。是为了让中国人了解本国的古代法吗？当然也不是，因为古代法早已失效，并无直接的实用价值。实际上，古代法基本上只剩有文化价值，也就是古代法的方法论、法理仍有研究及传承之必要，则其研究立场即是为了现代中国自身的法律进步能够获得一个相对较高的起点与基础。拿来的，终归是别人的。放弃立场，必然一无所获。有了独立自主的古代法研究，才可能获得中国人自己独创的先进法文化财富。

一切研究的目标是超越——实现自我超越或外部超越，而要实现超越总要有世界眼光、世界胸怀，持夜郎自大、故步自封、食古不化、偏安一隅、鄙弃一切、鼠目寸光的态度都是不可能真正实现超越的。陆象山有言，"四方上下曰宇，往来古今曰宙"。由此可知，世界有地理上或空间上的世界，也就是并存于这个世界的各个国家，还有历史上或时间上的世界，也就是古往今来的世界或各个朝代，那么，仅仿效当前的某几个国家就不是真正的世界眼光。则，虽是研究古代法，也须对四方上下、往来古今的法和法律文化加以"海纳"。那么，居其一而排斥其他都不算"海纳"，比如，居欧陆法系而排斥英美法系、中华法系的知识，或居英美法系而排斥欧陆法系、中华法系的知识，或居中华法系而排斥英美法系、欧陆法系的知识，即是偏安或固执。对于古今的法律文化，即使有取舍，包容的态度也是必须有的，"有容"乃可进步。

在文化创建过程中，研究方法是关键，有方法则可成功，无方法则不成功。面对古代法，如何进行研究？对此，可诉诸历史上的研究经验。英国学者梅因主要采用比较方法进行古代法研究。欧陆学者则以对古罗马法的概念体系的阐释方法进行古代法研究。对中国古代法的研究，以往，儒学方法、史学方法是常用的方法，但效果不好，并没有得到社会认可，对现代法制建设也影响甚微。寻找可行之方法，仍是当务之急。而法学研究的核心价值是务实。不务实的法学研究是没有价值的，这就决定了我们的法学研究方法也须是务实的、实证的。

与本书的研究主题相关的一个问题是：中国古代有法典吗？其回答大致有二：中国古代有法典；中国古代无法典。无论如何回答，都需要知道：任何一个回答都只是判断，而并不就是事实本身。这是因为"法典"这一概念是决定回答的关键，而对"法典"的理解是因人而异的。从而，基于同样的史实而得出完全相反的观点，也就毫不奇怪了。那么，这就需要我们进行实证的研究，以得出合于"实事"的"是"。在普通法系国家始终反对法典化，而在民法法系国家中法典化、去法典化、解法典化、再法典化成为各时代重要议题的情况下，作为拥有宏富的古代法律文化遗产的我们不能亦步亦趋，需要有中国人自己的判断，且需要有中国人的现代判断。

本书采用了中文固有的概念，诸如"事制""赏罚""法籍"等，依据的是经验事实和归纳法，以此法分析中国古代法，给人耳目一新之感。这一独立探索和独立研究的尝试，值得肯定。相信读者通过此书会有所收获与启发。

张斌峰[1]
2024 年春于武汉

---

[1] 张斌峰，中南财经政法大学法学院教授，博士生导师。

目 录
CONTENTS

引 言 …………………………………………………………………… 1

第一章　律令的起源初考 …………………………………………… 5
　第一节　"《秦律》"与"《汉律》"考 …………………………… 5
　第二节　"秦律"考 ………………………………………………… 18
　第三节　"《法经》"考 …………………………………………… 20
　第四节　"改法为律"考 …………………………………………… 57
　第五节　汉律源头考 ……………………………………………… 83

第二章　律令的创制与传承 ………………………………………… 90
　第一节　律令创制阶段 …………………………………………… 91
　第二节　汉承秦制阶段 …………………………………………… 126
　第三节　律令分立阶段 …………………………………………… 137

第三章　律令传统的规律性 ………………………………………… 273
　第一节　律令内容方面的规律性 ………………………………… 274
　第二节　律令形式方面的规律性 ………………………………… 303

第四章　律令传统的现代性 ………………………………………… 340
　第一节　律令传统内容方面的现代性 …………………………… 341

第二节 律令传统形式方面的现代性 ·············· 350
第三节 律令精神的传承创新 ·················· 355

参考文献 ································· 360

后　记 ································· 365

引 言

作为"引言",要就本书的写作缘起、思路做一简要陈述,特别是要提出所研究的问题。

本书的写作缘起于多年前了解到的学术上的一些困惑。比如,一方面是不少人坚信中国古代法就是一个错误而不具有研究价值,从而避之唯恐不及,于是西化是崇。另一方面是人们认识到中国古代法有两千多年不间断传承且极为成功的史实,而这一史实在人类古代史中是绝无仅有的"神"一样的存在,于是上下求索。史实是无从否认的,这一困惑的根源显然是在人们的观念或理解上,也就是认识上的问题。即,是人们没有发现中国古代法的价值,而不是中国古代法没有价值。古人云"不测之谓神",我们需要找出此困惑中的"不测"以解惑。

再如,自清末以来即主张"睁开眼睛看世界",各种"新"词随之层出不穷,似乎从来就不差词汇,但在法律形式方面则存在严重的词汇贫乏现象,似乎除了"法典"之外别无它词可用了。由于语言是思维的外壳,那么,这一现象无疑是不正常的。在"万般皆下品,唯有法典高"的臆想中,似乎古往今来所有成功的法律都是法典,"法典"成了冠冕,进而可以随便给自己中意的某部法律加冕,汉谟拉比法、法经等都被"加冕"成了法典,且自清末始即认定"立法就是立法典"。而在这个睁眼可见的现实世界中,虽然民法法系国家倾向于推行法典化(是否成功则另当别论),但在另外大半个世界,稍显强势的普通法系国家一直都是拒绝法典化的,且不存在明显证据表明中国古代有法典化的事实,则我国的法律人在事实上"有闭着一只眼睛看世界"之嫌。维特根斯坦认为"语言的局限性是我的世界的局限性",这说的是我们对概念的使用要慎重、要务实,要有独立思考,不能受未必精确的语言的羁绊,否则可能被语言圈禁。

再如,受眼界的限制,自清末以来的中国法律人大多推崇法典化并以能参与法典起草为个人荣耀,但政府对法典化的态度其实在悄然发生变化。清末、北洋、民国政府在法典化式立法上的一再失败，使得中华人民共和国对模仿式的立法模式持明显的拒斥态度，而对法律发展采取一种实事求是地独立探索、独立发展的策略。在2020年《中华人民共和国民法典》颁布后，国家领导人在肯定民法典编纂的成功和重大意义的同时，也指出"要研究丰富立法形式，可以搞一些'大块头'，也要搞一些'小快灵'，增强立法的针对性、适用性、可操作性"。①

类似的困惑还有很多。若对中国古代法进行深入、透彻、科学的研究之后，发现了中国古代法存在的必然性和规律性，或许困惑将自然消散矣。这些困惑背后的问题是：中国古代法何处是错的？或许有人可以找出很多条，其中的一条是中国古代法没有法典化或法典化不发达，或者更具体地说，没有法国那样的民法典。但更重要的是要弄明白：中国古代法何处是对的？即发现其存在的合理性或真理性。

考虑到我国有两千多年连续的制定法历史，即以律令为主要标志的传统法律体系。故，本书将对律令之发生发展的历程做贯通梳理，以考察古代律令发生、发展的特征和基本规律。传统法律文化研究之所以重要，不仅在于国家提倡中华优秀传统法律文化的创造性转化、创新性发展，而且主要在于任何时代的法律文化在本质上都是基于传统的。即如美国学者所言，"不考虑传统和直觉的纯粹理性的方法不可能很好地为立法者服务。忽略了文化传统的法律制度将不会得到其国民的尊重，而且如果不是不稳定的话，也将注定是无效的"，② 其意是，无传统的法学是虚浮的，无传统的法律也是虚假的。研究律令传统将有益于法学和法律的正常发展。律令是法律形式，则本书将主要研究法律文本的形态，而这是有意义的。如同全世界的人在形体上大同小异，或许人有身高、肤色上的差异，但在外部的一般体形上是基本相同的。比如，人的鼻子有高有低，但绝不会长出像大象那样的长鼻子，这是因为人的内在规律性在约束、管控着人的外形。法的外在形态也当有其一般状态，因为有法的内在规律性在约束、管控着法的外形。那么，通过研究法的外在形态不仅可以找到法的发展的一般规律，而且可以间接地触及法的内在规律性。律令研究的重要意义在此。

本书所讨论的问题是法理学中的法律形式，即体系化一国法律所采取的技术形式。相应地，在民法法系国家是采用法典化（codification）法典形式，在英

---

① 习近平．坚定不移走中国特色社会主义法治道路为全面建设社会主义现代化国家提供有力法治保障［J］．求是，2021（5）：10．
② 亨利·马瑟．合同法与道德［M］．戴孟勇，贾林娟，译．北京：中国政法大学出版社，2005：245．

美法系国家是采用法律整合（consolidation）形式。我国有两千多年可考的制定法历史，对中国古代的律令进行法律形式的定性即十分重要。本书即是在这方面进行的原创性研究尝试。

本书的研究思路是，以有据可查的经验材料为据，从法律文本形式方面对律令传统的演进全过程（自秦孝公至清宣统帝）进行梳理，特别是对秦孝公时期与三国的魏明帝时期这两个重要历史节点做重点关注。法律文本形式或法律形式并不会是一成不变的，法律文本形式的动态演进过程所体现的形态，即法律文本形态或法律形态。之所以要对中国古代律令传统的演进全过程进行分析，在于这两千多年的历史从未中断过，它是一个完整、清晰的历史过程，历史记载非常清晰（非三代之"文献不足"情形可比），并且是一个完全独立的发展过程，未受外部文化扰动。之所以要把秦、曹魏时期作为研究重点，在于这二个时期是律令发生发展的重要历史节点：律令生成于秦，不过在秦汉时期基本上是律、令不别；而到了魏晋时期，由于改朝后的人们感到律令烦多而有适用不便之意，于是便将散见的众多单行法令编纂成为少数几部典籍，是律、令分立的，自此之后即是律、令分立；理清这二个时期的律令状态，对于梳理律令发展的基本规律至关重要。当然，法律形式与法律方法是高度相关的，之所以律令表现为那样的状态，是因为采取了相应的法律方法。故，在分析法律形式演变规律的过程中，本书也注意从浩瀚史实中寻觅古人采用的法律方法。

本书的研究，在方法上注重对原生概念的发现和使用。这是因为中国古代法是原生的独立体系，未受过外来法的影响，轻率地采用译名或外来的概念或造词都可能因附会或臆断而无所获。当然，比较法是必要的补充研究方法，因为法律文本形态有其一般性的规律，通过对古今的、国内外的法律进行比较，以之进行验证或佐证，将利于发现其一般规律，而不致陷于偏执。

不过，我所担忧的，并不是具体研究方法，实际上每一个研究者都能列出几个或几十个研究方法。如同"新工具"的创立者培根所担忧的：他那个时代的科学对于获得这样真正的知识是毫无用处的，因为那时的逻辑学对于建立科学毫无贡献，它只是在粗俗的概念上建立起来的永久错误，而非发现真理。[①] 也就是说，有的研究方法倾向于建造真知大厦，而有的研究方法则倾向于建造谬论大厦。可见，有没有研究方法并不重要，重要的是采用了什么样的研究方法。一般方法论，即公共社会和各个学科共通的方法论，是要以认识论为根据的。整体而言，西方认识论有两大倾向，"经验论学派的主要代表集中在英国，唯理

---

① 参见冯俊主编. 西方哲学史：第三卷 [M]. 北京：人民出版社，2020：865.

论学派的主要代表集中在西欧大陆各国"。① 一般方法论上的倾向性分化，使英语国家与欧陆国家在文化上和历史表现上有了显著的差异。英美国家普通法系的判例法产生于具体案件，是从诸多具体的个别案例中归纳法理，② 它所维护的实际上是一套司法经验。美国学者则直陈，"法律的生命不是逻辑，而是经验"，③ 这被认为是普通法系的特征。欧陆的民法法系则有唯理论的底色，其法律和法学理论追求精妙的理论体系，但却不敷实用。认识论上的差异，不能不引起我们的关注。

回观中国古代史，中国文化之所以长期保持独立性，不少学者释之为中国地理上的与世隔绝，这种解释显然是虚构，因为考古发现表明，欧亚大陆上的人文交流在近几万年以来都保持在活跃状态，并不存在地理隔绝的问题。内因才是根本，中国文化自身的强健才是其几千年来一贯保持独立性和稳定性的根本原因，唯其强健才没有如同域外其他文化那样略受外部"风寒"即走样、变形、枯萎、消亡。这体现在中国哲学上的方法论属性上，即"中国哲学所展示的具体理性……始终不与经验相离""中国哲学的实践性很强，不停留于概念王国"。④ 这说明中国文化倾向于经验论，而不是唯理论，这或许正是中国文化长期保持强健与活跃的根本原因。中国古代在一般方法论上的特征，需要得到我们的尊重和传承。人类知识史表明，知识的可靠基础是经验事实，而不是国外或国内的现存观点，更不是幻想。有经验基础并能得到实践检验的，才是真正的知识。故，本书的研究立足于史实、史料等经验材料，采用描述方法，并用新实践进行验证，希望为读者展示一片新天地。

当然，我将以一种足够率直的方式表达观念（如同英国学者哈特所说的那样，无论是对是错，表述都要明明白白），而不用各种哲学行话、套话来掩饰论证失败，希望读者不用费力就能判断论证的成或败。并且本书采用英语国家通行的描述方法（比如，英国学者哈特把自己的著作当成"描述社会学的论文"）而非生涩的定义方法，从而使得全文通俗易懂、贴近日常语言和生活实际。

---

① 徐瑞康. 欧洲近代经验论和唯理论哲学发展史：修订本 [M]. 武汉：武汉大学出版社，2007：67.
② 米健. 比较法导论 [M]. 北京：商务印书馆，2013：251.
③ 小奥利弗·温德尔·霍姆斯. 普通法 [M]. 冉昊，姚中秋，译. 北京：中国政法大学出版社，2006：1.
④ 郭齐勇. 中国哲学通史：先秦卷 [M]. 南京：江苏人民出版社，2021：16-17.

第一章

律令的起源初考

古代法中的律、令这二者的关键是"律",因为"令"其实是古已有之且非始终存在。"律"是我国律令传统或古代法的特征与标志,且自秦至清都存在"律"这一法律形式。故,分析律令传统须以"律"为主要线索。

并且,对古代法的研究只能从"秦律"谈起,因为它是目前可知的、公认的律令传统源头,[①] 如下将从这个线索着手探究。

但是,由于存在"法经""改法为律"及"舜始造律"等极具混淆性的措辞,为正本清源,对这些问题也将在本章加以探究。

第一节 "《秦律》"与"《汉律》"考

目前,学者们在论及秦朝的法律时,总是会言及秦朝有"《秦律》"(注意:这里是带书名号的,带书名号即意味着存在这一文件或图书)及汉朝有"《法律》"(也带有书名号),而且这样的说法因袭长久而几成定论。确实如此吗?

"秦律"与"《秦律》"之别,并不仅仅是有无书名号的问题,它之所以值得我们关注,在于使用或承认"《秦律》"这一表达即意味着承认秦朝时已经实现法律的编纂成书。那么,"《秦律》"这一表达的正确与否的关键是秦朝时有没有实现法律的编纂成书。如果没有编纂成书,则这一表达就是错误的。如果已经编纂成书,则这一表达就是正确的。则,只有查明史实才能辨明正误。

[①] 关于律令的源头,有学者将之归于"法经"。但也有学者提出,秦律是中国"第一律"。参见闫晓君. 秦律:中国"第一"律[J]. 法学,2020,(11):151-164.

一、秦朝是否有《秦律》

为了解史实,我们将查阅古文献以进行考证。由于《四库全书》几乎囊括了中国古代最重要的典籍,则我们以其为据进行考查,以求得可信之结果。以"秦律"为线索查找四库全书,去除重复的,共得到了十四条记录,其中出自唐人的有一条,出自宋朝人的有七条,出自宋朝以后的有六条:①

> 草创之初,大臣无学,方用秦吏治秦律令图书,固难责以先王之制度也。②

> 除挟书律。解题曰:"秦律,敢有挟书者族。"秦亡,此禁虽弛,然犹载于律,至是始除之。③

> 五月除诽谤妖言律。解题曰:"贾谊论秦曰:'忠谏者谓之诽谤,深计者谓之妖言。'然,则秦律也。颜师古曰:'高后元年,诏除妖言之令。今此又有妖言之罪,是则中间曾重复设此条也。'"④

> 秦律,敢有挟书者族。高帝不好诗书,尚仍秦旧。伏生之书藏而未出,浮丘之诗私相传习,高堂之礼、窦公制氏之桑皆湮欝未发。⑤

> 陆贾,秦之巨儒也。郦食其,秦之儒生也。叔孙通,秦时以文学召待诏博士数岁。陈胜起,二世召博士诸儒生三十余人而问其故,皆引春秋之义以对,况叔孙通降汉时有弟子百余人。项羽之亡鲁,为守礼义之国,则知秦时未尝废儒,而始皇所坑者盖一时议论不合者耳。萧何入咸阳收秦律令图书,则秦亦未尝无书籍也,其所焚者一时间事耳。后世不明经者皆归

---

① 考虑到仅引用古文中的只言片语很难确保可靠,比如,目前讨论"《法经》"的论著相当地多,但实际上,在浩如烟海的古书中提及"法经"的也只有五六部书而已,相关记载总计千字上下,有些学人却以这只言片语而撰写长篇大论,并提出显然是论据不足、夸大失实、以偏概全的观点。故,本书在查找文字材料时力求全面,引用相关资料时尽量详细,以避免由之得出的结论失之偏颇。这将导致较多的引用,而其利大于弊,则仍之。况且,读者亲自去查找原始资料也是不方便的。另外,由于集中引用时已注明出处,为避免重复,本书中下次引用同一资料时即不再注明出处。特此说明。
② 郑伯谦. 太平经国书:原序[M]//文渊阁四库全书:第92册. 上海:上海古籍出版社,2012:188.
③ 吕祖谦. 大事记解题:卷九[M]//文渊阁四库全书:第324册. 上海:上海古籍出版社,2012:340.
④ 吕祖谦. 大事记解题:卷十[M]//文渊阁四库全书:第324册. 上海:上海古籍出版社,2012:372.
⑤ 王应麟. 通鉴答问:卷三[M]//文渊阁四库全书:第686册. 上海:上海古籍出版社,2012:662.

之秦火使学者不睹全书，未免乎疑以传疑。①

汉高祖入秦，萧何收秦律令图书，汉王具知天下阨塞户口强弱处，以何收图书也。②

及汉萧何得秦律令。③

师古曰："非也。若律历废则当径谓之'十月'，不应有'后九月'，盖秦律法置闰总于岁末，据汉书表及史记，汉未改秦历之前迄至高后、文帝，屡书"后九月"，是知故然，非历废也。"④

盖收秦律令图书、举韩信、镇抚关中三者，乃鄂君所谓万世之功也。⑤

汉高皇贱时，常就生民间饮王媪武负家。逮定天下，生在上所，群臣皆倚生晏，见上至甘，争上罪生，申用秦律，三人以上无故饮者罚金四镪。文帝时始赐生于民酺三日。⑥

秦律乍除闻板荡，孔墙中坏得肜戡。⑦

汉章虽约法，秦律已除名。谤远人多惑，官微不自明。霜风先独树，瘴雨失荒城。畴昔长沙事，三年召贾生。⑧

秦律，挟书者族，偶语诗书者弃市。⑨

秦孝公初为赋，平斗桶权衡丈尺行之，改周制也。今其分寸不可考，汉大率依秦律历志所书。秬黍之法乃是王莽时刘歆之说。王应麟曰：皇祐新乐序云，古者黄钟为万事根本，故度量权衡皆起于黄钟，至晋隋间累黍

---

① 郑樵. 通志：卷七十一 [M]. 北京：中华书局，1987：831.
② 佚名. 群书会元截江网：卷二十六 [M]//文渊阁四库全书：第934册. 上海：上海古籍出版社，2012：382.
③ 黄裳. 演山集：卷四十四 [M]//文渊阁四库全书：第1120册. 上海：上海古籍出版社，2012：289.
④ 方回. 古今考：卷二十三 [M]//文渊阁四库全书：第853册. 上海：上海古籍出版社，2012：426.
⑤ 方苞. 望溪集：卷二 [M]//文渊阁四库全书：第1326册. 上海：上海古籍出版社，2012：747.
⑥ 杨维桢. 东维子集：卷二十八 [M]//文渊阁四库全书：第1221册. 上海：上海古籍出版社，2012：682.
⑦ 程敏政. 篁墩文集：卷七十一 [M]//文渊阁四库全书：第1253册. 上海：上海古籍出版社，2012：506.
⑧ 李益. 送人流贬 [M]//御定全唐诗：卷二百八十三//文渊阁四库全书：第1425册. 上海：上海古籍出版社，2012：667.
⑨ 毛奇龄. 古文尚书冤词：卷一 [M]//文渊阁四库全书：第66册. 上海：上海古籍出版社，2012：548.

律令的精神 >>>

为尺而以制律，容受卒不能合，及平陈得古乐遂用之。①

从以上的记载来看，有四条是说汉相萧何"收秦丞相御史律令图书藏之"之事，此事最早见于《史记·萧相国世家》，也算是言之有据，但它只能说明秦朝确实有律、令、图、书，并不能说明秦朝有一部名为《秦律》的法律。况且，《史记》的原文是"收秦丞相御史律令图书"，而后世引用的文字则变成了"收秦律令图书"，这显然是为了阅读便利而进行了改动。有两条是关于律历的，说明秦朝对音律、历法已有国家标准，所用的是"秦律法""秦律历志"这样的措辞，同样不能说明秦朝有一部名为《秦律》的法律。其他的七条，两条出于古诗则不足为证，三条讲"挟书者族"，一条讲"诽谤妖言律"，一条讲"三人以上无故饮生者罚金四镪"。实际上，这十四条记载之中，只有三条涉及具体的律条（很难说它们是实际的律令条文。很明显，这三条仅是对相应律条的概括或只是抽取了某一律条中的一段，而并不是完整的条文），这仍然只是说明秦朝的律条沿用到了汉朝，而不能说明秦朝有一部名为《秦律》的法律。

"《秦律》"这个带书名号的词语作为一个名称，至少表明了两项内容：一是《律》前冠了国号，二是全部或绝大多数律条集中于一部典籍之中。但考之于古籍与出土文物，并不存在这样的"《秦律》"。首先，中国历史上第一次把国号冠于法律名称前可能是元英宗时颁行的《大元通制》，而在元朝之前则鲜有在法律名称前标以国号者。宋朝刑律的正式名称是《刑统》，仍未冠国号，其后，受元朝的影响，明朝颁行了《大明律》和《大明会典》，清朝颁行了《大清律》和《大清会典》等，则秦朝时不可能在法律名称前冠以国号。其次，秦朝时并无法律编纂的史实。试比较一下，"秦律"这个不带书名号的词，只是表明秦朝有律条或律令，这样的秦律确实是真实存在的。故，我们能说中国历史上存在秦律（即广义上，秦代的各种法令、制度，或狭义上，名称为某某律的法令），但不能说存在《秦律》。

除了出土的秦朝各种单行律令（例如，《田律》《仓律》《工人程》《内史杂》等）外，直接表明秦朝有"律"的秦汉历史记载，主要是如下几条：

赵高故尝教胡亥书及狱律令法事，胡亥私幸之。②

---

① 朱鹤龄.尚书埤传：卷二[M]//文渊阁四库全书：第66册.上海：上海古籍出版社，2012：725-726.
② 司马迁.史记：卷六[M].北京：中华书局，1999：187.

何独先入收秦丞相御史律令图书，藏之。①

二世然高之言，乃更为法律。②

明法度，定律令，皆以始皇起。③

何独先入收秦丞相御史律令图书臧之。沛公具知天下厄塞，户口多少，强弱处，民所疾苦者，以何得秦图书也。④

其实，相比秦"律"，古籍中对秦朝法令的更常见的称呼是秦法、秦制、法令、商君之法、令、法，《商君书》和《史记·秦本纪》都有这样的倾向。可能秦代与西汉时期的朝野在观念上更重视作为一个整体的"法"，而不是作为"法"的具体组成部分的诸多"律"与"令"。

从以上"秦律"相关诸词的使用情况可知，"秦律"一词主要是指秦朝的法令、律条或律令，它只是一个总称或泛称，并不是说秦朝已编集出《秦律》或秦朝有一部集中统一的《律》。"《秦律》"实际上是一个错误表述。

从《商君书》中的"遂出垦草令"、《史记·商君列传》中的"以卫鞅为左庶长，卒定变法之令"、《史记·秦本纪》中的"三年，卫鞅说孝公变法修刑，内务耕稼外劝战死之赏罚，孝公善之，甘龙杜挚等弗然，相与争之，卒用鞅法"等记载来看，秦朝的律令可能集中颁行过一些（也就是一次或一段时间内颁行了多个法令，而并不是集中成一书作为法令颁行），但其名称也一定不是《秦律》或《律》。⑤ 否则，宋朝以前的那么多史书，尤其是《史记》和《前汉书》等史书，不可能对这一重大政治事件不作任何记载，至少不可能连"秦律"这个词都不提及。从出土的睡虎地秦墓竹简和张家山汉墓竹简大量律名及古书中所记载的大量律令名称来看，秦朝的律令基本上是因时因事而分散颁布的，并不是集中、一次性颁布的，也没有编成一部书。现在看来，之所以秦朝没有把全部律令汇集于一书，一是因为不必要集中，二是因为不可能集中，主要原因是当时律令无别（具体详述于后）。

二、汉朝是否有《汉律》

汉承秦制，则汉朝的法律当有与秦朝的法律相近的情形。两汉历近四百年，

---

① 司马迁. 史记：卷五十三 [M]. 北京：中华书局，1999：1612.
② 司马迁. 史记：卷八十七 [M]. 北京：中华书局，1999：1986.
③ 司马迁. 史记：卷八十七 [M]. 北京：中华书局，1999：1982.
④ 班固. 汉书：卷三十九 [M]. 北京：中华书局，1999：1554.
⑤ 整体而言，"秦律"或秦《律》都只能是一个泛称，泛指秦朝的各种法令，而不是说存在这样一部典籍，更恰当的名称是秦法、秦制。

律令的精神 >>>

历时既久，其留下的文献记载也远较秦朝的多，从而便于我们一探汉律究竟。

汉初成书的《史记》中已有较多记载表明西汉前期即有"律"。具体如下：

> 请奉诏书，除收帑诸相坐律令。①
>
> 孝惠、高后时，为天下初定，复弛商贾之律。②
>
> 彭祖为人巧佞卑谄，足恭而心刻深。好法律，持诡辩以中人。③
>
> 御史大夫汤下丞相，丞相下中二千石，二千石下郡太守、诸侯相，丞书从事下当用者。如律令。④
>
> 诸律令所更定，及列侯悉就国，其说皆自贾生发之。于是天子议以为贾生任公卿之位。⑤
>
> 二十一年，坐事国人过律，孝文后三年，夺侯，国除。⑥
>
> 其后有人盗高庙坐前玉环，捕得，文帝怒，下廷尉治。释之案律盗宗庙服御物者为奏，奏当弃市。上大怒曰："人之无道，乃盗先帝庙器，吾属廷尉者，欲致之族；而君以法奏之，非吾所以共承宗庙意也。"释之免冠顿首谢曰："法如是，足也。"⑦
>
> 今者主上兴于奸，饰于邪臣，好小善，听谗贼，擅变更律令，侵夺诸侯之地，征求滋多，诛罚良善，日以益甚。⑧
>
> （主父偃）上书阙下。朝奏，暮召入见。所言九事，其八事为律令，一事谏伐匈奴。⑨
>
> 闻律先自告除其罪。⑩
>
> 张汤方以更定律令为廷尉。⑪
>
> "臣谨案诏书律令下者，明天人分际，通古今之义，文章尔雅，训辞深厚，恩施甚美。……请著功令。佗如律令。"制曰"可"。⑫

---

① 司马迁. 史记：卷十 [M]. 北京：中华书局，1999：295.
② 司马迁. 史记：卷三十 [M]. 北京：中华书局，1999：1204.
③ 司马迁. 史记：卷五十九 [M]. 北京：中华书局，1999：1670.
④ 司马迁. 史记：卷六十 [M]. 北京：中华书局，1999：1769.
⑤ 司马迁. 史记：卷八十四 [M]. 北京：中华书局，1999：1940.
⑥ 司马迁. 史记：卷九十八 [M]. 北京：中华书局，1999：2094.
⑦ 司马迁. 史记：卷一百二 [M]. 北京：中华书局，1999：2124.
⑧ 司马迁. 史记：卷一百六 [M]. 北京：中华书局，1999：2170.
⑨ 司马迁. 史记：卷一百一十二 [M]. 北京：中华书局，1999：2256.
⑩ 司马迁. 史记：卷一百一十八 [M]. 北京：中华书局，1999：2356.
⑪ 司马迁. 史记：卷一百二十 [M]. 北京：中华书局，1999：2363.
⑫ 司马迁. 史记：卷一百二十一 [M]. 北京：中华书局，1999：2372.

> 今上时，禹以刀笔吏积劳，稍迁为御史。上以为能，至太中大夫。与张汤论定诸律令，作见知，吏传得相监司。①
>
> 于是上以为能，稍迁至太中大夫。与赵禹共定诸律令，务在深文，拘守职之吏。②
>
> 客有让周曰："君为天子决平，不循三尺法（集解，骃案汉书音义曰，以三尺③竹简书法律也），专以人主意指为狱。狱者固如是乎？"周曰："三尺安出哉？前主所是著为律，后主所是疏为令，当时为是，何古之法乎！"④

从以上的这些记载来看，汉初已有"律""令"，且其后还进行了多次更定。但这只是表明汉朝有了"律"，并不能表明汉朝有《汉律》或《律》书。

汉王朝在立国之初就基本确立起朝廷法度，但少有人注意到汉律令制定的过程（这一过程，《史记》没有记载，《前汉书》则仅有"相国萧何攈摭秦法，取其宜于时者，作律九章"这轻描淡写的十八个字），这当然与汉朝对秦朝律令的传承是有密切关系的。

关于西汉法律的基本情况，《前汉书》中关于"律令""律"的一些记载如下：

> 初，高祖不修文学，而性明达，好谋，能听，自监门戍卒，见之如旧。初顺民心作三章之约。天下既定，命萧何次律令、韩信申军法、张苍定章程，叔孙通制礼仪，陆贾造新语。⑤
>
> （惠帝四年）三月甲子，皇帝冠，赦天下。省法令妨吏民者，除挟书律。⑥
>
> （汉文帝元年）尽除收帑相坐律令。⑦
>
> （中元六年）十二月，改诸官名。定铸钱伪黄金弃市律。⑧
>
> （始元六年）秋七月，罢榷酤官，令民得以律占租（如淳曰："律，诸

---

① 司马迁. 史记：卷一百二十二 [M]. 北京：中华书局，1999：2382.
② 司马迁. 史记：卷一百二十二 [M]. 北京：中华书局，1999：2383-2384.
③ 据有关资料，秦汉时期的一尺约为当今的0.23米，三尺约为0.69米。
④ 司马迁. 史记：卷一百二十二 [M]. 北京：中华书局，1999：2393.
⑤ 班固. 汉书：卷一下 [M]. 北京：中华书局，1999：58-59.
⑥ 班固. 汉书：卷二 [M]. 北京：中华书局，1999：66.
⑦ 班固. 汉书：卷四 [M]. 北京：中华书局，1999：81.
⑧ 班固. 汉书：卷五 [M]. 北京：中华书局，1999：106.

当占租者家长身各以其物占，占不以实，家长不身自书，皆罚金二斤，没入所不自占物及贾钱县官也。"），卖酒升四钱。①

（本始四年诏）律令有可蠲除以安百姓，条奏。②

（元康二年诏）今则不然。用法或持巧心，析律贰端，深浅不平，增辞饰非，以成其罪。奏不如实，上亦亡繇知。③

年三岁嗣立为王，长好文辞法律。④

贾人皆不得名田、为吏，犯者以律论。诸名田畜奴婢过品，皆没入县官。⑤

武有衡山、淮南之谋，作左官之律，设附益之法，诸侯惟得衣食税租，不与政事。⑥

今叔孙通所撰礼仪，与律令同录，臧于理官。⑦

（宣帝即位前）其后奸猾巧法转相比况，禁罔浸密。律令凡三百五十九章，大辟四百九条，千八百八十二事，死罪决事比万三千四百七十二事。文书盈于几阁，典者不能徧睹。是以郡国承用者驳，或罪同而论异。奸吏因缘为市，所欲活则傅生议，所欲陷则予死比，议者咸冤伤之。⑧

（郑昌疏）今明主躬垂明听，虽不置廷平，狱将自正；若开后嗣，不若删定律令。律令一定，愚民知所避，奸吏无所弄矣。今不正其本，而置廷平以理其末也，政衰听怠，则廷平将招权而为乱首矣。⑨

至元帝初立，乃下诏曰："夫法令者，所以抑暴扶弱，欲其难犯而易避也。今律令烦多而不约，自典文者不能分明，而欲罗元元之不逮，斯岂刑中之意哉！其议律令可蠲除轻减者，条奏，唯在便安万姓而已。"⑩

（成帝诏）今大辟之刑千有余条，律令烦多，百有余万言，奇请它比，日以益滋，自明习者不知所由，欲以晓喻众庶，不亦难乎！于以罗元元之民，夭绝亡辜，岂不哀哉！其与中二千石、二千石、博士及明习律令者议

---

① 班固.汉书：卷七 [M].北京：中华书局，1999：157.
② 班固.汉书：卷八 [M].北京：中华书局，1999：172.
③ 班固.汉书：卷八 [M].北京：中华书局，1999：179.
④ 班固.汉书：卷十一 [M].北京：中华书局，1999：233.
⑤ 班固.汉书：卷十一 [M].北京：中华书局，1999：235.
⑥ 班固.汉书：卷十四 [M].北京：中华书局，1999：284.
⑦ 班固.汉书：卷二十二 [M].北京：中华书局，1999：887.
⑧ 班固.汉书：卷二十三 [M].北京：中华书局，1999：932.
⑨ 班固.汉书：卷二十三 [M].北京：中华书局，1999：933.
⑩ 班固.汉书：卷二十三 [M].北京：中华书局，1999：933.

减死刑及可蠲除约省者，令较然易知，条奏。①

汉兴，高祖初入关，约法三章曰："杀人者死，伤人及盗抵罪。"蠲削烦苛，兆民大说。其后四夷未附，兵革未息，三章之法不足以御奸，于是相国萧何攈摭秦法，取其宜于时者，作律九章。②

廷尉亦当报之，廷尉所不能决，谨具为奏，傅所当比律令以闻。③

臣谨议请定律曰：诸当完者，完为城旦舂；当黥者，髡钳为城旦舂；当劓者，笞三百；当斩左止者，笞五百；当斩右止，及杀人先自告，及吏坐受赇枉法，守县官财物而即盗之，已论命复有笞罪者，皆弃市。④

（景帝诏）加笞与重罪无异，幸而不死，不可为人。其定律：笞五百曰三百，笞三百曰二百。⑤

岂宜惟思所以清原正本之论，删定律令，纂二百章，以应大辟。⑥

"臣等谨奉诏，尽除收律、相坐法。"其后，新垣平谋为逆，复行三族之诛。⑦

今法律贱商人，商人已富贵矣；尊农夫，农夫已贫贱矣。⑧

孝惠、高后时，为天下初定，复弛商贾之律。⑨

疾其末者绝其本，宜罢采珠玉金银铸钱之官，毋复以为币，除其贩卖租铢之律，租税禄赐皆以布帛及谷，使百姓一意农桑。⑩

传曰："弃法律，逐功臣，杀太子，以妾为妻，则火不炎。"⑪

汉兴，萧何草律，亦著其法，曰："太史试学童，能讽书九千字以上，乃得为史。又以六体试之，课最者以为尚书御史史书令史。"⑫

今者主上任用邪臣，听信谗贼，变更律令。⑬

---

① 班固．汉书：卷二十三 [M]．北京：中华书局，1999：934．
② 班固．汉书：卷二十三 [M]．北京：中华书局，1999：929．
③ 班固．汉书：卷二十三 [M]．北京：中华书局，1999：935-936．
④ 班固．汉书：卷二十三 [M]．北京：中华书局，1999：931．
⑤ 班固．汉书：卷二十三 [M]．北京：中华书局，1999：932．
⑥ 班固．汉书：卷二十三 [M]．北京：中华书局，1999：940．
⑦ 班固．汉书：卷二十三 [M]．北京：中华书局，1999：935．
⑧ 班固．汉书：卷二十四上 [M]．北京：中华书局，1999：954．
⑨ 班固．汉书：卷二十四下 [M]．北京：中华书局，1999：967．
⑩ 班固．汉书：卷二十四下 [M]．北京：中华书局，1999：984．
⑪ 班固．汉书：卷二十七上 [M]．北京：中华书局，1999：1084．
⑫ 班固．汉书：卷三十 [M]．北京：中华书局，1999：1363．
⑬ 班固．汉书：卷三十五 [M]．北京：中华书局，1999：1486．

至孝惠之世，乃除挟书之律。①

沛公至咸阳，诸将皆争走金帛财物之府分之，何独先入收秦丞相御史律令图书臧之。②

张苍，阳武人也，好书律历。秦时为御史，主柱下方书。③

以高祖十月始至霸上，故因秦时本十月为岁首，不革。推五德之运，以为汉当水德之时，上黑如故。吹律调乐，入之音声，及以比定律令。若百工，天下作程品。至于为丞相，卒就之。故汉家言律历者本张苍。④

张苍文好律历，为汉名相，而专遵用秦之颛顼历，何哉？⑤

恐其发之，闻律先自告除其罪。⑥

张汤以更定律令为廷尉。⑦

（路温舒）求为狱小吏，因学律令，转为狱史，县中疑事皆问焉。太守行县，见而异之，署决曹史。⑧

彭祖为人巧佞，卑谄足共，而心刻深，好法律，持诡辩以中人。⑨

时张汤为廷尉，廷尉府尽用文史法律之吏，而宽以儒生在其间。⑩

汉兴，萧何次律令，韩信申军法，张仓为章程，叔孙通定礼仪，则文学彬彬稍进，诗书往往间出。⑪

（郑弘）兄昌字次卿，亦好学，皆明经，通法律政事。次卿为太原、涿郡太守，弘为南阳太守，皆著治迹，条教法度，为后所述。⑫

丙吉字少卿，鲁国人也。治律令，为鲁狱史。积功劳，稍迁至廷尉右监。⑬

（郑崇）父宾明法令，为御史。⑭

---

① 班固. 汉书：卷三十六 [M]. 北京：中华书局，1999：1528.
② 班固. 汉书：卷三十九 [M]. 北京：中华书局，1999：1554.
③ 班固. 汉书：卷四十二 [M]. 北京：中华书局，1999：1617.
④ 班固. 汉书：卷四十二 [M]. 北京：中华书局，1999：1620.
⑤ 班固. 汉书：卷四十二 [M]. 北京：中华书局，1999：1623.
⑥ 班固. 汉书：卷四十四 [M]. 北京：中华书局，1999：1659.
⑦ 班固. 汉书：卷五十 [M]. 北京：中华书局，1999：1774.
⑧ 班固. 汉书：卷五十一 [M]. 北京：中华书局，1999：1809.
⑨ 班固. 汉书：卷五十三 [M]. 北京：中华书局，1999：1845.
⑩ 班固. 汉书：卷五十八 [M]. 北京：中华书局，1999：1995.
⑪ 班固. 汉书：卷六十二 [M]. 北京：中华书局，1999：2060.
⑫ 班固. 汉书：卷六十六 [M]. 北京：中华书局，1999：2188.
⑬ 班固. 汉书：卷七十四 [M]. 北京：中华书局，1999：2351.
⑭ 班固. 汉书：卷七十七 [M]. 北京：中华书局，1999：2429.

是时颍川钟元为尚书令，领廷尉，用事有权。弟威为郡掾，臧千金。并为太守，过辞钟廷尉，廷尉免冠为弟请一等之罪，愿蚤就鬓钳。并曰："罪在弟身与君律，不在于太守。"元惧，驰遣人呼弟。①

初，宣帝不甚从儒术，任用法律，而中书宦官用事。②

窃见令曰，吏二千石告，过长安谒，不分别予赐。今有司以为予告得归，赐告不得，是一律两科，失省刑之意。夫三最予告，令也；病满三月赐告，诏恩也。令告则得，诏恩则不得，失轻重之差。又二千石病赐告得归有故事，不得去郡亡著令。③

令，犯法者各以法时律令论之（师古曰：此其引令条之文也。法时谓始犯法之时也）。④

律曰"斗以刃伤人，完为城旦，其贼加罪一等，与谋者同罪"。⑤

如太守汉吏，奉三尺律令以从事耳，亡奈生所言圣人道何也！⑥

博口占檄文曰："府告姑幕令丞：言贼发不得，有书。檄到，令丞就职，游徼王卿力有余，如律令！"⑦

廷尉本起于武吏，不通法律，幸有众贤，亦何忧！然廷尉治郡断狱以来且二十年，亦独耳剽日久，三尺律令，人事出其中。⑧

方进知能有余，兼通文法吏事，以儒雅缘饬法律，号为通明相，天子甚器重之。⑨

圣汉权制，而萧何造律，宜也。故有造萧何律于唐虞之世，则悖矣；有作叔孙通仪于夏殷之时，则惑矣；有建娄敬之策于成周之世，则缪矣；有谈范、蔡之说于金、张、许、史之间，则狂矣。⑩

臣谨案诏书律令下者，明天人分际，通古今之谊。文章尔雅，训辞深厚，恩施甚美。⑪

---

① 班固．汉书：卷七十七［M］．北京：中华书局，1999：2437．
② 班固．汉书：卷七十八［M］．北京：中华书局，1999：2450．
③ 班固．汉书：卷七十九［M］．北京：中华书局，1999：2464．
④ 班固．汉书：卷八十一［M］．北京：中华书局，1999：2499．这或是当今可以见到的中国古代法中关于法不溯及既往立法的最早记载。
⑤ 班固．汉书：卷八十三［M］．北京：中华书局，1999：2526．
⑥ 班固．汉书：卷八十三［M］．北京：中华书局，1999：2529．
⑦ 班固．汉书：卷八十三［M］．北京：中华书局，1999：2530．
⑧ 班固．汉书：卷八十三［M］．北京：中华书局，1999：2532．
⑨ 班固．汉书：卷八十四［M］．北京：中华书局，1999：2543．
⑩ 班固．汉书：卷八十七下［M］．北京：中华书局，1999：2652．
⑪ 班固．汉书：卷八十八［M］．北京：中华书局，1999：2666．

律令的精神 >>>

　　先用诵多者，不足，择掌故以补中二千石属，文学掌故补郡属，备员。请著功令。它如律令。①

　　文翁欲诱进之，乃选郡县小吏开敏有材者张叔等十余人亲自饬厉，遣诣京师，受业博士，或学律令。②

　　霸少学律令，喜为吏。③

　　汉家承敝通变，造起律令，所以劝善禁奸，条贯详备，不可复加。宜令贵臣明饬长吏守丞，归告二千石，举三老孝弟力田孝廉廉吏务得其人，郡事皆以义法令捡式，毋得擅为条教；敢挟诈伪以奸名誉者，必先受戮，以正明好恶。④

　　与张汤论定律令，作见知，吏传相监司以法，尽自此始。⑤

　　延年少学法律丞相府，归为郡吏。以选除补御史掾，举侍御史。是时大将军霍光废昌邑王，尊立宣帝。宣帝初即位，延年劾奏光"擅废立，亡人臣礼，不道"。⑥

　　翁孺生禁，字稚君，少学法律长安，为廷尉史。本始三年，生女政君，即元后也。⑦

　　莽曰："百官改更，职事分移，律令仪法，未及悉定，且因汉律令仪法以从事。"⑧

　　又曰："令甲死者不可生（文颖曰："萧何承秦法所作为律令，律经是也。天子诏所增损，不在律上者为令。令甲者，前帝第一令也。"如淳曰："令有先后，故有令甲、令乙、令丙。"师古曰："如说是也。甲乙者，若今之第一、第二篇耳。"），刑者不可息。"⑨

　　从《前汉书》的上述记载来看，在汉初颁布一些律令之后，其后又屡有颁行（特别是汉武帝时），再后就是因时代而有损益与更定而无大变。到王莽改制时，"因汉律令仪法以从事"，西汉颁行的这些法律仍得以沿用。如同秦朝那样，

---

① 班固. 汉书：卷八十八 [M]. 北京：中华书局，1999：2667.
② 班固. 汉书：卷八十九 [M]. 北京：中华书局，1999：2688.
③ 班固. 汉书：卷八十九 [M]. 北京：中华书局，1999：2690.
④ 班固. 汉书：卷八十九 [M]. 北京：中华书局，1999：2693.
⑤ 班固. 汉书：卷九十 [M]. 北京：中华书局，1999：2705.
⑥ 班固. 汉书：卷九十 [M]. 北京：中华书局，1999：2716.
⑦ 班固. 汉书：卷九十八 [M]. 北京：中华书局，1999：2952.
⑧ 班固. 汉书：卷九十九中 [M]. 北京：中华书局，1999：3028.
⑨ 班固. 汉书：卷八 [M]. 北京：中华书局，1999：177.

汉朝同样有大量的律、令，这一史实当无疑问。

值得注意的是其中关于"律九章"的记载，它是否就是《汉律》或汉朝最初的《律》书呢？虽然有萧何"作律九章①"的记载，但在秦汉时期，律、令是无严格区分的，而到西汉后期，已是"律令凡三百五十九章"。且汉王刘邦"约法三章"的"章"可能是指一句话或一个法令，则"九章"是什么就是一个很值得思考的问题。

在出土文献方面，张家山出土的这批颁布于汉初吕后二年之前（汉相萧何去世不久）、包括有二十八种律令的法律条文，古代抄写者名之为"二年律令"，而没有称作"九章律"或"二年律"。不名"九章律"，说明"九章律"并不是汉代法律的法定名称或总称或官方名称。②

虽然汉"律九章"的说法出自东汉时撰成的正史《汉书》，似乎较为可信，但其详情却不明确。而生活于汉初的司马迁所作《史记》对此却没有相关记载，并且，汉律的篇章数目在不断增多是一个不争的事实，则，即使确实存在有九章律，则也可能是在顺应汉初的"蠲削烦苛，兆民大说"的历史背景下而颁布的九件单行法律（而不是一个名为"九章律"的律令集）。③ 所谓的"章"应是件、个、篇，"九章"就是九件。"九章律"可能只是汉初在相国萧何的主持下参照秦律令而一次或分几次总共发布了九件律令，"九"只是法令的数量。而随着大汉政权的稳固与社会管理的需要，秦朝的其他律令也就不得不不经修订或略作修订后加以颁布施行于汉朝，也可能模仿秦法令而颁行了一些全新的法令，致使出现汉元帝时期"律令烦多而不约"的情况。这些记载充分说明，汉律的律令只可能是表现为诸多的单独颁行的法律文件，诸如，《贼律》《盗律》《具律》《告律》《捕律》《亡律》《津关令》等，也都未编纂成典籍，从而"《汉律》"这样的带书名号的名称也就无从成立，因为根本不存在这样的典籍（"《大明律》"可以带书名号，是因为明律确实是以一部典籍的样式呈现的）。

正名方可顺言，顺言方可成理，正名很重要，因为一个错误名称的后面总是跟随着一系列错误的观念。从现有史料来看，汉朝同样无《汉律》（无冠以国

---

① 不少人因此认为汉朝有《九章律》或汉朝只有九章律。但根据历史记载，实在难以得出汉朝有《九章律》的结论。这是如同并不因为《诗经》有三百篇而其名称就必是《三百篇诗》一样的道理。"九章"当即九篇、九件，当是说汉初某次颁布的重要法令共有九个（且这几个法令未必全是律，也可能有令），而不是说有一部法典有九章，因为那时不可能把法令结集成书。

② 参见孟彦弘. 秦汉法典体系的演变 [J]. 历史研究, 2005, (03): 19-36, 190.

③ 《晋书·刑法志》所载的魏律序就是其明证："旧律所难知者，由于六篇篇少故也。篇少则文荒，文荒则事寡，事寡则罪漏，是以后人稍增，更与本体相离"。

号且集中、统一、单一的《汉律》或《律》这样一部典籍），只能说汉朝有多种名目各异的单行律、令，例如《田律》《效律》等。

由此可见，秦汉时期的律令与唐宋时期的律令在表现形式上是明显不同的。唐宋时期的律令虽然也有因时改易的情况和大量敕令的存在，但却非常注重进行编纂。秦汉的律令也很稳定，但并没有官方的编纂，虽然在《秦律十八种》和《秦律杂抄》中可以见到来自民间的或下级官吏对律令摘抄的倾向，东汉后期也有很多学者（诸如马融、郑玄等）进行梳理和编纂律令的尝试，但来自国家层面的律令编纂则是三国时期的魏国开其端绪，只是到那时，集中统一的《律》书才出现。在三国之前，即秦汉时期，集中统一的《律》这样的典籍并不存在，所存在的只是各种名目的单行律、令。

故，虽然秦有律令，汉亦有律令，但秦无《秦律》，汉亦无《汉律》。这是史实，至于其原因将详述于后。

第二节　"秦律"考

史上并不存在《秦律》，但把"秦律"这个词当作学术名词来使用理应是可行的，其所指即秦朝的律、令等法令，或狭义地仅指秦代的各种律。此词迟至于宋朝的图书中出现，其主要原因当即在于秦朝确实不存在一部名为《秦律》的典籍。

或许是源自商君更"法"之时所形成的传统，无论是商君本人、秦人，还是汉朝人，都倾向于使用"法""法令""法制""法度"这样的称谓来指代秦朝的法律制度或法令，"律""令"作为法令的具体表现形式反而较少受到人们的注意。对于秦朝法度，史书中所采用的是"秦法"[1]"秦制"[2]"秦制度"[3] 等这样的表述，并且在正史中从来没有出现过"秦律"这样的表达（自宋朝始，也只是在各种散论中偶尔提及此词）。

由于秦、汉时期，律与令的区别不是很严格，则撇开秦令而单独使用"秦律"这个词在一定程度上并不严肃。与其如此，不如直接使用"秦律令"或

---

[1] 参见司马迁. 史记 [M]. 北京：中华书局，1999：183，256，1972，2001，2088；班固. 汉书 [M]. 北京：中华书局，1999：17，929，1564，1663，2652.

[2] 参见班固. 汉书 [M]. 北京：中华书局，1999：622，624；范晔. 后汉书 [M]. 北京：中华书局，1999：889，1694，2425，2474，2488，2510.

[3] 参见班固. 汉书 [M]. 北京：中华书局，1999：1245.

"秦法""秦制"这样的表述，这么做符合历史事实，也更准确。有鉴于此，本书也将只在有限的场合在"秦法"这个意义上使用"秦律"一词。

我们之所以在研究秦律时须对词语（概念）的使用慎之又慎，在于中国古代法律的历史虽然是几千年（尤其是秦朝以来的两千多年）一贯的不间断过程，但其中却是有创制、发展和传承的前后相接的多个阶段，前后差异仍较大。如果我们无视其历史发展的阶段性，就极易产生混淆。比如，秦朝自孝公变法①以来，一直是赏、刑、教并用，从而，在秦律令（比如云梦秦简等）中相应地就可以发现有较多的含有奖赏内容的规定，当然，处罚规定也是必不可少的。但在汉律令（比如张家山汉简）中，几乎已见不到含有奖赏内容的规定，这是秦律令与汉律令的一个重要区别。到了三国时期，魏国编订了《律》书，从此以后，"律"与其他法律形式（例如，令、式、格、例等）就渐渐有了严格的界限，"律"基本上只规定处赏规则，"令"等其他法律形式基本上只规定各种事制规则。即，曹魏之后，事制规则规定了人们可以怎么做或必须怎么做，这些规则构成了"法令"或"法制"的主体，若是违背这些规则就会导致受处罚，而处罚规则集中收纳于《律》书中，此时的"律"基本上就是单纯的刑律，这一立法体例就与秦律令、汉律令有了重大区别。从这个角度看，中国古代法的发展历程至少经历了三个阶段：秦法创制阶段、汉承秦制阶段、律令分立阶段，汉朝处于中国法律发展史的承前启后的重要过渡时期。为此，我们需要重视对词汇或概念的辨析。

故，不能因为存在唐律、明律、清律，就想当然地认为一定存在与《唐律》相似的《秦律》《汉律》。即使出土了较多的秦汉律令，也并不能说明使用"秦律""汉律"这两个词是正当、合理的。而且，虽是秦汉时期的作家们，也没有留下"秦律"这样的表述，相比而言，法、法令、秦法、秦制这样的字眼则较多见，这一现象的出现总有其必然性和依据。对于这一生动的历史事实，我们只宜于探究其原因，而不应试图去"打扮"它或篡改它，这也是我们对待历史应有的态度。

---

① 对秦孝公执政期间所开展的变法革新这一重大历史事件，有很多文献称之为"商鞅变法"。著者以为，"商鞅"一词带有诬蔑、指责之意，则与其名"商鞅变法"，不如名"商君变法"。再考虑到这一变法是在国君秦孝公的支持与协调下才得以开展的，则虽然这一变法主要体现的是商君思想，但秦孝公却是变法得以展开的关键，则把这一变法称为"孝公变法"或许更贴切。故，在本书中，"孝公变法""商君变法"二词是同义的，所指为同一事。

由于近来有些论者将《法经》当作秦朝律令的源头，则有必要对之有所考察。

第三节　"《法经》"考

一、"《法经》"的基本情况

初步来看，提及"法经"的文献，目前可以见到的最早记载是北齐时期魏收所著的《魏书》，而后主要是唐朝人的著述中多次提及"法经"。目前仍存在的先秦与秦及两汉时期的古籍，没有任何一部书提及"法经"（明清时成书的《七国考》所引东汉"桓谭新书"也早已亡佚）。

关于"《法经》"的实际名称（书名或文章题名），除了通常所称的"法经"这一名称外，有学者认为"它的最初名称可能是《法》，'经'字极有可能是后人战国末期附加上去的"，[①] 则《法经》的名称也就可能有两种：法经、法。

关于"《法经》"的篇目。《晋书·刑法志》认为有"盗贼""网捕二篇""杂律一篇""具律"共"六篇"，并且"具律不移，因在第六"。而《唐律疏义·名例》认为是"六篇，一盗法，二贼法，三囚法，四捕法，五杂法，六具法"。《七国考》引述"桓谭新书"则认为有"盗贼""囚捕二篇""杂律一篇""具律"共"六篇"，并且还提及了"正律""减律"，另外还引"律疏序"为"一盗贼，二贼法，三囚法，四捕请法，五杂法，六具法"这几篇。从中可见，《晋书》与《七国考》引述"桓谭新书"的两种记载之间可能有因袭关系，而《唐律疏义·名例》的相关记载则别有所据。目前不能断定《法经》具体篇目是什么，及其篇名到底是某"法"还是某"律"。如果"改法为律"为真，则理当采信《唐律疏义》的说法。即《晋书》与《七国考》所引述"桓谭新书"的记载都是经过更改或整理后的样子，并不是原始表述，都是二手资料，则可信度略低。

关于"《法经》"的内容，主要是有《晋书·刑法志》（《通典·卷一百六十三》的相关记载与之基本相同）和《七国考》引述"桓谭新书"这两种记载。由于《七国考》引述"桓谭新书"的记载明显比《晋书·刑法志》的相关

[①] 杨慧清.《法经》名称由来驳议［J］.韶关学院学报（社会科学版），2001，(04)：4.

记载略同且更详细,则基本上可以肯定《晋书·刑法志》的相关记载是援引自"桓谭新书"(除非《七国考》确实是伪书,但已有学者经考证认为《七国考》几乎不可能是伪书,其所收录的桓谭新书相关记载也就可能是真实的)。

二、"《法经》"的相关记载

逮于战国,竞任威刑,以相吞噬。商君以法经六篇,入说于秦,议参夷之诛,连相坐之法。风俗凋薄,号为虎狼。及于始皇,遂兼天下,毁先王之典,制挟书之禁,法繁于秋荼,网密于凝脂,奸伪并生,赭衣塞路,狱犴淹积,囹圄成市。于是天下怨叛,十室而九。汉祖入关,蠲削烦苛,致三章之约。文帝以仁厚,断狱四百,几致刑措。孝武世以奸宄滋甚,增律五十余篇。①

是时承用秦汉旧律,其文起自魏文侯师李悝。悝撰次诸国法,著法经。以为王者之政,莫急于盗贼,故其律始于盗贼。盗贼须劾捕,故著网捕二篇。其轻狡、越城、博戏、借假不廉、淫侈、逾制以为杂律一篇,又以具律具其加减。是故所著六篇而已,然皆罪名之制也。②

旧律因秦法经,就增三篇。③

魏文侯师于李悝,集诸国刑典,造法经六篇:一、《盗法》;二、《贼法》;三、《囚法》;四、《捕法》;五、《杂法》;六、《具法》。又,汉相萧何,更加悝所造《户》《兴》《厩》三篇,谓《九章》之律,是为九法。④

魏文侯师于李悝,集诸国刑典,造法经六篇:一、《盗法》;二、《贼法》;三、《囚法》;四、《捕法》;五、《杂法》;六、《具法》。商鞅传授,改法为律。汉相萧何,更加悝所造《户》《兴》《厩》三篇,谓《九章之律》。魏因汉律为一十八篇,改汉《具律》为《刑名第一》。⑤

时所用旧律,其文起自魏文侯师李悝。悝撰次诸国法,著法经,以为王者之政,莫急于盗贼,故其律始于盗、贼;须劾捕,故著囚、捕二篇;其轻狡、越城、博戏、借假、不廉、淫侈、逾制以为杂律一篇;又以其律具其加减:是故所著六篇而已,然皆罪名之制也。商君传习,以为秦相。

---

① 魏收. 魏书:卷一百一十一 [M]. 北京:中华书局,2000:1919.
② 房玄龄. 晋书:卷三十 [M]. 北京:中华书局,2000:600.
③ 房玄龄. 晋书:卷三十 [M]. 北京:中华书局,2000:601.
④ 袁文兴,袁超,注译. 唐律疏议注译 [M]. 兰州:甘肃人民出版社,2017:进律疏表,3.
⑤ 袁文兴,袁超,注译. 唐律疏议注译 [M]. 兰州:甘肃人民出版社,2017:1-2.

律令的精神 >>>

汉承其制，萧何定律，除参夷连坐之罪，增部主见知之条，益事律擅兴、厩、户三篇，合为九篇。①

初，魏文侯师李悝著《法经》六篇，商君受之以相秦。萧何定《汉律》，益为九篇，后稍增至六十篇。又有《令》三百余篇，《决事比》九百六卷，世有增损，错糅无常，后人各为章句，马、郑诸儒十有余家，以至于魏，所当用者合二万六千二百七十二条，七百七十三万余言，览者益难。帝乃诏但用郑氏章句。②

法经。桓谭新书：魏文侯师李悝著法经，以为王者之政莫急于盗贼，故其律始于盗贼。盗贼劾捕，故著囚捕二篇。其轻狡、越城、博戏、假借、不廉、淫侈、逾制为杂律一篇，又以具律具其加减，所著六篇而已。卫鞅受之入相于秦，是以秦魏二国深文峻法相近。正律略曰：杀人者诛籍其家及其妻氏，杀二人及其母氏大盗戍为守卒，重则诛。窥宫者膑。拾遗者刖，曰为盗心焉。其杂律略曰：夫有一妻二妾其刑聝，夫有二妻则诛，妻有外夫则宫，曰淫禁。盗符者诛籍其家，盗玺者诛，议国法令者诛（一作法禁），籍其家及其妻氏，曰狡禁。越城一人则诛，自十人以上夷其乡及族，曰城禁。博戏罚金三币，太子博戏则笞，不止则特笞，不止则更立，曰嬉禁。群相居一日以上则问，三日四日五日则诛，曰徒禁。丞相受金，左右伏诛，犀首以下受金，则诛，金自镒以下，罚不诛也，曰金禁。大夫之家有侯物，自一以上者族。其减律略曰：罪人年十五以下，罪高三减，罪卑一减，年六十以上，小罪情减，大罪理减。武侯以下守为魏法矣（唐长孙无忌律疏序云：周衰刑重，战国异制，魏文侯师于李悝，集诸国刑典，造法经六篇：一、《盗贼》；二、《贼法》；三《囚法》；四、《捕请法》；五、《杂法》；六、《具法》。商鞅传授，改法经为律。汉相萧何更加李悝所造《户》《兴》《厩》三篇，谓之九章之律）。③

韩子云：李悝为魏文侯上地之守而欲民之善射也，乃下令曰："民之有狐疑之讼者令人射的，中之者胜，不中者不胜。"令下而民皆疾习射，日夜不休。及与秦人战，大败之，以民之善射故也。余按古五刑之禁，决关梁、逾城郭而略盗者其刑膑，男女不以义交者其刑宫，触易君命，革舆服制度奸轨盗攘伤人者其刑劓，非事而事之、出入不以道义而诵不祥之辞者其刑

---

① 杜佑撰. 通典：卷一百六十三 [M]. 北京：中华书局, 1988: 4201-4202.
② 李国祥, 等译注. 资治通鉴全译：第5册 [M]. 贵阳：贵州人民出版社, 1994: 617.
③ 董说编. 七国考：卷十二 [M]// 文渊阁四库全书：第618册. 上海：上海古籍出版社, 2012: 977.

墨，降畔、寇贼、劫略、夺攘、矫虔者其刑死，悝之法经何其深也。卫鞅既不用于魏，挟法入秦，定刑，令什伍连坐，匿奸同罚，为私斗则被刑，怠耕织则收孥，较魏法经先后一辙，作俑无后悝不免矣。魏之法经曰："大夫之家有侯物自一以上者族。"惠王尝乘夏车建九斿，诸侯不得奸天子犹大夫不得奸诸侯，防已极疏，绳人徒急，吾恐惠王之世，国法不行矣。①

从以上的文献记载来看，如果上述所提及的《七国考》所引桓谭《新书》是可靠的，则东汉桓谭《新书》是最早的记载，其次是魏书，再次是晋书，又次是唐律，其后是宋朝以来的一些记载。从中可知，"法经"又有李悝法经、秦法经、魏法经之别。

除了《七国考》尚有疑外，其他记载当是基本可信的。对于明末藏书家董说所编《七国考》所引桓谭《新书》所述《法经》内容的真实性问题，有持肯定观点者，② 也有持否定意见者。③ 持否定意见者的立论依据有二：一是认为《法经》并不真实存在，从而相关记载当然不可信，对于这个问题将留待后文进行分析；二是认为桓谭《新书》早已散佚，则《七国考》所引桓谭《新书》中的内容必是董说等人伪拟。

著者认为，《七国考》所引桓谭《新书》所述《法经》内容是基本可信的。理由如下：第一，《七国考》一书引述内容的真实性是不容怀疑的。四库馆臣在其提要中对此已有定论，它只是说董说对正史杂谈一并援引而显得过于芜杂（可以理解成，战国史料不全，董说不得不如此，以求体例齐全、搜罗宏富），同时也指出有"存之"的必要，即"说能参考诸书排比钩贯，尚一一各得其崖略，俾考古者有征焉，虽间伤芜漫，固不妨过而存之矣"。《七国考》一书能收入《四库全书·史部》，而不是子部或集部或存目，足见四库馆臣对它是持肯定态度的，整部书基本上具有史料地位，这在清朝中期已有定论。第二，桓谭《新书》二十九篇（即《新论》）虽然早已见不到全本，但其书并没有完全佚失，南朝《弘明集》中载有《新论·形神》一文，且古代各种典籍援引其书者甚多（今有《桓子新论》为清代严可均所辑），则，即使董说没能见到《新书》

---

① 董说编.七国考：卷十二 [M]//文渊阁四库全书：第618册.上海：上海古籍出版社，2012：979-980.
② 相关论文主要有：殷啸虎.《法经》考辨 [J].法学，1993，(12)：32-34. 段俊杰.《七国考》中《法经》引文真伪再辨 [J].求索，2015，(01)：128-132.
③ 杨宽在1980年新版《战国史》后记中说"桓谭的《新论》是南宋时散失的，董说这处引文究竟从哪里转引来的，无从考查，实不足信"。转引自殷啸虎.《法经》考辨 [J].法学，1993，(12)：32.

全本，他仍有机会从各种途径获得桓谭《新书》的一部分内容。我们今天就能辑取到大量的《新书》佚文，则明朝的董说身处明清之际和清朝中期大规模禁毁古书及清末战乱之前定能见到更多的古书，从而也就有机会见到更多的《新书》佚文，甚至见到较完整版本的《新书》。从文献资源的角度来看，今天的我们比四库馆臣更没有资格怀疑《七国考》引述内容的真实性。第三，《七国考》引述《法经》内容从《魏书》《晋书》《唐律疏义》《唐六典》等古书可得到部分参证，相互间可参证则就有更高的可信度。且所引"桓谭新书"之所以比《晋书》《唐律疏义》的记载更详细，是因为"桓谭新书"本来就比后者早成书约六百年，从而桓谭得以有机会得到有关《法经》的更丰富资料，于是也就有条件展示更详细的内容。并且，还有另一种可能，"桓谭新书"可能是在宋元时期佚失的（但也只是可能），则唐朝人是有机会读到"桓谭新书"全本的，《晋书》《唐律疏义》等书所述《法经》内容的主要依据可能就是"桓谭新书"，因为上述有关《法经》的九条记载都不超过《七国考》所引"桓谭新书"的范围，只是表述略有不同而已。故，综合而言，《七国考》所引"桓谭新书"所述《法经》内容是基本可信的，它不大可能是伪拟的。

三、《法经》的有无与李悝其人

由于上述关于"法经"的九条记载，除一条没有明示其作者外（但仍有暗示，因为商君是从魏国出发到秦国去的，则其"法经"即当然是从魏国带入秦国的），其余八条都说"魏文侯师李悝"著《法经》，从而有必要先行大致弄清"李悝"的身份与阅历，从而便于做进一步的分析。

从史料看，魏文侯（约前472年—前396年）在公元前400年前后先后任用一批有识之士进行改革，其中包括李悝和吴起，此二人都有领兵和改革的经历。不同于《法经》记载的晚出，关于"李悝"的文献记载出现很早，其中秦汉时期的记载主要有：

> 魏武侯谋事而当，攘臂疾言于庭曰："大夫之虑莫如寡人矣！"立有间，再三言。李悝趋进曰："昔者楚庄王谋事而当，有大功，退朝而有忧色。左右曰：'王有大功，退朝而有忧色，敢问其说？'王曰：'仲虺有言，不谷说之。曰："诸侯之德，能自为取师者王，能自取友者存，其所择而莫如己者亡。"'今以不谷之不肖也，群臣之谋又莫吾及也，我其亡乎？'曰，此霸王之所忧也，而君独伐之，其可乎？"武侯曰："善。"人主之患也，不在于自少，而在于自多。自多则辞受，辞受则原竭。李悝可谓能谏其君矣，壹

称而令武侯益知君人之道。①

李悝为魏文侯上地之守，而欲人之善射也，乃下令曰："人之有狐疑之讼者，令之射的，中之者胜，不中者负。"令下而人皆疾习射，日夜不休。及与秦人战，大败之，以人之善战射也。②

李悝警其两和曰："谨警！敌人旦暮且至击汝。"如是者再三而敌不至。两和懈怠，不信李悝。居数月，秦人来袭之，至，几夺其军。此不信患也。一曰：李悝与秦人战，谓左和曰："速上！右和已上矣。"又驰而至右和曰："左和已上矣。"左右和曰："上矣。"于是皆争上。其明年，与秦人战。秦人袭之，至，几夺其军。此不信之患。③

魏有李悝，尽地力之教。④

是时，李悝为魏文侯作尽地力之教（师古曰：李悝，文侯臣也。悝音恢），以为地方百里，提封九万顷，除山泽邑居参分去一，为田六百万亩，治田勤谨则亩益三升，不勤则损亦如之。地方百里之增减，辄为粟百八十万石矣。又曰籴甚贵伤民，甚贱伤农；民伤则离散，农伤则国贫。故甚贵与甚贱，其伤一也。善为国者，使民毋伤而农益劝。今一夫挟五口，治田百亩，岁收亩一石半，为粟百五十石，除十一之税十五石，余百三十五石。食，人月一石半，五人终岁为粟九十石，余有四十五石。石三十，为钱千三百五十，除社闾尝新春秋之祠，用钱三百，余千五十。衣，人率用钱三百，五人终岁用千五百，不足四百五十。不幸疾病死丧之费，及上赋敛，又未与此。此农夫所以常困，有不劝耕之心，而令籴至于甚贵者也。是故善平籴者，必谨观岁有上中下孰。上孰其收自四，余四百石；中孰自三，余三百石；下孰自倍，余百石。小饥则收百石，中饥七十石，大饥三十石。故大孰则上籴三而舍一，中孰则籴二，下孰则籴一，使民适足，贾平则止。小饥则发小孰之所敛，中饥则发中孰之所敛，大饥则发大孰之所敛，而粜之。故虽遇饥馑水旱，籴不贵而民不散，取有余以补不足也。行之魏国，国以富强。⑤

从以上的记载来看，我们可以得知如下信息：第一，李悝仕魏文侯（魏文

---

① 关贤柱，等译注. 吕氏春秋全译 [M]. 贵阳：贵州人民出版社，1997：783.
② 张觉，译注. 韩非子全译 [M]. 贵阳：贵州人民出版社，1992：507-508.
③ 张觉，译注. 韩非子全译 [M]. 贵阳：贵州人民出版社，1992：644-645.
④ 司马迁. 史记：卷七十四 [M]. 北京：中华书局，1999：1843.
⑤ 班固. 汉书：卷二十四上 [M]. 北京：中华书局，1999：948-949.

侯于前433年—前396年在位，在位38年）、魏武侯（前395年—前370年在位）二朝，并且，"作尽地力之教"是从魏文侯时已开始。第二，李悝的能力，从《吕氏春秋》来看，他能谏，从《韩非子》看，他带兵时善权宜，从《史记》和《前汉书》来看，他善谋（作尽地力之教），这就表明李悝是一个能谋善变、精于算计之人，似为一个战国谋士的形象，至少与中规中矩的儒士形象不符。第三，李悝的官职，魏文侯时为"上地之守"，后又"为魏文侯作尽地力之教"，即为魏文侯出谋划策，魏武侯时可能是"大夫"之类的官职。第四，李悝是否有著作或哪一部书是李悝的著作仍是一桩悬案。《前汉书·艺文志》分别著录有儒家书《李克》与法家书《李子》（注者认为其作者都是魏文侯相，但并没有说都是李悝。况且，为之作注者未必就是班固本人，且其注解的准确度本来是有疑问的，比如，李克其实是子夏的再传弟子，而不是直接就是"子夏弟子"）及兵家书《李子》，而这些书的作者是不是李悝，已不得而知了，因为这些书早就失传了，并且班固也没有说明其作者是谁。第五，仅从这些记载难以断定李悝是法家（虽然商君也讲"尽地力"，但"尽地力"在商君思想中已是一个细枝末节的问题，待后文再对二人的"尽地力"异同进行分析），更不能表明李悝有刑法理论。如果李悝真的（如《韩非子》所记载）以射箭决"狐疑之讼"的胜负（这不是非常类似于神明裁判么！），则刑罚也就成了单纯的权宜之策，为诉讼编制刑书似乎成了多余的，这种做法至少与商君思想无共同之处。第六，魏文侯"师""相"之说暂无从得到直接证实。第七，《史记·魏世家》对李悝的事迹未作任何记载，这表明李悝的"为魏文侯作尽地力之教"等事迹，虽然实施这些主张可能取得了"行之魏国，国以富强"的成效，但并未取得显著的成功，或许仅是小有成效，否则，关于李悝的史料不会如此地少且零散。

故，由于有多部古籍的证实，历史上存在"李悝"这个历史人物是可以肯定的，只是其阅历是不太清楚的。

另外，秦汉古书中又有较多的关于"李克"的记载，例如：

> 田子方从齐之魏，望翟璜乘轩，骑驾出，方以为文侯也，移车异路而避之，则徒翟璜也。方问曰："子奚乘是车也？"曰："君谋欲伐中山，臣荐翟角而谋得果；且伐之，臣荐乐羊而中山拔；得中山，忧欲治之，臣荐李克而中山治。是以君赐此车。"方曰："宠之称功尚薄。"[①]

---

① 张觉，译注. 韩非子全译[M]. 贵阳：人民出版社 1992：657.

第一章 律令的起源初考

魏用李克，尽地力，为强君。自是之后，天下争于战国，贵诈力而贱仁义，先富有而后推让。①

魏文侯谓李克曰："先生尝教寡人曰'家贫则思良妻，国乱则思良相'。今所置非成则璜，二子何如？"李克对曰："臣闻之，卑不谋尊，疏不谋戚。臣在阙门之外，不敢当命。"文侯曰："先生临事勿让。"李克曰："君不察故也。居视其所亲，富视其所与，达视其所举，穷视其所不为，贫视其所不取，五者足以定之矣，何待克哉！"文侯曰："先生就舍，寡人之相定矣。"李克趋而出，过翟璜之家。翟璜曰："今者闻君召先生而卜相，果谁为之？"李克曰："魏成子为相矣。"翟璜忿然作色曰："以耳目之所睹记，臣何负于魏成子？西河之守，臣之所进也。君内以邺为忧，臣进西门豹。君谋欲伐中山，臣进乐羊。中山已拔，无使守之，臣进先生。君之子无傅，臣进屈侯鲋。臣何以负于魏成子！"李克曰："且子之言克于子之君者，岂将比周以求大官哉？君问而置相'非成则璜，二子何如'？克对曰：'君不察故也。居视其所亲，富视其所与，达视其所举，穷视其所不为，贫视其所不取，五者足以定之矣，何待克哉！'是以知魏成子之为相也。且子安得与魏成子比乎？魏成子以食禄千钟，什九在外，什一在内，是以东得卜子夏、田子方、段干木。此三人者，君皆师之。子之所进五人者，君皆臣之。子恶得与魏成子比也？"翟璜逡巡再拜曰："璜，鄙人也，失对，愿卒为弟子。"②

吴起于是闻魏文侯贤，欲事之。文侯问李克曰："吴起何如人哉？"李克曰："起贪而好色，然用兵司马穰苴不能过也。"于是魏文侯以为将，击秦，拔五城。③

当魏文侯时，李克务尽地力。④

魏文侯问李克曰："吴之所以亡者，何也？"李克对曰："数战数胜。"文侯曰："数战数胜，国之福也。其所以亡，何也？"李克曰："数战则民疲，数胜则主骄。以骄主治疲民，此其所以亡也。"是故好战穷兵，未有不亡者也。⑤

魏文侯问李克曰："为国如何？"对曰："臣闻为国之道，食有劳而禄有

---

① 司马迁. 史记：卷三十 [M]. 北京：中华书局，1999：1220.
② 司马迁. 史记：卷四十四 [M]. 北京：中华书局，1999：1490-1491.
③ 司马迁. 史记：卷六十五 [M]. 北京：中华书局，1999：1722.
④ 司马迁. 史记：卷一百二十九 [M]. 北京：中华书局，1999：2465.
⑤ 马世年，译注. 新序：杂事第五 [M]. 北京：中华书局，2014：231.

律令的精神 >>>

功,使有能而赏必行、罚必当。"文侯曰:"吾赏罚皆当,而民不与,何也?"对曰:"国其有淫民乎?臣闻之曰:夺淫民之禄,以来四方之士。其父有功而禄,其子无功而食之,出则乘车马,衣美裘,以为荣华;入则修竽琴钟石之声,而安其子女之乐,以乱乡曲之教。如此者,夺其禄以来四方之士,此之谓夺淫民也。"①

魏文侯问李克曰:"刑罚之原安生?"李克曰:"生于奸邪淫佚之行。凡奸邪之心,饥寒而起。淫佚者,久饥之诡也。雕文刻镂,害农事者也;锦绣篡组,伤女工者也。农事害,则饥之本也;女工伤,则寒之原也。饥寒并至,而能不为奸邪者,未之有也。男女饰美以相矜,而能无淫佚者,未尝有也。故上不禁技巧则国贫民侈,国贫穷者为奸邪,而富足者为淫佚,则驱民而为邪也。民已为邪,因以法随诛之,不赦其罪,则是为民设陷也。刑罚之起有原,人主不塞其本而替其末,伤国之道乎?"文侯曰:"善。以为法服也。"②

李克七篇(子夏弟子,为魏文侯相)。……右儒五十三家,八百三十六篇。……李子三十二篇(名悝,相魏文侯,富国强兵)。……右法十家,二百一十七篇。……李子十篇。……右兵权谋十三家,二百五十九篇。③

白圭,周人也。当魏文侯时,李克务尽地力,而白圭乐观时变,故人弃我取,人取我予。能薄饮食,忍嗜欲,节衣服,与用事僮仆同苦乐,趋时若猛兽鸷鸟之发。故曰:"吾治生犹伊尹、吕尚之谋,孙吴用兵,商鞅行法是也。故智不足与权变,勇不足以决断,仁不足以取予,强不能以有守,虽欲学吾术,终不告也。"盖天下言治生者祖白圭。④

一云,子夏传曾申,申传魏人李克,克传鲁人孟仲子,孟仲子传根牟子,根牟子传赵人孙卿子,孙卿子传鲁人大毛公。汉书儒林传云:毛公,赵人,治诗,为河间献王博士。⑤

从以上记载来看,李克曾治"中山",并有治绩;李克也主张"尽地力",从而与李悝的履历相近;还表明李克作为谋臣曾辅佐魏文侯,但并无李克是魏

---

① 王锳,王天海,译注. 说苑全译:卷七 [M]. 贵阳:贵州人民出版社,1992:296.
② 王锳,王天海,译注. 说苑全译:卷二十 [M]. 贵阳:贵州人民出版社,1992:885.
③ 班固. 汉书:卷三十 [M]. 北京:中华书局,1999:1366-1385.
④ 班固. 汉书:卷九十一 [M]. 北京:中华书局,1999:2729.
⑤ 毛诗注疏:毛诗注解传述人 [M] // 文渊阁四库全书:第69册. 上海:上海古籍出版社,2012:113.

文侯师、相的记载（汉志中的注解，不知作成于何时何人，故其真实性难以确定①）；又表明李克有儒家类著作传世，更表明李克是《诗经》的重要传承人。从其他记载来看，李克善于品识人物。从另一些记载来看，李克也研究兵家、法家学问，诸如军事、刑罚、爵禄之类。多处记载表明李克是魏文侯时人。综合而言，李克的才能主要有：善治（治中山）、善谋（主张尽地力、食有劳而禄有功、禁技巧等）、善卜、善识人、善儒术（著有儒家书，且传授《诗经》）。由于有多部古籍的证实，可以肯定确有"李克"这个历史人物。

通过如上的梳理，极易于产生疑问，即：李克与李悝是否为同一人？如果不是同一人，则二人有什么区别？

虽然过去有人认为李克与李悝是同一人，② 但这种推测是不攻自破的。李克与李悝不可能是同一人，因为：第一，二名多次同现一书。李克与李悝两个名字同时见于《史记》《前汉书》《韩非子》等重要的古籍，且二人的事迹明显有差异（例如，虽然二人都曾做官，但李悝曾是"上地之守"，而"上地"明显是在秦魏交界处，处于魏国的西边，李克治中山，而中山在魏国的东北方向，魏国曾短暂占领中山国），至少不相冲突（唯一可疑之处是二人都主张"尽地力"。这可以有两种解释：一是二人作为同时代人持同一主张是有可能的，也是可以理解的。"尽地力"是那个时代所有国家的时代主旋律，当然会有许多人持同样的主张，二是古书在传抄过程中把"李克"误写作"李悝"或把"李克"误写作"李悝"，或直接做有目的的篡改都是可能的），这表明李克与李悝是两个不同的人。反之，如果两个名字所指的是同一个人，则各种古籍实在不必要也不应该在同一部书中使用不同的名字，因为这样做易于引起误解。第二，儒、法二家界限清晰。对比上述记载，李克明显倾向于儒家，著有儒家书《李克》，且传授《诗经》，而李悝则明显倾向于兵家或法家，他有治狐疑之讼、治军、尽地力之教等事迹，这样的鲜明倾向表明李克与李悝是两个人，而不是同一人。儒、法的分野是大的，二者在关注对象与观点旨趣上是界限分明的，至少在秦

---

① 四库全书中的《前汉书》是取自宋版的，哈佛大学汉和图书馆所藏《前汉书》是明朝万历二十五年刊本，这两个版本的卷首都有唐颜师古撰《前汉书叙例》，其中说"汉书，旧无批注。唯服虔、应劭等各为音义，自别施行""凡旧注，是者则无间然具而存之"。这说明《前汉书·艺文志》里的小字夹注并不是班固所加，而可能是魏晋南北朝时人所加。

② 例如，清末民初的崔适认为李克即是李悝："悝、克一声之转，古书通用。"钱穆在《先秦诸子系年》中赞成崔说。参见高培华."悝、克二人说"驳议——子夏弟子丛考之二 [J]. 寻根, 2016, (03): 17.

汉时期的儒生们看来是这样，如果儒家承认了李克是儒家人物，则李克是不可能有法家主张的，持法家主张的人根本不可能被儒生们承认为儒家人物（作为荀子弟子的韩非由于持鲜明的法家、道家主张而从未被承认为儒家人物就是一个例子，而荀子也由于吸纳了较多的法家思想而长期不被儒家接纳）。在法家看来也是这样，持儒家仁义主张的人不可能同时完全持法家主张（持法家主张的人通常会认为，仁义之论只对部分人、在部分场合可用，仁义之论有助于修身，但碍于治国）。正是由于儒、法二家在那个特定的历史背景下是泾渭分明的，这决定了被归于儒家的李克与持鲜明法家及兵家主张的李悝不可能是同一人。第三，古人对二人的历史评价不同。《前汉书·古今人物表》从儒家思想角度把"李悝"归为"上下智人"等级（即第三等，子夏、曾子、子贡、乐毅等人与之同级。黄帝、炎帝等人为"上上圣人"等级，即第一级），而把"李克"归为"中上"等级（即第四等，与魏文侯、孙膑、韩非、白起、晋文公、范文子等人同级）。① 姑且不论哪一个人是儒家人物及这些评定是否合理，既然李克与李悝被汉朝人评定到不同的等级，则当然不可能是同一人。第四，克与悝二字的字形、字音、字义不同，不可混用。这两字的字音，据《说文解字》徐注，悝"苦回切"，克"苦得切"，说明这两个字的音相差极大，很难混通。对于二字的字形，克有亨、㪔、㐭、亯、㯏等字形，而悝有悝、㦖、㦚等字形，可见，这两个字的字形也没有明显的共同之处。这二字的字义，《说文解字》的解释是："克，肩也。象屋下刻木之形。凡克之属皆从克""悝，啁也。从心，里声。《春秋传》有孔悝。一曰病也"，可见，克、悝二字的字义毫无共同之处。把两个在字形、字音、字义毫无共同之处的字，强拉硬扯而认为可通用，实是牵强附会，毫不足取。综合而言，认为李克与李悝是同一人的说法不可信，李克与李悝是两个不同的人，这在秦汉时期的多种古籍中已有定论，不容置疑。

关于以"一声之转"而论李克与李悝是同一人之说更是荒唐不可信。理由如下：第一，"一声之转"只是在极罕见情况下才可用于解字。所谓的"一声之转"是为训诂之便而提出的一个概念，只是为了解释古文中有些字音近且义同的文字现象。而"一声之转"的具体情形是极少见的，古代训诂著作何其几百部之多，但《四库全书》中古人明示的只有约44处"一声之转"情形，可见并不多见，则"一声之转"方法的运用也就理当极为审慎，除非有可靠依据，否则不可轻用之，不然的话，不但不能解决疑问，还会落下笑柄。第二，人物姓名没有"一声之转"的运用余地，因为"一声之转"的目的是探讨字义，而人

---

① 参见班固. 汉书[M]. 郑州：中州古籍出版社，1996：407.

名无论是否有字义都不是训诂对象。上古人物的姓名确有多种写法，例如，上古的臯陶、咎陶、咎繇等名字实际是指同一人，但这是由于文字变革导致的，上古人物的名字在商周时期是用甲金文、大篆之类的字体书写的，这些大篆名字在向小篆及隶书字体转化过程中有多种写法是必然的，因为东周时期天下不统一则文字就不会统一，东周列国也就有各自的书写习惯，同一古人名字有多种写法也就势所必然。但这个情况并不适用于东周列国人，因为他们的名字原本就是用小篆（甚至隶书）书写的，不存在字体转化问题，从而也就不会出现一人的名字有多种写法的现象（一人有多个名号则又当别论，比如，商君有公孙鞅、卫鞅、商君、商鞅多个名号，这是由居住地或官职变化造成的）。则在人物名字上不能适用"一声之转"等训诂方法，否则会引起极大的混乱。试想，若轻率地认为"崔枯一声之转，适树一声之转"，则就可依"一声之转"而认定崔适、枯树是同一物，这显然极其荒谬可笑！第三，"一声之转"并不是一个普遍规律而可以到处运用、扩展运用。由双声说明词义之相通，这是训诂学上的一种方法，在郝懿行《尔雅义疏》中多见用。但是单纯用"一声之转"来说明语义相同或相近，那还是很不够的，最要紧的是要有书面上的佐证。佐证有两种，一是见于字书、训诂书，一是见于前人的文章内有明确的用例。如果不如此，随意立论，往往陷于病态的胡猜乱想。例如，孔圉之子是孔悝，从未见哪一本古书把孔悝写成孔克。第四，运用"一声之转"的目的不是字音而是字义，从而不适用于人名。人名之重要功用是以其音（及形）而不是其义来特定化某一个具体的人，即人名只是一个符号。例如，美国篮球明星乔丹名字叫 M. Jordan，而"Jordan"一词的本义是尿壶，但没有人认为球星 Jordan 是个尿壶或 Jordan 牌鞋是尿壶。人名主要是一个符号，人物名字的意义取决于人物的阅历而不是取决于名字所用的文字。故，稳妥的观点是，人名自身不带含义，仅作符号之用。或许人们茶余饭后能从人名中品出一些端绪来，但人名所起的主要就是符号功能，从而"一声之转"与人名也就没有交集，以"一声之转"来解读人名是弄错了对象。第五，"一声之转"主要用于字音相近似的场合（比如，《别雅·卷四》有"古但曰，沓，沓与套乃一声之转，故相通用"、《通雅·卷四十五》有"鹄鹤一声之转，古书互用"即是），特别是用在解读方言方面，但并不会适用于字音明显不同的场合。通过分析"一声之转"的典型情形，可知，"一声之转"的产生主要由于方言或语音的流变，即发音的变化导致音近而字不同但义同。对同一事物，各地方言可能发音不同，进而其书写也不同，这才有适用"一声之转"法以探求字义的条件，例如，唐朝释慧琳《一切经音义》卷十云："今关西言荄，山东言蔫，江南言痿"即是明证。故，崔适所说的"悝、克一声之转，古书通用"是在未经细致考证的情况下而轻率作出的谬论，实不足信。我们不应以讹传讹，谬论止于智者。

在认知到李悝、李克是两个不同的历史人物之后，仍有一个疑问：史书中的记载会不会因传抄错误或刻意改动而把"李悝"写成"李克"或把"李克"写成"李悝"？我们可以认为，这是完全可能的，尽管那些对原著的有意或无意的改动都是十分微小的。以四库本《前汉书》中的记载为例：

> 汉书旧无批注，唯服虔、应劭等各为音义，自别施行。至典午中朝，爰有晋灼，集为一部，凡十四卷，又颇以意增益，时辨前人当否，号曰汉书集注。属永嘉丧乱，金行播迁，此书虽存，不至江左。是以爰自东晋迄于梁、陈，南方学者皆弗之见。有臣瓒者，莫知氏族，考其时代，亦在晋初，又总集诸家音义，稍以己之所见，续厕其末，举驳前说，喜引竹书，自谓甄明，非无差爽，凡二十四卷，分为两帙。今之集解音义则是其书，而后人见者不知臣瓒所作，乃谓之应劭等集解。王氏七志，阮氏七录，并题云然，斯不审耳。学者又斟酌瓒姓，附著安施，或云傅族，既无明文，未足取信。蔡谟全取臣瓒一部散入汉书，自此以来始有注本。但意浮功浅，不加隐括，属辑乖舛，错乱实多，或乃离析本文，隔其辞句，穿凿妄起。职此之由，与未注之前大不同矣。谟亦有两三处错意，然于学者竟无益。汉书旧文多有古字，解说之后屡经迁易，后人习读，以意刊改，传写既多，弥更浅俗。今则曲核古本，归其真正，一往难识者，皆从而释之。古今异言，方俗殊语，末学肤受，或未能通，意有所疑，辄就增损，流遁忘返，秽滥实多。今皆删削，克复其旧。……近代注史，竞为该博，多引杂说，攻击本文，至有诋诃言辞，掎摭利病，显前修之纰僻，骋己识之优长，乃效矛盾之仇雠，殊乖粉泽之光润。今之注解，翼赞旧书，一遵轨辙，闭绝岐路。①

而且，仅《前汉书》的"景德监本"就"签正三千余字"，"景祐刊误本"则"凡增七百四十一字，损二百一十二字，改正一千三百三十九字"。这样的对原书的改动，无论是否出于传抄错误、雕版错误、虫雨侵蚀、刻意刊改、以意刊改或有所疑辄就增损，其结果都是相同的，那就是：《前汉书》几经无数次微小的改动已不可能是班固原作之旧。基于这样的对古书流传过程的考察，再考虑到李悝确有目前可知的详细的"尽地力之教"的主张，而李克传授《诗经》

---

① 班固. 汉书：汉书叙例［M］. 北京：中华书局，1999：1—2.

和著有《李克》则必无时间和精力作社会统计调查以体察民情和研究社会改革方案，大致可以确定，主张"尽地力"的"李克"原本应为"李悝"（也有较小可能性的是，作为儒生的李克确实也主张尽地力之教，即与李悝持同样的主张）。李克治中山之事因有《史记》的记载佐证，当无问题。而魏文侯问李克之事的诸记载，其体例相近，可能都出于《李克》那本书或别有所据，且李克提出有关识人方法、赏罚须得当、关注民间饥寒等观点与其儒士身份也并不冲突（这几条出自李悝的可能也是有的，但这种可能性是微乎其微的，与其如此，不如尊重古籍而不擅作猜想）。古籍的原版及经过长期流传后版本的记载都可能出错，但除非有充分的事实依据和可信理由，否则不应以单纯的猜测而妄议、妄改古籍，否则与颜师古所言及的"末学肤受或未能通意，有所疑辄就增损"或"近代注史竟为该博，多引杂说，攻击本文"等浅薄之辈有何分别！既然古书被刊改是不可避免的，则存在错误也就是可能的，但也只是有这种可能，并不是必然就有错误。对于李克尽地力之事，唐代司马贞所作《史记索隐》说"案《前汉书·食货志》李悝为魏文侯作尽地力之教，国以富强，今此及汉书言克皆误也，刘向别录则云李悝也"。如此，则主张"尽地力"者可能原本是"李悝"而不是"李克"。

通过以上的对秦汉时期的史料梳理可知，"李悝"是确有其人，且与"李克"不是同一人，而且他倾向于法家主张（即主张进行社会改革，而不是复归于礼乐之世）。

如果李悝能著《法经》则李悝应有刑罚思想，但相关记载并不能表明李悝有刑罚思想，其中相关者仅有"狐疑之讼"，而李悝对非"狐疑之讼"是如何处理的，及他是否有刑罚立法思想等，都不明确。从这一处记载可以获得如下信息：第一，李悝是以诉讼案件所涉及的案件事实和生效法律规则以外的是否"善射"来决定"狐疑之讼"之胜负的，其目的仅是使人们"善射"或"善战射"，这表明李悝为达目的而在对手段的选择上并不慎重。因为，一方面，并不是所有的人都会涉及"狐疑之讼"，则为了对大多数人有诱惑力或影响力，就须不断放大"狐疑之讼"的范围。另一方面，这样做有诸多的负面效果，由于相关案件的胜负是取决于案外因素，即涉案人的战斗力，这易使那些强人、武人成为胜者，而那些弱者、文人成为败者，这将加剧社会的不公与分化，则这样的强兵之法是易于导致国乱、国弱的，这与法家思想是相背的。第二，"狐疑之讼"范围有扩大化的明显倾向，因为"令下而人皆疾习射，日夜不休"，这说明有极多的人已涉及或将涉及"狐疑之讼"，"狐疑之讼"的覆盖范围或威慑范围很广，从而才会带来全面的社会影响及全面的社会动员效果，这与我们通常认为的"狐疑之讼"只占极少比例的常识是不符的。这足以说明，在"上地之守"李悝的操纵下，"狐疑之讼"的范围明显放大了，甚至可能，一个具体的案件是否是"狐疑之讼"也是取决于李悝的个人判断，而李悝为了迫使更多的人"善射"就会把很多案件都定为"狐疑之讼"。"狐疑之讼"范围扩大和以"善射"决胜负的直接后果是案件事实和法律被弃置一旁，则案件的处理结果就难以实现公平且令人信服，其长远后果必然是民心涣散、武人横行、弱者无从申冤。第三，李悝有纵容犯法的嫌疑。"狐疑之讼"（疑案、疑狱、疑罪之类）的出现在任何时代、任何国家都不可避免，其处理方法也各各不同，但总体的倾向是以诉讼途径尽量公正处理，而不是以非诉讼途径处理疑案。并且，途径的选择将影响案件的处理结果，如果能对疑案进行深入研究和调查则极可能消除狐疑而公正处理案件，但若以"射的"决定胜负也就等同于放弃了对案件进行深入研究和调查的机会，从而加重了案件处理的不公正倾向，至少足以使"善射"的坏人逍遥法外且堂而皇之地得到非法利益，从而留下了一个纵容犯法的制度漏洞，有此漏洞的庇护则那些"善射"的坏人也就更敢于为非作歹。从反面而论，如果以"射的"决定诉讼胜负，则法律规则及诉讼程式就显得可有可无了，这是很危险的倾向，法家不可能如此处理问题。第四，李悝有刻意导致诉讼效率低下的嫌疑。由于是以"射的"决诉讼胜负，那就需要给足涉案人学习射箭的机会与时间。并且李悝此举的目的正是促使人们"善射"，从而也必定给足人们学习射箭的机会与时间，于是，诉讼案件也就会久拖不决，而须给足时间等待双方学完射箭再以"射的"决胜负，这与商君的主张"以日治者王，以夜治者强，宿治者削"[①]讲求高效施政的主张适成鲜明对比。或许李悝此时还很年轻，从而想出这么一个思虑并不周全的权宜之策（李悝"警其两和"而致失信于军也体现了同样的思虑不周问题），也算是中国古代史上的一桩笑谈。作为制度漏洞而非制度创举，后世也没有哪个朝代依李悝的"射的"之法决狱。从以上的分析来看，李悝的以"射的"决"狐疑之讼"的举措（及"警其两和"）仅是权宜之策，很不周全，不足以效法后世，没有法家理论作支撑，更与基本的法家思想相冲突。

秦汉史料（除了《七国考》所引"桓谭新书"）并不能表明李悝有独特的刑罚思想，反倒是从上述有关"李克"的记载中找到了两条关于刑罚的记载。

李克认同"食有劳而禄有功，使有能而赏必行，罚必当"及"夺淫民之禄"的主张（即这些主张并不是源出于李克本人，仅是认同），而这样的主张其

[①] 长治. 商君书评注 [M]. 武汉：武汉大学出版社，2019：55.

实是典型的儒家观点,这些观点来自儒家学者对三代历史的总结。李克即使有这一主张也与法家思想无关,对比一下《商君书》中的"赏厚而信,刑重而必"就知道二者的区别有多大。儒家与法家都不反对国家行刑赏爵禄之制,只是二家的具体方法有根本区别。比如,儒家主张对贤能有德者都给赏而在施罚时要亲疏、尊卑有别,而法家商君的主张是"利禄官爵抟出于兵,无有异施""不赏善""夫举贤能,世之所治也,而治之所以乱""无等级,自卿相将军以至大夫庶人,有不从王令、犯国禁、乱上制者,罪死不赦"等。① 儒家的立论依据是"六艺",即诗、书、礼、易、乐、春秋,其仁、义思想也是从其中抽象而出的,目的是培养出理想的个人人格以促成社会文明,体现的是向后看思维模式。但法家就少受历史故习的束缚,重视的是对近几百年历史中成败两方面的社会改革经验的总结,目的是构建出完美的社会制度以促成社会文明,体现的是向前看思维模式。这使得儒法二家虽然或许有相近的社会理想,但最终分道扬镳而成为完全不同的两个学派并相互排斥和攻伐。故,儒、法二家并不是在所有方面都不相同或没有相近之处。李克所支持的"夺淫民之禄"主张,其实是他个人的见解,未必被魏国采纳,在他之前与之后也没有哪个国家那么做,"父有功而禄其子"不一定完全不合理,况且,"其子"不一定就是"淫民"。并且,李克此主张的目的是"以来四方之士",这与当时魏国崇儒的文化氛围是相符的,所谓"四方之士"主要就是儒士,当时"卜子夏、田子方、段干木"三人就是名士,而魏文侯"师之",李克这样的主张当然会受到儒家和魏文侯的欢迎。但法家商君认为"学于言说之人则民释实事而诵虚词。民释实事而诵虚词则力少而非多,君人者不察也,以战必损其将,以守必卖其城",② 法家当然是抵制李克主张的,则李克即必是被归于儒家而不是法家。

  李克深入分析了"刑罚之原",他认为刑罚起于"奸邪淫佚之行",而奸邪淫佚起于"技巧"(雕文刻镂、锦绣纂组之类),进而他主张"禁技巧"以避免"为民设陷",但这一主张就与儒家的仁政观念及道家的无为观念更为接近了,至少与法家主张明显有区别。李克认为官府及富豪过于追求奢侈,以致索取过度,从而导致一部分人饥寒而另一部分人淫佚,以至"民而为邪",国家再"因以法随",从而带来刑罚,则他的"禁技巧"主张也就带有明显的仁政、改良色彩。对比《商君书》"苟能令商贾技巧之人无繁,则欲国之无富不可得也"就能明白其中的巨大区别:李克是主张"禁技巧",而商君只是主张"令商贾技巧

---

① 长治. 商君书评注 [M]. 武汉:武汉大学出版社,2019:100,105,123,101.
② 长治. 商君书评注 [M]. 武汉:武汉大学出版社,2019:123.

之人无繁",也这就是这类人要少(即不"众")且"赢利少";李克主张的目的是避免"为民设陷"或受刑罚,而商君主张的目的是"民之力尽在于地利"(即富国);李克主张体现的是对社会进行行政干预(例如,"夺淫民之禄","禁技巧",及李悝"善平籴"平物价保供给之举,这些都是对现有制度的局部改良,有较强的仁政色彩)以减少"民而为邪"现象,而商君主张体现的是对社会进行全面改革(商君的增加社会财富、增强军事实力的举措并不是对现有制度的局部调整,而是逐步确立一套全新的制度,并且引导人们尽地力、尽民力的途径并不是行政命令或行政干预,而是利益引导,以合乎民众利益的制度引导人们主动参与富国强兵的事业,即以"利民"之途而实现"强国"之效)。可见,李克的主张并没有触及当时社会制度的根本之处。在儒家主张受到魏国朝廷欢迎的大环境之下,或许李克根本不会提出反儒家或与儒家立场差异太大的主张。相反,如果李克提出了反儒家的主张,只会使李克自身遭到魏国朝野的排斥,如同商君受到排斥而不得不离开魏国而到秦国施展个人抱负一样。以上的分析表明:李克就是一个典型的儒家文人,并持典型的儒家观念。

而从《七国考》所引"桓谭新论"来看,李悝确实最终形成了他自己的比较有特色的刑罚主张,并且他"作尽地力之教"(两种已失传的《李子》也很可能是李悝所著。《法经》也早在秦汉时期已佚失,当然它可能只是《李子》中的一篇,两汉之交时的桓谭是否见过完整的《法经》亦不得而知)。而叔向、孔子等人是明确反对国家颁布成文法的,[①] 制定成文法又确是法家之所长且是儒家之所短。[②] 则,即使李悝没有系统的法思想,《前汉书·艺文志》把李悝归入法家也就不会太不妥。

据如上史料,李悝的成就主要有二项:一是"尽地力之教",二是"法经"。

关于"尽地力之教"的成效和实施情况。依前述,此主张"行之魏国,国

---

① 《春秋左氏传》昭公六年:郑人铸刑书,叔向使诒子产书曰:"昔先王议事以制不为刑辟惧民之有争心也,民知有辟则不忌于上,并有争心以征于书而徼幸以成之弗可为矣,夏有乱政而作禹刑,商有乱政而作汤刑,周有乱政而作九刑,三辟之兴皆叔世也,今吾子相郑国制参辟铸刑书将以靖民不亦难乎,民知争端矣将弃礼而征于书锥刀之末,将尽争之,乱狱滋丰贿赂并行,终子之世,郑其败乎,肸闻之,国将亡必多制,其此之谓乎。"《春秋左氏传》昭公二十九年:冬,晋赵鞅荀寅帅师城汝滨,遂赋晋国一鼓铁以铸刑鼎,著范宣子所为刑书焉,仲尼曰:"晋其亡乎,失其度矣。"

② 《钦定四库全书总目·卷八十二》:案法令与法家其事相近而实不同。法家者私议其理,法令者官著为令者也。刑为盛世所不能废而亦盛世所不尚,兹所录者略存梗概而已,不求备也。

以富强"，可见，此主张确实得到了采用和施行。但从中并不能得到更多的有用信息，比如，依"李悝为魏文侯作尽地力之教"的记载，肯定是李悝提出了此主张，但到底是李悝还是魏文侯实施了此主张呢？魏国因实施此主张而变得富强，此"富强"是相对于过去的魏国还是相对于其他诸侯国呢？富强了多少及维持了多久呢？对第一个问题，根据当时的历史环境，李悝如同商君那样主持一场变法是不可能的，也没有任何史书表明李悝曾经主持过变法革新，《史记》和《前汉书》这样重要的前二史都没有相关记载。从而，史实只能是魏文侯采纳了李悝的主张而进行了相关的若干革新，而不是李悝本人在魏国推行了一场变法。对第二个问题，魏国虽是战国七雄之一，但始终并不是非常地强大，与周边诸国的战争也是时胜时负，亡国危机又时时相伴，魏国开疆拓土的效果并不是很明显，则，魏国并没有因行"尽地力之教"而比其他诸侯国更富强。且，魏国是在魏文侯二十二年时才独立为列侯，过十六年文侯卒而魏武侯立，又过十六年武侯卒而魏惠王立，当时魏国险些被一分为二，惠王九年时秦孝公立，孝公变法之后，魏国的国运即江河日下了，被迫迁都、削地之遭遇接踵而至。可见，魏国作为一个新国，经过改革而变得稍微强大一些是可能的，但这只是相对于立国之初的国力而言。对第三个问题，"尽地力之教"对魏国富强虽可能有一定帮助，但到底有多大的实际帮助仍是一个未知数，毕竟魏国并不是各诸侯国之中特别强大的，也不是持续强大的。

"尽地力"这一主张虽然在李悝那里有了细致的且明确的策略，但它却是颇有渊源的。根据相关史料的记载，相近主张可能在齐桓公与楚庄王时即已出现，如下：

> 管子复于桓公，曰："垦田大邑，辟土艺粟，尽地力之利，臣不若宁速，请置以为大田。"①
> 《古文苑·卷十九·楚相孙叔敖碑》：其忠信廉勇礼乐文章轨仪同制，其富国充民明天时尽地力霆坚，禹稷不能踰也。专国权宠而不荣华，一旦可得百金，至于殁齿而无分铢之蓄。

那么，这一主张并不是李悝所首创。李悝"尽地力之教"的具体内容，主要是体现在上述一处记载中。虽然李悝明知"治田勤谨则亩益三升，不勤则损亦如之"，但实际上并没有给出具体的举措来促进实现"治田勤谨"的目标。而"平籴"建议则较为详细具体，具有一定可操作性，其实施对保护农民利益和确

---

① 关贤柱，等译注. 吕氏春秋全译［M］. 贵阳：贵州人民出版社，1997：603.

律令的精神 >>>

保农产品的价格稳定有一定帮助，但从《史记·平准书》及《前汉书·食货志》来看，仅仅以粮食收储或征收并不足以确保"平籴"的成功，因为至少还牵涉到钱币与市场管理，后世的"尽地力"及"平籴"也不是按照李悝的建议做的。如此看来，李悝的"尽地力之教"的现实意义也就大打折扣了。

关于《法经》的有无。首先，目前看来，关于李悝著《法经》的最早记载，间接而言是两汉之交的桓谭新书，直接的最早记载是《晋书》，并且更早的《魏书》已提及"商君以法经六篇入说于秦"（商君是从魏国入秦的，此处的"法经六篇"是自著还是他人所著并不得而知，但也可能是出自李悝）。有这些古代文献为证，足见李悝著《法经》其事并非全虚。其次，从古文来看，《法经》作为个人论著，虽作成于魏文侯时期，但直到"武侯以下守为魏法"，也就是说，《法经》作为一部私人的理论作品或法律草案，直到魏武侯时期才部分或全部地被采纳而成为国家法律，而那时，或许李悝早已去世。虽然《法经》本身并不是法律，但并不妨碍"李悝著法经"的真实性。又其次，"私造刑法"并不是始于李悝，在早他约一百年的邓析已经私自编制了"竹刑"且后来还成了郑国的正式法律，有此先例则李悝著《法经》也就不足为奇。且《法经》本来就是"悝撰次诸国法"而成，魏国地处中原腹地，交通及信息发达，从而给了李悝研究总结并撰次（文字编辑工作而已）"诸国法"的机会。再次，"李悝著法经"在先秦时期很可能是一件微不足道的小事，或许有许多人都做过相同的工作并著有相近的论著，所以，先秦文献及两汉文献（除了《七国考》所引"桓谭新书"）几乎没有提及此事者。但随着长期被法家压制的儒家的复兴，被商君视为"虱"的儒生势必有所还击与报复，压制和贬低商君也就在情理之中，把似法家而实非法家而接近儒家的李悝扶上台面也就是一个不错的选择，这或许就是北朝以来的文献屡屡提及李悝的动机之一。刘向撰《七略》及班固撰《前汉书》把李悝归入法家或许还只是不意之举，因为他著有研究国家制度及兵法的著作且能起草成文法令确实合乎法家的特征，而李悝并无儒学著作，从而也就不能归入儒家。而到魏晋之后，儒士们发现李悝并无商君那样鲜明的排儒主张，倒是有点接近在荀况那里所表现出来的以儒向法倾向，于是竞相抬高李悝的地位，并把刑律的历史源头从秦法（秦律令）提前到李悝的《法经》，而这样做的同时也会给儒生以儒术改造刑律提供借口与依据，甚至给人以法家派生于儒家的印象。刑律起始于李悝《法经》，其实只是魏晋之后的儒生们制造出来的一个幻象或叙事，因为根据现有史实来看，《法经》与秦律之间的联系或相同点极少。虽然史实被儒生们扭曲了，但并不能因此而否定李悝《法经》的真实性。如此，则可以初步断定"李悝著法经"之事是真实可信的，即《法经》

这一个人作品或许真实存在过。

关于《法经》的成就与意义。首先，李悝个人的独创性成就或许是《法经》"六篇"的体例（一盗法、二贼法、三囚法、四捕法、五杂法、六具法），魏晋时期的律家所关注的对象也正好是其编撰体例，而不是其具体的法条，而《法经》中的具体条文则明显极少影响后世立法（包括对秦律令的影响也极有限，详述于后文）。其次，《法经》六篇"皆罪名之制"，即是唐宋时期所称的刑律或当今所谓的刑法。而刑制仅是法律之末，法律之本是"事制"，刑制只是事制的配套制度，而不是相反，因为只有当有人违反了"事制"之时才会有刑制的运用余地。《法经》无相关"事制"的预先厘定而独立出现刑制本身就是一个严重有悖法理的问题，因为这会涉及刑制的合理性与合法性问题。在未明确指示人们可以怎么做或必须怎么做的情况下而直接规定刑制有"为民设陷"的嫌疑，这使《法经》的意义大为降低。从如上的初步梳理可知，李悝著《法经》对魏国当时确有一定的影响，但这种影响只能是局部的、极有限的，依《史记》和《前汉书》，汉朝是全面承袭了秦朝的制度而丝毫没有受到李悝《法经》的影响就是一个明证。

从对如上的李悝的两项主要成就的梳理来看，李悝虽可列入法家，但只能算是早中期的法家人物，并没有提出系统的法理论，其主张也很不成熟。首先，在法律方面，李悝并没有取得突破性研究进展，也没有取得开创性成就。很明显，李悝仍处于探索之中，则把李悝部分地算作上承子产等早期法家人物而下启法家宗师商君之过渡期人物是可行的。不过，商君受到李悝的影响或助益明显是很小的。在《商君书》中提到了郭偃，但根本没有提到李悝，《商君书》体现的明显是商君对过去几百年历史和各诸侯国改革经验的全面总结及其本人的独创性研究成果，而不拘于某一人的主张。且商君之法（秦律令）是一个大的制度体系，而刑制（相当于《法经》的关注范围）只是其中的一个枝节。即使如此，在刑制中，商君在立法时只是可能对《法经》有所借鉴而不可能直接采纳为秦法，因为秦的刑罚规定都是附属于事制的，都是单行法令，并不存在独立的单行刑法和刑书，律令无别在孝公变法一开始就是如此。其次，现有史料表明，李悝除曾经出任过"上地之守"及"大夫"之类的官职外，并无全面主政的履历，至少在魏文侯时期还没有那么大的国家生存危机，则李悝也就没有全面和深入探索社会改革方案的压力，儒文化浓厚的魏国朝政氛围也在阻止他那么做，李悝不具有像商君那样的时代条件，这样的历史条件也使得李悝并不会成为一个完整意义上的法家。李悝的研究领域只局限于"法"的某一些方面，且那些主张并不是他的独创，他所做的主要是综合、整合前人之识见。"尽

律令的精神 >>>

地力之教"和"著法经"使他看起来"像"法家，于是汉儒才把他归入法家，其实，李悝与商君难以相比拟。从而，"法家鼻祖""法家始祖""变法先驱""名相"等假名头就与李悝无关了。

李悝是否是魏文侯相或魏文侯师？对于这个问题，需要先梳理其渊源，而后才能得解。

关于李悝"相"魏文侯之说，其主要依据或源头当是《前汉书·艺文志》中的"李子三十二篇"的注释"名悝，相魏文侯，富国强兵"。但这一条注释并不会是出于东汉时期的班固本人，因为见到过前汉书古本的唐颜师古明确地说"汉书，旧无注解"，则那一条注解极可能是魏晋时期的某人所加，其可信度就不高。且注解中提到的"富国强兵①"也与李悝的身份履历不符，李悝有"尽地力之教"之议则大致可以认为其主张"富国"是确有其事，但"强兵"一说就难说有依据。从上述引文来看，李悝在治军问题上极无远见，其自己手头上的军队尚且以便宜之策而治，则何谈强一国之兵！这一条注解极可能是魏晋时某人未经考证和深思而以流行语"富国强兵"随手一加而已，它不可能是班固所加，也不可能是颜师古所加。从汉书注解"师古曰，李悝，文侯臣也，悝音恢"来看，颜师古并不认同李悝"相"魏文侯之说，否则不可能模糊地刻意说"李悝，文侯臣"，因为根据相关史料很容易就可以确认这一信息，根本不需要这一注解。可见，李悝"相魏文侯"之说实属猜测，唐人在撰写《晋书》等著作时不加考证而用是以讹传讹，并不可信。同理，"李克七篇"的注解"子夏弟子，为魏文侯相"也一样地不可信。

关于"魏文侯师"之说，有《晋书》《唐律疏义》《通典》《资治通鉴》《七国考》（或桓谭新书）为证，则大致可信。虽然这一说法出现较晚（其实，东汉初的桓谭在"新书"中即认为是"师"），但由于在东汉班固写《前汉书》之时，《李克》、二部《李子》俱在，则在"永嘉丧乱"（公元311年）之前的魏晋时期，人们仍然可能见到这些原著，从而在各种古籍中记载其事加以利用，"魏文侯师"之说理当有类似依据，则除非有相反的可靠依据，否则以确认"魏文侯师李悝"属实为宜。

进而可知，"李悝变法"之说只能算是在近二三十年才出现的一个虚构，并无任何史实依据，且不可能存在这一变法。首先，清朝以前从未有任何著作言

---

① 著者认为，把"富国"与"强兵"这二个词并提并最终结合为一个词，是始于商君变法和《商君书》，这是奖励耕战国策深入人心之后的直接结果。则，"富国强兵"一词只会在商君变法之后才开始流行起来。

及李悝主持过一场变法革新活动。《史记》与《前汉书》这二部早期正史对"李悝"也只是顺带提及,《史记》的《魏世家》根本没有提及"李悝",更不用说为之专门作"列传"了。其次,魏国君主的自身情况决定了"李悝变法"不可能出现。从史书来看,魏国历代君主在用人上都相当保守,并且有很重的崇儒传统,这样的国情、君情必然使得魏国君主不愿意任用他人实施变法,也使得在魏国推行变法阻碍重重。比如,魏文侯以卜子夏、田子方、段干木为师且任用推荐了这三人的魏成子为相,相反,颇有政绩的翟璜则落选了。且,魏文侯作为新立魏国之君,当然明白大权旁落的后果,则大权独揽于己是必然的,从而不可能任命他人去主持一场变法。即,魏文侯自己就是强君,则不可能容忍强臣的存在。从相关记载来看,魏武侯同样非常自负,自以为满朝文武"之虑莫如寡人",既然魏武侯目中无人或认为没有人比自己更能"虑",则这样的国君当然不可能也不必要信任并支持李悝开展一场变法。而据《史记·孙子吴起列传》,魏武侯听信谗言而致名将吴起离魏适楚,这说明魏武侯难以算得上是明君。魏惠王急功近"利"① 而缺乏深谋远虑,在识人用人上更成问题,致使实干的商君被拒而言谈之士如邹衍、孟轲等文人充盈朝廷,他同样不可能信任他人而推行变法。再次,"变法"意味着是主持一场全面的社会变革或革新,但根据现有的史料,李悝至多只有"尽地力之教"这一政策主张和"著法经"这一写作活动,但仅这二项似乎是纯学术性质的活动也就难以与"变法"联系到一起。另外,"李悝"或许确有其人,但其阅历则是不甚清楚,因为相关资料极少,我们只能根据极少量的零散资料"拼凑"出李悝大致的人生轨迹,而从中并不能看出李悝曾经主持过变法革新活动。更为重要的是,李悝在社会政策方面(主要是"事制")并无建树,其"尽地力之教"的主张也并不完整且可行性较低,其《法经》因无"事制"的支持而显得无足轻重,仅这些细枝末节的研究成果是不足以支撑起一场变法革新的。由此可见,"李悝变法"实际上是一个虚构出来的故事,不足信。

综合而言,对"李悝"这一历史人物的分析结论,可归纳如下:

1. 李悝确有其人,且与李克不是同一人。

2. 李悝是法家人物而不是儒士,他有带兵及决狱讼的经历,并"著法经"和"作尽地力之教",法家书《李子》及兵家书《李子》都可能出于其手。

3. 李悝只能算是早中期的法家人物,仍在探索中,他并没有完成法律理论

---

① 《孟子·梁惠王章句上》有"孟子见梁惠王。王曰:叟不远千里而来,亦将有以利吾国乎"。

体系的创建。

4. 李悝可能有自己的刑罚主张，至少在刑制的立法体例上有其个人的见解。

5. "李悝相魏文侯"之说并无直接的史料加以证实，但"魏文侯师李悝"之说则基本上是可信的。

6. 李悝只是一个谋士，他的主张可能部分得到了实施，但并不会是在他自己的主持下实施的。

7. 李悝的主张是不全面的、不深刻的，且无"变法"史实。"李悝变法"是虚构。

8. 汉儒对"李悝"推崇有加（《前汉书》列其为"古今人物表"第三品级，并高于作为《诗经》传承人的李克），其原因不明，但至少说明李悝不反对儒家学说、没有压制儒生的主张，即李悝的主张还没有达到极其鲜明突出而能成立一个新学派或成一家之言的高度。

综上所述，现有的史料和依据说明："法经""李悝"与"李悝著法经"皆很可能属实。得到这样的基本认知，我们才能更进一步讨论其他的相关问题。

四、《法经》是法律还是私人著述

若《法经》确曾存在，那它到底是法律还是私人论述？这是一个不可回避的问题。

在讨论这个问题之前，还是需要补充说明一下有些学者对《法经》的质疑。在中国古代历史上并无人讨论《法经》的有无问题，倒是进入现代，一些外国人于二十世纪三十年代后撰文质疑《法经》的真实性，其后，中国国内才有人持质疑观点。[①] 近些年来，对《法经》的质疑出现分化的倾向，一些人认为《法经》并不存在，另一些人则是认为《法经》并不是李悝所撰，从而认为李悝所撰的《法经》并不存在。[②] 与此同时，在《法经》之有无还有一定疑问的情况下，还出现了把已经公认为伪书的黄奭所编《李悝法经》改换名称并编辑为《法经考释》在香港出版的奇事。[③] 如前文所述，已可初步确定《法经》是真实存在过的。而针对各种质疑之声，再补充说明如下，以巩固《法经》为真之论：

---

① 参见何勤华.《法经》：中国成文法典的滥觞 [J]. 检察风云，2014，(08)：36-37.
② 参见廖宗麟. 李悝撰《法经》质疑补证 [J]. 河池学院学报（哲学社会科学版），2006，(01)：79-82. 夏阳.《法经》论考 [J]. 法制与经济（下半月），2008，(05)：121-122，157.
③ 参见阮啸.《法经》再辨伪 [J]. 法制与社会，2007，(07)：674-675.

其一，关于《七国考》引述"桓谭新书"的真伪问题。我以为，无论《七国考》引述"桓谭新书"是真或伪，都不影响对《法经》是真是假的判断，因为在《七国考》之前有一些文献提及了"法经"。除开《七国考》，最早有北齐时期的文献为证，不需要《七国考》也足以考证《法经》有无的问题。而且，1983年，张警在"《七国考》《法经》引文真伪析疑"一文中已以详实的资料和理由证明《七国考》的这段"法经"条引文是可信的。我也认为，《七国考》所引述"桓谭新书"的内容是大致可信的，其可疑度远小于可信度，暂无相反明证，则姑且信之。

其二，关于清末黄奭所辑《李悝法经》是伪书的问题。1990年，"老一辈学者杨鸿烈在其所著《中国法律发达史》中，因孙星衍曾指出《法经》中'有天尊、佛像、道士、女冠、僧尼诸文为后世加增'，从而认为这部辑佚而成的《法经》，文体既非战国时体，内容且颇类唐律，间亦有不适于战国的时势者，大概是后人本唐律而伪作的"。① 并且，早在1984年，蒲坚就指出"黄奭所辑《汉学堂丛书》中的《法经》，是一部毫无史料价值的伪书，是辑佚者以公元六百多年的《唐律》中的某些律文，假冒公元前四百多年的老古董。因此，它是不能作为战国时期的文献资料引用的"，② 多个研究者都发现黄奭辑本《李悝法经》几乎是全部抄袭自《唐律》，而且还有很多地方抄错了。很明显，《李悝法经》就是伪书，且是一本毫无史料价值的拙劣糟粕。由于《法经》在历代史志和私家书目中都没有著录，则它极可能在秦汉时期已佚失，至多只是在各种公私图书中留存有少量引述而已，则《法经》不可能流传至今，更不可能再被发现，坊间的任何版本的《法经》皆必然是伪作。由于《法经》之有无问题本来与《李悝法经》这样的伪作无关，则不能因《李悝法经》等书是伪作而断定《法经》不存在。

其三，关于"法经"记载的出现时间较晚的问题。《法经》可能编写于公元前400年以前，但我们今天能看到的有关"法经"的史料则分别有公元50年之前成书的桓谭《新论》、公元229年前后的曹魏新律《序》、公元550年前后成书的《魏书》、公元648年成书的《晋书》（此书的蓝本是南朝宋时臧荣绪公元480年前后所撰同名史书）、公元653年颁布的《唐律疏义》等，可见，如果《法经》确实由李悝编撰成书的话，则从其成书到第一次有史料加以记载（桓谭

---

① 参见廖宗麟. 李悝撰《法经》质疑补证[J]. 河池学院学报（哲学社会科学版），2006，(01)：79.

② 蒲坚.《法经》辨伪[J]. 法学研究，1984，(04)：51.

《新论》）已相距四百多年之久（但也并没有二十世纪三十年代外国学者所说的一千多年那么长），从曹魏新律《序》算起也只有六百多年，从《魏书》算起则有九百多年。《法经》记载的出现时间较晚，这确实是一个问题，但在这个问题上需要考虑如下情况：一，秦汉时期的古书大多失传了，我们今天看到的书只是其中的极小一部分，则先秦与西汉时期的其他图书是否记载了"法经"之事，不可轻下定论。二，四百多年并不是一个太长的时间间隔，考虑到一个事物从其最初出现到人们发现其特殊性并加以关注是要有一个过程的，比如王充的《论衡》从写成到大为流行就间隔了一百多年，此前很少有人知道其书，《法经》也可能出于同样的原因而较晚才受到人们的关注。李悝本人在魏国历史中的影响极小，从而使李悝在战国时期各诸侯国中的知名度更小，目前所存的仅《吕氏春秋》和《韩非子》这两部先秦古书提到了"李悝"这个名字就很能说明这个问题。且《法经》是"武侯以下守为魏法"，说明它在魏国的影响也很小，则知道并保存《法经》的人当然更少，《史记·魏世家》没有记载它，连晋代发掘魏王墓时也没有发现"法经"相关资料，汲冢书的魏国史官所写《竹书记年》里也没有相关记载。对于这一无足轻重的文献，或许如果不是商君把它带入秦国，则《法经》极可能随魏国的灭亡而完全消失以致无人知晓，秦宫或秦丞相府所保存的很可能正是《法经》孤本。以上这些因素都妨碍了《法经》的传播。从而，在长时期内无人提及它也就是可以理解的，而不能因为长时期无人提及它就否定它的存在。三，当前存世的秦汉古书大多是儒家书，而汉儒由于秦法苛严的缘故而对法律相关各种文献有着极深的抵触情绪，从而，即使汉儒知道《法经》，也可能有意忽略掉。比如，《史记》和《前汉书》对秦律令、汉律令的记载也都极为简略，且几乎都是顺便提及，如果不是出土了大量的秦律令条文，现代的人们几乎很难从古籍中知道秦朝有"律"，或"律"是什么样子。对于并没有在汉朝和秦朝生效的魏国李悝所著《法经》一文，汉儒们更是可能不屑一顾，即使李悝对儒家没有多少敌意。对于秦汉时的法家人物来说，作为参考资料的短文《法经》在庞大的秦律令体系面前已显得微不足道，从而也不大可能提及《法经》。这些原因造成秦汉时期的古书及留存至今的秦汉古书都难以见到有提及"法经"的，是历史环境使然。四，魏晋之后，特别是唐朝把"法经"置于很突出的位置，同样是当时的历史环境使然。由于号称严苛的秦法、秦制并没有随秦朝的灭亡而亡，相反，它被汉朝全盘继承了，连对儒家打压极大的挟书律、诽谤妖言律都没有被汉王朝废除。后来，虽然各朝代的法律有所损益、有所变更，但大致并不超出秦法的范围，儒家对此是很无奈的，儒家并不能构建出比秦法更完善的制度，于是，儒家及各朝廷所能做的只是把秦法律及本朝法律装扮成合乎儒家观点的样子，对秦法律的局部修改是一方面，另一方面就是为秦律令找到一个合乎儒家观点的源头，从而避免把秦法当成本朝法律的源头。而根据史料恰好有"李悝著法经"这回事，于是正好用上。假设没有李悝和李悝法经这回事，则儒生们极可能会把邓析"竹刑"或其他什么作为本朝法律的源头。正是在这样的历史背景下，本来是极不重要的且名不见经传的《法经》被突然提到一个显要的位置。则，《法经》记载的突然出现或较晚出现，并不足以证明《法经》是不存在的或是虚构的，但足以表明《法经》本来是极不重要的。

其四，《法经》体例的问题。根据相关史料，《法经》有六篇，即"一盗法，二贼法，三囚法，四捕法，五杂法，六具法"。秦律令的体例则并无史志加以记载，而也有"秦法经"之说，更有文献记载说"商君受之"。根据《前汉书》可知汉朝有"律九章"，具体情形并未记载，直到《晋书》才加以追述，即在六篇之上加"兴厩户三篇"，合为九章。这么说来，《法经》体例得到秦汉二朝的承认与沿用。然而，根据出土的云梦秦简、张家山汉简、岳麓秦简，秦律令、汉律令的篇章都达几十种之多，远远多于史书中的记载，这就让人怀疑古文献中关于"秦法经"记载的真实性了。且，早在西晋消亡前后，秦汉律令已经逐步在佚失，也正是这个原因，唐朝文献中关于汉律令的记载已是相互矛盾的，[①] 可见，唐人看到的汉律令未必比今天更多，从而，这些记载的可信度是打折扣的。于是，就有人依《法经》六篇体例的问题而反证"法经"是虚构的，即《法经》六篇的篇目可能是汉晋儒生根据秦汉旧律的篇名捏造出来的。虽然确实存在捏造《法经》篇目的可能，但由于汉律令源自秦律令是毫无疑问的，则秦律令的创立也当有所渊源，而不可能是商君或秦王一人的独创。商君本人就是一个大学问家，从《商君书》可见他善于研究以往几百年的东周历史和经验教训，从而才形成了他的宏大的思想理论体系，那么，商君对其以前的各种立法尝试进行研究与借鉴是可能的，也是必要的，比如晋国的被庐之法和夷蒐之法、范宣子刑书、郑国子产刑书、郑国邓析竹刑等，则商君对魏国人作品的研究亦当在情理之中，至少这种可能性是极高的，则以《法经》体例问题并不足以否定"法经"是真实的。

其五，《法经》内容的类别归属问题。廖宗麟在综合各种观点后指出，"李

---

① 殷啸虎认为，"作为《唐律》渊源的《九章律》，在唐代人编纂的史书中，记载失实如此严重，而对早于《九章律》二百余年的《法经》的记载，其可靠性程度也可想而知了"。参见殷啸虎.《法经》考辨[J]. 法学，1993，(12)：33.

悝《法经》分为六篇：第一篇为《盗法》，是惩罚侵犯财产犯罪的法律。第二篇为《贼法》是处罚侵害他人人身安全及危害封建统治等犯罪的法律。第五篇为《杂法》，是内容庞杂的拾遗补阙的法律，规定了六禁，即淫禁、狡禁、城禁、嬉禁、徒禁、金禁，还有一条惩罚僭越的规定。这三篇相当于现代的实体法。第三篇为为《网法》，又称《囚法》，是关于囚禁和审判罪犯的法律规定。第四篇为《捕法》，是关于追捕各种盗、贼及其他罪犯的法律规定。这两篇相当于现代的程序法。第六篇《具法》，亦称《减律》，是关于定罪量刑通例和原则的规定，相当于近代法律的总则部分。这样一来，李悝这部《法经》结构体例就是'诸法合体，民刑不分'了，这与李悝之前两百多年及之后两百多年的各国法律制度不成一个体系，'诸法异体，民刑分离'，互不混淆的体例完全不同"，① 因而他认为，在李悝所处的时代，应该还不会出现《法经》这样的法典。对此，《法经》结构体例未必就是原创性的，因为之前就已有诸如范宣子刑书、郑国子产刑书、郑国邓析竹刑等各种立法例，估计他们的体例是大同小异或逐步改进的，况且，《法经》是否是"诸法合体，民刑不分"也是有疑问的。由于我们（包括魏晋时人在内）已不可能见到《法经》了，则《法经》的具体情况是不得而知的，过度想象是无益的，我们所能做的只能是根据现在的有限资料进行推断。《囚法》与《捕法》到底是程序法还是实体法，不能仅从字面上进行推断。首先，《晋书·刑法志第二十》已明确说整部书"皆罪名之制"，即全部是实体法；其次，关于《捕法》和《囚法》的性质，看如下的记载：

> 《捕亡律》者，魏文侯之时，李悝制《法经》六篇，捕法第四。至后魏，名《捕亡律》。北齐名《捕断律》。后周名《逃亡律》。隋复名《捕亡律》。然此篇以上，质定刑名。若有逃亡，恐其滋蔓，故须捕系，以置疏网，故次《杂律》之下。②

> 《断狱律》之名，起自于魏，魏分李悝《囚法》而出此篇。至北齐，与《捕律》相合，更名《捕断律》。至后周，复为《断狱律》。《释名》云："狱者，确也，以实囚情。皋陶造狱，夏曰夏台，殷曰羑里，周曰囹圄，秦曰囵圄，汉以来名狱。"然诸篇罪名，各有类例，讯舍出入，各立章程。此篇错综一部条流，以为决断之法，故承众篇之下。③

---

① 廖宗麟.李悝撰《法经》质疑补证［J］.河池学院学报（哲学社会科学版），2006，(01)：81.

② 袁文兴，袁超，注译.唐律疏议注译［M］.兰州：甘肃人民出版社，2017：814.

③ 袁文兴，袁超，注译.唐律疏议注译［M］.兰州：甘肃人民出版社，2017：845.

唐律中的"捕亡律""断狱律"是实体法而不是程序法,从而,《捕法》《囚法》极可能也是实体法。那么,《法经》就是单纯的实体法,而没有程序法,从而就不是"诸法合体"。那么,《法经》有没有可能是"民刑不分"呢?依如上的分析,由于《法经》都是罪刑方面的内容,"皆罪名之制",就是单纯的刑罚或刑法方面的,没有民法方面的内容,则当然不是"民刑不分"。从而,从"诸法合体,民刑不分"角度来论证《法经》为虚或不可能是秦或曹魏以前的人所著是不可行的。况且,《法经》原本不是法律而只是一部民间的、私人的论著,也根本没有"诸法合体,民刑不分"的立论基础,如同没有人讨论美国《模范刑法典》一书是不是"诸法合体"一样。

关于"民事"问题。沈家本说"李悝六篇以《盗》《贼》居前,系民事,《杂法》亦多民事,《囚》《捕》二法与《盗》《贼》相因,《具法》总各律之加减,皆与国政无关"。① 沈家本此论并没有清楚指出何谓"民事"、何谓"国政",《法经》全与刑法有关是无从否认的,从而不能表明它与"尽地力之教"有联系或无联系,更不能支持廖宗麟所说"《法经》只关心民事而无关于国政"。通观沈家本的该段按语,其实沈家本想说的是,《法经》的体例似乎是把侵害民众利益的犯罪置于卷首(所谓"民事"),而把侵害王权的犯罪置于其后(所谓"国政"),似乎"有重民之义",并说大明律与"重民尊王之义不合",其实本是一段迂腐的议论,正好说明儒生们似乎始终对朝三暮四与暮四朝三之类的排列组合的浮事特别感兴趣,而对于法的实质内容则看不明白也不感兴趣,② 他所说的"民事"与我们今天所说的"民事"或民法亦无任何关联,因为在今天看来,惩罚盗贼也并不是普通的"民事"而是重要的"国政",更不是民法的关注对象。且主张"尽地力之教"并不与写作《法经》相冲突,也不能完全断定人的一生只有一个观点或只关注一个单一的研究领域,从而不能根据沈家本此论而否认"李悝著法经"的可能性。

另外,也有人从"以罪统刑"的角度来说明《法经》之不可信,但由于古代史料不足,并不足以表明上古是"以刑统罪",则这种讨论也是没有意义的。

李悝之前一百多年就有范宣子刑书、邓析竹刑等的示范,则李悝能独立写作"法经"也就毫不唐突,它仅是通过"撰次诸国法"而成的,这是无须开创

---

① 沈家本. 历代刑法考:下册)[M]. 北京:商务印书馆,2011:18.
② 有不少学者认为,明清时候的文人,对于律令法制一般是不研究的。他们认为:"法制禁令王者之所不废,而非所以为治也。"《四库全书》这样大部的丛书,政书类法令之属,仅收二部。头脑之冬烘,偏见之深,可以想见。参见张警.《七国考》《法经》引文真伪析疑[J]. 法学研究,1983,(06):71.

律令的精神 >>>

性法学进步就可以完成的简单写作活动。

其六，史料中关于《法经》的记载相互冲突的问题。比如，关于其名称，有记载提到了李悝"著法经"，有记载提到了"秦法经"，还有的提到了"魏法""魏法经"，这些名称上的差异多少表明了各个时代的人们对"法经"的认识是不一的或不熟悉。再如，前述记载提到"汉相萧何，更加悝所造《户》《兴》《厩》三篇，谓《九章之律》"，如果"悝所造《户》《兴》《厩》三篇"成立，就说明"法经"不是六篇而是九篇，这与"法经六篇"之相关记载不是自相矛盾吗？而前述记载则说"汉承其制，萧何定律，除参夷连坐之罪，增部主见知之条，益事律擅兴、厩、户三篇，合为九篇"，即是说"兴、厩、户三篇"是萧何自创的。而根据出土文献，这两处关于汉律九章的记载都可能与史料不符，因为睡虎地秦简分明有《户律》或《厩苑律》，且秦律令中也可能存在《兴律》，如此看来，兴、厩、户三篇就不可能是在汉朝创立的。另一方面，"汉承秦制"是史实，萧何确实得到了秦朝的"律令图书"，但并没有任何史料表明萧何看到过"法经"，则汉朝不但不可能采纳"悝所造《户》《兴》《厩》三篇"，同样不可能采纳"法经"六篇，从而，与之相关的古书记载就是一种揣测，或是一种刻意的修饰以美化唐律。这些史料记载不一的问题，未必是坏事，因为从中反而容易做到"去粗取精，去伪存真"。相反，如果各种史料的记载完全相同，反而会让我们无所适从、无所收获。这些记载彼此不同，正好说明唐人对汉律、法经的陈述并不是因为唐人见到了完整的汉律、法经，而只是因袭前人的记载，因为唐初修《隋书》时，已是"汉律久亡，故事、驳议又多零失"了，则唐人看到完整"法经"的可能性更小，于是，相关论述之不一致也就在所难免了。虽然唐人的叙述不可尽信，但作为对以前史料的一种收集整理仍然有部分内容是可信的，不但不能据此而否定《法经》的存在，反而足以表明"法经"确实存在，总不能认为唐人笨到用"皇帝的新衣"来美化号称"一准乎礼"的唐律吧，至少在唐人看来有充分的依据表明"法经"是确实存在的。而且，如果没有《法经》，则儒生们可能会说商君受邓析"竹刑"以相秦，总之，儒生们一定会为秦律及唐律等找一个儒家能接受的源头，以免儒家在社会制度创制中的处境过于尴尬。

由以上分析可知，怀疑"法经"真实性的理由并不充分。由于相关历史资料并不单一，我们只能认为"法经"确实是存在的，只不过"法经"本是战国一露珠，且早已蒸发无踪，而被汉晋儒生吹捧成了一巨泡而已。

在基本确定"《法经》是真实的"这个先决条件下，还有一个待解决的问题：《法经》到底是法律还是私人论述？

48

目前有一些文章是以"《法经》是法律"为前提立论的。比如，《〈法经〉：中国成文法典的滥觞》《李悝变法与中国首部成文法典〈法经〉》《〈法经〉：有封建性内容的奴隶制法》《〈法经〉与〈十二铜表法〉之比较研究》《封建成文法典〈法经〉》等。殊不知，根据现有任何史料来推论，《法经》都不可能是法律或法典，则这些文章的立论基础与价值何在就是一个很大的问题。

从现有史实来看，《法经》仅仅是一部个人作品，主要依据是：

其一，《法经》是李悝个人所"著"或所"造"，而任何时代的个人，除非他本人就是国家元首，则其个人作品不论是什么内容都不可能因著作完成而成为法律。而李悝至多是"魏文侯师"，即，他不是国家元首，则他的作品当然不成为法律。见之于史籍的记载，如，"悝撰次诸国法，著法经""魏文侯师于李悝，集诸国刑典，造法经六篇""李悝集诸国刑典，造法经六篇""李悝撰次诸国法，著法经""李悝著法经六篇""李悝著法经"，这些记载只是表明李悝写作了"法经"的事实，并且是写于魏文侯时期，但没有史书记载表明魏文侯曾采纳它为法律，这使《法经》只是停留于个人论述形态，而没有成为法律。

其二，一般而言，一个文献经由国家颁布或承认后才可能成为法律，否则就不会是法律。"法经"写成之后并没有成为法律，但后来却有两种史料记载使它与法律有了某种关联：

一种是商君可能利用了法经，相关史料记载主要有《晋书》"商君受之"、《唐律疏义》"商鞅传授"、《通典》"商君传习"、《资治通鉴》"商君受之"、《七国考》引桓谭新书"卫鞅受之"，而《魏书》所说的"商君以法经六篇入说于秦"是否与李悝有关不得而知。这些说法比较相近，主要有受之、传授、传习三种表述，而这只能说明商君曾经研习过《法经》一文。从《商君书》来看，商君可能研习过东周时期的各种著作和史书，甚至可能研习过邓析的"竹刑"，则研习过"法经"也就毫不足怪。但，仅商君的研习"法经"并不能使"法经"成为法律。

不过，值得注意的是《唐律疏义》所讲到的"改法为律"，而《七国考》等古书讲到商君"卫鞅受之，入相于秦"，那么商君有没有可能把《法经》拿到秦国作为法律颁布呢？或商君是如何"改法为律"的呢，是仅改了一个字还是仅参考了《法经》而已呢？首先，关于《法经》与商君相秦的关系也需要关注。《七国考》引桓谭新书引说"卫鞅受之，入相于秦"，即二者没有关系，仅是说有这一前一后两件事而已。但到了《晋书》则成了"商君受之以相秦"，再到《通典》则变成了"商君传习，以为秦相"，即认为商君传受法经是商君相秦的原因或条件，这说明故事在传播过程中明显发生了扭曲、变形、失实。

从而，我们只能认可最初始的记载，即《法经》与商君相秦是无关的，商君之所以能相秦是（《史记》所说的）因为他有变法"奇计"，而不是因为他学习过"法经"或拥有"法经"一文，"法经"之于商君相秦是无足轻重的，即使商君到秦国时携带了"法经"，其相秦也与"法经"无关。其次，秦国不可能无条件地直接采纳外国的法律或将外国人的作品确认为法律，否则在极为保守的秦国必然引发极大的争议，而事实上没有发生这样的争议，《史记·秦本纪》《史记·商君列传》《商君书》都没有提及有此等事。孝公变法之前，在商君、甘龙、杜挚之间引发了一场大辩论，但正反两方都没有提到"法经"，变法之争之后即开始颁布各种法令，其时也无人提及"法经"一事，这说明，商君并没有把"法经"直接承认为秦国法律或只对"法经"进行了少量改动就颁布为秦国法律。再次，变法是一项大的系统工程，而起草或制定刑法只是其中的一个枝节，孝公变法与"法经"间相当于是树叶与叶细胞间的关系，二者不能相提并论。况且，孝公变法以耕、战为核心和主体，刑制只起辅助、支援、补充作用，则即使商君在某种程度上参考了"法经"，"法经"在孝公变法中所起的作用也是微小的，变法的重点耕、战并不是《法经》关注的问题。且由于秦国律令是事制与处罚合一的，则势必不会颁行无事制的单纯刑法，秦国直接把作为"罪名之制"的"法经"确认为法律的可能性是不存在的。另外，商君"改法为律"可能部分地是史实，但这并不足以表明秦国法律与《法经》有关系，且对比出土的秦律令与《七国考》即可发现，无论是篇章体例还是具体条文，秦法至多只是略加参考了"法经"，而不是照抄照搬"法经"。况且，一方面，秦法的文字体量可能是"法经"的千倍万倍以上，汉律有两万多条数百万字，秦律的体量可能与汉律相当，另一方面，秦法是在商君思想指导下确立的，从而其内容自成内在体系，尤其是秦法有成体系、成规模的"事制"规则，秦刑律只是其"事制"的延伸，而"法经"显然欠缺这方面的内容，这使秦国不必要也不可能直接采纳"法经"。从而，"法经"在秦国并没有成为法律是肯定的。

第两种是魏国后来可能在某种程度上采纳了它，相关的记载只有一条，即《七国考》引桓谭新书所说"武侯以下守为魏法"。对此记载，有两方面的疑问：一方面，"守为魏法"的"守"是一个很委婉的表述，何为"守"、采纳了《法经》的多少内容、是部分还是全部采纳等都是不得而知的。且，据前述记载，《法经》中有大量的概括性论述或分析，如，"以为王者之政莫急于盗贼""曰为盗心焉""曰淫禁""曰嬉禁"等，这些文字仅仅是一些理论表述，过于抽象而并不明白易知，并不能成为法条或法律规则，则这些内容是不大可能被直接采纳成为法律的，则即使魏武侯要采纳《法经》，也只能是有选择地加以利用，而不是直接把《法经》宣布为法律，这从出土的秦汉律令都是法律规则而几乎没有抽象规定的事实可以得到佐证。如此看来，"守"并不是指颁布，而至多是有选择地加以利用，从而《法经》一文并没有被颁布或承认为法律。另一方面，这条记载是一条孤证，而没有任何其他古代文献的佐证，它是否完全可信是有疑问的。并且，这句话可能出自身处东汉初期的桓谭本人，由于其他文献（如战国策、吕氏春秋、韩非子、史记、竹书纪年等）都没有提及此事，则桓谭以何为据、为何目的而突然提出这一说法是有很大疑问的。魏文侯之所以并没有采纳《法经》为法律，理当有其原因，则这些原因同样能阻止魏武侯采纳《法经》，且魏国在战国时期虽然算不上很强，但也并不是无足轻重的弱国，则如果魏国颁布了重要的成文法，则史书及各种公私著作理当都会加以记载。比如，李悝之前的子产、范宣子、驷颛等人的立法及李悝之后的孝公变法都有各种图书加以记载。但并无任何秦汉典籍记载魏武侯时有过类似立法活动，独有一处是《战国策·魏策》说魏襄王时可能发布过"大府之宪"，但它可能只是一个告示（类似于《尚书·康诰》）而不是成文法，因为能"手受"的只能是一二卷竹简或帛书，其篇幅必然很小，可能是几百字。从这个角度反推，魏武侯时期可能根本没有颁布过成文法，则《法经》这一论著也就可能始终没有成为法律。另外，《七国考》所引"桓谭新书"虽然大致可信，但也并不是毫不可疑的。综合而言，魏国不可能直接采纳《法经》整体作为魏国法律，至多可能撷取其中的片段而制定成法律。虽然有几处记载认为汉相萧何曾直接继受法经，但如前所述，汉朝直接采纳《法经》是极不可能的事，相关记载明显属于臆测，不可信。即是说，《法经》并没有整体或直接成为魏国法律，更不可能整体或直接成为秦国法律或汉朝法律，即《法经》自其著作完成始至其佚失为止都没有成为法律，始终就是一部民间的、私人的著述。

早在1985年就有学者指出，无任何史料表明《法经》曾作为法律公布于世，"结论只有一个：李悝的《法经》是个人著作，并未作为法典公布于世"[①]。这一观点是有道理的。

其三，单从《法经》名称并不能断定其法律属性。有学者指出，"从《法经》名称本身看，乃私家著作之名。经，常道也，古人以为凡义理之不可易者，皆谓之经。故古代著作时有以经名者，然未闻有以经名法典者。儒家著作有《易经》《诗经》《书经》；墨子篇目中有《经》；五行家有《四时五行经》；地理书有《山海经》；医书有《内经》《外经》（均见《前汉书·艺文志》）。李

---

① 陈炯.《法经》是著作不是法典[J]. 现代法学, 1985, (04): 55.

悝之书集诸国刑典之大成，故自名《法经》，意即法之常道"。① 这一观点确实有一定道理，理当加以重视。而近来，有学者认为"它的最初名称可能是《法》"。无论《法经》的本来名称为何，都不能单纯从其名称中有一个"法"字而认为它就是一部法律。轻率下定论是极不严肃的，因为在当前国内有大量的教材就是名称为《××法》，英美国家也有大量的教材名称也是××*Law*，这些教材当然都不是法律，同理，《法经》这一私人著述并不应因其名称中有"法"字而被想当然地认定为是法律。

其四，即使《法经》成为立法的参考依据之一，同样不足以使其成为法律。《法经》可能被魏国或秦国的立法者在立法时加以参考，从而成为立法参考材料之一，但这只是一种可能性，而且由于相关史料极为薄弱，我们无从知道有没有参考、如何参考、参考的量有多大、参考时的改动有多大、是原文照搬还是模仿或借鉴（通过对比可知，秦律令并没有原文照搬法经，魏法无存留则无从对比）。从而，由于秦国与魏国都不可能把《法经》全文承认为法律（具体原因已如前述），则虽然魏国或秦国的立法者在立法时可能有所参考，都并不能使《法经》成为法律。

其五，《法经》的篇章名称和内容确实与后世刑律相像，但不能因此而认定《法经》是法律。在李悝一百多年前就有邓析私造"竹刑"，在当今之世而能拟定法律草案者更是不胜枚举，这些私人作品都像法律但都不是法律。有学者指出，"从《法经》的篇名和内容看，是以法典的形式出现的，这是将《法经》误为魏国法典的主要原因。其实，私著法典，是春秋战国时代有些政治家、思想家的著作风尚。他们把自己的学说主张条文化，采用法典的形式，表述政治、法律观点"，② 且举出郑邓析《竹刑》、晋铸范宣子所为刑书、《墨子·号令》《尉缭子·束伍令》等为证，此论证充分有力，理当采信而弃《法经》是法律之论。《法经》虽然在名称与内容上类似于法律，但充其量仅是个人的论著或法律草案，由于它未经国家承认或颁布，则它当然不是法律。

其六，民族虚荣心同样不应成为把《法经》视为法律的正当理由。近些年来，出现了一些拿"法经"与欧洲古代法进行比较的文章，如，"魏国《法经》与法兰克王国《萨利克法典》的比较研究""《法经》与《十二表法》之比较研究""《法经》与《十二铜表法》之比较研究""试论中西古代刑名观之异同——古罗马《十二铜表法》与中国古代《法经》之比较"等。在没有依据认

---

① 张传汉.《法经》非法典辨 [J]. 法学研究, 1987, (03): 63.
② 张传汉.《法经》非法典辨 [J]. 法学研究, 1987, (03): 64.

为《法经》是法律，并且只有少量的明显是前人转述的《法经》文字的情况下，就贸然与外国的古代法律，如法兰克王国《萨利克法典》、古罗马《十二铜表法》等进行比较研究，这不能不说是一个危险的倾向。如果进行比较，则相比较者之间至少具有可比性与相关性，拿一本内容不明的古书与一部内容明确的古法进行比较，可比性、严肃性何在？中国的古书与外国的古法，其相关性又何在？或许有人认为把"法经"视为法律则能把我国成文法的历史提前一百年，我认为这是大可不必的，因为根据先秦文献的明确记载，我国成文法的历史至少开始于晋昭公十九年（公元前513年）铸造载有范宣子刑书的鼎即"刑鼎"，或更早的楚文王（公元前689—前677年在位）时的"仆区之法"，或者根据《尚书》或《史记·五帝本纪》记载而认为黄帝时或唐虞时即有成文法，从而，"法经"并不能给中国古代法律史带来任何亮点或光荣。故，在总结中国成文法史时完全不必提及《法经》，这还有另外的原因：一是《法经》并不是法律；二是《法经》作为一种私人著述，其在当时的影响力远远小于邓析的《竹刑》，以致于先秦时几乎无人注意到它；三是《法经》的出现时间并不是很早，其先已有较多的成文法与刑法草案出现，其后则又出现了光耀后世两千多年的秦法，这就更使"法经"显得微不足道了。秦法，使古代中国两千多年的民族安全有了基本的制度保障，则其优越性远远胜过古罗马法及古日耳曼法，这已是中国古代法律史上的无上荣光，则完全不必借助内容不明的"法经"来满足民族虚荣心。"法经"不能为当时的魏国增加任何光荣则也就不可能为其后的中国历史增加任何的光荣。故，在中国法律史上，"法经"实际上不值一提。

由于有文献提及"法经"产自李悝"集诸国刑典"，这容易使一些人误认为"法经"是"刑典"，进而认为"法经"是法典。对此，我们需要注意，"典"字的本义是变化的，先秦的"典"与唐宋的"典"不同，更与当今的"典"不同，从而不可一概而论。由于也有其他古书提到"撰次诸国法"而成"法经"，则，"刑典"与"刑法"即是同义，二者都是指普通的类刑事法令，从而不能与法典、厚书相联系。实际上，"法经"之前的法令都不可能是很大篇幅的或系统全面的，因为既然那时的刑令可铸于鼎则当然字数是极少的，则通过汇集旧法而成的"法经"也就只可能有很小的篇幅，从而也就不可能是大部头的典籍。况且，第一次作为大部头典籍样式出现的刑书是曹魏的新《律》，秦汉时期都不可能有法典或法籍，则战国时期更不可能有了。法典化需要有成体系的学术理论的基础，李悝并非理论家，从而，《法经》当然不可能是法典或法典草案了。

通过如上的分析，可以肯定地说，《法经》不是法律，而仅是私人著述。而

律令的精神 >>>

且从它源于"撰次诸国法"及从之前的刑书可铸之于鼎的记载来看,《法经》不大可能是一部著作,而最可能不过是一篇仅有几百字到一二千字的短文而已。并且,自先秦到唐朝的任何书目都没有提及《法经》来看,则它根本不可能是图书,或许它就是"李子三十二篇"或哪一本古书中的一篇文章。

故,整体来看,《法经》不是法律或法典,也不是一部图书,而仅是一篇私人文章。以下将接着讨论《法经》是不是一篇重要的论述。

五、《法经》是否重要

虽然已基本可确定《法经》是一篇文章,但还有一个问题需要解决,那就是:《法经》是不是重要的论著呢?因为,如果它是一篇极其重要、极其关键的作品,则它确实足以改写中国法律史;而如果它仅是一篇微不足道、可有可无的文章,则它在中国法律史上就是不值一提的。可见,这并不是一个小问题。对此,将结合相关史料分析如下。

其一,古人很少关注它。现存的先秦与秦及两汉时期的古籍,没有哪一本书提及"法经"(明清时的《七国考》所引东汉"桓谭新书"也早已亡佚,仅存辑本,虽大致可信,但尚有疑问),这足以说明《法经》在整个战国史中表现得是不成功的、不突出的。否则,不至于其出现后近六百年间(公元前四世纪到公元二世纪)几乎无人关注它。

其二,当时并未被采纳为法。各种记载表明李悝是魏文侯时人,且他可能还是"魏文侯师",但魏文侯本人并没有采纳《法经》作为魏法。魏文侯作为魏国开国之君理当有独立的判断力和决断力,他必是了解李悝的为人与学识的,且面临尊"师"的压力,但魏文侯仍然没有采纳《法经》作为魏法,这只能说明魏文侯并不认同《法经》。《七国考》所引东汉"桓谭新书"提到"武侯以下守为魏法","武侯以下"是指谁是不得而知的,是武侯或是魏惠王吗?但史书并无记载魏惠王时有过重要立法活动。"守"是指什么也是语焉不详的。这些模糊的记载只能让人更加生疑,极可能《法经》在魏国从来没有被承认或颁行为法律。若如此,这相当于是表明魏国人认为"法经"是无足轻重的。《法经》在魏国的遭遇表明《法经》在魏国历史中表现得是不成功的、不突出的,否则不至于在《史记·魏世家》《战国策·魏策》《竹书纪年》等这样的与魏国密切相关的古籍对"法经"只字不提。

其三,传习其书者很少。《前汉书·艺文志》记载了可能是李悝作品的两部《李子》,但它们可能在魏晋之前已全部消失。另外,如前所述,关于《法经》的内容记载有《晋书》与《唐律疏义》两种无法调和的系统,这说明到南北朝时期已见不到"法经"了，以致无从驳正。对于《法经》及李悝其他作品的快速消失，可以用程树德之言作出说明，"昔顾氏亭林论著书之难，以为必古人所未及就，后世所不可无者，而后庶几其传。班史以下，《经籍》《艺文》诸志，先民著述著录于四库者，百无一二，盖立言若是其难也"，[①] 则可从反面表明李悝的各种论著并无特别的可取之处，这导致极少有人研习、传播其书，从而导致李悝的各种论著在脱离汉朝那样的稳定的社会环境之后快速消失。

其四，李悝并无系统的法思想是《法经》的最大弱点所在。或许《法经》比邓析的竹刑更加完善，但由于它并不是在系统的法思想的指导下编撰的，而更可能是一种汇合、整理的低级文字处理工作，"撰次诸国法"即其描述。无"事制"的依托而直接拟出刑名使得《法经》实际上是处于空悬状态，且有"不教而诛"[②] 或使万民"陷于险危"[③] 之嫌，因为单纯的刑名是不足以告诉人们如何避免刑罚的，更不用说促进社会的进步与安全了。由于《法经》并不是源自原创，且其上没有体现出必要的法理深度，则《法经》的理论意义与现实意义必然不大，其在当时的影响极小且快速消亡都是有其深层次原因的，绝非偶然。

其五，《法经》不可能得到商君的无条件接受。《法经》与秦法唯一相关联之处可能就是商君曾"受之"，但由于《法经》条文并未也不可能被采用作为秦法，且秦法并未编纂成集，其出土文献律的自然篇章（即律令名称）有几十种而不是只有六种，这说明《法经》在内容与形式上对秦法若是有影响也只有极微弱的影响，并且更可能是作为反面的、失败的教训而产生警醒性的影响。况且，《法经》六篇篇名与内容极可能是李悝采自刑书、刑鼎、竹刑等旧文而不全是自创，则其参考价值必然不大。并且，商君作为卫侯后裔和被魏相认可为有"奇才"者，完全有条件直接利用这些原始资料而不必采摘《法经》，商君作为一个学识渊博的人，他由魏入秦更可能携带了数车书而不是数卷书，"法经"一文是否在其中也有很大的疑问。更重要的是，商君是一个有着系统法思想的人，他所主持的任何立法必然要符合其法思想，对于先前的刑典或其他立法草案也必然要经过符合商君法思想的系统改造与选择而后才可能加以利用，能完全符合此条件的旧制理当是极少的。从而，包括《法经》在内的各种先前文献对商君的影响只可能体现为仅供参考，其影响微乎其微是大概率的。

---

① 程树德.九朝律考[M].北京：商务印书馆，2010：Ⅴ.
② 班固.汉书：卷五十六[M].北京：中华书局，1999：1904.
③ 长治.商君书评注[M].武汉：武汉大学出版社，2019：130.

律令的精神 >>>

其六，《法经》对汉律令没有直接影响。"汉承秦制"是定论，则《法经》对汉制的确立是没有任何直接影响的。首先，两部《李子》或许是李悝所著，并且可能传到了东汉，但《法经》是否传到了西汉是不得而知的，至少没有任何证据表明萧何、韩信、张苍等刊定汉朝律令者见到过《法经》。如前所述，唐律进律表中所说的"何更加悝所造户兴厩三篇"明显是自相矛盾，不可信，它并不能表明萧何见到过《法经》。而萧何"收秦丞相御史律令图书藏之"是早在《史记》中就已得到确认的，则唐进律表妄自猜度史实是极不严肃的做法，汉承"法经"是一个经不起推敲的猜测。其次，"汉承秦制"是不容置疑的史实，这是汉朝人自己下的定论，况且，秦制与汉制都是很庞大的制度系统，而"罪名之制"只是其中的一个微小组成部分，萧何曾作为秦朝的地方官吏当然知道秦制是什么，也当然知道汉制应该是什么，他不可能舍弃成体系且成熟的秦制而以私人论述《法经》代之。或许商君曾经研习过"法经"，但没有任何汉代史料表明有某一个汉初官员研习过"法经"，则汉朝直接承认《法经》为法律更是不可能。最后，"法经"这个事在秦汉人的笔下如此地不堪一提，以致我们难觅其踪，总是有其原因的，这也反过来证明出了"法经"对秦汉二朝法律创建的影响必然是可忽略不计的。

其七，我国《律》书的源头并不是法经之类的刑典。中国古代成文刑法的滥觞，若说是始于刑鼎、刑书、竹刑之类的掷地有声的立法或著述活动可能还稍稍沾点边，而不能说成是始于名不见经传的《法经》。若说《法经》不存在也未免过于武断，毕竟有少量的古书以不同方式提到了它，但说《法经》何等地重要也未免过于浮夸，毕竟秦汉时期重要的古书无一例外都没有关注到它。目前我们所得到的"法经"相关资料，都只是经过多次转述后的三手或四手资料，这些资料相互间有无法调和的冲突已使人生疑，没有任何原始资料的佐证就更使人怀疑其真实性，则以疑窦丛生的《法经》作为我国古代成文刑法的滥觞岂不是生造笑柄！并且，从《商君书》和秦汉法度来看，单独的成文刑书只能以单行法令的充分发展为基础与前提才能合理地创制出来，否则即是本末倒置。没有事制基础的刑制不可能取得社会"治"理实效，刑鼎、刑书、竹刑、法经之类实际上主要是作为失败教训出现的，并且在其出现后不久即被历史冲刷掉了。中国古代成文刑书的滥觞与初祖理当是曹魏的《律》书，而不是其他。

总体而言，李悝所著"法经"实际上是中国古代史及中国法律史上的一件微不足道的小事，不值一提，实在不必要为这样一本极不重要且早已佚失的古文献而浪费精力去作伪、去评价、去研究、去关注。或许，如果不是古代的儒生或官僚们为了粉饰唐律，"法经"是根本不会被唐人再次提起的，当今的我们并不存在这样的需要则也就不必再次提起它。那么，我们对待"法经"的理智态度就是复归于秦汉之旧的情形，即，忽略《法经》，权当它不存在。

第四节 "改法为律"考

目前史料中关于"改法为律"的记载，主要是《唐律疏义·名例》中的记载、《唐六典·卷六》中的注解、宋王应麟撰《汉艺文志考证·卷六》"汉律"条注解。虽然其中的"汉相萧何更加悝所造户兴厩三篇谓九章之律"明显是凭想象而写，并与可信史料相悖，因为汉律是承袭自秦律而不是法经，且汉律并不是只有九章，但"改法为律"之说却可能有一定的可信度，从而需要一探究竟。

关于"改法为律"，其实有两个不同的问题，一是"改法"，二是"为律"。如下对它的可信度和价值加以分析。

一、"改法为律"的现象

（一）"为律"之史实

从现有史料来看，"为律"之记载基本上是可信的，主要依据是：

其一，从出土文献来看，秦的"律"、令是创始于孝公变法，并经诸代秦王拓展而逐步累积而成，至秦始皇统一天下后定型。

秦律令的规模是很庞大的，它并不是一种或少数几种，仅是出土的已整理者就有约五六十种。睡虎地秦简中有《秦律十八种》包括《田律》《厩苑律》《仓律》《金布律》《关市》《工律》《工人程》《均工》《徭律》《司空律》《置吏律》《军爵律》《效》《内史杂》《尉杂》《传食律》《行书》《属邦》等18种，[1]《秦律杂抄》里又有《除吏律》《游士律》《除弟子律》《中劳律》《藏律》《公车司马猎律》《牛羊课》《傅律》《敦表律》《捕盗律》《戍律》等11种，另有较完整的《效》和一些佚名的律令。《岳麓书院藏秦简》中又包括律名明确的19种律：《田律》《金布律》《尉卒律》《徭律》《傅律》《仓律》《司空律》《内史杂律》《奔敬（警）律》《戍律》《行书律》《置吏律》《贼律》《具律》《狱校律》《兴律》《杂律》《关市律》《索律》，尚有数则律文因简首残

---

[1] 有学者指出《秦律十八种》中还有"兴律"，应该改称"秦律十九种"。参见王伟.《秦律十八种·徭律》应析出一条《兴律》说 [J]. 文物, 2005, (10): 94.

律令的精神 >>>

渤，其律名尚不能确定，另外还有尚待整理出版的大约有900个编号秦"令"简。① 而出土的"律""令"可能只是秦国法令的一小部分，考虑到汉朝"律令凡三百五十九章"的史实，则完整的秦律令的种数（即篇、章数）在数百种以上亦是很可能的。从这些出土文献可知，秦的律令在内容上是成体系、成规模的，它并不是一种早期的立法尝试或试验，而是已经形成为一种形式规整、内容稳定且长期有效运行的成熟制度体系。这些"律令"是何时、如何创制出来的呢？

关于秦律令初创于何时的问题，已有较多可敬的研究成果。例如，2016年，马卫东先生撰文认为：

> 云梦秦律是自商鞅变法之后到秦统一之前陆续颁行的。据舒之梅先生考证：《法律答问》有"何谓甸人？甸人守孝公、献公冢者也。"这肯定是商鞅之后的法官所做的解释。由于只提到孝公为止，这条解释很可能撰写于秦惠王时期；《封诊式·迁子》有"迁蜀边县"和"以县次传诣成都"。这条简文反映的应是秦惠王灭蜀之后的情况；《秦律十八种·置吏律》提到"十二郡"。自秦惠王于前312年设立汉中郡，到秦昭王时才达到十二个郡。可知这条律文是在秦昭王设立十二郡之后制定的；《封诊式》等两个案例都提到攻打邢丘。《史记·秦本纪》和秦简《编年记》都提到秦昭王十一年"攻邢丘"。可知这两个案例都发生在秦昭王时期；《为吏之道》抄录了魏安厘二十五年（即秦昭王五十五年）的两条魏律。可知，《为吏之道》可能写成于秦昭王晚年和秦孝文王和秦庄襄王时期，不会晚至秦王政，因为文中多次出现"正"字，不避秦始皇的名讳。此外，出土秦律有相互矛盾的地方，也说明它并非出自一时一人之手。②

从出土秦文献可见，传世的秦律令初创于秦孝公变法时的特征是很明显的。

首先，从秦律令中的内容即可锁定其初创时间是在秦孝公时。例如，云梦秦律《法律答问》有"何谓甸人？甸人守孝公、献公冢者也。"这一条解释可能作成或修订于秦惠王（即秦惠文公）时期，它所解释的相关律令只会颁布于更早时候，而由于"甸人"是从守"献公冢"开始设置的，即相关律条理当是在秦孝公在位时设置的，秦孝公去世后又为孝公冢依例配置"甸人"，于是才出现这一解释。又如，武树臣先生认为，《睡虎地秦墓竹简》律文涉及地方行政机

---

① 周海锋.秦律令研究［D］.长沙：湖南大学，2016：2.
② 马卫东."秦法未败"探析［J］.史学集刊，2016，（03）：122.

58

构及官吏，绝大部分称"县""令""丞"，未见"丞相"之名。据《史记·商君列传》与《史记·秦本纪》载，秦孝公（公元前381—338年）十二年（公元前350年）始"集小都乡邑聚为县，置令、丞，凡县三十一"；《史记·秦本纪》载秦武王二年（公元前309年）"初置丞相"。这些情况也从一个侧面反映了出土秦律在颇大程度上保留了商鞅秦律的内容。[①] 另外，《法律答问》中有"公祠未阕，盗其羞，当赀以下耐为隶臣……王室祠……"，律文的解释则直接叫作"王室祠"，睡虎地秦墓竹简整理小组认为，"可能由于律文本是秦称王前制定的，故称公祠；下面解释则作于称王时期，故改称王室祠"，[②] 秦公称王是在商君死后的第十四年，则相关律条极可能就是秦孝公时的商君主持制定的。这些出土实物正好可以说明：一部分重要的秦律令是创制于秦孝公时商君变法时期，后世秦王奉行而不改且有所扩展，秦法从而才达到如此庞大的规模。

其次，各种出土律令的内容深刻体现了商君思想。商君之法的核心就是农战，而相关的律令条文很多。例如，睡虎地秦简中有"御中发徵，乏弗行，赀二甲。失期三日到五日，谇；六日到旬，赀一盾；过旬，赀一甲。其得也，及诣。水雨，除兴"（《徭律》）、"春二月，毋敢伐材木山林及雍隄水"（《田律》）、"隶臣斩首为公士，谒归公士而免故妻隶妾一人者，许之，免以为庶人。工隶臣斩首及人为斩首以免者，皆令为工。其不完者，以为隐官工"（《军爵律》）、"以四月、七月、十月、正月肤田牛。卒岁，以正月大课之，最，赐田啬夫壶酒束脯，为皂者除一更，赐牛长日三旬；殿者，谇田啬夫，罚冗皂者二月"（厩苑律）等。商君强调赏罚并施，相关法条如"有投书，勿发，见辄燔之；能捕者购臣妾二人，（系）投书者鞫审之"（《法律答问》）、"从军当以劳论及赐，未拜而死，有罪法耐（迁）其后；及法耐（迁）者，皆不得受其爵及赐。其已拜，赐未受而死及法耐（迁）者，鼠（予）赐"（《军爵律》）等。有学者统计后指出，睡虎地出土秦简中关于"赀"的规定达108处之多。[③] 商君的"一刑、一赏、一教"思想也在出土律令中有鲜明体现。有学者分析秦简后认为，"秦律中的奖赏是不论身份的。不管是刑徒、士伍，还是有一定爵级的有身分者，立功面前人人平等，不因立功者地位高就多予赏赐，也不因立功者是刑徒而不予奖赏。这不仅体现了法家所一贯主张的无功不赏，无罪不罚的原则，而且与商鞅的刑无等级的主张相合拍。刑无等级，赏亦不论等级，这在一定程

[①] 武树臣. 秦"改法为律"原因考 [J]. 法学家，2011（2）：28-40.
[②] 睡虎地秦墓竹简整理小组. 睡虎地秦墓竹简 [M]. 北京：文物出版社，1990：99.
[③] 吕名中. 秦律赀罚制述论 [J]. 中南民族学院学报（哲学社会科学版），1982，（03）：50-55.

度上反映了统治者的公正"。① 秦律令中都有详细的"事制"规定,这使任何人都有充分的机会知道如何守法和立功而得赏,并可以知道如何避免犯法而受罚,且这些规定使奖励农战策略贯彻得很到位,足以使人们形成"圣智巧佞厚朴,则不能以非功罔上利。然富贵之门,要存战而已矣②"的信念而实现"一教"思想。杨振红指出,"如果抛开成见,全面审视出土秦汉律,我们就会发现秦汉律的基本框架、原则和内容实际上是商鞅所确立的"。③ 武树臣认为,商鞅因为曾经充当了秦律的最初缔造者而被时人广为称颂。④ 正是由于秦律令非常严格地、非常鲜明地体现了商君思想,而商君思想在战国时期的思想家中又是独树一帜、独一无二的,秦君臣中在法思想研究成就方面无超过商君者,则我们有充分的理由相信多数秦律令就是在商君的主持下颁行的,即从律令的内容方面来看,它必是创始于商君和孝公时期,况且"律"这种法律形式在秦孝公之前是不存在的。

最后,"律"作为法律样式的名称本身也深刻体现了商君思想。

关于"律"的最初含义。从《史记·律书》及《前汉书·律历志》等古籍来看,虽然"律"与乐器、度量衡、天文历法可能都有关联,但"律"本身的核心要义是各种用于精确计算的规则,在各处场合都有极为重要的作用。因此,司马迁才敢于说"王者制事立法,物度轨则,壹禀于六律,六律为万事根本焉"。⑤

例如,秦汉时期,在乐器的制作方面的规则是"九九八十一以为宫,三分去一五十四以为徵,三分益一七十二以为商,三分去一四十八以为羽,三分益一六十四以为角。黄钟长八寸十分一宫,大吕长七寸五分三分一,太簇长七寸七分二角,夹钟长六寸一分三分一,姑洗长六寸七分四羽,仲吕长五寸九分三分二徵,蕤宾长五寸六分三分一,林钟长五寸七分四角,夷则长五寸四分三分二商,南吕长四寸七分八徵,无射长四寸四分三分二,应钟长四寸二分三分二羽"(《史记·律书第三》),依这个标准而制成的乐器即是可通用的标准乐器,用它可吹出相同的声音,即通过这一规程而可得到同样的、确定的音效。

另外,十二辰的计算规则是"子一分,丑三分二,寅九分八,卯二十七分

---

① 徐进. 秦律中的奖励与行政处罚 [J]. 吉林大学社会科学学报, 1989, (03): 55.
② 长治. 商君书评注 [M]. 武汉: 武汉大学出版社, 2019: 102.
③ 杨振红. 从出土秦汉律看中国古代的"礼""法"观念及其法律体现: 中国古代法律之儒家化说商兑 [J]. 中国史研究, 2010, (04): 94.
④ 武树臣. 秦"改法为律"原因考 [J]. 法学家, 2011 (2): 32.
⑤ 司马迁. 史记: 卷二十五 [M]. 北京: 中华书局, 1999: 1081.

十六,辰八十一分六十四,巳二百四十三分一百二十八,午七百二十九分五百一十二,未二千一百八十七分一千二十四,申六千五百六十一分四千九十六,酉一万九千六百八十三分八千一百九十二,戌五万九千四十九分三万二千七百六十八,亥十七万七千一百四十七"(《史记·律书第三》),其中"丑三分二"的来历是"索隐,案子律黄钟长九寸林钟为衡,衡长六寸,以九比六三分少一,故云丑三分二,即是黄钟三分去一下生林钟数也"。《前汉书》依王莽时刘歆等人之说则认为"一曰备数、二曰和声、三曰审度、四曰嘉量、五曰权衡"皆决于"钟律",虽似有条理,却有附会之嫌,不过也彰显了"律"的广泛适用及其用于精确计算的规则功能。

用在算数方面,"数者,一、十、百、千、万也,所以算数事物顺性命之理也。书曰先其算命。本起于黄钟之数,始于一而三之,三三积之,历十二辰之数十有七万七千一百四十七,而五数备矣。其算法,用竹径一分长六寸,二百七十一枚而成六觚,为一握。径象乾律黄钟之一,而长象坤吕林钟之长"(《前汉书·律历志第一上》)。用在乐声方面,"五声之本,生于黄钟之律。九寸为宫,或损或益,以定商角徵羽。九六相生,阴阳之应也。律十有二,阳六为律,阴六为吕。律以统气类物,一曰黄钟,二曰太族,三曰姑洗,四曰蕤宾,五曰夷则,六曰亡射。吕以旅阳宣气,一曰林钟,二曰南吕,三曰应钟,四曰大吕,五曰夹钟,六曰中吕"(《前汉书·律历志第一上》),其十二辰的计算与《史记·律书第三》相同,皆采用积三之法。关于长度,"度者,分、寸、尺、丈、引也,所以度长短也,本起黄钟之长,以子谷秬黍中者,一黍之广,度之九十分,黄钟之长。一为一分,十分为寸,十寸为尺,十尺为丈,十丈为引,而五度审矣。其法用铜,高一寸,广二寸,长一丈,而分寸尺丈存焉。用竹为引,高一分,广六分,长十丈,其方法矩,高广之数,阴阳之象也"(《前汉书·律历志第一上》)。关于容量,"量者,龠、合、升、斗、斛也,所以量多少也,本起于黄钟之龠,用度数审其容,以子谷秬黍中者千有二百实其龠,以井水准其概,合龠为合,十合为升,十升为斗,十斗为斛,而五量嘉矣"(《前汉书·律历志第一上》)。

关于测重量的权衡,"权者,铢、两、斤、钧、石也,所以称物平施,知轻重也,本起于黄钟之重,一龠容千二百黍,重十二铢,两之为两。二十四铢为两,十六两为斤,三十斤为钧,四钧为石"(《前汉书·律历志第一上》)。如同其书所言"始于铢,两于两,明于斤,均于钧,终于石,物终石大也。四钧为石者四时之象也。重百二十斤者十二月之象也。终于十二辰而复于子,黄钟之象也。千九百二十两者阴阳之数也,三百八十四爻五行之象也,四万六千八

61

十铢者，万一千五百二十物，历四时之象也。而岁功成就，五权谨矣"（《前汉书·律历志第一上》），这些是明显带有穿凿附会之意。

由于历法是取决于天文观测记录的，而天文现象同样需要以测量为基础而得以准确记录，于是汉人仍以律起历，其法是"律容一龠，积八十一寸，则一日之分也，与长相终，律长九寸，百七十一分而终复，三复而得甲子。夫律阴阳九六爻象所从出也，故黄钟纪元气之谓律"（《前汉书·律历志第一上》），其推算的结果是"法，一月之日二十九日八十一分日之四十三，① 先藉半日名曰阳历，不藉名曰阴历，所谓阳历者先朔月生，阴历者朔而后月乃生"（《前汉书·律历志第一上》）。由于历法完全是依特定规则而发现的外在规律，人们由此而感到了神秘与无助，从而也就有了加以神秘化的倾向，批评因之而出，"阴阳家者流，盖出于羲和之官，敬顺昊天，历象日月星辰，敬授民时，此其所长也。及拘者为之，则牵于禁忌，泥于小数，舍人事而任鬼神"。② 事实上，历法的推算当然可以用中国古代的计量方法，但其实世界各国都有自身的方法来推算历法，皆无不可，但无论用哪种方法，只要其方法与过程是谨严的，则推算的结果理当是相近的。"律"，虽然古代儒生们总是把它向《书》《易》《乐》等"六艺"方面牵扯，而它实际上是闪耀着数理光辉的运算规程或计算规则，通过这些预先确定的固定规则，任何一个人来操作或计算都只会得出唯一的那个结果，这是"律"的最核心特征和要义。

据《史记·商君列传》中的"平斗桶权衡丈尺"的变法记载及《史记·历书第四》汉初"袭秦正朔服色"、《前汉书·律历志第一上》中的"汉兴，方纲纪大基庶事草创，袭秦正朔"所体现出的秦朝历法非常完善来看，商君对度量衡这样的社会运行所必要的基础标准是非常重视的，则他对相关制度的运作原理当是非常清楚的：当官府给定了单一的计量标准后，则任何人以此标准为据对某一特定对象进行实际的测量或计量，都一定会得到一个唯一的、公平的确定结果。如此之"律"可以避免争议并提高人际交往效率和公平，这是"律"的最鲜明特征。

那么，商君即可能在其变法之中体现"律"的特征，而当时确实有这样的条件和需求。一方面，不管夏商周三代的立法情况如何，至少在春秋战国时期的各诸侯的法令样式是五花八门的，商君以前的法令样式有法、令、宪、书、

---

① 以目前的时分秒计量方法，取平均值，月球绕地球一周并出没于黄道二次历二十七日七小时四十三分十一秒半（即恒星月），月球自合朔绕地球一周复至合朔历二十九日十二小时四十四分二秒八（即朔望月）。

② 班固. 汉书：卷三十 [M]. 北京：中华书局，1999：1371.

刑等不一而足，很明显，这些都是尝试性的，法令样式并没有定型。此时，商君就必须考虑为他的变法法令选取一个可靠的、能体现他的变法思想的名称。目前已见不到秦以前的各诸侯国法令了，而对于近些年被有些人传得神乎其神的《法经》（它本是私人论述而不是法令，其原始名称可能就是一个字：《法》），目前所能见到的其主要记载是《七国考》转引"桓谭新书"的那一段，而把其中的内容与秦汉律令、唐律等刑律相比较就可以发现其中的巨大区别：《法经》并没有实现量化和"明白易知"，则对同一法条内容的理解就会因人而异，不同的人用同一条文解决一个特定案件时会得到不同的结论。《法经》的表述方式是不可能令商君满意的，或许《法经》就是类似于"茆门之法"（楚昭王时）或"刑书"（郑国子产执政时）那样的旧式文献，则创立新的符合商君法思想的法令样式就是势在必行了。另一方面，商君对法的内容所要达到的要求是明确的，这在《史记·商君列传》和《商君书》中都有明确的体现和描述。变法之先，商君为了取信于民而事先发布了一个悬赏公告（即秦法中的"购"），悬赏条件是把三丈之木从南门移至北门，悬赏金额是十金（后来改为五十金）。这个悬赏公告非常能代表商君之法的基本特征："明白易知，愚智徧能知之"，① 作为悬赏条件是明白易知且是额定的，悬赏金额同样是如此，任何人都能理解它，且如果有人满足了悬赏条件则对如何奖赏的问题，虽一万人都只会得出唯一的答案：五十金。相比较而言，《法经》中的"罪高""罪卑""情减""理减"等词的内涵只能用"模糊"来形容，一万人可能会有一万种理解，即无人能知其确切意思，何谈"明白易知，愚智徧能知之"，其施用后果必会是混乱而不是齐一的，因为对于同一事，不同的人依据其对《法经》的理解而会得出完全不同的评价和结论。从而，商君必然不满意竹刑、《法经》之类文献所体现的旧立法模式，对旧法从内容到形式的全面"改"变是必然的。

从《商君书》可知，商君对所立之"法令"的要求是极高的。比如：其对象必须紧扣农、战这个时代主题，其措施必须是赏、刑、教三者并施，其立法依据是"当时而立法"，② 其效力依据是利民、强国二者并举，其语言必须做到"明白易知，愚智徧能知之"，其效力表现是"刑赏断于民心，器用决于家"，③ 即每个人在自己内心及家中就能依法知道某事的后果或法律效果，其施行效果须如同"国之权衡"④，即一国之内的任何人依之只能得到唯一的结论，

---

① 长治．商君书评注［M］．武汉：武汉大学出版社，2019：128-130.
② 长治．商君书评注［M］．武汉：武汉大学出版社，2019：37，132.
③ 长治．商君书评注［M］．武汉：武汉大学出版社，2019：61.
④ 长治．商君书评注［M］．武汉：武汉大学出版社，2019：91.

律令的精神 >>>

度量赏罚的法令必须体现"过有厚薄则刑有轻重，善有小大则赏有多少"① 及"家断"等要求。能满足商君要求的法令样式并无先例，则商君为使其立法不被误解、误用，则只能独创一种全新的法令样式，这在当时确有这样的现实需要。

正是由于商君对音、律、数、历、度量衡及"兵大律"（即军法）的运作特征是很了解的，他知道他的法令需要有度量衡那样的特征和效力，而他又需要一种全新的法令样式，则作为闪耀着数理光辉的运算规程或计算规则的"律"自然引起了商君的注意。音律、律历中所承载的数理特征正是商君的法令所必须具备的特征，"律"这个名称被商君选中作为他所主持制定的法令的名称也就具有必然性，因为实在没有比"律"更合适的名称了。这说明，秦"律"令的形式与内容都体现了商君法思想，即不仅是律令的条文，而且法的名称本身也一样是商君思想的产物。

而从秦律令的立法技术角度来看，能独创出"律"这一法令样式的人，从整个中国古代史来看，唯有商君一人是可能的。秦"律"的立法技术是独创性的，在秦以前没有出现过类似的立法。且秦律令能产生长达两千多年（若从秦孝公三年时的公元前 359 年起算到公元 1912 年清朝亡即达 2271 年之久）的影响力，在于它是在严肃、严谨且严密的法思想体系的指导下创立的，出土秦律令的内容与外观与商君思想是高度契合的，"律"这种全新的法令样式（包括"律"成为法令的名称及"律"的立法模式、立法技术）只可能是由商君本人所创立。现略举两例再加说明，如下：

一例是睡虎地秦简《厩苑律》："以四月、七月、十月、正月肤田牛。卒岁，以正月大课之。最，赐田啬夫壶酒束脯，为皂者除一更，赐牛长日三旬；殿者，谇田啬夫，罚冗皂者二月。其以牛田，牛减絜，笞主者寸十。又里课之，最者，赐田典日旬，殿，笞卅。"此《厩苑律》反映出官府对耕牛的饲养有着严格的、明确的管理规则，不但每个季度都会进行评比，而且饲养的优劣和饲养人的利益相关联：牛养得好，就会得到酒、肉、免除徭役、多计工时等奖励；相反，牛没饲养好，面临的是责备、少计工时、体罚等处罚。此律条的规定非常明确，确实做到了"明白易知，愚智徧能知之"，且赏罚并施，寸、最、殿是极易于理解的，壶酒束脯、一更、三旬、谇、二月、十、旬、卅这样量化的处罚也是极易于理解和执行的，一旦发生律条规定的事实则虽是没有官府的裁定也能知道处理结论（"家断"），即只能得出唯一的结论，并且这一律条的目的、赏罚及效力都是合乎利民、强国这两个标准的。此律条对事制及赏罚的轻重程度的把

---

① 长治. 商君书评注 [M]. 武汉：武汉大学出版社，2019：72.

握也是很细致的。可见，这一律条，其中的每个字都分明浸淫着商君思想的印记，是典型的"商君之法"，即使此律条不是出自商君本人之手，也一定是对商君思想和商君之法非常熟悉、非常尊崇之人所仿造。

又一例为岳麓秦简《戍律》，曰："戍者月更。君子守官四旬以上为除戍一更。遣戍，同居毋并行，不从律，赀二甲。戍在署，父母、妻死遣归葬。告县，县令拾日。（徭）发，亲父母、泰父母、妻、子死，遣归葬。已葬，辄聂（蹑）以平其（徭）。（缺简）而舍之，缺其更，以书谢于将吏，其疾病有瘳、已葬、劾已而遣往拾日于署，为书以告将吏，所疾病有瘳、已葬、劾已而敢弗遣拾日，赀尉、尉史、士吏主者各二甲，丞、令、令史各一甲。"[①] 睡虎地秦简《戍律》曰："同居毋并行，县啬夫、尉及士吏行戍不以律，赀二甲。"这两条记载理当是出于同一律条，其差异可能是抄录不全造成的。此律对秦月更、遣戍的条件、请假缘由以及销假的过程等有详细的规定，从而易理解、易操作。仔细分析此律条就可以知道，如同上一律条一样，此条同样完全满足商君对所立法令的全部要求。戍守本来是为了国家利益，而此律条则能比较细致地顾及了民众自身的利益需要（"归葬""毋并行"，都体现了对农事、家事的重视与保护，且本条所处罚的仅是"不以律"的官吏），其量化规定也非常明确，根据案情同样只可以得出单一的结论。本条只有罚而无赏，但并不违背商君思想，因为赏只在有功劳的场合才适用，官吏违律遣戍当然要受到处罚，如果官吏都兢兢业业则其升迁之途当然也是畅通的。这一律条的每个字也都浸淫着商君思想的印记，是典型的"商君之法"，它有"律"的所有共通特征与功能。

通过对秦的以上两个"律"条的分析可知，秦的"律"并不是徒有其名，其具体律条的内容处处充盈着数理光辉。如同《史记》和《前汉书》中所言的乐器制造、度、量、权、历法的确定标准一样，商君所主持制定的"律"令就是一部精确的公共制度仪器，任何公共事务以"律"来衡量都只会得到唯一的判断结论，这样的"律"从内容到形式都是全新的、亘古未有的。"律"这一全新法律形式是商君以其精密的法思想理论为依据而独创出来的，基于时势与机遇，整个古代也只有商君一人有如此完整的法思想体系，则也只有他一人有能力创造出"律"这一法令样式。由于"律"很好地满足了社会治理的需要，后世各朝循而不改。

律令的"律"与音律、度量衡、律历的"律"有着非常相近的特征和内涵，那就是对数字的偏爱与强调，及提供确定的运算规程。这二者在出土的秦

[①] 朱德贵. 岳麓秦简所见《戍律》初探[J]. 社会科学，2017，(10)：133-134.

律令中都有鲜明的体现。例如，出土秦简中普遍存在的日、旬、月、年、户、钱、两、升、石、积、斗、亩、尺、寸、甲、盾等量化单位即是为数字的运用开拓空间，各种量化的描述都是要依托于这些度量单位，而量化描述又为确定的计算规程的存在提供了条件，如此以来，律令的"律"与音律、度量衡、律历的"律"也就无二了。

音律、度量衡、律历在确定的计算规程之下总会得到唯一的结论，律令的"律"也同样如此。而"律"这样的法令在孝公变法之前是不可想象的，因为在春秋战国时期作为新的历史时期的开端，各方面社会事务的规则都处于探索阶段，人们可以做什么及人们行为的后果都是不明确的，一切都需要试探、试错，这不仅表现在观念上，也表现在制度上。姑且不论春秋时期叔向立法所引发的"刑不可知则威不可测"那种讨论，到了战国时期的《法经》这一私人文章仍然如此。我们有理由相信《法经》虽不是法令，但却是"诸国刑典"的一个缩影，则以它为例足以说明除商君之法以外的各诸侯国立法的特征，此处以《七国考》引"桓谭新书"中《法经》引文为例进行说明。

《七国考》所引《法经》中"盗符者诛，籍其家，盗玺者诛，议国法令者诛籍其家及其妻氏，曰狡禁"这一描述显得是轻重失序、过度依赖于诛罚，主要是只有处罚规定而无"事制"规则，是很明显的"不教而诛"，且这一主张（它并不是法条，只能算是某个人的主张）是在公元前400年前后提出来的，但在公元前256年却发生了魏公子无忌"窃符救赵"之事，这更进一步说明魏国当时及后来完全不重视对"事制"规则的完善而过度信赖刑罚，这或许在孝公变法前是各诸侯国的惯常做法。不管《法经》这一私人论述有没有被采纳为法，至少魏国法令没能阻止"盗符"行为且事实上也没有对"盗符"者施加任何处罚。刑制无"事制"规则作依托正是早期法令的特征之一。

该主张对三种违法行为都要处以"诛"，但或许是最严重的"盗玺"的处罚反而是三种之中最轻的，"议国法令者"或许是这三种行为之中最轻的，但其处罚反而是最重的（据《史记·商君列传》记载，秦变法之初有议"令之不便者"但并未加以处罚，后来是"有来言令便者"而只是"迁之于边城"，可见，在秦国它并不是一种严重的违法，处罚也并不如同《法经》所述那么严酷），法经主张的正当性是很让人生疑的。刑罚轻重失当也正是早期法令的特征之二。

该主张不能体现"过有厚薄则刑有轻重，善有小大则赏有多少"；这一主张是单纯的刑罚，且与农战无关，动辄诛杀，因此不利于增强国力；这一主张与"强国"目标的关联不明显，更与"利民"无关，它仅仅是为了维护王权，存在与社会脱节的危险；这一主张看似简洁，但其实并不"明白易知"，各人会有不同的合理理解，比如，符、玺、法令、诛、籍、家等词都可以有各种不同的理解，其语言的确定性程度很低，也就会影响人们对此类法令的理解和态度；由于法令的效力必然是寄托自民众对它的理解与尊重，则当类似《法经》的法令不能"明白易知"时，即难以获得人们的尊重与服从；这一主张中，至少关于"议国法令"的规定很难讲是"当时而立法"，即它没能体察民之情，更没能总结历史经验教训，且还有模仿周幽王"防民之口"的嫌疑，岂不是过于落伍、过于无知。事实上，完全阻止人们议令是不可能的，虽是要加以处罚，也不能不区分情况而一律加以诛、籍。正是由于此主张有模糊之处且不协于民之情，则人们对此类法令必有抗拒之心，从而也就不可能实现"刑赏断于民心，器用决于家"的自治效应，更不能实现"国之权衡"的功能，因为人们对它的理解是各有不同的，其结果不但是令出必议，且必定是罚出必议，此类法令正是商君所严肃批驳的、极力避免的对象。

再如，《七国考》所引《法经》中"罪人年十五以下罪高三减，罪卑一减，年六十以上，小罪情减，大罪理减"这一主张的旧制痕迹更明显，且与商君思想的距离更明显。比如，其中的"罪高""罪卑""小罪""情减""大罪""理减"等词指的是什么是含混不清的，或许这就是当时"诸国刑典"的通行做法，以往之"法"与商君之"律"之间的区别也就在这里充分体现出来。当时类似《法经》的各诸侯国"法"令可能都是缺失运算规程的，而只是一些模糊的规定，有很重的"不可知"成分，从而，各个人对它的理解和应用就会是不同的。即，不同的人对同一行为用其同一个"法"令来衡量会得出不同的结果，则这些法令就会为"奸臣鬻权以约禄，秩官之吏隐下而渔民"① 提供充分的机会。由于法令并不能独立决定处罚，于是就会考虑其他的法外因素，比如贤能、德行等，商君把这种情况称作"假吏民奸诈之本，而求端悫其末"②，商君所立之法当然会极力加以避免。

可见，商君所立之"律"与之前在各诸侯国早就存在的"法"（刑典）是有本质区别的。通过"集诸国刑典"而撰成的《法经》与出土的秦律令的对比就能清晰地看出二者间的区别与差异。"法"就是"法"，它的外表与内容都体现着"法"的特征，它的名称只能叫作"法"，而没有资格称作"律"；"律"就是"律"，它的外表与内容都纯然体现着"律"的特质，它的名称只能叫做"律"，而不能与"法"相混同，"律"之名为"律"是实至名归。当需要制定

---

① 长治. 商君书评注 [M]. 武汉：武汉大学出版社，2019：93.
② 长治. 商君书评注 [M]. 武汉：武汉大学出版社，2019：123.

实为"律"的法律时，则改"法"为"律"即势在必行。

在只有各种"法"的旧时代中，"律"作为全新的法令样式被创造出来是时势使然，也是中国人自古以来所具有的严谨数理精神的传统使然，更是商君所具有的渊博的学识和深刻的洞察力使然。则，"律"之产于中国战国时代的秦国，而没有产生于其他诸侯国或世界的其他地方，实出于必然而非偶然。

其一，出土秦文献足以表明，"律"这种全新的法令样式正是创始于孝公变法时期。出土的秦"律"令是如此地繁多，① 而由于秦国历史上唯一的一次重要变法是在秦孝公时期进行的，则其中的大多数重要律令只可能是在孝公变法时期颁布的，而其中的另一些则是后世诸代秦王在这些原创律令基础上仿造而成。当然，以前颁布的律令也可能被修订，至少在秦始皇时期进行过法令的修订（秦始皇时中国已统一，则不需要大量的武器辎重了，则不需要"赀甲""赀盾"之类的处罚方法了，从而，法令的修订是势在必行）。无论怎样，秦制的根基与核心部分无疑是在秦孝公时的商君变法中确立的。即，从出土秦律令与商君思想的分析中，足以使我们确信"律"创始自商君，古籍中所载商君"为律"之事当为史实，至于"改法"是否确实则是另一回事。

其二，从各种古籍记载来看，秦有"律"，且汉朝的"律"原本是"相国萧何攈摭秦法"为始而逐步形成的，且并无任何文献表明秦孝公之前哪一个诸侯国有"律"这么一种法律样式，则"律"创立于秦是毫无疑问的。且由于有《唐律疏义》等文献明确记载商君"为律"之事，则从文献记载的角度讲，在无相反的可靠依据的情况下，只能确认商君"为律"之事为史实，即商君创立了"律"。至于"萧何草律"之说，当是指汉相萧何依据秦律而初步厘定了汉律，并不是指萧何"草"造了"律"这一法律形式。

其三，先秦时期各诸侯国（除秦国外）几乎没有"律"这种法律样式，"律"作为法律的样式之一是首次出现于秦国，汉朝及后世各朝代是因袭了秦所创制的"律"这种法律样式。秦律之前的成文法有"法"之名而无"律"之名。东周时期的诸侯国出现了"仆区之法"（楚庄王时）、"茆门之法"（楚昭王

---

① 陈伟先生在一篇讲演中提到"秦简牍发现比较晚，但是后来居上，到目前已经发现12批，超过两万三千枚。刚才说里耶古城发现的秦简三万多片。其中有的没有字迹，真正可以确认字迹的是一万七千枚。在内容方面有官文书、律令及司法案例、日书、算术书等各种书籍、私人信函和质日。简牍同时具备文物和文献价值，是了解秦国、秦代政治、经济、法律、军事等制度的珍贵资料，在两千年后再现当时的芸芸众生、世间百态"。参见武汉大学简帛研究中心教授陈伟. 秦简牍与秦人法制［N］. 文汇报，2017-5-12.

时)、"被庐之法"（晋文公四年）、"夷蒐之法"（晋文公十六年）、刑书（晋平公四年）、刑鼎（晋昭公十九年）、刑书（郑国子产执政时）、竹刑（郑献公十三年）等法律。另外，《韩非子·饰邪第十九》提到"魏之方明立辟""赵之明国律""燕之方明奉法"，且《七国考》引"张斐律序云，郑铸刑书，晋作执秩，赵制国律，楚造仆区，兹述法律之名，申韩之徒各自立制"，则赵国可能于某时立有"国律"、魏国可能立有"立辟"、燕国可能立有"奉法"，楚怀王时屈原受命起草"宪令"但可能不了了之（汉朝时"宪令"是法律的别称或统称，① 又见《后汉书·郭陈列传第三十六》有"汉兴以来三百二年宪令稍增，科条无限"语），《战国策·魏四》有安陵君之先君成侯"手受大府之宪"语（安陵君是魏襄王弟），则魏襄王时可能有"大府之宪"，各诸侯国可能还有其他的一些立法活动。

这些先秦时期的立法，除了赵国"国律"外，其他的都没有以"律"为名的，而赵国的"律"又极可能是仿自秦国的"律"。首先，赵国虽可能有"国律"（当然，也可能是韩非为了适应秦国的读者而刻意把"国法"改写成"国律"，即赵国并无"律"），但它确立于何时却是不得而知的，只能据史估定一个时间。赵国本来立国较晚，公元前403年周天子才承认赵国的诸侯地位，不久之后即出现了孝公变法（公元前359年至公元前338年），"国律"之说首现于秦始皇时的《韩非子》一书，其事列于"当燕之方明奉法审官断之时，东县齐国，南尽中山之地"之前，而燕"东县齐国"时在公元前284年之后，"赵之方明国律"而致"辟地齐燕"必是在赵武灵王之时，其主要史实同样是前284年之后赵与燕魏韩秦五国共破齐国，则可知"国律"只可能确立于秦孝公变法完成很多年（约70年）之后，则赵"国律"很可能是模仿秦律之作。其次，"国律"的命运是"及国律慢用者弱而国日削矣"，即它并没有坚持施行太久，可能此"国律"缺乏继续实施所必要的配套法律和社会环境，它并不成功。依现有史料，赵国在"国律"之前没有颁布过以"律"为名的成文法，而"国律"又遭遇"慢用"，其后又无重大的立法活动，这更表明赵国的"律"极可能是一时即兴模仿而来的。"律"作为一种外来事物，赵人对"律"并不理解、不尊重从而才导致"国律慢用"，这更加重了其模仿嫌疑。最后，秦赵接壤且常年互伐，赵国又经常处于弱势，则赵国为图自强而借鉴秦国的先进制度就是很有必要的，则赵国仿秦律令而立"国律"是现实所需。可见，赵国若有"国律"，它不可能是原创，它只可能是仿自邻国秦国，"律"作为法律样式创始于

---

① 司马迁. 史记：卷八十四 [M]. 北京：中华书局, 1999: 1933.

秦国的商君之时是没有疑问的。

可以肯定的是，商君"为律"属实。而秦律之前的法律样式主要是"法"和其他一些名目，但没有称作"律"的。当秦有"律"并成功之后，其他诸侯国才会有模仿者。

"律"作为法律样式之名大量出现于秦律令中是无可辩驳的史实。同时，秦在其历史中只有秦孝公时的商君变法这么一次各种史书都详细且明确记载的重大社会革新活动，再结合发现的秦汉律条，则"律"创始于孝公变法也就是无疑的。

其四，从法律制度的理论依据来看，"律"所蕴含的意义正合乎商君思想，"为律"在商君思想面前是势所必然。

故，从多个角度来看，商君"为律"当属史实。

(二)"改法"之必要

或许创制一个全新的法令样式是极容易的，一个强势的国君可以随地、随时创建或认可一个全新的法令样式，例如上述所言及的"茅门之法""立辟""奉法""宪令"、刑书、刑鼎等即是。但一种法令样式若是没有其存在的必然性做支撑，则必是"其生也忽，其灭也忽"而不能维持下去。中国先秦时期所存在过的诸多法令样式，能保留到后世的基本上就只是秦的律和令，且只有秦的律令传承到了后世，其他诸侯国的各种法令随着秦的统一天下而基本上消亡殆尽。这说明，权力本身并不能为法令及其样式提供安全保障，法令的效力和命运也不完全是权力所能保障的。

纵观人类的立法史，各种各样的立法无一例外都是依托权力而立，大多数法令的命运与其所依托的权力的命运相同，权力（官府）灭则法令灭。但也有少数法令因其质地优越而被后世所传承，权力更替与岁月变迁对这样的法令没有明显影响，这些能超越权力时空范围的法令就是世之珍宝，它们是尤其需要引起我们注意的部分。有些人倾向于相信"秦人是一手执着刀戈，一手执着法律横行天下的"[1]，或许各诸侯国的"刀戈"是相近的，主要的区别是各自的"法律"。秦人的"法律"定然与众不同，否则不要说"横行天下"，虽是自保都有难度。从而，"法律"并不因为它的名字是"法律"就一定有"法律"的效能，无法律的效能则其"法律"也就只能算是名义上的法律而徒有其名罢了。各国都有权力和法律，但其法律的效能是各各不同的。这说明，权力并不是创立法令及其样式的充分条件，它仅能算是必要条件之一。

---

[1] 武树臣. 秦"改法为律"原因考 [J]. 法学家，2011（2）：38.

仅凭权力不足以确立起有效的法令，则确立法令还需要其他的什么条件呢？这是制定法令和选定法令样式前必须解决的问题，因为在懵懂不知的情况下所立的法令，其效能也就难以有保障。

商君在变法之前已有很充分的理论准备，整部《商君书》其实所研究的唯一问题或核心问题就是立法问题。从《商君书》可知，商君对立法依据的研究已是非常地深入。例如，他认为，"及至文武，各当时而立法，因事而制礼，礼法以时而定，制令各顺其宜，兵甲器备各便其用。臣故曰：治世不一道，便国不必法古""故圣人之为国也，观俗立法则治，察国事本则宜。不观时俗、不察国本，故其法立而民乱，事剧而功寡，此臣之所谓过也""夫圣人之立法化俗，而使民朝暮从事于农也""法不察民之情而立之，则不成""人主失守则危，君臣释法任私则乱，故立法明分而不以私害法则治""故立法明分，中程者赏之，毁公者诛之。赏诛之法不失其议，故民不争""民众而奸邪生，故立法制为度量以禁之，是故有君臣之义、五官之分、法制之禁，不可不慎也""先王当时而立法，度务而制事，法宜其时则治，事适其务故有功"等，商君的这些理论表述既不惺惺作态，又非空乏无物。或许令中外法学家倍感失望的是，商君在对立法依据进行细致深入剖析时，完全没有提及"权力"，或者说，商君根本不把权力当作是立法依据或立法条件（我认为，权力其实只是充当颁布法令的渠道或通道，它本身是不能创造法令的，古代的君权及现代的人民主权都是如此）。商君的这一处理方法当然有其理论依据，而且能给我们以较多的启示，因为古代与现代都有一些官府单纯以权力推动立法的史实，结果成了强力立法、暴力立法、虚假立法，其后果也是可想而知的。商君并没有把立法依据寄托于权力或虚幻的对象之上，而是归之于"当时""观俗""度务""民之情"等这些非常现实的、客观的、可观测的对象。且，他把法令的效用定为"强国"和"利民"，又把法令的职能定为"明分"，在这诸多因素的限定之下，法令的特征就不是人力或权力所能控制得了的，它有了其自身的不可移易的特征和内涵，法令的具体内在内容与外在形式都受制于这些特征。

法令并不是随意怎么制定都可行的，因为立法必须合乎法令的成立根据。既然立法不能倚托于权力，而是必须深入考察"时""俗""务""民之情"，则法令的内容与外在样式（名称）就只能是取决于立法依据自身，即由"时""俗""务""民之情"来决定法令的内容与外在样式。至少，以《法经》为代表的各种春秋战国立"法"模式不足以满足商君所发展出来的立法思想的要求的。例如，董说所引《法经》的"决关梁、踰城郭而略盗者其刑膑，男女不以义交者其刑宫，触易君命，革舆服制度奸轨盗攘伤人者其刑劓，非事而事之、

71

出入不以道义而诵不祥之辞者其刑墨，降畔、寇贼、劫略、夺攘、矫虔者其刑死"，这说明，东周时的各种"法"仍然大量推行能对人体和精神构成重大创伤的古五刑，这是极为落伍的。东周之时以农、战为最大的时务，哪个国家在这方面做得好就会强大无比。古五刑的推行必然造成大量身体残缺、名誉受损的人，这些人是很难助力国之农、战要务的，从而，这样的"法"就会对社会的发展与安全构成破坏而不是帮助，这样的"法"是与社会现实的需要相脱节的，更不要说能满足"当时""观俗""度务"要求了（出土秦律令中虽然也时有古五刑的影子，但已经大量采用有利于农、战的各种新式刑罚了，比如，赀、作、谇等）。东周旧"法"这样的问题并不是能够通过小改小革或"撰次诸国法"所可以解决的，而必须在通过对法令的立法依据进行系统研究和周密调查的基础上进行通盘考虑并以变法的方式解决。

如同在前面所分析的，类似《法经》那样的东周旧"法"所反映出来的问题是全面的、系统的、方向性的问题，如果没有进行深入的理论分析，如果没有足够强大的理论工具可用，则一方面发现不了问题，另一方面是不知如何解决问题或不知如何处理才是恰当的，因为完全没有判断标准。东周诸"法"其实就是各种摸索、尝试和逐步改进的产物，虽然并不能说这样的"法"完全无用，但它们距离法令所理应具有的效能是有很大差距的，由此而产生的经验教训也是足够多、足够大的。商君全面总结了东周时期各种改革和立法的正反两方面经验教训（当然，这不限于刑罚，更重要的是社会生产、职官、军事、税收等方面的），并经系统研究而构建了法的基本理论体系，从而获得了一个强大的理论分析工具。在此理论之下，各种立"法"是否存在问题、如何解决问题都有一个确定无疑的判断标准，从而不再是模棱两可的了，这就为进行根本、彻底的社会改革（包括刑制、兵制、农制、官制等改革在内）提供了依据和可能。根据商君思想，必须对以往的"法"进行全面的改革，包括其内容和外在形式的改革。至此，"法"的内容不再是随意规定的，而是只取决于其立法依据，法的外在形式也只取决于法的内容，由内容来决定形式，内容已变则其形式发生同步变革的需要就产生了。

依商君思想而重新制定的新法（即商君之法、秦法、秦制）与以往东周诸"法"是完全不同的：新法体现了农、战的时代主题，体现了赏、罚、教并施的思想，体现了民情与时势的要求，体现了法须"明白易知"的要求，体现了利民、强国的共同追求，体现了民众依据法令就可以自行判断是非曲直和行为后果的自治需要，也体现了"过有厚薄则刑有轻重，善有小大则赏有多少"的数理思维，更担当了"国之权衡"的功能。

商君之法与以往东周诸"法"有本质区别。商君之法已如同音律、律历那样是一台精密的数理机器，用它处理一个案件就只会得到一个唯一的、确定的结论，东周诸"法"达不到这么高的精度，这已产生了重新寻找一个新的法令名称以示区别的需要，此外还有一个更大的原因，即展现商君所言的"法"与东周诸"法"在外沿上是不同的。《商君书》所讲的"法"其实是一国所有公共制度的统称，包括了农制、刑制、兵制、税制、官制等，而东周诸"法"其实就是专指刑制（法即刑，这其实也是东周儒家的主张，后世儒生，包括明清儒生，始终抱此主张）。有这样巨大的差异，则除非为新法令确定一个全新的名字，否则将带来一系列的困惑与混乱。从而，弃旧"法"而"为律"的需要也就变得很紧迫了。

虽然"为律"已有其必要性和紧迫性，但法令的名称由"法"到"律"并不是必然发生的。此一改变必然需要极大的理论勇气和坚毅的决心，因为它本身就意味着是一场社会变革，则也只有拥有非常之才的非常之人，方有能力完成此一变革，能胜任完成这一变革的人，当时似非商君莫属。① 商君之"有奇才"，不但体现在他成名前已得到魏相的确认，而且在现在看来也仍然如此，因为他不仅成功地把握到了历史发展的大势，而且成功地把它实现了出来，从而开创了一个全新的时代。我们甚至可以认定，商君变法之后的两千多年中国历史可以称之为商君时代。实际上，商君之前的中国已处一个危险的境地，从周平王东迁到秦孝公元年时已过去了四百多年，然而：一方面是在内部，各诸侯国的改革、实验、尝试很难说有取得显著成功的，各国时强时弱、各国之间势均力敌是那个时代的特点，在和平无望且没有哪一国能打破平衡的情况下，天下混战就是不可避免的，而这又带来了巨大的破坏和深重的灾难；另一方面是在外部，周幽王的被杀虽有内乱因素，但却是外敌入侵促成的，虽然东周时期并没有大规模的外敌入侵事件，但赵国之东北的中山国、秦国之西北的义渠、东周时各国修建的连绵不断的北方长城都反映了当时外患之严重。商君所面对的就是这样一个内外交困的动荡时代，而且在当时，诸子百"家"都已浮现，但没有哪一"家"能解决当时的治乱问题。而天下大乱已四百年，长此以往则华夏民族确有亡国灭种之虞！世界古代史上有无数的民族就是以如此方式消亡的。我们有理由相信，不但是商君，他那个时代的任何人（包括各诸侯王）都

---

① 国外的学者认为，《商君书》1928 年英译本 *The Book of Lord Shang* 的翻译质量较高，"至今仍是一部介绍法家学派的最好著作"。参见 D. 布迪，C. 莫里斯. 中华帝国的法律 [M]. 南京：江苏人民出版社，1998：470-471.

面临着极大的生存压力,"春秋之中,弑君三十六,亡国五十二,诸侯奔走不得保其社稷者不可胜数",① 君王尚且如此,小民的命运更是没有保障。商君全面、系统、深入地分析了导致成为弱国、削国、乱国、亡国、危国、小国、贫国的原因,进而形成了他的帝道、王道、霸道、强国之术,② "奇计"已在手,则商君当然负有历史使命感将之付诸实施以解时世之险危。由于在商君看来,东周各诸侯国之旧"法"自身就是天下祸乱之源,则改革虽然有极大的阻碍,也必须完成。不过,正如我们所知道的,孝公变法是在利民、强国这个宏大的背景下展开的,从而遇到的实质阻碍并不大,以至于如同司马迁在《史记》中所说的"行之十年,秦民大说,道不拾遗,山无盗贼,家给人足。民勇于公战,怯于私斗,乡邑大治",到后来,不但极少有人反对变法,而且秦"妇人婴儿皆言商君之法"。即,"为律"是在变法中悄无声息地完成的。秦国君民皆知商君之法的便利、信用且能富家、强国,殊不知,这些都是新型的"律"带来的,虽然当时的吏民对"律"这个名称关注较少。这也说明,旧式的"法"非但不能富家、强国且必祸乱天下而应受到摒弃,改"法"是必须的,"律"的出现倒是在一个偶然的场合由一个必然的人来实现的。

"律"的形成与出现,是正当其国、正当其时、正当其人这三大因素共同作用下促成的。所谓"正当其国",是指中国自古以来就有发达的算数术,到春秋战国时已有高度发达的数学,并且数学思维已渗透到社会生活、各个学术门类和各个学派,学者们大都在自己的学问中渗入算数术以使其思想更加地严密和成统一体系,这是东周时期的大的学术环境,商君本人当然也会受到这个大环境的影响。所谓"正当其时",是指东周时期天下混战且诸侯国众多,则除非是真学问,否则,任何伪学问在现实面前都会立即显露其拙劣原形。例如,宋襄公怀抱"仁"术领兵出战,结果是身死而为天下笑。国家实力的比拼是不能以虚学浮理为凭据的,在这种情况下,社会就是在呼吁、等待真学问、实学问,也只有这样的学问才能实现国家的强盛、民众的富强并止息天下纷争。商君生活于战国中期,从而有机会对治乱正反两方面的经验教训进行全面总结,尤其是能对当时旧"法"的弊端有深刻的把握,从而,"律"的出现已是呼之欲出。所谓"正当其人",是说商君这个人有"奇才"且正好是一个不贪图名利且是"极身无二虑,尽公不顾私"③ 之人,由这样一个公平正直之人来主持一场变法

---

① 司马迁. 史记: 卷一百三十 [M]. 北京: 中华书局, 1999: 2492.
② 司马迁. 史记: 卷六十八 [M]. 北京: 中华书局, 1999: 1764.
③ 刘向. 新序论 [M] // 文渊阁四库全书: 第1396册. 上海: 上海古籍出版社, 2012: 633.

是极易成功的,至少不会遭遇那么多无谓的阻力与破坏。相比较而言,假设吴起有商君之才但以其"贪而好色"① 之本性就很难保证变法能成功。德、才兼备使商君以一个完美的人主持完成了一场完美的变法。"律"这种全新的法律样式是在诸种必备因素齐备且是它们的共同推动下产生的。②

"律"的出现并未受到当时人们的关注,也从一个侧面反映了"律"与当时的社会环境和文化背景是非常合拍的,以至于人们并未表现出任何的好奇与惊讶,如同是顺理成章、天经地义似的,"改法"就这样悄无声息地完成了。

综合以上的分析,我们有理由相信,不但"为律"的历史记载是真实可信的(只是"改法"之事尚有可疑之处,如下详议),而且这一社会变革过程是在商君主导下完成的。

二、"改法为律"的实质

已确信"为律"是史实,则还有进一步的问题需要解决:"改法为律",是只改了一个"法"字吗?是只进行了小幅度的修订,还是意味着全面的法律改革?

(一)"改法为律"是否只是"改"动了一个字

这种观点认为:"改法为律"其实就是把《法经》改名为《律经》(或把《法》改名为《律》,其六篇的篇名也一同修改),也就是只是在名称上把"法"字改成了"律"字,但《法经》的内容则一字不易地或很少有改动就保留下来而成为法律规定,即《法经》的条文与秦《律经》的条文是相同的或基本相同的。清末的沈家本似即持此论。③ 这种观点是否正确可信,只需要进行文献比对就可以得到确定不疑的解答。

关于文献比对的依据。秦代律令已出土了很多,可以说,这方面的文献资源非常丰富,这里以睡虎地秦墓竹简为主,再附之以《史记》进行比对。《法经》与东周诸"法"早已佚失,可能在秦始皇统一中国前后就大多消佚了,目前所能看到的主要是《七国考》中所引"桓谭新书"的一条有关"法经"的记载,其他古籍中的相关记载都更加地零散与不全,故,这里就以这一条《七国考》引文作为东周诸"法"和《法经》的标本。虽然有人认为董说可能作伪而

---

① 司马迁. 史记:卷一百二十二 [M]. 北京:中华书局,1999:1722.
② 有人认为刑律起源于军令,但这种观点明显缺乏依据。且,刑起于兵是可能的,唐虞时代就有刑。但律与刑并不同,由此很难认定"律"与军令有关联。
③ 参见沈家本. 历代刑法考:下册 [M]. 北京:商务印书馆,2011:57.

怀疑《七国考》的可靠性，这个问题在前面讨论过，我认为董说和《七国考》在整体上是可靠的，这在清朝当时即有定论，这里不再讨论。那么，《七国考》中所引"桓谭新书"的那一条有关"法经"的记载是否可能抄自一本伪书呢？即是说，董说可能并不会作伪，但并不能排除别人作伪的可能性。我认为，各种猜测确实可以有，但如果没有可靠依据则不能成为论据，即这一猜测并不能有伤《七国考》记载的可信度。由于《七国考》所引"法经"记载在其他古籍中可以找到部分佐证，则在无反证且别无其他更详细《法经》资料的情况下，只能采信它了。虽然要讨论的是《七国考》中的"法经"记载，但，这个问题是需要注意的：该条记载未必就是原始记载，其改动的痕迹很明显。首先，如果承认"改法为律"为史实，则《法经》中断然不会出现"其律""具律""杂律"之类的字样。其次，这段文字中有较多的总结或评论性质的内容，如，"卫鞅受之入相于秦，是以秦魏二国深文峻法相近""武侯以下"等。这说明，《七国考》中的"法经"记载并不会是原始资料，而可能是桓谭或其他人依据秦汉时的流行表达方式进行了改写。由于自唐代前后已有人认为秦的"律"就是用《法经》改写而成的，且唐人的立论依据或许就是"桓谭新书"中的那一条记载，现在要讨论的正是《法经》，则只能以《七国考》中的"法经"的记载为比对的文献了。

已确认"为律"是史实，法令的名称从"法"变为"律"也是无可置疑的，即，"法"这个名称被完全舍弃了，而以"律"作为法令的主要名称。如果《法经》的内容被全文保存在了秦律令里面，则，"改法为律"就只是改动了一个字（把"法"字改成了"律"字而已），即秦律全文照搬《法经》。那么，这是否可能呢？对此问题分析如下：

其一，从直接文献角度看，在目前出土的秦简中并没有发现与《七国考》中"法经"记载相同的内容，也没有发现相近的。则，全文照搬之说没有直接文献依据，难以成立。

其二，从史实角度看。所引述《法经》中有一条"博戏罚金三币，太子博戏则笞，不止则特笞，不止则更立，曰嬉禁"。虽然在出土秦简中并没有关于处罚太子的明文规定，但却有案例可考，从而可以进行对比。即《史记》所载"太子犯法。卫鞅曰：'法之不行，自上犯之。'将法太子。太子，君嗣也，不可施刑，刑其傅公子虔，黥其师公孙贾。明日。秦人皆趋令""行之四年，公子虔复犯约，劓之"。① 《史记》并没有提及公子虔第二次受罚的原因，但由于它提

---

① 司马迁. 史记：卷六十八 [M]. 北京：中华书局，1999：1766.

<<< 第一章 律令的起源初考

到了"复犯",则就必然与"太子犯法"有关,即秦太子二次犯法都没有处罚太子本人,而只是处罚了"其傅公子虔"等人。可见,在秦法中,太子犯法并不会处罚其本人,且多次犯法也不致失去太子之位(当然,这里所涉及的犯法可能并不太严重)。"博戏"很难讲是一种太严重的犯法,对比一下《法经》的内容,但却是太子本人要受罚("笞")且再次犯法要"特笞""更立",可见,《法经》的主张与秦国的政务是有明显的、重大的差异,对此只能解释为在秦国律令里根本没有《法经》的那一条规定,即秦国并没有全文照搬了《法经》。那么,是不是有可能在秦国律令里有《法经》的那一条规定,但并没有得到遵守与执行呢?理当认为这更不可能,因为商君建议处罚太子的依据就是"法"(即"法之不行""法太子"),则除非秦法中有相关规定(即以处罚其师傅的方式处理太子犯法问题),否则商君的处罚主张很难成立,且由于没有法律依据,则他根本不会提出处罚建议,即使提出也很难得到秦孝公及秦宗室的支持。从而可知,在秦国律令里不可能有《法经》的那一条规定,即秦律并没有全文或部分照搬《法经》。

其三,从理论依据看,《法经》其实只是源自"撰次诸国法"这样的简单文字编辑活动,即它并不是原创型的研究活动,从而,它的编纂很难说有什么理论依据。而秦律令的创制必然是在系统的理论思想的指导下的原创型立法活动,以往的立法与改革主张确实可用于参考和分析,但不足以直接照搬,就是因为以往的立法有大量的缺陷与弊端才催生了建立在总结以往改革成败经验教训基础上的商君思想,从而,秦法当然不必要更不应该照搬有大量缺点与弊端的任何旧"法"及旧论述(包括《法经》)。秦律令中的任何规定其实都深度渗透进了商君思想,它革除了旧"法"和旧立法主张的各种弊端而易以新制。则,全文照搬之说因没有立法理论依据的支撑而难以成立。

其四,从有关《法经》的文献记载来看,"改法为律"一语只能说明商君研习过《法经》及"律"起源于商君变法这两件事,并不能表明《法经》与秦律令之间有任何联系。比如,《魏书》只提到"商君以法经六篇入说于秦,议参夷之诛连相坐之法",而这不能表明《法经》对秦律令的制定有没有影响或多大影响,《晋书》《资治通鉴》提到"商君受之以相秦",《唐律疏义》提到"商鞅传授",《七国考》引"桓谭新书"提到"卫鞅受之,入相于秦",《通典》提到"商君传习以为秦相",这些记载同样都不能表明《法经》对秦律令的制定有没有影响或多大影响。《晋书》提到了"秦法经",而由于经东晋之乱造成了大量古文献的佚失,在唐或更早的南北朝时期,不要说秦律令,连汉律令都可能所剩无几了,则"秦法经"这个词是很可疑的,它同样并不能表明秦朝的法律也叫"法经",更不能表明这个"秦法经"与《法经》是相同的或相关的。则,全文照搬之说没有间接文献依据,难以成立。

其五,从立法模式来看,《法经》为东周旧"法"的标本,它代表了旧的立法模式,这些旧的立法模式是与商君思想格格不入的,且正是商君全力批驳的,则他会把错误丛生甚至是荒谬的旧"法"搬入"律"中吗?当然不可能。"律"代表着一种全新的立法模式,它的确立意味着对旧"法"的全盘抛弃,从而也就没有了秦律令全盘照搬《法经》的任何可能性。则,全文照搬之说没有立法模式上的依据,难以成立。

其六,从文本实物角度来看,《法经》只是一篇私人文章而已,估计其体量很小,或许只有一卷或少数几卷竹简的篇幅,与范宣子刑书、晋国刑鼎、邓析的《竹刑》相当,约几百字到上千字的篇幅。但秦律令则与之不同,它是有法律效力的社会规则,而不仅是普通读物,它有完整且全面的"事制"规则,且其处罚规则也非常地细致和清晰,这造成其体量和规模巨大,或许秦律令总量有数百卷竹简,其字数也可能达到数十万乃至百万字以上的规模,则秦律令的体量和规模可能在《法经》的百倍以上,则不但秦律令不可能与《法经》相同,而且秦律令也不可能部分或全部照搬《法经》。其实,秦律令的立法模式与《法经》的观念完全不同,根本无从照搬。况且,一为私人论述,一为公共法令,二者在性质与目的上不同则无从照搬。则,全文照搬之说没有实物依据,难以成立。

最后,还需明了,中国古代几千年中从来没有哪一个人直接认为秦律令全文照搬了《法经》,有关《法经》的各种古代记载对此大都是模糊其辞,且带有明显的猜测成分,因为《法经》与秦律令都早早佚失了,则唐宋时人只能做出某些猜测而不可能下定论。在清末之后到秦律令出土前这一段时间,各种新猜测纷纷而出,但当大量秦简出土之后,就不能再做无端猜测了,而应转入实证。综合如上的分析,商君在制定秦律令时不可能更不应该全文照搬《法经》,"改法为律"更不是只改动了一个字。

故,"改法为律"并不是只改动了一个"法"字。"改法为律"并不仅仅是一个名称问题或法的外在形式的简单问题,而是牵涉到深层次的立法依据的复杂问题,从而我们需要进一步深挖这个问题背后的历史背景与立法理论发展状况,这样做也有利于深入了解"律"的根源与实质。

(二)"改法为律"是否只是进行了小幅度的修订

下一问题是:"改法为律"是只进行了小幅度的修订吗?有学者认为:经修订后,《法经》的大部分内容仍保存在了秦律中,商君只是把《法经》做了小幅修订后即作为秦律令颁行。这可能吗？这可行吗？

在如上分析秦律有没有全盘照搬《法经》问题时，已经部分地解决了秦律令的立法模式问题，即，秦律令是原创立法而不是编辑而来的，它的创立是变法的成果而与《法经》无关。再补充说明如下。

其一，从立法目的上看，《法经》、秦律令二者并不是对等的。以《法经》为标本的东周诸旧"法"其实"皆罪名之制"，即全是罪刑规则，即它是用于解决或处理各种违法犯罪问题的刑制，用俗话讲就是用于治理犯罪问题之"标"的，而这样的旧法仅对破坏或违背社会秩序之人进行处罚并不足以确保稳定的社会秩序，更不足以确保社会的安定与繁荣。秦律令的立法目的在一开始就是高瞻远瞩的，即秦孝公所说的"强国"，而商君把它确定为更具体与务实的"利民"和"强国"二项，其立法目的是为整个社会在社会规则底层确立起确保社会安定繁荣且民众富裕的整套公共制度。正是由于《法经》、秦律令的立法目的不相同，这使得秦律令全盘照搬《法经》是不可行的，部分照搬《法经》同样不可行，因为若单纯从维护社会秩序的角度讲只需要严刑峻法即可，但若是要实现"利民"和"强国"就不能只是严刑峻法，而必须考虑民众个人与公共社会的共同需要，尤其是为了服务于农战国策必须避免伤害有罪者的身体，而以《法经》为标本的东周诸旧"法"却正好是以伤害有罪者身体的古五刑为主，这使得《法经》的内容整体上为秦律令所不取。则，从立法目的角度上看，小幅修订《法经》并不能满足制定秦律令的现实需要，小幅修订之说不成立。

其二，从实际内容角度来看，二者的内容构成是完全不同的。《法经》全是罪刑内容，而秦律令则以"事制"规则为主并以赏、罚规则为辅，在出土的秦律令中可以看到其实际情形，甚至有些律条中只见"事制"规定而无处罚规定，虽是有处罚规定的律条中其"事制"规定的内容也是占主体地位而其处罚规定则只是处于补充或附属地位，关键是秦律令中的赏罚规定是从"事制"派生而出的，而并不是独立的强行规定。从而，以《法经》为标本的东周旧"法"在秦律令这个系统中很难找到存在空间，则那些旧"法"无论是否修订及如何修订都难以被秦"律"继受。则，从实际内容角度看，小幅修订《法经》并不能满足制定秦律令的现实需要，小幅修订之说不成立。

其三，从其内容确定性程度角度看，二者不在同一个层次上。《法经》并不是完全没有确定性的追求，比如"丞相受金左右伏诛，犀首以下受金则诛，金自镒以下罚不诛也，曰金禁"，但其确定性是很"突然"的，即一旦违法就会受到极重的处罚，并没有考虑到"过有厚薄则刑有轻重，善有小大则赏有多少"，这种立法模式的确定性不够且没有实现量化，则其合理性就是很成问题的，其被抛弃（即"改"）是有这些深层原因的。秦律令是在完整的法理论体系的指导下创立的，其内容确定性程度非常高，且实现了高度的量化。比如，睡虎地秦简《效律》"数而赢、不备，直（值）百一十钱以到二百廿钱，谇官啬夫；过二百廿钱以到千一百钱，赀啬夫一盾；过千一百钱以到二千二百钱，赀官啬夫一甲；过二千二百钱以上，赀官啬夫二甲"，这所代表的秦法确定性程度是以《法经》为标本的东周旧"法"难以望其项背的。从内容确定性程度角度看，小幅修订《法经》并不能满足制定秦律令的现实需要，小幅修订之说不成立。

其四，从立法模式的衍生能力角度看，东周诸"法"是由于现实中有人做出了严重的有罪行为而才立法加以处罚，即它的内容与规模完全取决于现实中的有害行为的类型和种类，这是被动立法。即，这种"法"自身并没有衍生能力，它并无法思想的指引，这导致东周时期各诸侯国立"法"的规模都很小，即其法令少、法令的条文数量少、法令的合计字数少。不少东周立法直接铸于鼎上，足以说明其字数很少，可能只有几百或几千字。虽是"撰次诸国法"的《法经》这一个人作品，其规模可能也很小，或许就是一个几百或几千字的短文。但秦律令是要为事关"利民"和"强国"的各种社会事务提供"事制"规则和赏罚规则，这就是主动立法，从而就体现了极强的立法衍生能力，即造法能力，这使秦律令的规模是极大的。律令的第一个大的创制时代在秦国出现，以至于出现了"法繁于秋荼，网密于凝脂"[1]的评论，这正好从侧面说明了秦律令的规模之巨大及其周密程度，那是前所未有的。则，从立法模式的衍生能力角度看，小幅修订《法经》并不可能满足制定秦律令的现实需要，因为秦律令自身就有强大的衍生能力，它不需要借助任何编辑手段（比如"撰次诸国法"）就能实现超大规模的立法需要，小幅修订之说显然不成立。单从以上几方面来看，小幅修订之说不能成立。

当然，大幅修订之说更不成立，因为到了商君时代，他已有完整且严密的法思想体系可作依仗，已不再需要一步步地被动摸索与试探了，明灯已得、道路已成则可以步入大踏步前进的立法时代了。在商君时代，《法经》和东周诸"法"因其有着不可克服的弊端而都是多余的，且其"变法"或"更法"所变、所更的正是这些充满着各种弊端和问题的旧"法"，旧"法"不是作为成功经验而是作为失败教训对待的，则当然不可能加以继受而部分或全盘照搬，尽行革去旧"法"并重立新法（主要是各种律、令）正是商君变法的核心内容。即，"改法"的实质为废除旧"法"，"为律"的实质为创制新法令。

---

[1] 魏收．魏书：卷一百一十一[M]．北京：中华书局，2000：1919．

(三)"改法为律"的实质是革故鼎新

如果不明法理,则极容易误认为"改法为律"就是把《法经》修改一下而成为秦"律"令,而实际情况却是相反的。《法经》确实可以算是东周诸旧"法"的标本,它可算是对春秋以来三百多年立法成果的一个总结与浓缩,当然,无论是优点还是弊端都浓缩于《法经》一身。而且,在无判断其优劣的理论依据之时,即在仅有经验而无理论依据的条件下,其实也分不清哪是优点哪是弊端。从商君思想(它是商君变法的理论依据,也是秦以来两千年诸朝立法的几乎是唯一的理论依据)看来,《法经》正是不成熟立法的典型和法思想贫乏的体现,它正是需要革除的对象,则当然不会部分或全盘照搬其内容为法,而只可能主要将它作为反面教训加以利用。从反面来看,之所以后世没有传承《法经》而只传承了秦律令,或之所以商君只能重新确立律令而不是延续旧"法",都说明进行彻底的法律改革是势在必行,这并不是取决于个人的意愿。在东周当时,哪一个诸侯国不能完成这一改革则此国就不可能强大起来,所有的诸侯国都不能完成这一改革则所有的诸侯国都不能强大起来,这是一个机遇也是一个挑战,而最终的结果是,秦国抓住了这一机遇而成为当时首屈一指的强国,并得以统一中国,这一改革不但是拯救了秦国,更是拯救了中国,因为通过它而确立起了使中华民族得以生存的制度基础。"改法为律"的过程就是废除东周旧"法"且创立新法的过程,这个过程当然需要汲取以往的经验教训,则不可能退化到抄袭或照搬旧"法"的卑微地步。

旧式的"法"因其重重弊端与错误而必须被革除与摒弃,商君的法思想正是在对旧"法"的批判与反思中建立起来的。从而,商君的法思想的核心概念当然就是"法"了。但在实际立法中,秦法令的名称并不是"法"而是律、令等,这与"法"这一概念的特性是有关的。"法"字本是一个抽象性程度很高的理论性概念,它并不能为具体法令的制定提供细节而只能提供方向性参考,也不能体现具体法令的特征而只体现法令的一般特征,从而它并不是一个实务性概念,于是在立法中就不宜使用这一概念,特别是不宜把具体法令的名称叫作"法",这是类似于不宜把作为人体组成部分的手、脚称作手人、脚人一样。相比而言,在古文中,"律""令"等字都是非常具体、高度量化的实务性概念,它天然适宜于作为法令名称。从另一方面来看,"改法为律"这一史实也说明,法理论与法实务是两个不同的领域而不可混为一谈,法理论可以为法实务提供一些引导或方向性提示,但却不能直接向法实务转化,把理论法直接转化为实在法正好是一种极易为所谓的"思想家"引以为傲的严重错误。

由以上分析可知,"改法为律"史实实际上是代表着一场全面的立法改革和

律令的精神 >>>

社会变革，这不是通过改变旧"法"少量字句或文字功夫所能实现的。"改法为律"不仅不可能是只把"法"字改为"律"字那么简单，更不可能只是把《法经》的内容稍加改动就颁行为法令那么低级的写作活动。"改法为律"只可能是指如下内容：

1. 商君所改的"法"并不仅是《法经》而是东周诸"法"，即一切旧"法"及旧"法"的立法模式都在被"改"之列，"改法为律"与《法经》无直接关系。

2. "改"并不是指修订，而是指抛弃、革除，即抛弃旧的、错误的东周诸"法"及其立法模式，而代之以全新的秦律令及其立法模式。唐代的杜佑《户口人丁论》也认为"秦革周制，汉因秦法"，[①] 虽然这只是就赋税而论，但可扩而论之，唐人眼中的"改"就是革除而不是修订或刊定，"改法"就是把东周诸"法"及《法经》等旧论一应革去、除去。"革"字与"因"字在含义上是完全不同的。宋人认为"成康没，而民生不见先王之治，日入于乱，以至于秦尽除前圣数千载之法。天下既攻秦而亡之以归于汉，汉之为汉更二十四君，东西再有天下垂四百年，然大抵多用秦法"，[②] 这里说得更明白了，"秦尽除前圣数千载之法"，旧"法"全部被废止，当然也会把旧"法"和《法经》所代表的立法模式与具体规定一应抛弃。

3. "改法为律"是从名称与内容上完全废弃东周诸"法"及其立法模式，这当然包括抛弃通过"撰次诸国法"而成的《法经》这一私人论述。后世所传承的有秦律令本身，而所传承的更核心的是秦律令的立法模式，后世各朝可依此模式模仿制定各种新的律令，而其实质与秦律令无二。

4. 秦"律"令的立法模式同时对官制和社会制度、社会关系进行全面规范，这使后世各朝对秦律令的态度要么是全盘采纳，要么是全部不采纳，别无第三个选择，但是恢复东周旧"法"已无任何可能，因为秦"律"令是对旧"法"的超越。史实是，汉唐制度只与秦制有关，而与其他东周诸国的旧"法"没有关系。东周诸国所创造的所谓光辉的文化成就，除了少数的若干本著作外，其他诸侯国的诸如音乐、官制、税制、刑制、工艺品、建筑、著述、礼制等几乎随着秦的一统而丧失殆尽，相反，秦的制度与文化则大多传之后世。

5. 秦"律"令立法模式的出现代表着一种全新的立法方式的产生，而它源

[①] 杜佑. 通典：卷七 [M]. 北京：中华书局，1988：156.
[②] 曾巩. 唐论 [M] // 古文关键：卷下 // 文渊阁四库全书：第 1351 册. 上海：上海古籍出版社，2012：785.

自商君思想，而不是《法经》。东周旧"法"其实仅是体现为对破坏社会秩序行为的干预，其实是消极地应对社会问题的措施，其立法的范围与深度必然十分狭浅，从而，这种"法"可以在诸国之间相互借鉴与"撰次"，立法能力浅薄以致只能靠借鉴度日，这是贫法时代。而秦"律"令则是在利民、强国这两个大的社会改革目标的驱动下的立足实务用于重塑社会的系统性的社会规则体系，这是积极地重塑社会的举措，并是附带着解决破坏社会秩序的行为，从而，这种全新的立法方式就无先例可循，也不需要且不能以"撰次"方式来立法，而只能是以"当时而立法，度务而制事"① 的方式立法，由此塑造了强大的立法能力，这就迎来了我国历史上的第一次大规模的精细立法的时代——富法时代来临。

综上所述，"改法为律"实质上不是只改动了一个字，也不是只对旧"法"进行了小幅或大幅改动后即吸收为秦律令，而是一种废旧立新的全面的立法变革，即东周诸"法"从名称到内容上被全面废除，而代之以有全新名称和内容的"律"令。

第五节　汉律源头考

关于汉朝律令的来源，自《前汉书》即有记载，即汉承秦制。但其事在流传过程中逐步变形、变谬，比如说，有人认为汉律源于《法经》，更有甚者认为汉律源于唐虞之时的皋陶。于此加以梳理，可以据此避免以讹传讹。

一、东汉时期的相关记载

东汉时期即有一些文献在探讨汉律令的起源问题，主要如下：

> 命萧何次律令。②
> 相国萧何攈摭秦法，取其宜于时者作律九章。③
> 圣汉权制，而萧何造律，宜也。故有造萧何律于唐虞之世，则悖矣；有作叔孙通仪于夏殷之时，则惑矣。④

---

① 长治．商君书评注［M］．武汉：武汉大学出版社，2019：132.
② 班固．汉书：卷二［M］．北京：中华书局，1999：58.
③ 班固．汉书：卷二十三［M］．北京：中华书局，1999：929.
④ 班固．汉书：卷八十七下［M］．北京：中华书局，1999：2652.

律令的精神 >>>

  法律之家，亦为儒生。问曰："《九章》，谁所作也？"彼闻皋陶作狱，必将曰："皋陶也。"诘曰："皋陶，唐、虞时，唐虞之刑五刑，案今律无五刑之文。"或曰："萧何也。"诘曰："萧何，高祖时也。孝文之时，齐太仓令淳于意有罪，征诣长安，其女缇萦为父上书，言肉刑一施，不得改悔。文帝痛其言，乃改肉刑。案今《九章》象刑，非肉刑也。文帝在萧何后，知时肉刑也，萧何所造，反具肉刑也？而云《九章》萧何所造乎？"古礼三百，威仪三千，刑亦正刑三百，科条三千，出于礼，入于刑，礼之所去，刑之所取，故其多少同一数也。今礼经十六，萧何律有九章，不相应，又何。①

  《风俗通》曰：咎繇谟虞始造律，萧何成九章，此关诸百王不易之道也。时所制曰令，汉书著于甲令。夫吏者治也，当先自正然后正人，故文书下如律令，言当承宪履绳，动不失律令也。②

  另外，晋朝时的傅玄《傅子》中认为，"律是咎繇遗训，汉命萧何广之"。
  在正史中，对律的来源问题是有肯定的说法的，主要的观点是说汉朝的律令起于萧何。针对当时的各种议论，学者王充、扬雄则提出了较多质问，他们明确驳斥了皋陶造律的说法，也在一定程度上驳斥了律始于萧何的说法。综合而言，西汉及东汉时期，对于律的来源的说法主要有二：一是萧何所造，二是虞始造律（即咎繇遗训、皋陶作狱），却并未言及律与秦或商君的关系，这种措辞一直持续到魏晋时期。

  《晋书·刑法志》虽然是成书于唐初，但其中的内容不大可能全出于唐人之手，其中的多数内容理当是根据魏晋文献编制而成的，其中所载的魏《律序》有"旧律因秦法经，就增三篇"，"旧律"即汉朝律令。到魏晋时期，秦律令可能久已不存。见不到秦朝律令，则汉律令与秦律令之间的关系也就难以厘清，于是出现了"秦法经"这样的模糊说法。而"法"在秦朝只是法令的统称，不但是秦朝，在清朝前的诸朝代也都没有出现过名称为"某某法"的具体法令和名为"法"的法令汇编，早已经"改法为律"，"秦法经"这个说法显然是子虚乌有，则秦存在"秦法经"之说显然是杜撰。不过，这一记载似是在表明汉法令源于秦法令。

  到三国时期，汉律令的来源问题其实仍没有得到解决。"萧何所造"的说法

---

① 袁华忠，方家常，译注．论衡全译：卷十二 [M]．贵阳：贵州人民出版社，1993：786.
② 欧阳询撰．艺文类聚：卷五十四 [M]．汪绍楹，校．上海：上海古籍出版社，1982：969-970.

当然不可靠，其原因：一是没有资料显示萧何有特别的独创立法能力或独特的法律思想；二是萧何所造只是一小部分，在萧何之后，汉朝又相继颁布了傍章十八篇、越宫律二十七篇、朝律六篇等相当多的法令，最终达到"有令三百余篇""律令百有余篇"的规模；三是出土有大量的秦代律令，则律当然不是首创于萧何或汉朝。

"虞始造律"的说法更不可靠，依据《尚书》中的只言片语而轻易认定造"律"始于唐虞之世是不可信的，因为"律"在上古时代有"铨"的意思（体现在《易经》《苍颉篇》等书中的记载，这是明证），并且主要运用于音律、天文历法方面，而不是法令方面，在法令中出现"律"这种法令样式是秦代时的事，则"虞始造律"就是以讹传讹的产物。故，单纯从秦汉时期的图书记载其实无从得知"律"源于何时的。

古代的一个不容忽视的现实是，两汉时期的儒生们，除非迫不得已，否则对秦法、商君之法是闭口不提的，连司马迁都避免不了在《史记·商君列传》的末尾加上一句"商君，其天资刻薄人也"以显其儒雅清高。特别是汉初的儒生们大多以为秦朝的灭亡代表着儒家的胜利和法家的失败，而当汉朝不得不采纳秦法且汉朝最终也灭亡了，他们才发现仅用儒家学说不足以解释历史现象。当发现虽采纳了儒家学说的汉王朝亦并不能避免灭亡，儒生们才不得不放弃了其陋见并直面历史，这会引出各种反思，从而使各种未经儒生扭曲的史料渐渐见诸正史和各种著作，"律"的起源问题也才渐渐有了眉目。

东汉时期或两汉时期的学者，无论是把"律"的起源归于萧何还是归于皋陶，总归都与秦、与商君无关，这与儒家的经书当然是符合的，但与史实就难说是符合了。这一情形的促成，或许是儒生们只精于儒术而疏于法理，从而只能从儒家立场提出一些观点，或许是商君及秦法对儒生打压过严以致儒生们耻于言及秦法与商君，也或许当时的人们确实没有觉察到"律"的真实来源而只能做出一些猜测。

总之，汉朝人的这些说法在当时的人们看来也是难以自圆其说的，在现代也没有人坚持认为"律"起源于萧何或皋陶，汉律来源问题仍需加以深入探讨。

二、唐代的相关记载

到了唐代，秦汉律令已经基本失传，且与秦汉二朝相隔已数百至上千年之久，少了些许顾忌，于是关于律令起源的各种新说法就出现了。

> 是时承用秦汉旧律，其文起自魏文侯师李悝。悝撰次诸国法，著法经。

律令的精神 >>>

　　以为王者之政，莫急于盗贼，故其律始于盗贼。盗贼须劾捕，故著网捕二篇。其轻狡、越城、博戏、借假不廉、淫侈、踰制以为杂律一篇，又以其律具其加减。是故所著六篇而已，然皆罪名之制也。商君受之以相秦。汉承秦制，萧何定律，除参夷连坐之罪，增部主见知之条，益事律兴、厩、户三篇，合为九篇。叔孙通益律所不及，傍章十八篇，张汤越宫律二十七篇，赵禹朝律六篇，合六十篇。①

　　时所用旧律，其文起自魏文侯师李悝。悝撰次诸国法，著法经，以为王者之政，莫急于盗贼，故其律始于盗、贼；须劾捕，故著囚、捕二篇；其轻狡、越城、博戏、借假、不廉、淫侈、踰制以为杂律一篇；又以具律具其加减：是故所著六篇而已，然皆罪名之制也。商君传习，以为秦相。汉承其制，萧何定律，除参夷连坐之罪，增部主见知之条，益事律擅兴、厩、户三篇，合为九篇。叔孙通益律所不及，傍章十八篇，张汤越宫律二十七篇，赵禹朝律六篇，合六十篇。②

　　周衰刑重，战国异制，魏文侯师于李悝，集诸国刑典，造法经六篇：一、《盗贼》；二、《贼法》；三《囚法》；四、《捕法》；五、《杂法》；六、《具法》。商鞅传授，改法经为律。汉相萧何更加李悝所造《户》《兴》《厩》三篇，谓《九章之律》。③

　　到了唐朝，"虞始造律"、萧何造律的说法很少有人提起了，但一些新的说法却出现了，其基本的观点是汉律出于秦律，而秦律出于《法经》，长孙无忌等人更进一步认为汉律中的一些篇章是萧何直接采自《法经》。当今的人们很少有人讲"虞始造律"，但讲"律"源于《法经》的人却很多，或许就是受唐人观点影响的缘故。

　　唐朝人明显比汉朝人更加地务实，"虞始造律"这样模糊的说法之不可信是得到了确认，且唐朝人也算是比较明确地否定了"萧何造律"的说法。新的说法是认为汉律源于秦律，而在秦律形成之先有所谓"商君受之以相秦"或"改法经为律"的说法。这些全新的说法是否可靠，或许在唐朝人看来就有疑问，在现代看来同样很有疑问。首先，唐朝人的各种记载之间是有明显冲突的，从如上的记载可以看到各种差异，《晋书》与《通典》的记载比较相近，而《律疏序》则成文于前二者之间，反而是一个完全不同的版本，这让人怀疑何者为

---

① 房玄龄. 晋书：卷三十 [M]. 北京：中华书局，2000：600.
② 杜佑. 通典：卷一百六十三 [M]. 北京：中华书局，1988：4201-4202.
③ 袁文兴，袁超，注译. 唐律疏议注译 [M]. 兰州：甘肃人民出版社，2017：1-2.

真。从《唐律疏义》的记载可以发现更多的端倪。比如,《唐律疏义》一边说《法经》是六篇,一边又说"悝所造户、兴、厩三篇",言外之意即《法经》有九篇,这岂不是自相矛盾,这些歧异的记载也让人怀疑何者为真。其次,出土秦汉竹简与这些唐人记载之间有诸多歧异之处。比如,秦律并不是只有六篇,汉律也不是只有九章,"户、兴、厩三篇"在秦律中原本就存在,则不可能是萧何自创或由萧何直接采自《法经》,这就说明唐朝人的相关记载不准确,从而不可尽信。最后,唐朝人在提出这些说法时,秦律、汉律皆已佚失,更不可能见到《法经》,则唐人的那些说法或"猜测"的因袭旧文的成分很重,而不可能是出于严肃的考证,则我们不应盲从那些说法。唐朝人似乎更为务实,但并不因此而可信地解决了汉律的起源问题,反而又留下了更多的尚待解决的疑问。

三、汉律源头纠谬

从汉朝到唐朝,时间虽久,但自始至终并没有得到一个可信且确定的汉律起源结论。相反,倒是各种谬论得以产生并流行,这是为何呢?对此现象简要分析如下:

其一,研究方法和思维立场的局限。比起汉儒仅从儒家经典著作中寻找汉律的起源,唐朝人的眼界似乎要宽广得多,也务实得多,但仍然没有找到问题的症结所在,非但没有解决问题,反而又引出了新问题。这足以说明:仅文字上的考查或文献梳理无助于解决汉"律"起源问题。儒以"文"见长,亦以"文"见其短,如同韩非子所言"儒以文乱法",儒家虽通于"文"理,但难说亦通于"法"理,则在解决汉"律"起源问题上必然能力不足。并且,儒生们既不愿也不擅长于研究"法"思想,从战国时期到清末以来一直如此。而古代的文人不是儒生也自认为是儒生,这为问题的解决增加了困难。例如,"虞始造律"即完全是从儒家所传经书中强拉硬扯而提出的观点,其实是非常不足取的,故,隋唐以前即放弃了这种观点。况且,儒生们的立论还必然要顾及儒家立场与颜面,如果儒生们发现汉"律"原来祖源于百般打压儒生的秦"律",这从儒生的情感上是难以接受的。儒生们受"律"的管制是无可抗拒的事实,则如果为秦"律"找到一个更早的根源,而不是直接说秦"律"本身就是"律"的根源,则可以避免使儒家处于一个十分尴尬的境地,或许就是在这样的心理驱使下,在不得不承认"汉承秦制"为史实的情况下,南北朝儒生们渐渐达成了秦"律"源于《法经》的共识或对类似说法格外认可,这在唐宋文献中得到了普遍确认。其实,由于《法经》早已失传,魏晋及隋唐儒生们几乎不可能见到它,则"商鞅传授"《法经》的说法只可能是依据两汉时期的各种非主流文献的记载而提出的猜想,"桓谭新书"即其一,而且这类文献还不统一,至少《晋书》与《唐律疏义》依据的是完全不同的两个版本,或许唐人也分不清何者为真,于是两种说法都保存了下来。当然,唐朝人一边用古代文献做依据来粉饰号称"一准乎礼"的唐律,一边又在悄悄改动古文献记载以期达到"完美"粉饰之效果,但这么做,恰恰就露出了大量破绽。例如,《进律表疏》和《唐律疏义·名例》都说"萧何更加悝所造户兴厩三篇谓九章之律",似乎是想说汉律九章都是出自李悝《法经》而与"暴秦"之律无关,有点想跳过秦律谈"律"的意思,如果这种说法成立,则《法经》岂不是有九篇而不是六篇么!唐朝人如此粉饰岂不是此地无银三百两?事实上,更早的文献《晋书》则是直书"汉承秦制,萧何定律,除参夷连坐之罪,增部主见知之条,益事律兴厩户三篇,合为九篇",这里没有直接提及汉律与《法经》有任何关联,而只是说汉律完全是在秦律基础上制定的,只是对秦律的刊"定"而已。且,萧何"除参夷连坐之罪"并不是史实,不但是汉初且整个古代都没有废除夷坐之法,且"兴厩户三篇"很难说是萧何首创,因为出土秦简中就有类似的三种"律"名。且秦律不是六篇,汉律也不是九章,这三篇更难说是李悝首创,因为没有任何文献表明李悝曾创制这"三篇"。这说明,研究方法和思维立场的局限推动了谬论的出现和流行。

  其二,研究依据的缺失,即,"法"思想研究的缺位使相关谬论畅行无阻。虽然《前汉书》也把一些汉朝人列为法家人物,但中国古代"法"思想研究主要集中在先秦时期,且以商君思想为最完善、最深刻。而许多被归为法家的著作其实很难说是法家作品,比如,《管子》是战国时期齐国稷下学派的集体作品,《韩非子》则明显是杂家作品。秦之后历代必有一些研究刑律的人,但真正研究《商君书》的人却极少,更是未闻有能通《商君书》的人,这导致了法家后继无人,基本上已是"商君之后再无法家"。秦之后常把研究"律"或刑的人称为法家,实际上这样的人仅是律家,而法家与律家是不同的,法家是研究"法"的人,二者明显不同。这导致对"法"现象与"法"历史的研究出现了断档,以至于没人能说清秦汉"法"是如何产生和发展的,更使各种相互冲突的观点并存而未能分辨其真伪。秦律令与东周旧"法"之间的关系,其实完全可以通过对商君"法"思想的深入剖析而加以解决,因为为何"改法为律"、何谓"改法为律"、如何"改法为律"、何谓"律"都既不是秘密,也不是阴谋或偶然事件,完全可以研究清楚。秦之后两千多年之历朝历代几乎无一例外颁行有律令,总有其"必然"之理,此理可以在商君思想中找到,若不研究商君之书,而只知孔孟,则对这些问题的思考就没有了依据而只能是随意猜测罢了。

其三，研究文献的不足。如果要理清秦律、汉律的源头及其与《法经》之间的关系，如果能得到这些文献进行对比分析则定能得出确切的结论。但关键问题是，《法经》可能在秦朝时就已佚失，且不能完全排除《法经》是虚构出来的，秦律则可能在西汉中后期也亡佚了，汉律在魏晋时期也大多亡佚，从而，文献不足就成了研究汉律起源问题的最大障碍，也使得各种基于猜测的观点流行。不过，到目前，这些问题正在得到逐步改变，因为传世文献不足，但出土文献却非常充足，从而可以使研究有所改观。

主要就是以上三个方面的原因而导致关于汉律起源的各种谬论得以产生和流传。时至今日，情势已发生了巨大变化：儒家已随着清末旧时代的亡去而成非主流学术，从而以维护儒家正统为目的的各种言论自然不攻自破；随着外国法思想的引入，对本土的古代法思想的反思也就开始了，则随着对商君"法"思想研究的深入，就能对秦律令进行深入的理论剖析而不是仅停留于字面上，由此就一定能解决"律"的真相及汉律起源问题；随着出土文献的整理和研究的深入，文献不足的问题也基本解决了，秦律、汉律、唐律的对比研究就成为可能。从而，在新的时代条件下，"律"的本质与历史应能得到澄清，中国古代历史及古代法的真实面目也能更清晰地、更完整地、更真实地展现于世人面前。

本章小结

本章对与"律"有关的史实进行了初步梳理，算是在正式分析秦律令之前的一个预备。通过务实而不是盲从的史料分析而发现了一些意料之外的收获。而这并不遗憾，因为或许正是那些对旧观点的因循或盲从妨碍着我们对"律"进行深入研究，破除无道理的旧观念正是我们整装前行而不是原地踏步的先决条件。

还原历史真相的意义在于可据以避免重蹈覆辙，而不是在原地不断地重演着失败的精彩故事。一个民族若欲行而致远，就需要对本国的古代历史有一个真实且明晰的认知。"历史"之重要不在历史故事本身，而在于历史的经验教训。如果不能从历史中抽象出经验教训，则可能导致"世莫不以其所以乱者治，故小治而小乱，大治而大乱。人主莫能世治其民，世无不乱之国"[1] 这样的后果。我们需要获知真实的历史经验和真实的历史教训，而不是获知虚假的历史经验和虚假的历史教训。还原历史真相的努力未必就有可喜可贺的结论，但如果不努力则可能连可悲可哀的结论都不能得到。

---

[1] 长治. 商君书评注［M］. 武汉：武汉大学出版社，2019：123.

第二章

律令的创制与传承

从古代的史书史料来看，第一次明确表明有"律"存在的是《史记》中的记载。比如，"赵高，故尝教胡亥书及狱、律、令、法，事胡亥，私幸之""何独先人收秦丞相御史律令图书藏之"等，这表明秦朝是的确有"律"的，而这些事件发生当时已是秦朝统一中国之后。由于在秦孝公之前，东周诸国是否有"律"或类似"律"的法令已无从考证，而根据《晋书·刑法志》等相关史书的记载和上一章的分析，"律"是始创自秦孝公时的商君变法，则对"律"的创制与传承的研究就须从分析秦"律"着手。

整体而言，我国"律"令发展史有三个阶段。对于秦律令，由于东周之时人们的习惯称谓是秦法或商君之法，则"律"令发展的第一阶段就是秦法阶段，这是律令的创制阶段，也就是从秦孝公到秦二世这段约一百五十年的时期，此时虽然已存在众多的"律"、令，但人们却并没有特别注意到"律"的存在，相反，"法"这一概念倒已经深入人心。"律"令发展的第二阶段就是汉承秦制阶段，其实就是两汉时期约四百年时间。前两个阶段都是律、令不分的阶段，但为了避免重复，本章第二节主要分析两汉法律。"律"令发展的第三阶段是律令分立阶段，也就是从曹魏开始直到清朝结束这一千七百年，这一阶段的"律"其实是单纯的刑律，即只是罪刑规则，而"事制"规则则几乎从"律"中完全剥离出来而保存到令、格、式、条例、则例等法律样式之中。

"律"令发展史的三个阶段的出现是很有深意的，因为它能体现法律正常的发展规律。造"律"的规律不仅在古代是有效的，对现代同样有启发意义，因为任何时代的造"律"都不能违背其基本规律。这是探讨古代律令传统的主要意义。

在本书中，律令、法、法律这三词可作相互替换之用，因为日常语言是这样使用的，而学术研究须回归常识。

第一节　律令创制阶段

从《史记》《前汉书》与出土文献来看，秦朝有"律、令"是毫无疑问的。只不过，当时的"律、令"并无根本区别，它们都是作为秦"法"的一部分而存在。作为惯常称谓的"秦法"是以一个庞大、严整、统一的规则体系而存在着的，它不仅包括有律、令，还包括其他的法律样式。只不过，"律"是秦法中标志性的法律样式。

作为创制阶段的"律"，实际上是律令不分，这是指律与令中都有事制规则和处罚规则。当然，刑律性质的处罚规则只占秦法的一小部分且是附属组成部分，秦法中最大的一部分当是规定官民可以做什么或必须做什么的社会规则，即"事制"规则，而这两种规则是混一的。从出土的秦律令可知，一个律令条文中常可同时见到这两种规则，即先规定"事制"规则，告知吏民具体的行为规则，而后再规定违反"事制"的处罚规则（及奖赏规则），告知吏民在违法情况下的具体处罚方法（及有功劳情况下的具体奖赏方法）。这是我们研究秦代律令之前需要首先明确的。

另外，根据《史记·秦本纪》中的"文公二十年，法初有三族之罪"的记载，在秦孝公变法之前就有了"法"。但，这种"法"其实就是典型的东周旧"法"，即旧秦法，并不是新的秦法，从而不是本书的讨论对象。在本书中，秦律令与秦法做同义使用。

一、秦律令的创制

（一）秦法的形成过程

根据史书记载可知，秦法的发展历程大致可以区分为如下三个时期：

一是秦法创立时期，即秦孝公时的商君变法时期，变法历时二十多年。《史记·秦本纪》记载了这次变法的详情，重大的有两次：一次是孝公"三年，卫鞅说孝公变法修刑、内务耕稼、外劝战死之赏罚。孝公善之。甘龙杜挚等弗然，相与争之。卒用鞅法，百姓苦之。居三年，百姓便之。乃拜鞅为左庶长，其事在商君语中"。另一次是孝公"十二年，作为咸阳，筑冀阙，秦徙都之。并诸小乡，聚集为大县，县一令，四十一县。为田开阡陌，东地渡洛"。在《史记·商君列传》中记载了变法的具体情形，而变法的理论依据则体现在《商君书》中。经过历时二十多年的变法革新，秦国的法度（即"秦法"）基本确立，尤其是秦法的基本制度和立法模式得以确立，这相当于是确立了立法的模型或样板，则虽是没有法思想的指导，后世任何朝代也完全可依据这个立法模型而顺利完成确立新法的职能。

孝公变法是秦国历史和中国历史发展的转折点，其意义非同寻常：通过变法，秦国在完善法度的推动下迅速富强起来，这打破了诸侯国之间的平衡，从而为历史的进一步发展创造了条件。不但如此，"秦法"的出现标志着当时的中国拥有了世界领先的法度，从而为中国的安全和强盛提供了充分的制度保障。秦法的施行，不但使秦国变得富强与安定，而且充分激发了君、臣、民的热情与潜力，进而使秦国君、臣、民皆受其惠，以至于"秦妇人婴儿皆言商君之法"，形成了全新的社会风气。进而，秦法深入秦人之心而成为秦国全民共同的信仰与生活准则，这实际上导致后世秦王不愿也不敢放弃秦法，官吏和普通秦人更不愿放弃秦法，因为秦法成了他们共同的信念与生存依据。秦法使整个秦国凝聚为一个紧密的社会共同体，也使商君之法被不间断地奉行了一百多年，这使秦国一步步地走向强盛的顶峰，进而顺理成章地有能力一统中国。

秦法创立时期虽只有短短的二十多年，但奖励农战、一刑、一赏、一教、法明白易知而必行、当时而立法等变法的基本思想都得以实现，这使秦法是一种以"事制"为主体而不是东周旧"法"那样以惩罚为主体的全新且全面的制度系统。当全新的社会规则体系得以在秦国确立，即，秦法得以创立，这也意味着一个新时代的来临。

二是秦法扩充时期，即从秦惠文公即位到秦始皇统一中国之前的一百多年。从出土秦简牍来看，秦国在孝公之后除了坚守商君法度外，还适时出台了众多新的法令，从而使秦法得到进一步的完善和丰富。此期同样非常关键，因为如果秦法被突然废止，则秦国的历史将非常不同。不过，由于秦法与秦国社会有极强的亲和力，废止秦法的事情并没有发生，而且秦法还得到了有效扩充和发扬光大。比如，"郡"的设置就是秦惠王的一个创新，由此有效缓解了由于县的增多而带来的管理不便问题。正是由于秦法是以"事制"为主体，它以奖励农战之法而推动着臣民通过建功立业而获得实际利益，从而消除了臣民对新法的抵触情绪，也解除了类似韩魏那样的出现"慢法"的危险，以致出现了臣民主动守法、自愿守法的积极局面，"慢法"反而成为不可能的事了。农战之策和秦法得到了施行即是"作一"，而"国作一岁者，十岁强。作一十岁者，百岁强。修一百岁者，千岁强。千岁强者王"①，秦国由此而毫无悬念地逐步变得强盛。

---

① 长治. 商君书评注［M］. 武汉：武汉大学出版社，2019：50.

经过此时期，秦法得以完全确立，它深深植根于秦人社会而成为人们的日常生活方式。

秦法的完全确立，得益于秦国在此期采取的两项重要举措：一是坚持且捍卫了商君之法，即史载的"鞅去卫适秦，能明其术，强霸孝公，后世遵其法"①"及孝公、商君死，惠王即位，秦法未败也"②"孝公既没，惠王、武王蒙故业，因遗策"③。孝公变法所取得的立法成就与所确立的制度基础得以保全，这是非常可贵的，也是非常关键的，因为秦法的根与本未受损，则秦法才可能有未来和发展。二是发展了商君之法，即制定了一些新的法令且可能对商君之法有所刊定。这部分发展无论是多是少及是否重要，其本身就是捍卫商君之法的表现，因而也是很重要的。且，社会总会出现商君之时未出现或未解决的问题，这就需要确立新法令或刊改法令，适时地立法也正符合商君"当时而立法，度务而制事"的思想，从而，这部分立法是非常必要的，因为它体现了对商君立法思想的继续贯彻。其实，任何社会、任何时代都不应停止解决社会现实问题的努力。孝公变法历时二十多年，可能已积累下了巨大规模的律令，需要制定的新法令及需要解决的新问题不会那么多，则制定新法令只会是逐步进行的，且有以往的律令作为立法模板进行参照，则新律令就不至于对以往的律令构成冲击与破坏。从而，这部分立法理当是有益的，也是对商君之法的发展与发扬。通过这些努力，秦法更趋完善且在秦国社会更加根深蒂固，秦法完全确立下来。

三是秦法刊定时期，即公元前221年秦始皇统一中国之后到秦亡的这一段时间对法律的刊定或更定。秦法刊定主要是由秦始皇下令进行的，《史记·秦始皇本纪》记载了此次刊定秦法的内容。秦王二十六年初并天下，"分天下以为三十六郡，郡置守尉监。更名民曰黔首。大酺，收天下兵，聚之咸阳，销以为钟鐻金人十二，重各千石，置廷宫中。一法、度、衡、石、丈、尺，车同轨，书同文"。《史记·李斯列传》的记载是"明法度，定律令，皆以始皇起"。秦始皇这一次"明法度，定律令"很明显只是刊定律令，即对以往律令的整理和修订，且可能并不是全面的整理，更不是重新制定法令，这可以在睡虎地秦简中得到佐证，其中有些律令或其解释明显是制定于秦惠文公、秦武王、秦昭王时期，但却未做改动地、完整地保存下来。

---

① 司马迁. 史记：卷一百三十 [M]. 北京：中华书局，1999：2502.
② 韩非. 韩非子 [M]. 高华平，王齐洲，张三夕，译注. 北京：中华书局，2010：622.
③ 司马迁. 史记：卷六 [M]. 北京：中华书局，1999：197.

律令的精神　>>>

　　秦始皇时期刊定律令的主要动因是：一是时代主题略有变化。由于天下一统使得战争需要降低，则理当由农和战并重到以农和维护秩序为主，而以战为辅，从而，原有律令的规定理当有所调整。比如，改赀盾甲的规定为其他处罚种类、增加其他的升迁奖赏途径等。其实，统一大战之后，如果国家向休养生息方面转变是最好不过的。二是秦朝拥有了更宽广的疆域，相应地，在社会治理组织及具体规则上也可能需要或多或少地调整，比如行政区域的划定、六国旧贵族的处遇、统一天下文字及度量衡等。三是礼制方面的一些变动，比如基于皇帝称号、避讳等方面的要求而对法令的刊改。不过，整体而言，秦始皇时期刊定律令只可能是对前两个时期所累积下来的律令的局部的、细微的修订，即是对以往秦国律令在新的历史条件下的传承和继受。秦法至此而完全定型，汉相萧何所得到的"秦律、令、图、书"或许就是它。

　　而到秦二世时期，秦法遭到了破坏，但这种破坏可能很有限：一是历时很短，因为到秦二世三年"冬，赵高为丞相，竟案李斯杀之"①，也就在这一年，先是巨鹿之战，后来是二世自杀，赵高也被子婴诛杀，在如此短的几个月内对秦法（主要是律令）进行大规模修改或破坏是不可能的。在赵高为丞相之前，虽然《史记·李斯列传》记载"二世然高之言，乃更为法律"，但所改动只会是个别法令，因为当时主要的秦始皇旧臣都还在职，赵高明目张胆地大肆破坏法律定然有困难。二是这种破坏主要限于朝内，即为"上以振威天下，下以除去上生平所不可者"而"行诛大臣及诸公子"，这对朝外及百姓影响不大。三是这种破坏主要是对法令的执行环节的破坏，即"用法益刻深"，也就是滥用秦法，而主要不是对法令本身的删改。比如，秦二世三年，赵高诛杀李斯都完全是严格按照秦法所规定的司法程序来实施的，用秦法把非法行径伪装得很好，以至于连秦二世都不能发现其中的破绽。虽然这些破坏没有直接伤害到秦法令本身，但已导致"宗室振恐，群臣谏者以为诽谤，大吏持禄取容，黔首振恐"，且不少功臣宿将和秦宗室的被杀也对秦朝造成了巨大冲击，以致无人应对危局，强秦遂至于亡于一旦。

　　对于秦法，历来最多的评价是"烦苛"。则我们需要解决如下问题：秦法"烦苛"之说从何而来？秦法果真"烦苛"吗？

---

① 司马迁. 史记：第六 [M]. 北京：中华书局，1999：193.

(二) 秦法与法律"烦苛"

1. 秦法"烦苛"之说的由来

秦法"烦苛"之说主要生成于如下几个渠道：

其一，作反抗朝廷的口号。《史记·陈涉世家》记载了陈胜的反抗口号"公等遇雨皆已失期，失期当斩，藉第令毋斩，而戍死者固十六七。且壮士不死即已，死即举大名耳。王侯将相宁有种乎"，例如，"失期当斩"就明显是捏造和污蔑。出土睡虎地秦简《徭律》中有专门的详细规定："御中发征，乏弗行，赀二甲。失期三日到五日，谇；六日到旬，赀一盾；过旬，赀一甲。其得也，及诣。水雨，除兴。"对于"失期"，其中没有任何关于重刑的规定，更完全没有规定肉刑和死刑，主要的处罚是罚款，最重的处罚只是"赀一甲"，而且还规定了"水雨，除兴"这么一个比较通情达理的补充规定，从这一条规定难见秦法"苛"于何处！且此秦简的书写年代下限（统一之后的秦始皇三十年）跟陈胜起事的秦二世元年相距仅七年，则这一律条至秦灭理当仍然有效而没有修订过，一是没有任何史书记载此期发生过大规模的法令刊定，二是当时天下已一统而主要是防御北方边患，战争压力已明显减弱，则完全没有理由加重对"失期"的处罚。可见，"失期当斩"就是陈胜危言耸听的捏造和对无知民众的恐吓。且陈胜所说的"失期当斩"与"藉第令毋斩"是自相矛盾，"当斩"与"毋斩"不可能同时是真实的，秦法中不可能有这么模棱两可的规定，这说明陈胜对秦法及其立法模式并不了解。类似陈胜的口号，如，汉初的吴王濞"恐削地无已，因以此发谋，欲举事"而令人"挑胶西王"，说"今者主上兴于奸，饰于邪臣，好小善，听谗贼，擅变更律令，侵夺诸侯之地，征求滋多，诛罚良善，日以益甚"，[①] 随后发生了七王之乱，此时仅在汉景帝初立时，汉朝律令不可能那么快就达到如此地令人不能接受的程度，吴王濞的措辞明显也是言过其实，实属夸大与污蔑。反抗朝廷的口号之不可信是显而易见的，秦法之"苛"难言是事实。

其二，彰显新朝廷优越的口号。刘邦在"初入关"时仅是一支义军的首领，连"汉王"都还不是之时，即宣布"约法三章曰：杀人者死，伤人及盗抵罪。蠲削烦苛，兆民大说"，[②]《史记·高祖本纪》则详记为"上召诸县父老豪杰曰，父老苦秦苛法久矣，诽谤者族，偶语者弃市。吾与诸侯约先入关者王之，吾当王关中，与父老约法三章耳。杀人者死伤人及盗抵罪，余悉除，去秦法。诸吏人皆安堵如故，凡吾所以来为父老除害，非有所侵暴，无恐，且吾所以还军霸

---

① 司马迁. 史记: 第一百六 [M]. 北京: 中华书局, 1999: 2170.
② 班固. 汉书: 卷二十三 [M]. 北京: 中华书局, 1999: 929.

上待诸侯至，而定约束耳。乃使人与秦吏行县乡邑告谕之，秦人大喜争持牛羊酒食献飨军士。沛公又让不受"。可知，刘邦提出"蠲削烦苛"这一口号对于树立刘邦义军的形象是有很大帮助的，至于秦法是不是"烦苛"、是不是该消除及"蠲削"是否恰当则是另一回事，因为不久之后，秦法即先是部分后是全部被恢复，连秦的诽谤妖言律、挟书律都重新生效了。通过比较睡虎地秦简与张家山汉简可知，汉律令与秦律令相同或相近者极多，承袭关系是很明显的。例如，睡虎地秦简《法律答问》说"以针、锥伤人，何论？斗，当黥为城旦"。而张家山汉简《贼律》则规定"斗以刃及金铁锐、锤、椎伤人，皆完为城旦舂"，即在这个事项上的秦汉律文基本上是相同的。另外，睡虎地秦简《法律答问》说"殴大父母，黥为城旦舂。今殴高大父母，可论？比大父母"，张家山汉简《贼律》规定"子牧杀父母，殴詈泰父母、父母、叚大母、主母、后母，及父母告子不孝，皆弃市"。很明显汉律是继承了秦律，而处罚却比秦律更严酷。从这些分析可知，为彰显新朝廷优越的口号也不可信，秦法之"苛"并不是事实。

刘邦等人认为秦法"烦苛"其实就是一个宣传口号，可能言不由心，也可能是一种天真认识，总之不符合事实。实际上，没有足够多的法律规则做支撑则不可能拥有一个安全、繁荣、文明的社会，法令"烦苛"或许正是文明的代价，没有了"烦苛"的法令也就没有了社会文明。人类社会的公共规则只会越来越多，而不可能越来越少；远古时代是依尊长的命令和惯例来处理氏族内的公共事务，无所谓公共规则；上古时代则有了成文的诰令，由于宗族为社会基本单位，从而只会有少量公共规则；中古时代（秦至清）以户为社会基本单位，从而衍生出大量的社会规则；到了现代则以个人为社会基本单位，从而使社会规则的规模更大。人类对大量社会规则的需要是不可逆转的，也是越来越迫切的，不能以"烦苛"为由而对法律的庞大体系加以抗拒。理性的清醒是必要的。

其三，警示措辞。不但在秦末和汉初有人说秦法"烦苛"，而且到了汉朝及后世仍不时有人提及秦法"烦苛"，例如：

> 昔秦法繁于秋荼，而网密于凝脂。然而上下相遁，奸伪萌生，有司治之，若救烂扑焦，而不能禁；非网疏而罪漏，礼义废而刑罚任也。方今律令百有余篇，文章繁，罪名重，郡国用之疑惑，或浅或深，自吏明习者，不知所处，而况愚民！律令尘蠹于栈阁，吏不能遍睹，而况于愚民乎！此断狱所以滋众，而民犯禁多也。[①]

---

① 陈桐生译注. 盐铁论：刑德第五十五［M］. 北京：中华书局，2015：514.

>>> 第二章 律令的创制与传承

问曰："汉之官制皆用秦法。秦不二世而灭，汉二十余世而后亡者，何也？"答曰："其制则同，用之则异。秦任私而有忌心，法峻而恶闻其失，任私者怨，有忌心则天下疑，法峻则民不顺之，恶闻其失，则过不上闻，此秦之所以不二世而灭者也。"①

秦法烦苛霸业隳，一夫攘臂万夫随。王侯无种英雄志，燕雀喧喧安得知。②

天遣沛公兴白屋，大蛇斩断素灵号。蚩尤祭罢朱旗矗，揭竿扶义入关中。恩结人心帝道隆，秦法烦苛犹一洗。③

昔秦法网凝密，动罹酷罚，下不堪命，辛致溃乱。④

秦朝之后仍不时有人提及秦法"烦苛"，这是什么原因呢？其实也容易理解，如此可作对比，即明示或暗示用秦法之苛与当朝之法进行对比，以资鉴戒、以作警示。其意是说，如果本朝法律一如秦法之烦苛则本朝必然如同秦朝那样败亡。汉朝及后世之人未必了解秦法，则类似这样的说法并不足以表明秦法是否烦苛，且其正面意义也主要是起一种类似鸣响警钟以对本朝做提醒的作用。用如上这些后话来说明秦法烦苛实是理解偏差，因为未能把握其本意。

2. 秦法"烦苛"的真相

如上所述，说秦法"烦苛"的人确实自古至今总是大有人在，则秦法果真"烦苛"吗？且看古人对秦法的态度：

汉兴，因秦制度，崇恩德，行简易，以抚海内。⑤

汉初天下创定，朝制无文，叔孙通颇采经礼，参酌秦法。⑥

（高宗）朕尝以秦法犹为太宽，荆轲匹夫耳，而匕首窃发，始皇骇惧，莫有拒者，岂不由积习宽慢使其然乎？⑦

遂良上疏曰：昔两汉以郡国理人，除郡以外，分立诸子，割土分疆，杂用周制。皇唐州县，祖依秦法。皇子幼年，或授刺史，陛下岂不以王之

---

① 魏徵，等. 群书治要：卷四十九 [M]. 北京：商务印书馆，1935：870.
② 周昙. 陈涉 [M] // 文渊阁四库全书：第1430册. 上海：上海古籍出版社，2012：293.
③ 元好问. 中州集：卷五汉歌 [M] // 文渊阁四库全书：第1365册. 上海：上海古籍出版社，2012：155-156.
④ 包拯. 上仁宗乞监司不用苛细矫激之人 [M] // 文渊阁四库全书：第431册. 上海：上海古籍出版社，2012：814.
⑤ 班固. 汉书：卷二十八上 [M]. 北京：中华书局，1999：1245.
⑥ 范晔. 后汉书：卷三十五 [M]. 北京：中华书局，1999：809.
⑦ 刘昫，等撰. 旧唐书：卷八十四 [M]. 北京：中华书局，2000：1895.

97

骨肉，镇捍四方？此之造制，道高前烈。①

至秦并天下，兼收六国车旗服御，穷极侈靡，有大驾、法驾以及卤簿。汉承秦后，多因其旧。由唐及宋，亦效秦法，以为盛典。②

汉法出于秦法而已。③

胡明仲尝云，近世朝礼每日拜跪乃是秦法，周人之制元不如此。④

今病封建者必曰用秦法，病郡县者必曰用周制，皆不得其理也，且从而更其事以为天下可得更乎，否也。⑤

汉仍秦法，至重。高、惠固非虐主，然习所见以为常，不知其重也。⑥

汉之为汉，更二十四君。东西再，有天下垂四百年，然大抵多用秦法。⑦

即，综合而论，秦法中的度量衡、历法、文字、礼制、服制、官制、兵制、食货制度（包括促进生产、赋税、均输等方面的制度）、刑制等皆传之后世，不但是直接传之于汉朝，而且有些间接地一直传承到明清。这说明秦法不是可恨的，而是可敬的。

如果秦法真的"烦苛"以至于是多余的，则理当弃之而不用，但史实却不是如此。秦法作为一个制度体系，其中有些规则是一成不变地在过去两千多年中都是有效的，另一些规则是经过变通后而在过去两千多年中是有效的。在秦法庞大的规则体系中，因其完全是错误的法律规则而被废弃的，反而难寻一二。概言之，过去两千多年的中国法度，大抵即秦法。随着天下一统，秦汉时期的人们突然进入一个全新的制度模式之下，有些人感到不适应、不理解是必然的，但由于一个文明的社会确实对那些新的社会规则有依赖性，无之则无安全、文明，从而也就渐渐适应并"以为常"了，长此以往，正好铸就了辉煌的古文明

---

① 刘昫，等撰．旧唐书：卷八十［M］．北京：中华书局，2000：1846．
② 宋濂，等撰．元史：卷七十八［M］．北京：中华书局，2000：1283．
③ 张载．张子全书：卷七［M］//文渊阁四库全书：第697册．上海：上海古籍出版社，2012：177．
④ 朱熹著，黎靖德编．朱子语类：卷第八十六［M］．王星贤点校．北京：中华书局，1986：2221．
⑤ 宋文选：卷十三［M］//文渊阁四库全书：第1346册．上海：上海古籍出版社，2012：206．
⑥ 苏轼．杂说［M］//宋文鉴：卷一百七//文渊阁四库全书：第1351册．上海：上海古籍出版社，2012：228．
⑦ 曾巩．唐论［M］//古文关键：卷下//文渊阁四库全书：第1351册．上海：上海古籍出版社，2012：785．

和长达两千多年的民族安全（同时期的世界上，毁于战火的民族不计其数，能不间断延续超过两千年的独立民族更是罕见）。这也说明秦法不是可憎的，而是可爱的。

古人所说秦法"烦苛"其实很难说秦法本身是烦苛的，而主要是秦二世后期奸臣滥施刑罚而造成了秦法烦苛的印象，这其实只是表明在秦法的执行环节出了偏差。正如学者指出的，"秦的有些刑罚方法比之汉文景刑罚改革之后的刑罚是重些，但秦同时也有较轻的刑罚，如赀、赎、废等，更有一系列的行政处罚。这些刑罚、行政处罚是难以用残酷一词来概括的""秦律的有些刑罚方法虽然仍同奴隶制的刑罚一样，但它作为刚刚离开奴隶制社会的第一代法律，明显地迈出了抛弃或改造旧制度并创造新制度的步伐，其赀、赎、废、逐等较轻的刑罚方法，一系列的行政处罚方法为封建制法律的制裁方法体系的建立打下了基础，走出了法律制裁方法文明化的新路""我们不能以秦二世尚刑而亡就说秦的法治自始就是亡国之道，也不能因秦始皇及秦二世时残酷刑法就说在秦的整个统治时期法律始终是非常残酷的"，① 这些观点是很中肯的。我们确实不能仅因秦末在执法环节有"苛"刑就认为秦法整体就是"烦苛"的。

3. 其他朝代的法律"烦苛"

其实，"烦苛"，任何朝代的法度或法度的施行都可能得到这个评语，几乎无一例外，大可不必惊奇。比如，在汉宣帝之前已是"禁罔寖密"，后来，汉元帝承认"今律令烦多而不约，自典文者不能分明，而欲罗元元之不逮，斯岂刑中之意哉"，汉成帝再次承认"律令烦多，百有余万言，奇请它比，日以益滋，自明习者不知所由"，这还是在西汉一朝的中后期而不是末期，而且是朝廷自评，自然是可信的。

其他朝代的"苛"法记载，略录一些如下：

（光武帝建武二十九年）于是上怒，诏捕诸王客，皆被以苛法，死者甚多。②

又目见王莽亦以苛法自灭，故勤勤恳恳，实在于此。③

初，父宠在廷尉，上除汉法溢于甫刑者，未施行，及宠免后遂寝。而苛法稍繁，人不堪之。④

---

① 徐进. 秦律中的奖励与行政处罚 [J]. 吉林大学社会科学学报，1989, (03): 49-55.
② 范晔. 后汉书：志第十八 [M]. 北京：中华书局，1999: 2287.
③ 范晔. 后汉书：卷四十一 [M]. 北京：中华书局，1999: 944.
④ 范晔. 后汉书：卷四十六 [M]. 北京：中华书局，1999: 1049.

律令的精神 >>>

（魏明帝时）而郡国蔽狱，一岁之中尚过数百，岂朕训导不醇，俾民轻罪，将苛法犹存，为之陷阱乎？有司其议狱缓死，务从宽简。①

（董卓时）法令苛酷，爱憎淫刑，更相诬，冤死者千数，百姓嗷嗷，道路以目。②

（司马）芝曰："夫刑罪之失，失在苛暴。今赃物先得而后讯其辞，若不胜掠，或至诬服。诬服之情，不可以折狱。且简而易从，大人之化也。"③

初，权信任校事吕壹，壹性苛惨，用法深刻。太子登数谏，权不纳，大臣由是莫敢言。后壹奸罪发露伏诛，权引咎责躬。④

所在长吏，不加隐括，加有监官，既不爱民，务行威势，所在骚扰，更为烦苛，民苦二端，财力再耗，此为无益而有损也。⑤

诸禁网烦苛及法式不便于时者，帝皆奏除之。⑥

永元六年，宠又代郭躬为廷尉，复校律令，刑法溢于甫刑者，奏除之，曰："臣闻礼经三百，威仪三千，故甫刑大辟二百，五刑之属三千。礼之所去，刑之所取，失礼即入刑，相为表里者也。今律令，犯罪应死刑者六百一十，耐罪千六百九十八，赎罪以下二千六百八十一，溢于甫刑千九百八十九，其四百一十大辟，千五百耐罪，七十九赎罪。春秋保乾图曰：'王者三百年一蠲法。'汉兴以来，三百二年，宪令稍增，科条无限，又律有三家，说各驳异。刑法繁多，宜令三公、廷尉集平律令，应经合义可施行者，大辟二百，耐罪、赎罪二千八百，合为三千，与礼相应。其余千九百八十九事，悉可详除。使百姓改易视听，以成大化，致刑措之美，传之无穷。"⑦

时魏法严苛，母陈氏忧之，瓘自请徙为通事郎，转中书郎。⑧

更与朝贤思布平政，除其烦苛、省其赋役，与百姓更始，庶可以允塞群望，救倒悬之急。⑨

---

① 陈寿．三国志：卷三［M］．北京：中华书局，1999：81．
② 陈寿．三国志：卷六［M］．北京：中华书局，1999：133．
③ 陈寿．三国志：卷十二［M］．北京：中华书局，1999：291．
④ 陈寿．三国志：卷四十七［M］．北京：中华书局，1999：844．
⑤ 陈寿．三国志：卷六十一［M］．北京：中华书局，1999：1034．
⑥ 房玄龄．晋书：卷二［M］．北京：中华书局，2000：29．
⑦ 房玄龄．晋书：卷三十［M］．北京：中华书局，2000：598．
⑧ 房玄龄．晋书：卷三十六［M］．北京：中华书局，2000：691．
⑨ 房玄龄．晋书：卷八十［M］．北京：中华书局，2000：1394．

>>> 第二章 律令的创制与传承

兴览而善之，乃依孙吴誓众之法以损益之。兴立律学于长安，召郡县散吏以授之。①

辩方正位，纳之轨度，蠲削烦苛，较若画一，淳风美化，盈塞宇宙。②刑罚苛虐，幽囚日增。③

其王公将军以下，普增爵秩，启国承家，修废官，举俊逸，蠲除烦苛，更定科制，务从轻约，除故革新，以正一统。④

(四年夏)诏曰："朕即阼至今，屡下宽大之旨，蠲除烦苛，去诸不急，欲令物获其所，人安其业。而牧守百里，不能宣扬恩意，求欲无厌，断截官物以入于己，使课调悬少；而深文极墨，委罪于民。"⑤

(北周)宣帝时，刑政苛酷，群心崩骇，莫有固志。至是，高祖大崇惠政，法令清简，躬履节俭，天下悦之。⑥

且法令苛酷，赋敛烦重，强臣豪族，咸执国钧，朋党比周，以之成俗，贿货如市，冤枉莫伸。重以仍岁灾凶，比屋饥馑，兵戈不息，徭役无期，力竭转输，身填沟壑。百姓愁苦，爰谁适从？⑦

天元实无积德，视其相貌，寿亦不长。加以法令繁苛，耽恣声色，以吾观之，殆将不久。⑧

隋文帝参用周、齐旧政，以定律令，除苛惨之法，务在宽平。比及晚年，渐亦滋虐。炀帝忌刻，法令尤峻，人不堪命，遂至于亡。高祖初起义师于太原，即布宽大之令。百姓苦隋苛政，竞来归附。旬月之间，遂成帝业。⑨

(来俊臣)武后以为谅，擢累侍御史，按诏狱，数称旨。后阴纵其惨，胁制群臣，前后夷千余族。生平有纤介，皆入于死。拜左台御史中丞，中外累息，至以目语。⑩

方诏减上供收买之额，蠲有司烦苛之令，轻刑薄赋，务安元元，而田

---

① 房玄龄.晋书：卷一百一十七［M］.北京：中华书局，2000：1998.
② 沈约.宋书：卷二［M］.北京：中华书局，2000：27.
③ 沈约.宋书：卷四［M］.北京：中华书局，2000：45.
④ 魏收.魏书：卷四上［M］.北京：中华书局，2000：54.
⑤ 魏收.魏书：卷五［M］.北京：中华书局，2000：78.
⑥ 魏徵.隋书：卷一［M］.北京：中华书局，2000：2.
⑦ 魏徵.隋书：卷四［M］.北京：中华书局，2000：56.
⑧ 魏徵.隋书：卷五十［M］.北京：中华书局，2000：878.
⑨ 刘昫，等撰.旧唐书［M］.北京：中华书局，2000：1439.
⑩ 欧阳修，宋祁，撰.新唐书：卷二百九［M］.北京：中华书局，2000：4506.

101

律令的精神 >>>

里之间，愁痛未苏，傥不蠲革，何以靖民。①

五季衰乱，禁罔烦密。宋兴，削除苛峻，累朝有所更定。②

嘉靖初，捕亡令愈苛，有株累数十家，勾摄经数十年者，丁口已尽，犹移覆纷纭不已。③

（万历十三年）删世宗时苛令特多。崇祯十四年，刑部尚书刘泽深复请议定问刑条例。帝以律应恪遵，例有上下，事同而二三其例者，删定画一为是。然时方急迫，百司急过不暇议，未及行。④

而陈瑛、吕震、纪纲辈先后用事，专以刻深固宠。于是萧议、周新、解缙等多无罪死。然帝心知苛法之非，间示宽大。⑤

（洪武五年）廷臣荐观才，出知苏州府。前守陈宁苛刻，人呼陈烙铁。观尽改宁所为，以明教化、正风俗为治。⑥

从如上的记载来看，似乎历朝历代的法律都有烦苛之嫌。可见，"苛"并不是一个评判标准，它也没有提供可靠的评判依据。事实上，法度过于细密并不一定是坏事，因为这样可为各种社会事务提供明确、可行的规则。但是要防范：一是有法而不执行，则形同于废除法令或无法令；二是超过法的限度而施法，比如对人或对事的不依法施赏、不依法施刑，都会对法与社会形成破坏性冲击；三是法度本身过重，这将有损其利民、强国的宗旨；四是法的施行不公平，这将使一部分人不当地受益而另一部分人不当地受损，社会将处于分裂状态而不是安定状态。决定社会治、乱的因素很多，不能简单地以是否"苛"为标准进行评判，因为它本身并不是评判标准。

（三）"秦二世而灭"与秦法是否存在关联

常有人提到"秦二世而灭"，但事实是：秦法却不是二世而灭，秦也并不是二世而灭。"秦二世而灭"这种措辞也就毫无意义了。

秦法不是二世而灭。首先，秦法的历史至少可以从秦孝公时起算，则有8世，即秦孝公、惠文王、悼武公、昭襄王、孝文王、庄襄王、始皇帝、二世皇帝，这8世是秦法直接生效的时期。其次，秦法并没有随秦王朝的灭亡而亡，

---

① 脱脱，等撰．宋史：卷一百七十九 [M]．北京：中华书局，2000：2927．
② 脱脱，等撰．宋史：卷一百九十九 [M]．北京：中华书局，2000：3319．
③ 张廷玉，等撰．明史：卷九十二 [M]．北京：中华书局，2000：1508．
④ 张廷玉，等撰．明史：卷九十三 [M]．北京：中华书局，2000：1528．
⑤ 张廷玉，等撰．明史：卷九十四 [M]．北京：中华书局，2000：1551．
⑥ 张廷玉，等撰．明史：卷一百四十 [M]．北京：中华书局，2000：2659．

而是得到了后世各朝的继受,至少,汉朝直接全盘继受了秦法,汉法的修订也大致是在秦法基础上的修订,再往后的各个朝代法度都是在前朝法度的基础上经损益而成,则秦法为汉至清这两千多年的诸朝法度之祖,何谈灭!则秦法不是二世而灭,而是有百世之久的强大生命力。

秦不是二世而灭,而是历34世,即使扣除秦静公、秦夷公二"不享国"者,也有32世,有长达五六百年的历史。首先,秦的历史至少可以正式从周平王东迁之年的公元前770年起算,在那一年,"周幽王用褒姒废太子,立褒姒子为适,数欺诸侯,诸侯叛之。西戎犬戎与申侯伐周,杀幽王郦山下。而秦襄公将兵救周,战甚力,有功。周避犬戎难,东徙雒邑,襄公以兵送周平王。平王封襄公为诸侯,赐之岐以西之地。曰:'戎无道,侵夺我岐、丰之地,秦能攻逐戎,即有其地。'与誓,封爵之。襄公于是始国,与诸侯通使聘享之礼,乃用骝驹、黄牛、羝羊各三,祠上帝西畤",①即,此年,秦正式成为一方诸侯(即"国"),东周史和秦史同时开始,春秋时期也自此开始。秦襄公因功而被封为诸侯而得以立国,这实至名归且名正言顺,且他对周王朝在后半期(即东周)的延续也作出了重大贡献。秦襄公之后,又有文公、静公、宪公、出子、武公、德公、宣公、成公、缪公、康公、共公、桓公、景公、毕公、夷公、惠公、悼公、厉共公、躁公、怀公、肃灵公、简公、惠公、出公、献公、孝公、惠文王、悼武公、昭襄王、孝文王、庄襄王、始皇帝、二世皇帝。秦国以"有功"而促成了春秋时期的开始,又有力地实现了战国时期的结束,实现天下一统,对于这样的在东周时期有如此巨大影响力的且是唯一存活下来的东周诸侯国,它已与一个独立的朝代无异。司马迁认为"秦襄公至二世,六百一十岁(正义:秦本纪自襄公至二世,五百七十六年矣。年表自襄公至二世,五百六十一年。三说并不同,未知孰是)",②这三个数字分别采用了不同的起算点,从而才不同,因为秦襄公并不是立于周平王元年,且秦襄公之前又有秦庄公在位四十四年。整个东周时期,秦是唯一存续下来的且始于东周又终结东周的一个诸侯国,它处于非常特殊、非常重要的地位,司马迁将《秦本纪》立于《周本纪》之后是恰到好处的,因为秦是中国历史上的第四个朝代,并且立《秦始皇本纪》于《高祖本纪》之前也是恰到好处的,这样的体例非常规整,对历史的还原也很逼真,理当加以确认而不是质疑。秦作为一个朝代并不是始于秦始皇而是始于秦襄公,则何言二世而灭?

---

① 司马迁.史记:卷五[M].北京:中华书局,1999:129.
② 司马迁.史记:卷六[M].北京:中华书局,1999:205.

其次，秦的历史从秦襄公至二世这数百年从来没有中断过，后世之人不可妄自割断其历史。司马迁在写《史记》时的处理是恰当的，《史记·秦本纪》所讲的是整个秦的历史，甚至不是从秦襄公开始而是从秦先祖颛顼写起直到末代秦君子婴，而没有把秦的历史硬生生地切割为两截。司马迁单列《秦始皇本纪》并不是把秦的历史分为两部分，因为在《秦本纪》中就有全面的秦史，其中也包括了秦统一天下后的历史，而单列《秦始皇本纪》与单列《高祖本纪》的用意是一样的，即对重要的历史人物做重点、详细描述，司马迁无疑是明智的史家。狭隘地、扭曲地看历史，只会蒙蔽自己的眼睛，得到的必是狭隘的、扭曲的观点，受害的是他们自己而不是别人。

再次，秦的制度创建不是在秦统一天下之后完成的，而主要是在秦孝公时期完成的，其后又经历了很久的完善与发展才最终定型。没有统一前这一百多年的制度积累和国力积累，秦法不可能突然凭空出现，秦国也不可能凭空就拥有了一统天下的能力。如果割断历史，只看秦统一天下后的二代，则将无从深入剖解历史发展的真实过程与本质。秦的五百多年历史，是一个连续而从未间断的过程，是一个逐步成长壮大的过程，也是一个开创新时代的过程，更是为未来社会奠基的过程，因而是中国历史中的一段非常重要的、具有枢纽意义的历史时期。秦的历史有五六百年，远远超过汉、唐、明、清等朝代。很显然，秦不是二世而灭，"秦二世而灭"这样的说法不实、无益且有害。

故，"秦二世而灭"、秦法二世而灭这样的说法都经不起推敲，也不能把秦的灭亡与秦法联系起来。

二、秦律令的形式与内容

（一）秦法的样式

从出土文献来看，秦法是以律、令为主要载体，而以式、问答等其他法令样式为辅。

"秦法"或"法"理当是秦国的人们对其本国法度的正式称呼，这也是《商君书》和《史记》所采用的术语。又比如，在《韩非子·卷十四》里提到"昭襄王曰：吾秦法，使民有功而受赏，有罪而受诛，今发五苑之蔬果者使民有功与无功俱赏也，夫使民有功与无功俱赏者，此乱之道也"。《战国策》提到了"商君之法"与"大王之法"。则，为了还原历史真实，虽然事实上秦国法度以律、令为主，而律、令的界限也并不严格，仍应把律的发展的第一阶段叫作"秦法阶段"。

由于秦的刑罚规则散见于律、令等多种法令样式中，则不能孤立地使用

"秦律"一词，更不宜于把律的发展的第一阶段称作"秦律阶段"。且，秦国从来没有对法或律进行编纂，则秦法、秦律这些词都不应加书名号，否则极易陷入谬误而不自知。另外，虽然秦代确有"律"，但"秦律"这样不带书名号的词也应慎用。

秦法是在利民、强国思想指引下形成的社会规则系统，其内容自成内在体系，但没有外在的形式上的篇章系统，这些规则存在于律、令、式、问答等法律样式中，都是单行法令，而并没有编纂成一部或多部书。

(二) 秦法的内容

或许秦法与唐法一样具有史料意义，不过，由于秦法是中国古代成文法的开山之作，秦律令因其原创性而比唐律令重要得多，从而具有重大的法理意义，且其法理意义远大于史料意义。秦法中所蕴含的深厚法理基础正是研究秦律令的主要目的所在。正是因为秦法有其"理"才与众不同：一方面它促成了秦国的强大并使秦国成为唯一有能力一统中国的东周诸侯，另一方面先秦成文法唯有秦法得到了后世历朝的传承。若能从海量文献中提炼出秦法的法理，则秦法或古代法研究就算是取得了重大成功。

秦法的内容非常丰富、全面、细致，几乎如同史书所说的"事无巨细，皆有法式"。目前获知秦法内容的途径，一是古代文献的记载，二是出土文献。这两方面的资料，其实已是相当丰富，并不存在文献不足的问题，从而足以支持我们对秦法做全面、深入的研究。秦法的内容是以"事制"或"法式"为主体，而以对犯法的处罚为补充构成。

秦法中的"事制"规则非常详尽、明确和全面，一是几乎涉及公共生活的所有方面，诸如农工业生产、度量衡、官制、赋税、官产管理、诉讼、爵禄、兵制等都有相应的规则。二是每一条规则都很详尽。例如《秦律十八种·田律》有"春二月，毋敢伐材木山林及雍隄水。不夏月，毋敢夜草为灰，取生荔、麛卵觳，毋□□□□□毒鱼鳖，置穽罔，到七月而纵之。唯不幸死而伐绾享者，是不用时。邑之紤皂及它禁苑者，麛时毋敢将犬以之田。百姓犬入禁苑中而不追兽及捕兽者，勿敢杀；其追兽及捕兽者，杀之。河禁所杀犬，皆完入公；其他禁苑杀者，食其肉而入皮。田律"，正是因为规定很详尽才利于人们的认知与遵守。三是每一规则都很明确、"明白易知"，而没有类似于东周旧"法"那样的模棱两可的规定。例如，《秦律十八种·田律》有"入顷刍稾，以其受田之数，无垦不垦，顷入刍三石、稾二石。刍自黄鲦及蘑束以上皆受之。入刍稾，相输度，可也。田律"，这样的规定虽是"妇人婴儿"也是能够理解、能够明白的，没有模棱两可之处，由此可以防范奸吏舞弊，并保护民众利益。四是处罚

律令的精神 >>>

仅仅是违反"事制"的后果，处罚规则本身没有任何独立性，它是附属于"事制"的，或者说处罚仅仅是用来确保、维护"事制"规则的效力，处罚只用于对"事制"的违背。五是秦律令中有不包含处罚规则的"事制"规定，但没有不包含"事制"规定的处罚规则，"事制"规定是有一定独立性的。"事制"规定的后果也不是只有刑罚，还可能是奖赏，秦法以赏、罚并施来推动"事制"规则的实施，这使秦法以"事制"为主体的特征更加明显。

古籍中关于"秦法"的记载较多，但通常都较为简略，且很可能不是"秦法"原文，而是经过概括、删削后的样子。比较集中的关于"秦法"的记载有：

1. 《商君书·垦令》有一些关于奖励农耕以发展生产的规定；
2. 《史记·秦本纪》和《史记·商君列传》有关于变法时所颁布的法令的概况；
3. 《史记·李斯列传》有关于诉讼程序的规定；
4. 《史记·律书》《史记·历书》有关于秦的度量衡、历法方面的规定；
5. 《前汉书·百官公卿表第七上》及《前汉书·职官志》有关于秦的官制的规定。

古籍中也有一些较为零散的关于"秦法"的记载，例如：

> 秦法，不得兼方（【集解】徐广曰："一云'并力'。"【正义】言秦施法不得兼方者，令民之有方伎不得兼两齐，试不验，辄赐死。言法酷），不验，辄死。[1]

> 秦法，群臣侍殿上者不得持尺寸之兵；诸郎中执兵皆陈殿下，非有诏召不得上。[2]

> 陈留令曰："秦法至重也，不可以妄言，妄言者无类，吾不可以应。"[3]

> 自周衰，官失而百职乱，战国并争，各变异。秦兼天下，建皇帝之号，立百官之职。汉因循而不革，明简易，随时宜也。其后颇有所改。王莽篡位，慕从古官，而吏民弗安，亦多虐政，遂以乱亡。[4]

> 商君治秦，法令至行，公平无私，罚不讳强大，赏不私亲近。法及太子，黥劓其傅。期年之后，道不拾遗，民不妄取，兵革大强，诸侯畏惧。[5]

---

[1] 司马迁.史记：卷六[M].北京：中华书局，1999：183.
[2] 司马迁.史记：卷八十六[M].北京：中华书局，1999：1972.
[3] 司马迁.史记：卷九十七[M].北京：中华书局，1999：2088.
[4] 班固.汉书：卷十九上[M].北京：中华书局，1999：610.
[5] 王守谦，喻芳葵，王凤春，李烨，译注.战国策全译[M].贵阳：贵州人民出版社，1992：56.

>>> 第二章 律令的创制与传承

　　司马贞曰：秦法斩首多为上功，谓斩一人首，赐爵一级。故谓秦为首功之国也。①
　　注：秦法，论死于市谓之弃市。②
　　秦法，一人罪收其室家。③
　　秦法，降敌者，诛其身，没其家。④
　　及孝公、商君死，惠王即位，秦法未败也。⑤

　　秦的传世文献本是极为贫乏的，可能在汉初的司马迁时即是如此。《史记·六国年表》说"秦既得意，烧天下诗书。诸侯史记尤甚，为其有所刺讥也。诗书所以复见者，多藏人家，而史记独藏周室以故灭，惜哉惜哉。独有秦记，又不载日月，其文略不具。然战国之权变亦有可颇采者"，这是指史书而言。但当汉初之时汉宫廷理当保存有秦朝的全部"律令图书"，秦文献本来极为丰富，因为早在汉军攻入秦都时萧何即已把秦"丞相御史律令图书"席卷而去，而这正好避免了项羽焚咸阳之害，两汉制度就是在萧何收秦"律令图书"的基础上"有所改"而成。但传承至今的秦官方文献极少见，萧何所收秦"律令图书"可能更是一页不存。由于秦法令早已消散，秦后世之人对"秦法"的批评也大多是出于猜测而没有实据。

　　人们久已疑惑作为皇皇巨制的一代"秦法"是否从此泯殁不闻，但奇迹终于还是出现了，因为考古人员在地下发现了大量的秦代竹简和木牍，这些包含有大量律令的出土秦简牍可视为是"秦法"的赠礼：秦法深入人心以致秦朝当时的人们普遍有学习、保存及随葬秦法令的习惯，⑥而秦人所用的是制作精良的简牍、奇迹般的历两千多年而没有消弭的墨汁、便于学习和书写的秦隶。对比

---

① 董说. 七国考：卷十一 [M] // 文渊阁四库全书：第 618 册. 上海：上海古籍出版社，2012：937.
② 董说. 七国考：卷十二 [M] // 文渊阁四库全书：第 618 册. 上海：上海古籍出版社，2012：966.
③ 董说. 七国考：卷十二 [M] // 文渊阁四库全书：第 618 册. 上海：上海古籍出版社，2012：968.
④ 董说. 七国考：卷十二 [M] // 文渊阁四库全书：第 618 册. 上海：上海古籍出版社，2012：968.
⑤ 张觉，译注. 韩非子全译 [M]. 贵阳：贵州人民出版社，1992：914.
⑥ 并非是帝王，却在自己墓葬中存放国家法令，这种情形在全世界并不多见，但在秦人墓葬中却屡屡发现秦法令，这正生动地表现了秦人对其法令的珍爱之深。中国自秦孝公时期开始使本国法令深深地融入万民的现实生活和精神世界，对法令的珍视表明这个民族拥有了自省能力，而此自省能力正是一个民族发展成熟的标志。

一下古巴比伦地区及埃及地区的古文字与文化，当今仍然存续的华夏民族和仍然能识别与书写隶书的人们更可视为是"秦法"的赠礼，因为如果中国古代没有"秦法"这一当时世界上比罗马法更为精密、系统的法律制度的保障，或许此民族早已在这个世界上消失得无影无踪，能直接识读商周文字的人也早没有了。秦代的大量竹简和木牍的保存至今，很难说是偶然现象，因为在全国各地发现了多批次的简牍，且每批次大都包括有大量文字的简片，这些出土文字使我们得以有机会一睹秦法的真面目。[①] 概况如下：

（1）1975年湖北云梦县出土的睡虎地11号墓秦竹简。此墓共计出土秦竹简1155支及80支残片，这些竹简长23～27.8厘米，约合秦尺一尺至一尺二寸，[②] 宽0.5~0.8厘米，近4万字，内文为墨书秦隶，写于战国晚期及秦始皇时期。这批竹简经分类整理为十部分内容，包括：《秦律十八种》、《效律》、《秦律杂抄》、《法律答问》、《封诊式》、《编年记》、《语书》、《为吏之道》、甲种《日书》、乙种《日书》。其中《语书》、《效律》、《封诊式》、乙种《日书》为原标题，其他几种名称均为整理者拟定。睡虎地11号墓秦竹简的最大亮点是"摆在我们面前的是梦想不到的秦代简策，其内容主要是秦律"。[③] 不过，这批秦竹简的内容不仅有秦法令，还有其他的各种内容。睡虎地秦墓竹简整理小组认为这批竹简书写于秦王政时期。

（2）1975年湖北云梦县出土的睡虎地4号墓秦木牍。出土有2件木牍，是出征士兵写给家人的两封书信，也"是我国出土最早的两封家信实物"，"第一信系黑夫和惊两人共同写给中的，第二信系惊写给衷的。衷就是中，应即4号墓墓主。两封信都是向他们的母亲要衣、布和钱。两信的开头除了问候之外，就是问'母毋恙'。从两封信来看，黑夫、惊和中是同母兄弟"。[④] 这两封信是不是世界上最早的战士家书尚需要对比考证，但秦国的普通士兵能给家人写信且其家人都能够收到，就足以说明秦的军队管理是井然有序的且其兵制是很先进的、"利民"的、爱民的。学者们认为此二牍写于秦始皇统一中国前夕。

（3）1980年四川省青川县郝家坪50号秦墓出土2件秦木牍。其中有一件是关于"更修为田律"的记载，另一件则是除道记录，"牍文似属追述记事性质，

---

① 参见陈伟主编. 秦简牍合集（释文注释修订本共2册）[M]. 武汉：武汉大学出版社，2016：序言.
② 睡虎地秦墓竹简整理小组. 睡虎地秦墓竹简 [M]. 北京：文物出版社，1990：出版说明.
③ 堀毅. 秦汉法制史论考 [M]. 北京：法律出版社，1988：序.
④ 黄盛璋. 云梦秦墓两封家信中有关历史地理的问题 [J]. 文物，1980，(08)：74-77.

叙述了新令预行的时间及过程。大意是：更修《田律》，律令内容，修改封疆，修道除浍，筑堤修桥，疏通河道等六件大事"，① 整理者认为这两件木牍成文于秦武王时期。

（4）1986年甘肃省天水放马滩1号秦墓出土竹简460多枚、木牍4件，其内容主要是日书，其中有几枚竹简则讲述了一个鬼神故事。整理者认为这些简牍成文于秦始皇统一中国前。

（5）1986年湖北省江陵岳山36号秦墓出土的2件秦木牍，内容为日书。整理者认为这些木牍成文于秦统一中国之初。

（6）1989年湖北省云梦县出土的龙岗6号墓秦竹简290多枚、木牍1件，竹简内容为律令，木牍内容为司法文书。整理者认为这些简牍成文于秦一统之后。

（7）1993年湖北省江陵王家台15号墓秦竹简800多枚、竹牍1件，竹简内容为《效律》《政事之常》、日书和易占。发掘者认为这些简牍成文于秦一统之前。

（8）1993年湖北省沙市周家台30号墓秦竹简381多枚、木牍1件，竹简内容为日书、病方、质日等。整理者认为这些简牍成文于秦代。

（9）2002年湖南省龙山里耶古城的1号古井出土秦简牍38000余枚，其中有字迹的约有17000余枚，其内容大多为官文书，也有少量私文书。简牍往往有具体的纪年，从秦始皇二十五年到秦二世二年。

（10）2005年湖南省龙山里耶古城的城壕11号坑中出土了51枚简牍（是户版，相当于户口登记簿）。

（11）2007年湖南大学岳麓书院从香港抢救性购进秦简2000余枚，次年8月再接收匿名捐赠秦简76枚，经整理共计2176个编号。此批秦简内容丰富，有律令、占梦书、数、判例集、质日等。这批秦简当书于秦始皇时期，且可能都盗自湖北省江陵一带。

（12）2010年北京大学收藏一批秦简牍，其中竹木简783多枚、竹木牍27件、木觚1件，内容有质日、算书、为政之经、日书、病方、祠祝书、簿籍及一些文学作品。这批秦简当书于秦始皇时期，且可能盗自秦南郡一带。

（13）2013年湖南益阳兔子山16口古井中的13口发现有战国楚、秦、汉和晋简牍13000余枚。9号古井出土有秦简牍，其中有秦二世诏令。

---

① 李昭和，莫洪贵，于采芑. 青川县出土秦更修田律木牍：四川青川县战国墓发掘简报[J]. 文物，1982，(01)：12.

现出土的秦简牍已达23000余枚，可能有几十万字之多，这正可以填补传世古文献的不足。正如陈伟先生所说，"现在秦律令方面的简牍资料应该说非常丰富，也非常有趣。这种丰富和有趣在未来几年还可能大大扩展。岳麓秦简法律类文献，第五、六、七卷将陆续出版。里耶秦简以行政文书为主，也有大量律令及其被执行的记录，现在只整理发表一万七千枚中的两千多枚，今后还有第二到第五卷出版。睡虎地汉律也将刊布。这些资料的发表，将大大推进秦和汉代法律体系、法律制度的研究"。① 随着秦简牍研究的深入，人们将会对秦、秦法、秦律令有一个全面的、深入的、全新的、理性的认知。

（三）商君之时的"律"

秦创设了"律"且传之后世，而何为"律"？这是一个必须得到解决的问题，虽然这个问题颇为复杂。从另一方面来说，如果我们对于两千多年前即已出现且延续到一百多年前的用中文呈现的"律"现象束手无策而不能解释，则我们真的就能理解用多种外语呈现的欧美法律吗？况且普通法与大陆法只有二三百年的历史，仅知之是不够的，我们要有更深邃的历史眼光。我们作为中国人有责任去解开"律"的真相，因为"律"是我们的民族得以历两千多年而不灭的重要根据之一。历史本身就是一个很好的镜鉴，而被尘土蒙蔽的镜鉴如同没有镜鉴，被误解蒙蔽的历史如同没有历史，获得这个历史镜鉴的前提是我们必须能真正理解历史、真正读懂史料、真正用理智去分析历史，而不是人云亦云、长篇累牍却不知所谓。

可是，目前对"律"的研究从古代到现代其实只停留在对律条的文字与句意的分析上，而少有人对"律"本身进行理论解析，"律是什么"的问题是否被意识到本身就是有疑问的。

商君本人，其实一直在致力于确立"法"的基本理论，但却几乎没有提及"律"。在秦孝公之后一百多年的秦国，当然无人不知实际上存在着"律"且"律"一直是有效的，但人们却极少注意到"律"、谈到"律"，反倒是上至国君下至妇人婴儿皆诵习秦"法"，秦人对"律"的存在似乎是熟视无睹或视为理所当然。

但是，秦与汉二朝的"法"都以律、令为主要表现形式，秦汉的律令本身对"律"是有关注的。比如，睡虎地秦简《仓律》有"其出入禾、增积如律令"，睡虎地秦简《语书》六次提到"法律令"，如"凡良吏明法律令，事无不能也"，睡虎地秦简《法律答问》则直接说"何如为犯令、废令？律所谓者，

---

① 武汉大学简帛研究中心教授陈伟. 秦简牍与秦人法制［N］. 文汇报，2017-5-12.

令曰勿为而为之，是谓犯令；令曰为之弗为，是谓废令也。廷行事皆以犯令论"。张家山汉简《二年律令》有六次提到"律令"，例如"县道官有请而当为律令者，各请属所二千石官""罪，有界之所名田宅，它如律令"等，在各种汉简中也常可以见到"如律令"字样。

虽说秦汉时期律令无别，不过，从秦简中已可以看到有违令则入于律的倾向。例如：《金布律》有"其债毋敢逾岁，逾岁而弗入及不如令者，皆以律论之"，《语书》有"今且令人案行之，举劾不从令者，致以律"，《龙岗秦简》有"田不从令者，论之如律"，这"似乎透露出令侧重于规则、条例，是该做什么。律则侧重于如违犯规则、条例所应受怎样的惩罚"。① 而这种倾向并没有在立法中表现出来，秦法中没有明显的律、令分别，且这里的"令"字可能就是指普通的上级命令或指令，未必就是指法令。故，"律"的实质并不能从律、令的区别中得到解释。

在汉朝，尤其是到了东汉后期，人们广泛注意到了"律"的存在。且由于大量律、令的存在给法令的执行与研习带来了困难，于是有些学者开始了私人的法令汇编活动。

>汉承秦制，萧何定律，除参夷连坐之罪，增部主见知之条，益事律兴、厩、户三篇，合为九篇。叔孙通益律所不及，傍章十八篇，张汤越宫律二十七篇，赵禹朝律六篇，合六十篇。又汉时决事，集为令甲以下三百余篇，及司徒鲍公撰嫁娶辞讼决为法比都目，凡九百六卷。世有增损，率皆集类为篇，结事为章。一章之中或事过数十，事类虽同，轻重乖异。而通条连句，上下相蒙，虽大体异篇，实相采入。盗律有贼伤之例，贼律有盗章之文，兴律有上狱之法，厩律有逮捕之事，若此之比，错糅无常。后人生意，各为章句。叔孙宣、郭令卿、马融、郑玄诸儒章句十有余家，家数十万言。凡断罪所当由用者，合二万六千二百七十二条，七百七十三万二千二百余言，言数益繁，览者益难。②

虽然后来"天子于是下诏，但用郑氏章句，不得杂用余家"，但这些私人的"章句"并不是法令汇编，而且汉朝官方并没有进行法令编纂。这些私人汇编，只是着眼于使用上的便利，对"律"是什么的问题并无明显关注。

---

① 孟彦弘. 秦汉法典体系的演变 [J]. 历史研究, 2005, (03): 30.
② 房玄龄. 晋书：卷三十 [M]. 北京：中华书局, 2000: 600. "叔孙宣、郭令卿、马融、郑玄诸儒章句十有余家，家数十万言"一句疑为旁批误入正文。

111

汉朝确实有了"律家",但这些律家都是研究律条的,是对现有的律令进行传授、整理、研究,其工作之一就是为之作"章句",也就是对现有的律令条文进行注释及分类编排,但律家的兴起已是在东汉中后期,则其意义主要及于后世而不是东汉当世。这些对现有法令的私人汇编并没有从根本上解决法令繁多的问题,但开创了法令编纂之探索,此风自魏晋始即一发不可收拾。

秦法时期的各种法令都是单行的,每一个法令只处理某一个方面的社会事务且几乎都是事制与处罚(赏)并存。虽然事制规则比处罚规则更重要,但到东汉中后期,情况发生了变化:对于官府的司法官来说,真正用得着的只有那些处罚部分,对于民众来说,真正能发生实际作用的也正是那些处罚部分及奖赏部分,而"事制"规定经过秦汉近五百年的实施已经多半成为民众的行为习惯而不再有陌生感。于是,通过对"事制"规定作简化并与处罚规定相结合而编纂成一部《律》书也就顺理成章地成为可能与现实需要,这种需要在东汉后期已有显现,但直到东汉王朝灭亡、曹魏建立后,这一需要才成为现实:魏国颁布了《律》书。其后,晋、南朝宋齐梁陈、北魏、北齐与北周、隋、唐、宋与辽、明、清等都颁布了《律》书。编纂成书的《律》以处罚规则为主,虽然也有一些"事制"规定,但已非常简略,详细的"事制"规则都是在其他法令中去记录和查找,比如科、比、令、格、式、敕、条例、则例等;且《律》外的其他法令样式中也可能有一些处罚规定,这样的规定还可能有优先于《律》的效力,但这些规定只能算是补充性质的且较为零散、不稳定,集中统一、系统且稳定的处罚规则都在《律》书中。《律》书的出现使得"律"被置于一个突出的位置,而这是后话。

从秦国的人们并没有特别地关注到"律"的存在,到汉朝的人们明确地关注、审视"律"并"各为章句",再到魏晋以来历朝编纂《律》书,"律"在人们的意识中分明是越来越清晰。但过去的两千多年中,"律是什么"的问题却几无人提出,更少有人去解决这个问题。古代确有一些区别律、令的言谈,但所谈的都是律、令的外部特征。例如:

> 夫法者,所以兴功惧暴也;律者,所以定分止争也;令者,所以令人知事也;法律政令者,吏民规矩绳墨也。[1]
>
> 客有让周曰:"君为天子决平,不循三尺法,专以人主意指为狱,狱者

---

[1] 谢浩范,朱迎平,译注. 管子全译:第五十二[M]. 贵阳:贵州人民出版社,1996:645.

固如是乎"。周曰："三尺安出哉，前主所是著为律，后主所是疏为令。当时为是，何古之法乎"。①

天子诏所增损，不在律上者为令。②

《说文解字》：律，均布也。③

律起于黄钟，权衡度量生焉。是律者，法度之所自出。故刑名家亦谓之律。④

景王铸钟，问律于伶州鸠，对曰："夫律者，所以立钧出度。"钧有五，则权衡规矩准绳咸备。⑤

晋杜预律序曰："律以正罪名，令以存事制，二者相须为用。"晋张斐律序曰："律令者，政事之经，万机之纬。"⑥

律者万世之常法，例者一时之旨意。⑦

又刑书曰律。⑧

如上这些表述仅描述了律的外部特征，并没有触及律的本质。"律是什么"的问题，自古以来几无人做深入研究，至多仅有字面上的浮浅解说。但"律"之产生并非空穴来风，而是颇有来历，且它一旦确立即根深蒂固以至于历两千多年而无可替代，这正可印证有些学者所主张的"语言具有世界观的性质"的观点，⑨则这个问题并不是一个小问题，也不是仅通过描述其外部特征或其与律吕的关系就足够了。

由于"律"创立于秦孝公之时，则解决"律是什么"的问题只能从秦律着手，而不是从唐律、明律或清律着手，且需要重点关注秦律的创制者商君的思想，如此才可能完全解决这个问题。

---

① 司马迁.史记：卷一百二十二 [M].北京：中华书局，1999：2393.
② 班固.汉书：卷八 [M].北京：中华书局，1999：177.
③ 许慎，撰，徐铉，释.说文解字：卷二下 [M]//文渊阁四库全书：第223册.上海：上海古籍出版社，2012：105.
④ 刘有庆.唐律疏议：序 [M]//文渊阁四库全书：第672册.上海：上海古籍出版社，2012：4.
⑤ 魏徵.隋书：卷十六 [M].北京：中华书局，2000：259.
⑥ 欧阳询.艺文类聚：卷五十四 [M]//文渊阁四库全书：第888册.上海：上海古籍出版社，2012：283.
⑦ 张廷玉，等撰.明史：卷九十三 [M].北京：中华书局，2000：1529.
⑧ 张玉书，陈廷敬，等.御定康熙字典：卷九 [M]//文渊阁四库全书：第229册.上海：上海古籍出版社，2012：403.
⑨ 参见格罗斯菲尔德.比较法的力量与弱点 [M].孙世彦，姚建宗，译.北京：清华大学出版社，2002：154.

商君原本生长于儒家气息浓厚的魏国，则他不可能不知道律吕、历法之类。不过，这些见识对商君思想及其立法有多大影响是不得而知的。儒家出于礼仪与教化的需要而当然会关注律吕、音律、乐器制造之类，历法则更受阴阳家的关注，但这些与儒家思想并不一定有必然关系。无儒家之时的夏商周时代就有音律制度和历法了，且汉朝及其后世的历法、礼仪、律吕、度量衡基本上都是沿袭秦制，而秦度量衡制度和礼制的确立不大可能有儒生参与和儒家思想的渗入。也没有证据表明儒家所理想的以乐器定度量衡之法得到了实施，秦朝所确实的度量衡（例如，以现藏于上海博物馆内的"大良造鞅"方升为例，秦汉一尺约相当于目前的23.2厘米）虽然可以用"黄钟累黍"来解释它，但这种解释是"有许多牵强之处"的。① 且中国古代的度量衡并不是固定的，而是时有变化，到明朝时则小尺（量天之用）变化为24.5厘米，大尺（营造、量地等之用）是32厘米，清朝则统一采用32厘米作为一尺的标准。康熙帝还煞有介事地上演了一场"躬亲累黍布算"的好戏，这多少有点迎合儒术的意思，实在是多此一举。其实，度量衡的确立主要与技术与法度有关，技术涉及测量精度问题，法度则涉及测量权威问题。如此看来，商君极可能了解律吕、历法、度量衡的确定方法，但他不可能痴迷儒术而用各种迂腐的说辞来为其制度寻找依据。至少，自孝公变法起，秦就颁布了统一的度量衡标准，这一套标准在秦统一中国后适用于整个秦帝国，汉朝又承接了这一套标准并传之后世。秦度量衡制度影响后世两千多年，这说明商君所颁布的度量衡标准在技术与法度上都有其优越之处，商君本人也是深谙统一度量衡的意义和其作用机理的。那么，他就可能把统一的度量衡的意义和其作用机理移植到法令的制定和实施上去，从而使法令也有统一的度量衡那样的地位和功能，从《商君书》和秦法令看来就是如此。

秦的律、令确实有如同统一的度量衡那样的地位和功能，但"律"何以就成了秦的法律名称之一呢？

首先，从《商君书》看来，商君本人眼中的"律"字与律吕、乐器没有明显联系，而与确定的数量、规则、戒律有密切联系。例如：

> 故为国任地者，山林居什一，薮泽居什一，溪谷流水居什一，都邑蹊道居什四，此先王之正律也。故为国分田，数小。亩五百足待一役，此地不任也。方土百里，出战卒万人者，数小也。此其垦田足以食其民、都邑

---

① 丘光明. 中国古代度量衡 [M]. 北京：中国广播出版社，2011：181.

遂路足以处其民、山林薮泽溪谷足以供其利、薮泽堤防足以畜，故兵出粮给而财有余，兵休民作而畜长足，此所谓任地待役之律也。①

地方百里者，山陵处什一，薮泽处什一，溪谷流水处什一，都邑蹊道处什一，恶田处什一，良田处什四（阙），此食作夫五万，其山陵溪谷薮泽可以给其材，都邑蹊道足以处其民，先王制土分民之律也。②

兵起而程敌。政不若者勿与战，食不若者勿与久，敌众勿为客，敌尽不如击之勿疑。故曰：兵大律在谨。论敌察则众胜负可先知也。③

其实，"律"字在中国古代有很多种用法与意思，并不是如同儒生们所讲的"律"主要指律吕。《康熙字典》是这样总结的：

律　《唐韵》吕戌切，《集韵》《韵会》《正韵》劣戌切，丛音撰。《玉篇》六律也。《广韵》律吕也。《说文》均布也。十二律均布节气，故有六律，六均。《尔雅·释器》律谓之分。《注》律管，所以分气。《前汉·律历志》律有十二，阳六为律，阴六为吕，黄帝之所作也。黄帝使泠纶自大夏之西，昆仑之阴，取竹之解谷生，其窍厚均者，断两节闲而吹之，以为黄钟之宫，制十二筒以听凤之鸣。其雄鸣为六，雌鸣亦六，比黄钟之宫而皆可以生之，是为律本。《后汉·律历志》殿中候用玉律十二，惟二至乃候，灵台用竹律六十候日如其历。《史记·律书注》古律用竹，又用玉。汉末以铜为之。《书·舜典》同律度量衡。《礼·王制》考时月，定日同律。

又《尔雅·释诂》法也。

又常也。《注》谓常法。《正韵》律吕万法所出，故法令谓之律。《管子·七臣七主篇》律者，所以定分止争也。《释名》律，累也。累人心，使不得放肆也。《左传·桓二年》百官于是乎咸惧，而不敢易纪律。

又军法曰律。《易·师卦》师出以律。

又刑书曰律。《前汉·刑法志》萧何攈摭秦法，取其宜于时者，作律九章。《晋书·刑法志》秦汉旧律起自李悝。悝著网捕二篇，杂律一篇。又以其律具其加减，是故所著六篇而已。

又爵命之等曰律。《礼·王制》有功德于民者，加地进律。《疏》律卽上公九命，缫藉九寸，冕服九章，建常九斿之等，是也。

---

① 长治. 商君书评注 [M]. 武汉：武汉大学出版社，2019：63-64.
② 长治. 商君书评注 [M]. 武汉：武汉大学出版社，2019：95.
③ 长治. 商君书评注 [M]. 武汉：武汉大学出版社，2019：81.

又《尔雅·释言》述也。《礼·中庸》上律天时。

又《尔雅·释言》铨也，所以铨量轻重。

又理发曰律。《荀子·礼论篇》不沐则濡栉，三律而止。《注》律，理发也。

又诗律。《杜甫·遣闷诗》晚节渐于诗律细。

又戒律。《佛国记》法显慨律藏残缺，于是以弘始二年至天竺，寻求戒律。

又《尔雅·释器》不律谓之笔。《注》蜀人呼笔为不律也。

又斛律，耶律，丛复姓。《姓谱》斛律，代人，世为部落统军，号斛律部，因氏焉。耶律，辽之后。

又《韵补》与聿通。《诗·小雅》南山律律。《司马相如·大人赋》径入雷室之砰磷郁律兮，洞出鬼谷之堀礨崴魁。

即在清朝人看来，"律"字除了与律吕有关的含意外，至少还有十三种其他含意。而且，我们未必就能从《康熙字典》的这十四种解释中找到商君立法时所用"律"字的准确解读。首先是这些解释不能很好地解读《商君书》中的"律"字，其次是这些解释更不能很好地用于解释出土的秦汉法令中的"律"字或律条。在《康熙字典》中，与"律"比较相关的有几条。比如："法也"解释只能表明"律"的类别归属而不能体现"律"的最主要特征，因为"令"也是法，则"律，法也"这一解释如同"唐人，人也"一样是废话；"常也"之解释比"法也"更概括，则更无意义；"刑书"之解释只对魏晋之后的《律》书而言是基本可行的，因为秦汉时期并无刑书，只有各种散颁、单行的律令。秦代的"律"中不光有刑还有赏及具体的事制，且虽是魏晋之后的"律"书中及"律"书外其实仍有"律"，比如"律"书中的《名例律》，不能认为《名例律》也是"刑书"，而且这一解释仅及于"律"的书写载体（书），则与"律"的本质也就几乎是不沾边了；"铨也，所以铨量轻重"所指的其实是砝码（权衡的"权"），从秦朝到清朝都是如此，（保存到现在的）从秦朝到清朝的砝码都叫"权"，且仅用"权"并不能直接称量物体的重量，还必须配合"衡"才行，则这一解释也与"律"的本质几乎是不沾边的。

古代文献大多与儒家或儒术有关，而儒家是不大研究或关注法律问题的，受到儒术影响的学者在研究法律问题时也大多会从儒术角度立论。那么，古人对"律"的认知是需要审视的，而不可尽信。而且，对法律问题关注较多的荀子险些被排除在儒家之外，荀子的弟子韩非则从来没有被归入儒家，在这种情况下，就不能倚靠或照搬古人的叙述来解决"律"是什么的问题。

毕竟选定"律"字作为法令的名称之一和初创性地颁布律令的不是儒家，也不是儒学的成就，而是商君的成就（而且，不能撇开商君而概括地说是法家的成就，因为秦法或秦律令的确立与商君之外的其他法家人物没有任何直接关系），从而只能从商君思想和实际的秦律中找寻"律"的本质和确立根据。

商君选定"律"字作为法令的名称之一，理当有其特别的法思想方面的用意。

首先，商君所确立的"律"确实与以往在东周各诸侯国所盛行的"法"很不同，从而需要有一个全新的名称来体现或表明商君自己所倡导的全新立法标准。《法经》这一私人论述是通过"撰次诸国法"而成文，从而可以视之为是东周旧"法"的标本。从相关文献来看，这种旧"法"与商君的立法思想所倡导的秦法有本质区别。例如，商君认为法令须"明白易知，愚智徧能知之"，须体现"过有厚薄则刑有轻重，善有小大则赏有多少"，须贯彻"一赏、一刑、一教"，须"当时而立法"、治世必赏罚并施、"刑赏断于民心"等，这些在《法经》中并没有得到体现。那么，为了避免在官吏和民众中造成混淆以致他们仍用旧"法"的思维方式和态度理解、运用新法，就需要启用新的法令名称，当时存在这样的现实需要，而商君选中了"律"字。

其次，商君选中"律"字作为法令名称不是偶然的、随意的。事实上，商君的这一选择对其后世之人来说是无可抗拒、无可更改的，从秦孝公至清宣统帝这两千多年中一直如此。清末的改"律"为"法"完全是在无知、模仿、胁迫与惧怕的特殊时代条件下开始的，这一举动并不是在法思想的支持下进行的，也没有人给出一个充分的、令人信服的理由或理论依据。从而，如何理解或解释商君选中"律"字作为法的名称的必然性是一个极重要的问题，它能显示出对"律"及古代法研究的深度。

我们丝毫不能低估词语在法律和法学中的地位和作用。比如，有学者认为，法理学是一门词语科学。[1] 法律思维与词语是息息相关的，不当的词语能毁掉法律思维，而恰当的词语能成就法律思维。法令名称同样如此，对它的选择必须是别具匠心的，这里再以英国法律的名称为例做一简要说明，以与"律"这个中国古代法令名称做对比。英国及英语国家在学理上有一个部门法叫"Criminal Law"，且这些国家的法学教材中大都有"Criminal Law"这门课程，不过，英国

---

[1] 参见格罗斯菲尔德. 比较法的力量与弱点 [M]. 孙世彦，姚建宗，译. 北京：清华大学出版社，2002：137.

的法律中却没有哪一部法律的名称是"Criminal Law"。现摘录 Jonathan Herring 所著教材 Criminal Law: Text, Cases, and Materials 收录的刑事相关立法,① 列举如下:

  196. Abortion Act 1967; Accessories and Abettors Act; Anti-terrorism, Crime and Security Act 2001; Bribery Act 2010; British Nationality Act 1948; Children Act 1989; Children Act 2004; Children and Young Persons Act 1933; Civil Aviation Act 1982; Communications Act 2003; Computer Misuse Act 1990; Coroners and Justice Act 2009; Corporate Manslaughter and Corporate Homicide Act 2007; County Courts Act 1984; Crime and Disorder Act 1998; Crime (Sentences) Act 1997; Criminal Appeal Act 1968; Criminal Attempts Act 1981; Criminal Damage Act 1971; Criminal Justice Act 1925; Criminal Justice Act 1967; Criminal Justice Act 1972; Criminal Justice Act 1987; Criminal Justice Act 1988; Criminal Justice Act 1991; Criminal Justice Act 1993; Criminal Justice Act 2003; Criminal Justice and Immigration Act 2008; Criminal Justice and Public Order Act 1994; Criminal Law Act 1967; Criminal Law Act 1977; Criminal Law Act (Northern Ireland) 1967; Criminal Lunatics Act 1800; Criminal Procedure (Insanity) Act 1964; Criminal Procedure (Insanity and Unfitness to Plead) Act 1991; Customs and Excise Management Act 1979; Dangerous Dogs Act 1991; Domestic Violence, Crime and Victims Act 2004; Explosive Substances Act 1883; Female Genital Mutilation Act 2003; Firearms Act 1968; Fraud Act 2006; Health Act 2006; Homicide Act 1957; Human Fertilisation and Embryology Act 1990; Human Rights Act 1998; Human Tissue Act 2004; Indecency with Children Act 1960; Infant Life (Preservation) Act 1929; Infanticide Act 1938; Insolvency Act 1986; Interpretation Act 1978; Larceny Act 1916; Law Reform (Year and a Day Rule) Act 1996; Licensing Act 1964; Magistrates Courts Act 1980; Malicious Damage Act 1861; Mental Capacity Act 2005; Mental Health Act 1983; Metropolitan Police Act 1839; Misuse of Drugs Act 1971; Offences Against the Person Act 1861; Police and Criminal Evidence Act 1984; Police and Justice Act 2006; Prevention of Crime Act 1953;

---

① SEE JONATHAN HERRING. Criminal Law (5th Edition) [M]. Oxford: Oxford University Press, 2012: liiii-lx.

Proceeds of Crime Act 2002; Protection from Eviction Act 1977; Protection from Harassment Act 1997; Public Order Act 1986; Road Safety Act 2006; Road Traffic Act 1972; Road Traffic Act 1988; Road Traffic Act 1991; Serious Crime Act 2007; Sexual Offences Act 1956; Sexual Offences Act 1967; Sexual Offences Act 2003; Statutory Instruments Act 1946; Suicide Act 1961; Tattooing of Minors Act 1969; Terrorism Act 2000; Theft Act 1968; Theft Act 1978; Trade Marks Act 1994; Trial of Lunatics Act 1883.

从如上这一制定法列表可以看出，英国的（与违法犯罪有关的）法律的名称是"Act"而不是"Law"，且基本上是附属立法或单行立法，且这一历史传统从1285年的Commons Act（repealed）就开始了，一直延续至今而未改。虽然英国法与中国古代法不同，而且英国还主要是一个判例法国家，是以判例法为基础而以制定法为辅，但从英国对法律名称的选择上仍能表达出某种匠心，英国人当然能理解并且在几百年中坚守这种匠心。而中国人能理解并且坚守商君选择"律"字作为法律名称的匠心吗？古人能，现代人就不能吗？

我们未必能理解英国人选定"Act"而不是"Law"作为法律名称的匠心，但我们可能且必须探寻商君选中"律"字而不是"法"字作为其法令名称的匠心。商君有著作传世且秦汉律令时有出土，则我们通过这些资料就可能觅到商君的匠心。如果我们不能找到商君选中"律"字的深层动机与根本原理，则非但不能理解中国古代两千多年的"律"令史和中国古代史，也可能不能理解国外法的基本原理，而且不能找到中国法律发展的未来方向，这同样会引发更严重的困惑。从而，我们必须探寻到商君选中"律"字的用意和原理，这是无可逃避的，且是必须面对、必须解决的问题，而不能以"文化早熟"来搪塞，或埋头于外文的故纸堆来逃避。

不知从何处来则极可能也不知向何处去，如果连古代的历史和文化都解释不了，则还会有未来的历史和文化吗？我们确实承担着责任和使命去脚踏实地地深入研究"律"的本质和成立根据。

我们确实应深入研究"律"，不过，有一个现象却必须引起我们的注意：秦汉时期，"律"之名未受到当时人们的特别注意。特别是在秦国，商君本人、秦国君臣和平民都倾向于谈"法"字而不是"律"字，虽然秦律令中就有"如律"字样；西汉时期人们已经注意到"律"，法令中也有"如律令"字样，但直到东汉后期才有私人开始了对"律"令的研究整理，直到曹魏时期才把"律"条编纂成《律》书，从而把"律"提升到一个显著、显明的位置。可见，

律令的精神 >>>

"律"在实体上有从松散到集中的发展过程，它在人们的视野中也有一个从隐到显的演变过程。之所以如此，理当有其原因，我们在探讨律的本质时对此理当有所注意。

从出土的秦代律令来看，"律"确实是法令的一种样式，即仅是法律样式之一而不是唯一，但这种法令样式有其特定的规格和立法模型，并与东周旧"法"的立法模型有本质区别。首先，须知商君对法的制定有明确且极严格的要求，这些要求体现在《商君书》中。在立法中贯彻商君思想的结果是使秦法（即当时秦人所说的"商君之法"）蕴涵了特定的立法规格和立法模式。出土的秦律令体现了整齐划一的立法模型，其实就是遵循了同一的立法规格的体现，律的本质主要就是由商君所确立的立法规格和立法模式构成的。

在商君思想中，法对君、吏、民都不再是可有可无的或有害的，而是成了万民共同的生存依据和生存保障。于是，法令势必使全民都痴迷于商君之法而不是抗拒或破坏它，秦人并不是很关注这些法令的名称或外在表现形式，真正吸引秦人的是秦法令的内容与效力，孝公变法之后的一百多年秦史大体上是这样。直到汉朝，特别是东汉中后期，人们（儒生）才对法令的名称或外在表现形式逐渐感兴趣。而在汉朝，由于税制、礼制和官制的承袭秦制，这使得其立法只能模仿秦律令而为，而不可能复返于东周旧"法"模式，汉朝的立法主要是在秦法的基础上损益而成，真正原创性的立法是不多的，而由于秦国管理法令的技术可能于秦灭时失传了，以致到东汉时法令杂乱不一且繁多，这必然引起人们的反思，有些学者开始重新审视"律"，私人编纂律令的尝试出现了，进而才使得未来的官府颁布《律》书成为可能。

那么，何以在"律"出现的最初几百年中，人们不太关注法律的外在实际名称"律"，而仍呼之为"法"呢？其原因，初步看来是：律是具体的处事或评判标准，如同变法之初发布的徙木悬赏令那样，人们被其内容深深吸引而不太在意其名称。

"律"是具体标准或可操作的具体规程，这在《商君书》中有明确的体现。比如，其一是其书有"圣人为民法，必使之明白易知，愚智徧能知之，万民无陷于险危也"，其二是其书有"先王悬权衡立尺寸，而至今法之。其分明也，夫释权衡而断轻重，废尺寸而意长短，虽察商贾不用，为其不必也。故法者，国之权衡也"，其三是其书有"有奸必告之则民断于心。上令而民知所以应，器成于家而行于官，则事断于家。故王者，刑赏断于民心，器用决于家"，从这三处的阐述足以看出商君对立法有诸多的明确要求，而同时体现这些要求的法就一定会是非常具体的评判标准或操作规程，即它是"国之权衡"且"明白易知，愚智徧能知之"。在这种"律"令得到施行的情况下，虽是没有官府的参与或在官府介入之前，民众自身已可知事情的是非曲直及法律后果，即"上令而民知所以应，器成于家而行于官，则事断于家"。商君为这些评判标准或操作规程选定的直接名称是"律"。其实，于法令而言，重要的是其内容而不是其外在的名称。并且，商君本人在其专著中也一直把各种"律"令统称作"法"而很少提及"律"，这说明商君在选定这些评判标准或操作规程的文件名称时并没有特别在意其名称是什么，只不过是"律"字正好合乎他的理论标准而已。

从现有史料来看，"律"字在孝公变法以前从来没有被当作法令的名称，且商君本人和历代秦君都未必很关注"律"字成为法律名称（虽然事实上就是如此）这个事实，但"律"字被选定却并不是随意的举动，而是明显体现为最优选择。商君本人已把其所立之"法"定位为"国之权衡"，而"权衡"本来是物品，则当然不能成为法令的名称，这里仅是作为类比来用，故在表述上是"法者，国之权衡也"而不是"法者，权衡也"，商君只能为其法另择名称。商君在选择法令名称时，明显是取了"律"字的通常用法和常义，因为：一是《商君书》中已多次提及"律"字，从上述引文来看，"律"字在以往虽然没有成为法令的名称，但却经常作为有确定数量特征且具有可操作性的各种规律或戒律的名称，那么，商君延伸"律"字的以往用法到法律领域，其实是名正言顺、水到渠成的，这符合语言表达习惯，也符合公众心理，商君的这一选择不但没有引起公众的逆反情绪或抗议，而且似乎完全没有引起公众（包括变法的反对者们）的明显注意或在意，似乎合情合理本该如此一样；二是商君选择"律"字作为法律名称没有遇到任何的非议与责难，当时只有是否变法的论争而没有如何变法的争论，当时更没有任何对以"律"为法令名称的批评（后世两千多年之中同样没有类似批评），这说明"律"字成为法令的名称并没有使当时的人们感到意外或有可指责之处。即是说，"律"字的本义并不是商君赋予的，而是在变法之前就存在着，商君选择"律"字作为法令的名称正是因为"律"字的本义与商君对法令的立法规格有重要的契合之处，而这一选择本身体现了商君的立法思想，如此可确保商君之法或秦法从内容到外形都完美贯彻变法的宗旨和原则。

律是对社会事务的可执行且明白易知的评判标准、操作规程，这是如上的分析所得出的初步意见。由于后文还会进一步分析这个问题，暂且做此论。

秦法阶段是中国中古时代法度的开创期，虽然它只经历了一百多年的时间，但完成了新的历史时期法度的创建和维持，因而是古代史上一个非常关键和非常重要的法律发展阶段。秦之后任何一个朝代的法律都不及秦法重要，因为秦之后各朝的法律只能算是秦法的直接或间接延续，真正具有独创性的是秦法，而不是秦之后各朝的法律（包括唐律、大清会典等）。秦法在历史上是如此的重要，这使它在另一个方面也是重要的：在对古代历史和古代法律的研究中，理应把秦法研究摆在第一优先位置。

（四）秦律令："事制"与"赏罚"的合一

秦律令基本上是把事制规则与赏罚规则置于同一个条文中。那么，秦律令的制定之初为何不把"事制"规则与处罚规则分开呢？我认为，此问题从《商君书》或出土秦律令都可以得到合理解答。

从《商君书》来看，商君始终强调，立法以实现人的自治为目标。即《商君书》所示，"圣人必为法令置官也，置吏也，为天下师，所以定分也，名分定则大诈真信，巨盗愿悫，而各自治也""智诈贤能者皆作而为善，皆务自治奉公"。一个文明强盛的社会的根基是人的自治，而不是他治或官府外在的强迫，如同商君所直白表述的，"有道之国：治不听君，民不从官"，官府在社会治乱的分野中确实扮演着重要角色，但社会治理的根基是立于民众的自治之上的，民众能自治则社会必得到有效治理（势治）。若民众不能自治，虽有外在的强迫，但社会必不能得到有效治理（势乱）。为实现民众的自治，商君对立法提出了一系列严格的要求。比如，民众的"自治"是以民众的理解和认可法令为前提的，所立之法"必使之明白易知，愚智徧能知之，万民无陷于险危也"且"当时而立法，度务而制事"。即，法令必须清楚明白地告诉民众何为守法、何为违法，且民众能够理解法令并有足够的机会守法和避免违法。为符合这些要求，就需要法令必须配备详细的"事制"规则而不能径直给出处罚规则，再为违反"事制"规则的情况配以处罚规则，这是商君确定的基本立法模式。

首先，在商君的立法模式中，必须把事制规则与处罚规则密切地结合在一起，而不能疏远或分离。从这个意义上讲，东周旧"法"的立法模式（诸如竹刑、刑鼎等皆是径直给出处罚规则而疏于清楚明白地告诉民众何为守法、何为违法）必定在被否定、废止之列。至于曹魏时出现独立的《律》书却仍然可行，律、令有所分别了，那是因为从秦孝公到汉献帝已有五百多年的漫长的律令实施历程：一方面是各种"事制"规则的长期实施已深度融入民众的生活而大多成了生活习惯、社会习俗，刑律中的简化了的事制规则已无损于清楚明白地告诉民众何为守法、何为违法，同样满足这一立法要求；另一方面是从曹魏到清朝这一千七百多年中，《律》书中仍保存有大量的简版"事制"规则，而《律》外还存有更大量的"事制"规则，从而，律、令的区分导致事制规则与处罚规则的分离只是形式或编纂意义上的，而不是实质意义上的完全分离。其次，商君对处罚规则的启用条件限定为"犯法①""非法②"或"犯国禁乱上制③"，而所谓法、国禁、上制就是指"事制"规则，它正是相关社会事务的评判标准，这使秦法中的处罚规则都不允许脱离或缺乏"事制"规则。再次，商君对法的实施有"一刑、一赏、一教""刑赏断于民心"和"国之权衡"的要求，这就要求处罚的原因（即对"事制"规则的违犯）必须是人人可查可知的。为不致形成误解或各各看法不同，就需要"事制"规则足够明确易知且还须与处罚规则紧密关联起来。当官、民对法令及事件的理解与看法各各不同之时，自治、一刑、断于民心等目标都是不可能实现的。仅从如上的三个角度来看，"事制"规则与处罚规则必须紧密结合在一起而不能分开。即，依秦律的立法理论，秦律中的"事制"规则与处罚规则原本不应该分开，则律、令无别也就不是一个异常现象，而是一个正常现象。律中不是只有处罚规则，而是"事制"规则与处罚规则俱在，令中也不是只有事制规则，而是"事制"规则与处罚规则俱在，这使两种规则在一个法令中甚至在一个法条中就是并存着的，这是我们从出土秦简中看到的，而它本该如此。

从商君法思想角度来看，"变法"所推行的新"法"原本就是律、令无别的，而不是旧式的那种只有处罚规则而没有给出明确"事制"规则的立法模式。以竹刑、刑鼎、法经等为代表的东周旧"法"或论著都是以维护旧的社会秩序为目标的"刑典"，它是以处罚规则为主、为核心，而以带有模糊性的事制规则为辅，例如《法经》中的"群相居一日以上则问，三日四日五日则诛""大夫之家有侯物自一以上者族"即是，"群"是多少人、"三日四日五日"到底是哪一日、"侯物"是指哪些物品，都是极简且模糊的，这样的模糊立法有利于官府加罪而不利于民众自保，董说讥其"防已极疏，绳人徒急，吾恐惠王之世，国法不行矣"即其意。由于这样的旧"法"仅以维护现有的社会秩序（包括统治秩序）为目标，现有秩序是一目了然的则也就不需要加以细致的规定，如此一来，其"事制"规则必然缺乏或极其贫乏，这是不能满足变法的需要的。

由于东周当时的诸刑书可以铸于鼎上，而出土的毛公鼎是目前世界上已发现的铭文字数最多的青铜器，其上铭文也仅约500字，则能铸于鼎的旧刑"法"的篇幅必然极为短小，虽然不至于只有几十字，但也不大可能多到数千乃至上万字，估计只有千字上下，这么小的篇幅当然不能容纳一个文明社会的运行所

---

① 长治.商君书评注［M］.武汉：武汉大学出版社，2019：127.
② 长治.商君书评注［M］.武汉：武汉大学出版社，2019：128.
③ 长治.商君书评注［M］.武汉：武汉大学出版社，2019：101.

必需的各种社会规则。在这种情况下,东周旧"法"欠缺事制规则是必然的,更是习以为常的。若要变法,就必须改变事制规则贫乏的这种境况。

商君与秦孝公明显都不满足于现状和现有秩序,这才决定"变化以治",其所倡导确立的新"法"不是以维持现有秩序为目标,而是以"强秦"或"利民""强国"为目标,为达到此目标就需要创立大量的、全新的社会规则以引导社会进步,这引发了我国古代历史上最大的一次规则大爆发,这是社会规则的创制时代,大量新的社会规则应运而生。仅出土的与秦法有关的秦简牍文字可能已达到数十万字,而从汉朝"凡断罪所当由用者,合二万六千二百七十二条,七百七十三万二千二百余言"记载正可以估算出秦法的规模。秦法经过一百多年的累积,其规模与汉法极可能是相当的,这样大的规模正可以容纳一个新文明社会的运行所必需的各种事制规则,这也使一个文明社会在现实中形成前先行在规则中构建了出来。

孝公变法,不仅是一个确立全新立法模式且废除旧立法模式的变革过程,而且更重要的是一个为社会创建全面、完整、详尽的事制规则的变革过程,确立"明白易知"且能"断于民心"的事制规则正是这次变法的最核心内容。"变"法的目标是获得以事制规则为主体的社会规则,若是旧事制规则一仍其旧而只改变处罚规则就不能算是变法,而只能算是"上法古而得其塞,下修令而不时移,而不明世俗之变、不察治民之情"。① 也正是这个缘故,李悝、吴起等人的改革活动很难算是变法,而商君在秦国的改革活动则是变"法"无疑,法即法度,且是古代两千多年中最重要的一场变法。

孝公变法的主要成就是确立了全新的社会规则体系,即新"法度",这些社会规则又以事制规则为主体、核心,而处罚规则则是用于对违反事制规则的处理,即用于处理"犯法"问题,而所"犯"的"法"就是指事制规则。很明显,处罚规则在一开始就是被当作事制规则的"铠甲"或"利剑"而用于守护、维护、确证"事制"规则的效力的。此时,社会规则的主体是事制规则而不是处罚规则,这是新法的特征,它完全不同于东周旧法的以处罚规则为主而以事制规则为辅的模式,这也体现了商君对东周时弊的拨乱反正,使社会规则回复到正常状态(社会规则以事制规则为主)而不是维持在反常状态(社会规则以处罚规则为主)。

秦法在其制定之初就确立了基本的立法原则,这使处罚规则(即儒家所说的"罪名之制")不可能是独立的、核心的,而只能是服务于、附属于事制规

---

① 长治. 商君书评注 [M]. 武汉:武汉大学出版社,2019:76.

则，这在法令样式上就表现为律令无别及法令都是以单行法令为表现形态。各种法令样式大多是先规定详尽的"事制"规则，而后同时规定对违反"事制"规则的处罚规则，处罚规则并无独立性。即，在商君看来，律、令不分并不是一个问题而是一种需要，因为不应将二者进行严格区分。

秦的律、令不别，会带来诸多好处。首先，于民众而言，由于每一法条都有详细且明白易知的事制规则，而处罚规则总是作为对事制规则的违犯的应对措施存在，则何为守法、何为违法、违法的后果都是可以预知的，吏民就可以有效地避免在不知情的情况下而犯法并受到处罚，民众也可以避免受到奸吏的非法戕害，这样的法不是"险危"而是警示和关怀。而在可能犯法的情况下，是否犯法、犯法的处罚也都是可以预知的，民众自身就可以准确预测，从而，民众的命运就不是操控于官吏之手，而是只受万民齐一的法令的约束。律令无别的立法模式使民众是安全的：人的命运只受法令与个人选择的影响，而不受其他因素（比如官吏个人的私欲）的干扰。其次，于官吏而言，由于有详尽的事制规则作依托，官吏只须依法行事即可，"吏非法无以守，则虽巧不得为奸"，[1] 官吏"不得为奸"则官吏是安全的、有尊严的。由于事制规则已是具体的、明确的规定而不是由官吏来确定社会规则的内容，以致官吏难有机会犯法，对官府来说可以确保和维护官府的合法性和权威，对官吏个人来说可以确保自己通过合法的途径升迁和得富贵；犯法是容易识别的，则官吏为保住自己的官职与富贵就只能守法，若是犯法将"无以守"，这将迫使官吏守法及推动法的实施。再次，于官府与国君而言，由于事制规则是明确的而不需要漫无边际地猜测与解释，从而能提高施政效率，减少官民相互角力的内耗，有效保护民众利益，有保障地实现社会正义与公共安全，有效地推动社会治理目标（利民、强国）的实现，这就能为官府与国君的存在提供合法性依据。另外，于国家和民族而言，合于民之情的事制规则能为国家和民族的稳定存在与运转提供基础性条件。而没有完整的合于民之情的事制规则的国家和民族，则必然为由于规则缺失或规则冲突而引起的各种混乱所困，以致其存在与运转困难重重。以事制规则治世，而不是以处罚规则治世，所体现的正是商君所言的"势治之道[2]"，反之即是"势乱之道"，因为单纯的处罚规则不可能定"名分"。即，国家和民族的存在与运转，只能依仗事制规则，而不是倚仗处罚规则。律、令不别虽然不一定是商君与秦孝公刻意为之，但却非常合乎商君思想，且是商君思想中的

---

[1] 长治. 商君书评注 [M]. 武汉：武汉大学出版社，2019：124.
[2] 长治. 商君书评注 [M]. 武汉：武汉大学出版社，2019：129.

应有之义、必然之理。

从出土秦律令来看，律、令无别正是一个普遍现象。秦律令的法条通常是：先是给出很长一段事制规则，而后是极小一段处罚规则，二者共同起到法律规则的作用。事制规则是法律规则的主体，处罚规则并无独立存在依据，而仅用于维护事制规则的效力，处罚规则相当于是用于保障事制规则安全与效力的铠甲或外壳。出土秦简中确有一些内容只见事制规则而不见处罚规则，这只能说明相关简牍有残断之处，不可能单独出现无保护的事制规则，因为当一种社会事务不可能有人打破常例时即不应该为之确立事制规则，当有人可能打破某一社会事务所在的行为模式时即必须将之确立为事制规则，并配以处罚规则加以保护。出土秦简中确有一些内容似乎只见处罚规则而基本上不见事制规则，这同样只能说明相关简牍有残断之处，不可能单独出现无保护对象（即特定的事制规则）的处罚规则，因为当一种处罚措施无明确且合理的保护对象时即容易蜕变为单纯的"陷人险危"或不教而诛。当有人可能打破某一社会事项所在的行为模式时，即必须将之确立为事制规则并配以处罚规则加以保护，这是任何处罚规则的产生源泉和存在依据。

秦律令的制定之初，即已表明事制规则与处罚规则不应且不能分开，且事实上秦律令的事制规则与处罚规则密切相连（当然，这是以成功革除旧的、反常的、失败的诸如竹刑、刑鼎等东周旧"法"为前提的），这是一个正常而不是反常、伟大而不是低级、极为关键的历史开端，后世两千多年之法皆奉为滥觞，从而成就了世界著名的中华法系。

第二节　汉承秦制阶段

律、令无别的法律发展阶段主要包括两个历史时期，一是秦，二是两汉。由于秦法阶段已述于前，则此节着重分析两汉时期的法。

一、何谓"律、令无别"

所谓"律、令无别"，其实其含义并不是固定的，从前述所引记载即可见其变化过程。

"令"这种法律样式在秦汉时期的含义理当是相同的，即主要是"后主所是疏为令""天子诏所增损不在律上者为令"这两种情况。秦令在《史记》中有记载，在出土秦简中也有一些，例如，岳麓书院藏秦简：

> 东郡守言：东郡多食，食贱，徒隶老、癃病、毋（无）赖，县官当就食者，请止，毋遣就食。它有等比。制曰：可。①

这是因臣下请示而发布的命令。《史记·秦始皇本纪》中同样有类似的"令"，例如：

> 丞相绾、御史大夫劫、廷尉斯等皆曰："昔者五帝地方千里，其外侯服夷服，诸侯或朝或否，天子不能制。今陛下兴义兵，诛残贼，平定天下，海内为郡县，法令由一统，自上古以来未尝有，五帝所不及。臣等谨与博士议曰：'古有天皇，有地皇，有泰皇，泰皇最贵。'臣等昧死上尊号，王为'泰皇'。命为'制'，令为'诏'，天子自称曰'朕'。"王曰："去'泰'，著'皇'，采上古'帝'位号，号曰'皇帝'。他如议。"制曰："可。"

可见，这种"令"是因时、因事或因人发布的，其效力可能是永久的，而并不都是只执行一次。秦令中并不单纯就是事制规则，例如，岳麓书院藏秦简：

> 制诏丞相御史：兵事毕矣，诸当得购赏赀责（债）者，令县皆亟予之。令到县，县各尽以见（现）钱不禁者，勿令巨罪。令县皆亟予之。丞相御史请：令到县，县各尽以见（现）钱不禁者亟予之，不足，各请其属所执法，执法调均；不足，乃请御史，请以禁钱贷之，以所贷多少为偿，久易（易）期，有钱弗予，过一金，赀二甲。内史郡二千石官共令第戊。②

这一条秦"令"之中有事制，也有处罚，与秦"律"的立法模式较为接近。与"律"稍不同的是，"令"大多是出于国君对臣属请示的认可或批示，且同一个国君可能既颁布律又颁布令，至少"律"的修订在君主那里都是随时可能进行的。

到了汉朝，秦代所奉行的立法模式得到了延续。西汉前期的法吏杜周明确地说"前主所是著为律，后主所是疏为令"，但这种说法未必就是全面的，因为汉武帝时确实新增了众多的律，杜周之时汉武帝还活着，从而只能算是"后主"，"前主"只能是指汉高祖、汉文帝、汉景帝等前代国君。东汉末期和曹魏初期的文颖则说"天子诏所增损不在律上者为令"，即是说，"令"是补充"律"

---

① 周海锋. 秦律令研究 [D]. 长沙：湖南大学，2016：148.
② 周海锋. 秦律令研究 [D]. 长沙：湖南大学，2016：148-149.

的，这一说法非常适合于一个王朝的中后期而不适于王朝的前期，因为王朝前期会大量颁行法令以致制度悉备，到王朝中后期则需补充或部分修正以往法令时则可能以颁"令"的方式来完成。这些对"令"的表述只涉及律、令来源方面的相对差异而不是绝对差异，因为律、令都是国君颁布的，且同一个国君可能既颁布律又颁布令，且这些说法并不涉及律令内容方面的比较，从而并不能将律、令区别开来。

"令"这种法令样式从魏晋时期起被认为是用于"存事制"，相比较而言，"律以正罪名"。到明朝时则认为律是"万世之常法"，相比较而言，这其实是全新的解读，而与以往的观点明显不同。原本，秦汉"律"中是承载着大量的"事制"规则的，当曹魏时期把这些"事制"规则从"律"中抽出并只保留简化后的事制描述，律也就主要是处罚规则了，独立的刑律（即《律》书）就是这样出现的。与之同步，秦汉"令"中也有大量的处罚规则，当曹魏时期把这些处罚规则从"令"中抽出归入"律"中并只保留事制规则，并也把"律"中的事制规则取出并集中编排，令也就主要是事制规则了，独立的《令》书就是这样出现的。当独立的《律》书、《令》书出现之后，律、令之间的界限就明晰起来了，从内容与形式上都有了一定的区别和分离，即使这一界限永远不可能是绝对的，只是相对分立。

"律""令"的这些发展变化是同步发生的，即从律令不分阶段发展到律、令分立阶段，随之出现了单独成书的《律》《令》等典籍，此即古代法律发展的第三阶段：法籍阶段。

小　结

说秦汉时期"律、令不分"，主要有两个方面的意思。一是，秦汉时期的国君、吏民与学者都没有明确地做此区分。各种律、令都是同等有效的，都是国君颁布的，且是相互依赖的、相互补充的。那么，律、令的区分只可能是形式上的、外观上的，而不可能在内容上将二者完全割裂开来。并且，在秦汉时期，律、令二者在形式上的、外观上的区分也还没有进行，尤其是朝廷在立法时并没有有意识地、人为地区分律、令。法吏们（比如，杜周）的说辞可能部分是真实的，不过，更可能只是为他们的受人谴责的行为找的借口，从而不可尽信。二是，秦汉时期的立法没有明确地做此区分。汉承秦制，秦汉时期的律令的内容与形式是比较接近的，从出土秦汉简牍来看，其中有很多内容是完全相同的，不区分律令的倾向也是相同的。律令并提的情况比较多，正是很好的说明。例如，睡虎地秦简《语书》有6次"律令"并提，睡虎地秦简《秦律十八种·仓律》则讲"如律令"（也有一些睡虎地秦简讲"如律"），张家山汉简《二年律令》中则4次"律令"并提，且其篇名中就有"律令"二字（"二年律令"是一支简的背面上所书写的原名，即该卷的卷名）。在汉宣帝之前即已有"律令凡三百五十九章"，把律令放在一起统计，说明并没有明显区分律与令。到东汉后期时则"凡断罪所当由用者，合二万六千二百七十二条"，这同样没有区分律令，并且又把决事比包括进去了。可见，整个秦汉时期五百多年，律令不别的情势一直保持着而没有改变，二者实际上的细微区别可能就是各种律的篇幅稍长，而各种令的篇幅稍短，令更多地倾向于规定官制官规或皇帝的批示，而在其他方面，律、令中都有事制与刑名，则这些并不足以将二者区别开来。

二、律令的内容

汉朝虽有两汉，即西汉与东汉之别，但其法律却没有西汉与东汉之别，而是一脉相承的。汉朝的律令，主要是傍采秦律令而颁行于西汉前期，其后则是以之为基础而进行的增、删、改等刊定活动，以致到东汉中后期出现"禁罔寖密""错糅无常"的情形。

据史书记载，汉朝律令的内容有相当巨大的规模。目前可以见到的汉律令内容：一是古籍的记载。两汉文献存世较多，例如，《史记》《前汉书》《后汉书》等古籍中保存有不少法条和案例，据之可以对汉律令有一定直接或间接的了解。例如，程树德在《汉律考》中考证出了律目凡三十一条、律文凡一百八条、令文凡四十六条。二是考古发现。目前已出土了较多的汉代简牍等古文字实物。例如，张家山汉简《二年律令》等，这些实物是我们了解汉代律令的第一手资料。

关于汉朝的"律"的具体情况。西汉时期的"律"的存续情况已从《史记》与《前汉书》辑出如上。《后汉书》中的关于"律"的记载，选录如下：

  癸未，诏曰："民有嫁妻卖子欲归父母者，恣听之。敢拘执，论如律。"[1]
  辛酉，诏曰："往岁水旱蝗虫为灾，谷价腾跃，人用困乏。朕惟百姓无以自赡，恻然愍之。其命郡国有谷者，给禀高年、鳏、寡、孤、独及笃癃、无家属贫不能自存者，如律。二千石勉加循抚，无令失职。"[2]

---

[1] 范晔. 后汉书：卷一上 [M]. 北京：中华书局，1999：21.
[2] 范晔. 后汉书：卷一下 [M]. 北京：中华书局，1999：33.

律令的精神 >>>

癸亥，诏曰："敢炙灼奴婢，论如律，免所炙灼者为庶民。"冬十月壬午，诏除奴婢射伤人弃市律。①

秋七月丁未，诏曰："律云'掠者唯得榜笞立'。又令丙，箠长短有数。自往者大狱已来，掠考多酷，钻钻之属，惨苦无极。念其痛毒，怵然动心。书曰'鞭作官刑'，岂云若此？宜及秋冬理狱，明为其禁。"②

秋七月庚子，诏曰："春秋于春每月书'王'者，重三正，慎三微也。律十二月立春，不以报囚。月令冬至之后，有顺阳助生之文，而无鞠狱断刑之政。朕咨访儒雅，稽之典籍，以为王者生杀，宜顺时气。其定律，无以十一月、十二月报囚。"③

三年春正月乙酉，诏曰："盖人君者，视民如父母，有憯怛之忧，有忠和之教，匍匐之救。其婴儿无父母亲属，及有子不能养食者，禀给如律。"④

数诏有司，务择良吏。今犹不改，竞为苛暴，侵愁小民，以求虚名，委任下吏，假势行邪。是以令下而奸生，禁至而诈起。巧法析律，饰文增辞，货行于言，罪成乎手，朕甚病焉。⑤

治书侍御史二人，六百石。本注曰：掌选明法律者为之。凡天下诸谳疑事，掌以法律当其是非。⑥

月令师主时节祠祀。律令师主平法律。⑦

历乃要结光禄勋瑕讽。宗正刘玮，将作大匠薛皓，侍中闾丘弘、陈光、赵代、施延，太中大夫朱伥、第五颉，中散大夫曹成，谏议大夫李尤，符节令张敬，持书侍御史龚调，羽林右监孔显，城门司马徐崇，卫尉守丞乐闱，长乐、未央厩令郑安世等十余人，俱诣鸿都门证太子无过。龚调据法律明之，以为男、吉犯罪，皇太子不当坐。帝与左右患之。⑧

条奏越律与汉律驳者十余事，与越人申明旧制以约束之，自后骆越奉行马将军故事。⑨

---

① 范晔. 后汉书：卷一下 [M]. 北京：中华书局，1999：40.
② 范晔. 后汉书：卷三 [M]. 北京：中华书局，1999：100.
③ 范晔. 后汉书：卷三 [M]. 北京：中华书局，1999：105.
④ 范晔. 后汉书：卷三 [M]. 北京：中华书局，1999：106.
⑤ 范晔. 后汉书：卷四 [M]. 北京：中华书局，1999：127.
⑥ 范晔. 后汉书：志第二十六 [M]. 北京：中华书局，1999：2455.
⑦ 范晔. 后汉书：志第二十七 [M]. 北京：中华书局，1999：2465.
⑧ 范晔. 后汉书：卷十五 [M]. 北京：中华书局，1999：393.
⑨ 范晔. 后汉书：卷二十四 [M]. 北京：中华书局，1999：561.

人曰："窃闻贤明之君，使人不畏吏，吏不取人。今我畏吏，是以遗之，吏既卒受，故来言耳。"茂曰："汝为敝人矣。凡人所以贵于禽兽者，以有仁爱，知相敬事也。今邻里长老尚致馈遗，此乃人道所以相亲，况吏与民乎？吏顾不当乘威力强请求耳。凡人之生，群居杂处，故有经纪礼义以相交接。汝独不欲修之，宁能高飞远走，不在人间邪？亭长素善吏，岁时遗之，礼也。"人曰："苟如此，律何故禁之？"茂笑曰："律设大法，礼顺人情。今我以礼教汝，汝必无怨恶；以律治汝，何所措其手足乎？一门之内，小者可论，大者可杀也。且归念之。"于是人纳其训，吏怀其恩。①

　　夫王者之作，因时为法。孝章皇帝深惟古人之道，助三正之微，定律著令，冀承天心，顺物性命，以致时雍。②

　　后拜怀令。大姓李子春先为琅邪相，豪猾并兼，为人所患。憙下车，闻其二孙杀人事未发觉，即穷诘其奸，收考子春，二孙自杀。京师为请者数十，终不听。时赵王良疾病将终，车驾亲临王，问所欲言。王曰："素与李子春厚，今犯罪，怀令赵憙欲杀之，愿乞其命。"帝曰："吏奉法律不可枉也，更道它所欲。"王无复言。③

　　十四年，群臣上言："古者肉刑严重，则人畏法令；今宪律轻薄，故奸轨不胜。宜增科禁，以防其源。"诏下公卿。林奏曰："夫人情挫辱，则义节之风损；法防繁多，则苟免之行兴……臣愚以为宜如旧制，不合翻移。"帝从之。④

　　又见法令决事，轻重不齐，或一事殊法，同罪异论，奸吏得因缘为市，所欲活则出生议，所欲陷则与死比，是为刑开二门也。今可令通义理明习法律者，校定科比，一其法度，班下郡国，蠲除故条。如此，天下知方，而狱无怨滥矣。⑤

　　楷曰："臣闻古者本无宦官，武帝末，春秋高，数游后宫，始置之耳。后稍见任，至于顺帝，遂益繁炽。今陛下爵之，十倍于前。至今无继嗣者，岂独好之而使之然乎？"尚书上其对，诏下有司处正。尚书承旨奏曰："宦者之官，非近世所置。汉初张泽为大谒者，佐绛侯诛诸吕；孝文使赵谈参乘，而子孙昌盛。楷不正辞理，指陈要务，而析言破律，违背经艺，假借

---

① 范晔．后汉书：卷二十五［M］．北京：中华书局，1999：581-582.
② 范晔．后汉书：卷二十五［M］．北京：中华书局，1999：589.
③ 范晔．后汉书：卷二十六［M］．北京：中华书局，1999：610.
④ 范晔．后汉书：卷二十七［M］．北京：中华书局，1999：626.
⑤ 范晔．后汉书：卷二十八上［M］．北京：中华书局，1999：641-642.

星宿，伪托神灵，造合私意，诬上罔事。请下司隶，正楷罪法，收送洛阳狱。"帝以楷言虽激切，然皆天文恒象之数，故不诛，犹司寇论刑。①

公卿各举明经及旧儒子孙，进其爵位，使缵其业。复诏郡国书佐，使读律令。如此，则延颈者日有所见，倾耳者月有所闻。伏愿陛下推述先帝进业之道。②

统在朝廷，数陈便宜。以为法令既轻，下奸不胜，宜重刑罚，以遵旧典，乃上疏曰："臣窃见元哀二帝轻殊死之刑以一百二十三事，手杀人者减死一等，自是以后，著为常准，故人轻犯法，吏易杀人。臣闻立君之道，仁义为主，仁者爱人，义者政理，爱人以除残为务，政理以去乱为心。刑罚在衷，无取于轻，是以五帝有流、殛、放、杀之诛，三王有大辟、刻肌之法。"③

建初中，有人侮辱人父者，而其子杀之，肃宗贳其死刑而降宥之，自后因以为比。是时遂定其议，以为轻侮法。敏驳议曰："夫轻侮之法，先帝一切之恩，不有成科班之律令也。夫死生之决，宜从上下，犹天之四时，有生有杀。若开相容恕，著为定法者，则是故设奸萌，生长罪隙。孔子曰'民可使由之，不可使知之。'春秋之义，子不报仇，非子也。而法令不为之减者，以相杀之路不可开故也……"和帝从之。④

郭躬字仲孙，颍川阳翟人也。家世衣冠。父弘，习小杜律。太守寇恂以弘为决曹掾，断狱至三十年，用法平。诸为弘所决者，退无怨情，郡内比之东海于公。……郭氏自弘后，数世皆传法律，子孙至公者一人，廷尉七人，侯者三人，刺史、二千石、侍中、中郎将者二十余人，侍御史、正、监、平者甚众。⑤

及莽篡位，召咸以为掌寇大夫，谢病不肯应。时三子参、丰、钦皆在位，乃悉令解官，父子相与归乡里，闭门不出入，犹用汉家祖腊。人问其故，咸曰："我先人岂知王氏腊乎？"其后莽复征咸，遂称病笃。于是乃收敛其家律令书文，皆壁藏之。咸性仁恕，常戒子孙曰："为人议法，当依于轻，虽有百金之利，慎无与人重比。"……时司徒辞讼，久者数十年，事类溷错，易为轻重，不良吏得生因缘。宠为昱撰辞讼比七卷，决事科条，皆

---

① 范晔. 后汉书：卷三十下 [M]. 北京：中华书局，1999：728.
② 范晔. 后汉书：卷三十二 [M]. 北京：中华书局，1999：756.
③ 范晔. 后汉书：卷三十四 [M]. 北京：中华书局，1999：782.
④ 范晔. 后汉书：卷四十四 [M]. 北京：中华书局，1999：1014-1015.
⑤ 范晔. 后汉书：卷四十六 [M]. 北京：中华书局，1999：1041，1043.

以事类相从。昱奏上之，其后公府奉以为法。……宠又钩校律令条法，溢于甫刑者除之。曰："臣闻礼经三百，威仪三千，故甫刑大辟二百，五刑之属三千。礼之所去，刑之所取，失礼则入刑，相为表里者也。今律令死刑六百一十，耐罪千六百九十八，赎罪以下二千六百八十一，溢于甫刑者千九百八十九，其四百一十大辟，千五百耐罪，七十九赎罪。春秋保乾图曰：'王者三百年一蠲法。'汉兴以来，三百二年，宪令稍增，科条无限。又律有三家，其说各异。宜令三公、廷尉平定律令，应经合义者，可使大辟二百，而耐罪、赎罪二千八百，并为三千，悉删除其余令，与礼相应，以易万人视听，以致刑措之美，传之无穷。"未及施行，会坐诏狱吏与囚交通抵罪。诏特免刑，拜为尚书。……而苛法稍繁，人不堪之。忠略依宠意，奏上二十三条，为决事比，以省请谳之敝。又上除蚕室刑；解臧吏三世禁锢；狂易杀人，得减重论；母子兄弟相代死，听，赦所代者。事皆施行。①

（应劭）又删定律令为汉仪，建安元年乃奏之。曰："夫国之大事，莫尚载籍。载籍也者，决嫌疑明是非，赏刑之宜，允获厥中，俾后之人永为监焉。故胶西相董仲舒老病致仕，朝廷每有政议，数遣廷尉张汤亲至陋巷，问其得失。于是作春秋决狱二百三十二事，动以经对，言之详矣。逆臣董卓，荡覆王室，典宪焚燎，靡有孑遗，开辟以来莫或兹酷。今大驾东迈，巡省许都，拔出险难，其命惟新。臣累世受恩，荣祚丰衍，窃不自揆，贪少云补，辄撰具律本章句、尚书旧事、廷尉板令、决事比例、司徒都目、五曹诏书及春秋断狱凡二百五十篇。蠲去复，重为之节文。又集驳议三十篇，以类相从，凡八十二事。其见汉书二十五，汉记四，皆删叙润色，以全本体。其二十六，博采古今瑰玮之士，文章焕炳，德义可观。其二十七，臣所创造。"②

昔高祖令萧何作九章之律，有夷三族之令，黥、劓、斩趾、断舌、枭首，故谓之具五刑。文帝虽除肉刑，当劓者笞三百，当斩左趾者笞五百，当斩右趾者弃市。右趾者既殒其命，笞挞者往往至死，虽有轻刑之名，其实杀也。当此之时，民皆思复肉刑。至景帝元年，乃下诏曰："加笞与重罪无异，幸而不死，不可为人。"乃定律，减笞轻捶。自是之后，笞者得全。以此言之，文帝乃重刑，非轻之也；以严致平，非以宽也。③

---

① 范晔．后汉书：卷四十六 [M]．北京：中华书局，1999：1044-1049．
② 范晔．后汉书：卷四十八 [M]．北京：中华书局，1999：1088．
③ 范晔．后汉书：卷五十二 [M]．北京：中华书局，1999：1166-1167．

钟皓字季明，颍川长社人也。为郡著姓，世善刑律。皓少以笃行称，公府连辟，为二兄未仕，避隐密山，以诗律教授门徒千余人。①

又袁术僭逆，非一朝一夕，日磾随从，周旋历岁。汉律与罪人交关三日已上，皆应知情。②

而论者多欲复肉刑。融乃建议曰："古者敦厖，善否不别，吏端刑清，政无过失。百姓有罪，皆自取之。末世陵迟，风化坏乱，政挠其俗，法害其人。故曰上失其道，民散久矣。而欲绳之以古刑，投之以残弃，非所谓与时消息者也。纣斫朝涉之胫，天下谓为无道。夫九牧之地，千八百君，若各刖一人，是下常有千八百纣也。求俗休和，弗可得已。且被刑之人，虑不全生，志在思死，类多趋恶，莫复归正。夙沙乱齐，伊戾祸宋，赵高、英布为世大患。不能止人遂为非也，适足绝人还为善耳。虽忠如鬻拳，信如卞和，智如孙膑，冤如巷伯，才如史迁，达如子政，一离刀锯，没世不齿。是太甲之思庸，穆公之霸秦，南睢之骨立，卫武之初筵，陈汤之都赖，魏尚之守边，无所复施也。汉开改恶之路，凡为此也。故明德之君，远度深惟，弃短就长，不苟革其政者也。"朝廷善之，卒不改焉。③

王涣字稚子，广汉郪人也。父顺，安定太守。涣少好侠，尚气力，数通剽轻少年。晚而改节，敦儒学，习尚书，读律令，略举大义。为太守陈宠功曹，当职割断，不避豪右。宠风声大行，入为大司农。④

从如上记载来看，东汉时期并没有进行大规模的立法活动，但对各种律令的修订则经常在进行。不过，《晋书·刑法志》所称的"后人生意各为章句，叔孙宣、郭令卿、马融、郑玄诸儒章句十有余家，家数十万言"在《后汉书》中并没有任何体现，未知真伪。倒是应劭等人有过律令汇编活动。而且，汉朝的法律权威是很高的，其法律教育很兴盛，青史留名的人大多是精通律令的，比如张汤、杜周、陈宠、应劭、郭躬等。

三、汉朝人观念中的"律"

结合《晋书》等的记载，对两汉的"律"，大致可以梳理出其两个特点：一是律令形制上一仍秦旧。"九章律"的说法在两汉时期的古籍中都是存在的，

---

① 范晔. 后汉书：卷六十二 [M]. 北京：中华书局，1999：1395.
② 范晔. 后汉书：卷七十 [M]. 北京：中华书局，1999：1530.
③ 范晔. 后汉书：卷七十 [M]. 北京：中华书局，1999：1531.
④ 范晔. 后汉书：卷七十六 [M]. 北京：中华书局，1999：1668.

<<< 第二章 律令的创制与传承

但也只是偶一提及，这说明"九章律"或许是确有其事，但它并不重要，它更可能只是汉初（包括楚汉之争期间）投入应急施行的少量法令（总计有九件法令，而并不是一本书）。汉初长年争战，而庶务则大多由身在关中的故秦吏萧何决断，他为了能给身在前线的刘邦源源不断地输送兵员与粮草只能启用秦法，而由于当时民间有一些"苦秦法"情绪且刘邦有三章之约，则只能先行恢复一些急需、必要的秦法令，"九章律"或许就是这样出现的。由于汉朝的律令很多，"九章律"只是汉初六十篇律中的一小部分，汉初所颁行的六十篇律也只是汉律令中的一小部分，因为在汉宣帝时期已是"律令凡三百五十九章"。在汉和帝时"今律令，犯罪应死刑者六百一十，耐罪千六百九十八，赎罪以下二千六百八十一"，而到东汉末期则"汉时决事，集为令甲以下三百余篇，及司徒鲍公撰嫁娶辞讼决为法比都目，凡九百六卷"，且"凡断罪所当由用者，合二万六千二百七十二条，七百七十三万二千二百余言"。这说明，律、令不分且律令规模很大，使得"律"只是一个概称，实际存在的是名目、数量众多的律、令，不但法令都是单行的，而且连法令的名称与内容与秦法也大同小异。且，"汉律"一词可能最早出现于对外交往中，例如，东汉初期对"骆越"关系中（《后汉书·马援列传》）。在天下大乱、诸侯割据，且当时的汉朝近乎如同东周时天下分裂的特殊环境下也会有使用。则，"汉律"一词同样不可以添加书名号，如同秦朝的"律"那样。二是没有编纂成书。"刑律"一词或许始现于东汉，但区分律、令的《律》书还没有出现，把全部令或事制编纂成书的《令》书也没有出现，虽是私人汇编也没有达到这样的程度。

在汉朝人眼中，何为"律"？作为一个无法抗拒的事实（即秦法作为一个运行有效且悉备的制度体系），为了"御奸"、征发徭役及其他目的，汉朝君臣只能继受秦律令。在西汉与东汉，这种继受是以官方的因袭与仿造、刊定为主，而到了东汉中后期出现了分析、整合、汇编律令的私人活动。此时，虽然汉朝人仍然一如秦朝人那样对"律"推崇有加，但对"律"的认知显然有所变化：秦朝人对"律"的敬畏中透着由衷的喜爱，而汉朝人对"律"的敬畏中则透着谨慎的审视，这可能是由于汉律减少了秦法中所特有的"赏"法（汉朝之后，历朝大多把"赏"的规定移入令中，例如，唐《开元令》有"夷狄新招慰，附户贯者，复三年"[1]、《唐六典·卷三十》"京兆河南太原"吏条有"若孝子顺孙，义夫节妇，志行闻于乡闾者，亦随实申奏，表其门闾；若精诚感通，则加优赏"），也可能是由于汉朝人在不得不继受秦法时产生的无奈感和陌生感带来

---

[1] 仁井田陞. 唐令拾遗[M]. 栗劲，等，译. 长春：长春出版社，1989：611.

135

的。故，"律"在汉朝人眼里可能成了单纯外在的且是必须遵守的命令，对"律"少了激情与热爱，秦朝人眼中的"律"字法理内涵有所淡化。①

不过，汉朝人对"律"的审视蕴含着变化的因子，因为东汉后期的私人编纂活动启发了后世官方的编纂活动，从使"律"令的发展进入新阶段。

四、律令之无别与有别

我们从律、令的内容这个角度，特别是从是否包括处罚规则这个角度，而认为秦汉的律、令在性质上并无实质性区别。很明显，我们这里所说的"律令无别"是有条件的，秦汉的律、令并不是在任何条件下都是无差别的。事实上，秦汉时期的律、令是有诸多的不可忽视的重要差异，比如：

首先，"律"倾向于为普通公众提供具体可行的规则，"令"倾向于官制官规方面的规定。从出土文献来看，从秦代开始，"律"就倾向于对某一类事务提供具体的规则，即就"事"而制"律"，比如，《田律》《仓律》《效律》《徭律》《傅律》等即是如此，一件"律"主要处理某一方面的事务，当然，两件"律"涉及同一方面的事务也是有可能的。而"令"则倾向于对某一官职官规提供具体的规定，比如，在岳麓秦简中，令的名称有《内史郡二千石官共令》《食官共令》《内史户曹令》《内史仓曹令》《尉郡卒令》《郡卒令》《卒令》等。有学者认为：有令名的简文，当然是岳麓秦简中最容易判断为秦令者。但其令名与令文的关系如何？这又是很值得讨论的问题。例如上举两条"卒令"的内容，都是关于行书的法律规定。② 秦的这些法令大多被汉朝承袭了。虽然秦汉时期，律、令的这些区别可能不是特别严格，比如当时有《田令》《金布令》等事务性的"令"，也有《内史杂律》《尉卒律》等官职官规性的"律"，但整体而言，律、令之间的这一区别还是非常明显的。律、令这一差异对后世的法律发展产生了深远的影响，自曹魏颁行新法起即把"令"作为官职官规的主要载体，直到明朝才有变化（明初有《大明令》《诸司职掌》等，明中期开始编制"会典"，清朝承接明朝所编会典体例而在会典中集中记载官职官规），这也从一个侧面说明秦汉的"令"与"律"是有重要差异的。

其次，律、令在稳定、经久长行的程度上有差异。根据《史记·杜周传》，杜周有一个观点"三尺安出哉？前主所是著为律，后主所是疏为令，当时为是。

---

① 到清朝末年时则进一步演化成了淡忘与无视"律"字的法理内涵，最终改"律"为"法"。
② 陈松长．岳麓秦简中的令文格式初论［J］．上海师范大学学报（哲学社会科学版），2017，46（06）：44-49．

何古之法乎?"这在一定意义上道出了律、令的另一区别。这说明，律令在内容上无别，而并不表明律令没有任何区别，"律"更倾向于是稳定、经久长行的法令，而"令"则更多地是颁行的新法令（特别是体现为诏令），当"令"中的内容是需要长期施行时即可将其纳入"律"中。"律"的这一求稳的倾向在后世立法中也是有体现的，后世各朝编制《律》书的次数往往就是一次或少数几次，律文一旦确定即轻易不再修改，但令文则是可以经常修订或很方便地因时因事而发布。

第三节 律令分立阶段

东汉亡而裂为魏、吴、蜀三国后，汉朝的律令、制度并没有失效。在三国称帝前，三国所施行的仍基本上是汉家制度，而在三国称帝前后，虽然蜀国颁有"科"或"科令"、魏国也颁行有新科，但这些立法活动仍属对汉朝律令的刊修、整理。但三国时期的法律制度出现了一个重要的变化，那就是，独立的、编纂成书的法律典籍出现了，首开其端的是魏国的《律》《州郡令》等。

《律》书的出现标志着律令传统的发展进入一个新的发展阶段，即本节所称的"法籍"阶段。在此时期，律、令发生了一定程度的分化，随《律》书之后，统一的《令》书也出现了。虽然这一变化主要是形式意义上的，律令的内容并没有多少变化，即把原有律令进行了编纂、整理，律、令各有了统一的编排体例与归类，处罚规则与事制规则自此也大致区分开来了，并分别编纂成书。但法律形式上的变化仍有重大的意义，比如可以改变旧时的"类虽同轻重乖异"及难以见到全部律条和寻检不便等诸多问题，并且有便于法律文本的保管和广为流布的好处。秦汉律令文本确实很快就消失了，若不是出土深埋地下的竹简的缘故，我们可能根本不可能见到秦汉律令的真面目，虽然曹魏至隋的经过编纂的律令书籍也亡佚了，但唐朝、宋朝、元朝、明朝、清朝都有整部的法令典籍留存至今，这不能不说与法令编纂所带来的益处有关。

法籍阶段一旦开始，即不可停止，从三国的魏国到清朝这一千七百多年时间都可以算是这一阶段。如下对法籍阶段的发展历程做一简要梳理。由于三国之中唯有曹魏颁行了法籍，则如下对法籍发展历程的梳理将以曹魏法律为始。

三国时期是东汉之后的一个很短的历史时期。董卓作乱之后，东汉即已陷入内乱与分裂。其后，曹操据中原，孙权据江南，刘备据西蜀，三国鼎立的局面逐步形成。不过，魏国是在公元220年才最先称帝，次年刘备称帝，孙权则

137

迟至229年才称帝。263年魏灭蜀。不久，司马氏于265年建晋代魏，279年灭吴。至此，三国结束，天下暂归一统。

一、三国律令

三国之中，以魏国实力为最强，这也使魏国在法律革新上用力最多，由此而取得的成就也最大。

（一）"科"在三国时期的盛行

魏国颁行《律》书的历史背景是三国皆有"科"，且"科"的效力可能优先于汉旧"律"。首先，依史书可知，三国皆颁行了"科"。魏国行用"科"的情况，如下：

> 诏曰："夫显爵所以褒元功，重赏所以宠烈士。整、像召募通使，越蹈重围，冒突白刃，轻身守信，不幸见获，抗节弥厉，扬六军之大势，安城守之惧心，临难不顾，毕志传命。昔解扬执楚，有陨无贰，齐路中大夫以死成命，方之整、像，所能不加。今追赐整、像爵关中侯，各除士名，使子袭爵，如部曲将死事科。"①
>
> 其令所在郡典农及安抚夷二护军各部大吏慰恤其门户，无差赋役一年；其力战死事者，皆如旧科，勿有所漏。②
>
> 太祖平河北，为大将军后拒。邺破，迁伏波将军，领尹如故，使得以便宜从事，不拘科制。……仁少时不修行检，及长为将，严整奉法令，常置科于左右，案以从事。……今科制自公列侯以下，位从大将军以上，皆得服绫锦、罗绮、纨素、金银饰镂之物，自是以下，杂彩之服，通于贱人，虽上下等级，各示有差，然朝臣之制，已得侔至尊矣，玄黄之采，已得通于下矣。③
>
> 是时太祖始制新科下州郡，又收租税绵绢。夔以郡初立，近以师旅之后，不可卒绳以法，乃上言曰："自丧乱已来，民人失所，今虽小安，然服教日浅，所下新科，皆以明罚敕法，齐一大化也。所领六县，疆域初定，加以饥馑，若一切齐以科禁，恐或有不从教者。有不从教者不得不诛，则非观民设教随时之意也。先王辨九服之赋以殊远近，制三典之刑以平治乱，愚以为此郡宜依远域新邦之典，其民间小事，使长吏临时随宜，上不背正

---

① 陈寿. 三国志：卷四 [M]. 北京：中华书局，1999：96-97.
② 陈寿. 三国志：卷四 [M]. 北京：中华书局，1999：101.
③ 陈寿. 三国志：卷九 [M]. 北京：中华书局，1999：201-223.

法，下以顺百姓之心。比及三年，民安其业，然后齐之以法，则无所不至矣。"太祖从其言。……芝居官十一年，数议科条所不便者。①

乃表繇以侍中守司隶校尉，持节督关中诸军，委之以后事，特使不拘科制。②

遂令上察宫庙，下摄众司，官无局业，职无分限，随意任情，唯心所适。法造于笔端，不依科诏；狱成于门下，不顾覆讯。其选官属，以谨慎为粗疏，以譀詷为贤能。其治事，以刻暴为公严，以循理为怯弱。外则托天威以为声势，内则聚群奸以为腹心。……申明科诏，以督其违。③

其欲使州郡考士，必由四科，皆有事效，然后察举，试辟公府，为亲民长吏，转以功次补郡守者，或就增秩赐爵，此最考课之急务也。④

遂上马，令军中："后出者斩。"一日一夜与虏相及，击，大破之，斩首获生以千数。彰乃倍常科大赐将士，将士无不悦喜。⑤

二十二年，增植邑五千，并前万户。植尝乘车行驰道中，开司马门出。太祖大怒，公车令坐死。由是重诸侯科禁，而植宠日衰。⑥

方今军旅，或猥或卒，备之以科条，申之以内外，增减无常，固难一矣。……愚谓乃宜贷其妻子，一可使贼中不信，二可使诱其还心。正如前科，固已绝其意望，而猥复重之，柔恐自今在军之士，见一人亡逃，诛将及已，亦且相随而走，不可复得杀也。⑦

时科禁酒，而邈私饮至于沉醉。校事赵达问以曹事，邈曰："中圣人。"达白之太祖，太祖甚怒。渡辽将军鲜于辅进曰："平日醉客谓酒清者为圣人，浊者为贤人，邈性修慎，偶醉言耳。"竟坐得免刑。⑧

艾诚恃养育之恩，心不自疑，矫命承制，权安社稷；虽违常科，有合古义，原心定罪，本在可论。⑨

蜀国行用"科"的情况，如下：

宫中府中俱为一体，陟罚臧否，不宜异同。若有作奸犯科及为忠善者，

---

① 陈寿. 三国志：卷十二 [M]. 北京：中华书局, 1999：286-292.
② 陈寿. 三国志：卷十三 [M]. 北京：中华书局, 1999：296.
③ 陈寿. 三国志：卷十三 [M]. 北京：中华书局, 1999：324-325.
④ 陈寿. 三国志：卷十六 [M]. 北京：中华书局, 1999：377.
⑤ 陈寿. 三国志：卷十九 [M]. 北京：中华书局, 1999：415.
⑥ 陈寿. 三国志：卷十九 [M]. 北京：中华书局, 1999：417.
⑦ 陈寿. 三国志：卷二十四 [M]. 北京：中华书局, 1999：507, 510.
⑧ 陈寿. 三国志：卷二十七 [M]. 北京：中华书局, 1999：549.
⑨ 陈寿. 三国志：卷二十八 [M]. 北京：中华书局, 1999：582.

宜付有司论其刑赏，以昭陛下平明之理，不宜偏私，使内外异法也。……诸葛氏集目录：开府作牧第一、权制第二、南征第三、北出第四、计算第五、训厉第六、综核上第七、综核下第八、杂言上第九、杂言下第十、贵和第十一、兵要第十二、传运第十三、与孙权书第十四、与诸葛瑾书第十五、与孟达书第十六、废李平第十七、法检上第十八、法检下第十九、科令上第二十、科令下第二十一、军令上第二十二、军令中第二十三、军令下第二十四、右二十四篇，凡十万四千一百一十二字。①

后迁昭文将军，与诸葛亮、法正、刘巴、李严共造蜀科；蜀科之制，由此五人焉。②

吴国行用"科"的情况，如下：

于是令有司尽写科条，使郎中褚逢赍以就逊及诸葛瑾，意所不安，令损益之。……（嘉禾）五年春，铸大钱，一当五百。诏使吏民输铜，计铜畀直。设盗铸之科。③

今欲广开田业，轻其赋税，差科强羸，课其田亩，务令优均，官私得所，使家给户赡，足相供养，则爱身重命，不犯科法，然后刑罚不用，风俗可整。④

逊虽身在外，乃心于国，上疏陈时事曰："臣以为科法严峻，下犯者多。顷年以来，将吏罹罪，虽不慎可责，然天下未一，当图进取，小宜恩贷，以安下情。且世务日兴，良能为先，自不奸秽入身，难忍之过，乞复显用，展其力效，此乃圣王忘过记功，以成王业。⑤

时年谷不丰，颇有盗贼，乃表定科令，所以防御，甚得止奸之要。……（孙）亮问侍中刁玄曰："盗乘御马罪云何？"玄对曰："科应死。然鲁王早终，惟陛下哀原之。"亮曰："法者，天下所共，何得阿以亲亲故邪？当思惟可以释此者，奈何以情相迫乎？"⑥

今此后举，大合新兵，并使潘濬发夷民，人数甚多，闻豫设科条，当以新羸兵置前，好兵在后。⑦

---

① 陈寿．三国志：卷三十五 [M]．北京：中华书局，1999：683-691.
② 陈寿．三国志：卷三十八 [M]．北京：中华书局，1999：721.
③ 陈寿．三国志：卷四十七 [M]．北京：中华书局，1999：838, 843.
④ 陈寿．三国志：卷四十八 [M]．北京：中华书局，1999：856.
⑤ 陈寿．三国志：卷五十八 [M]．北京：中华书局，1999：997.
⑥ 陈寿．三国志：卷五十九 [M]．北京：中华书局，1999：1008, 1014.
⑦ 陈寿．三国志：卷六十 [M]．北京：中华书局，1999：1025.

>>> 第二章 律令的创制与传承

> 权叹曰:"使人尽如是仪,当安用科法为?"……初以内外多事,特立科,长吏遭丧,皆不得去,而数有犯者。权患之,使朝臣下议。综议以为宜定科文,示以大辟,行之一人,其后必绝。遂用综言,由是奔丧乃断。①
> 设程试之科,垂金爵之赏,诚千载之嘉会,百世之良遇也。②

从如上的记载来看,魏、蜀、吴三国有竞相颁行"科"的倾向。魏武帝曹操很早就颁行"新科",蜀国有"蜀科"且丞相诸葛亮则专门著有"科令"二篇和"军令"三篇,吴国也多次刊定"科条",可见,"科"这种法令样式在三国时期成一时之盛。

而由于三国之中,唯有魏国在后期制颁了《律》书,那么,可以说,在三国时期,最主要、最盛行的立法活动就是制颁"科",分散单行的"律"这种法令样式(即秦汉时期的那种单行法令,并非指《律》书)反而显得被冷落了。

其次,"科"的效力居优。"科律"一语在《三国志·魏志》中出现了多达8次,这说明"科"在魏国受到了特别的重视,且"科"可能是优先于"律"而施用的。在蜀、吴二国由于只颁行了"科"并与汉律令并施,而未刊定过"律",则"科"的效力当然也是优先于旧的汉律的。

"科"的出现原因值得深入研究。汉献帝建安元年(196年),曹操奉立东行的汉献帝于许昌后,东汉朝廷大权主要由曹操一族所掌握,汉朝因之名存实亡,天下分裂的局面随之形成,到黄初元年(220年)曹丕才称帝,随后蜀吴也称帝,魏国直到太和三年(239年)前才颁行《律》书,而蜀、吴二国则可能从来没有颁行过《律》书或刊定过旧律。虽然如此,魏、蜀、吴三国有一个共同点,那就是始终把"科"放在突出的、优先的位置,蜀、吴二国尤当如此,而魏国同样是如此。例如,邓艾死于264年,其被杀的原因是其行为被认为"违常科"而不是违律令,这说明时人对"科"给予了首要的关注,"律"则有被忽视之虞。并且,在整部《三国志》中,法令意义上的"律"字本来就极少出现,而在仅有的少数次出现"律"字的场合又往往是以"科"字冠于其首,即"科律",这一现象说明三国时人对于法律首先关注的是"科"而不是"律"。秦汉时期,从秦孝公到汉灵帝有五百多年,最重要的法令样式毫无疑问是"律",即所谓"如律令",但何以到了三国时期,"科"却占居了首要地位,

---

① 陈寿. 三国志:卷六十二 [M]. 北京:中华书局,1999:1042,1046.
② 陈寿. 三国志:卷六十五 [M]. 北京:中华书局,1999:1076.

141

"律"反而在事实上和在人们心目中退居次要地位了呢？"科"是什么？"科"在《律》书形成过程中扮演着什么角色？这些问题如果没有解决，则《律》书的形成原因和生成机理也就会是一个谜。

我们不能过于低估编制《律》书的难度及其创立条件的复杂程度，因为没有任何先例。基于立法的复杂度，创制内容意义上的"律"条非上智不能为，而将已经创制出来的"律"条编排成形式意义上的图书或许中智或下智亦能胜任。但《律》书的编制完成显然需要一个过程且需要事先具备一系列前提条件，弄清了这一过程及其前提条件则才能解决《律》书的形成原因问题，也能为当今的立法提供鉴戒。不顾条件和依据而妄自编制的刑典（例如，竹刑、刑鼎之类的东周旧"法"即是）非但无益且有害，则研究律书的形成过程有利于避免错误的立法。东周旧"法"之所以被废除、失效，是因为那是一些不顾立法根据与条件的错误的（无事制规则作支撑）、虚假的（无助于实现强国与利民而无效）或低级的立法，仅有"法"之名而无"法"之实则只能被废除。相比来说，秦律令有"法"之名且有"法"之实则不可被废除，后世各朝只能继受。后世对秦律令的刊改主要是在外在形式方面（主要是法令的编排体例），对其内容方面的刊改是细微的，而其立法模式则历两千多年没有变动。（秦）律令创制阶段是古代法发展史中最重要的阶段，正是因为有此阶段的立法成就，才为法的进一步发展创造了基本条件和可能。在秦律令阶段所形成的全面、完整、大量且规整的事制规则与处罚规则，正是把"律"条编排成"律"书的最基础、最重要的内容条件，这是条件之一。

且，"律"最初出现于公元前359年秦孝公主持的商君变法，但直到公元239年前才颁行《律》书，相距达598年左右，这说明《律》书的制定并不是在事制规则与处罚规则俱备之时就条件成熟了，而是必须有一个积淀的过程和特定的条件。之所以需要有数百年的立法积淀过程，初看至少有三个原因：一是法令本身必须确保已经是稳定、可信的，而不能是仍然在频繁变动，或有很大比例的人有废止法令的期待。不能仅为了追求外观上的好看或工整而对法令进行大规模的编纂，法的内容永远重要于且优先于法的形式，经过长期的积淀才能使法的内容充分周密和趋于稳定。社会问题及其解决方法都有一个探索的过程，人们对法律的认知和接受也要有一个过程，这都需要时间。汉朝之后的历代王朝大多只在立国之初颁行法令，而后只是对那些法令进行小幅的刊定，这主要是因为社会秩序和法令都稳定下来了，并得到社会的普遍信赖。二是法的实施效果需要通过坚定不移地、长期地施行才能显现出来。即商君所说的

"国作一岁者，十岁强。作一十岁者，百岁强。修一百岁者，千岁强。千岁强者王"，① 则法令需要保持长期稳定的实施，至少秦国完整坚持了这一思想。秦国没有人尝试进行律令的编纂，两汉时期的官方也没有进行过律令编纂，只是到东汉后期才出现私人的汇编活动，这说明法的实施或落实永远比法的编制重要。通过法的实施可以验证法的效果，对于经验证有缺陷的法令可以进行修正或补充，对于效果良好的法令则可以通过实施而巩固和扩大其效果。三是每一个历史时期都有其自身特有的社会规则需要人们去适应与习惯。当处于一个历史时期的初期，虽然已经颁布了社会所必需的事制规则与处罚规则，但人们必然要有一个了解、学习、尊重、遵守并习惯新社会规则的漫长过程，在这个过程中需要把本历史时期的社会规则内化为个人习惯、社会习俗、公共信念，也只有在这种情况下，事制规则与处罚规则才能适度分离并进而编纂成《律》书、《令》书等才不会引起误解或抵触情绪。无独有偶，英国作为世界上最早的现代国家且一直是最重要的现代国家之一，至今没有颁布统一的刑法典等法籍，且2008年负责研究编制刑法典可行性的英国法律委员会宣布放弃法典化的努力而专注于改革刑制的各个具体领域。② 英国自光荣革命以来有三百多年，只是通过法律整合手段制作了一些类似单行法那样的法律整合，或许自知编纂刑法等法籍的时机尚不成熟。美国同样没有刑法典且未来很长一段时间内都不会推行法典化（英美国家的各种法律典籍，比如美国联邦的 United States Code 等，实际上仅充当着便利查找法律规则的索引作用，并非立法意义上的法典）。这说明，事制规则与处罚规则须经历一个漫长的积淀过程而成为实际的个人习惯、社会习俗是"律"书编制的时机条件，这是条件之二。

并且，一国法令的规模往往极大（如前所述，秦律令、汉律令的名目多、规模大），而《律》书的规模都不会太大，只是一本书，这之中会有一个律令分离且简化律条的过程，这也需要大量的时间来尝试。实际上，中国古代的这一过程持续了约一百年时间才完成。律、令分离且律条简化并不是凭某个人的意愿或主张就可以进行的，而是在一个相当长的时期内人们普遍感到律令繁多且使用不便，这才开始了从下层官吏到朝廷个别官员再到朝廷整体的自觉或不自觉的律条简化行动。秦汉时期的每一律条是结构完整的，基本上包含了完整的事制规则与处罚规则，但在东汉及三国时期所流行的科条则与秦汉律条将明显

---

① 长治. 商君书评注［M］. 武汉：武汉大学出版社，2019：48.
② Jonathan Herring. Criminal Law（5th Edition）［M］. Oxford：Oxford University Press，2012：15-16.

不同，因为它的事制规则可能是经过高度简化了的而不再包含完整的事制规则，完整的事制规则则向令、式之类的法令样式集中。当由律条简化而成的"科条"大量出现且便于实用后，编纂"科条"成"律"书的条件也就基本成熟了。这说明，律、令适度分离且简化律条（三国时期，实际上是简化成了风行一时的"科条"）的完成是"律"条编排成书的技术条件，这是条件之三。

从如上的分析来看，"律"书编制有着多种复杂的前提条件且需要有一个漫长的尝试过程，而且还是一个自然而然的自生自发的发展过程，这并不是人力所可以操控的。法律自有其固有成长或发展过程，这是不容改变的，这对现代的立法当然也有启发意义，因为现代的立法同样也需要考虑法的发展规律并须循序渐进地立法。

三国时期"科条"之盛主要表现在两个方面：一是当权者非常注重颁发与施行科条，二是科条是当时最重要的法律样式。这在中国古代法律史上是难得一见的大观，南朝时期也有"科"却没有如此重要的地位。三国"科条"之盛正是显示了编制《律》书的条件与时机正在趋于成熟。不过，我们需要先弄清"科"是什么。

(二)"科"是什么

虽然三国时期的"科"是当时最重要、最显要的法令样式，但"科"却可能不是最先出现于三国时期，因为可能（仅是可能！）在东汉后期即有了"科"的存在，也不是只在三国时期有"科"，因为南朝的梁陈同样有"科"且还是编纂成书的《科》。可见，"科"是由来已久且影响深远的，则为弄清"科"的演进和实质而对"科"进行历史的考察是有必要的。

在秦代是否可能有"科"呢？从传世史料与出土文献来看，秦代不可能有"科"这种法令样式，且在《商君书》和睡虎地秦简中连"科"这个字都见不到，更不要说"科"成为法令样式了。在睡虎地秦墓竹简《语书》中有所谓"凡良吏明法律令，事无不能也"，说明当时公认的法令样式或许就是律、令。史载，秦始皇有"明法度，定律令"之功绩，则到秦末仍是以律、令为主要法令样式：仍然没有"科"。

西汉时期是否有"科"呢？如下从《前汉书》中搜集了一些与"科"有关的记载，然后做一些分析即可解决此问题。

> 四年春正月，朝诸侯王于甘泉宫。发天下七科谪（张晏曰：吏有罪一，亡命二，赘婿三，贾人四，故有市籍五，父母有市籍六，大父母有市籍七，

凡七科也）及勇敢士。①

二月，诏丞相、御史举质朴敦厚逊让有行者，光禄岁以此科第郎、从官（师古曰：始令丞相、御史举此四科人以擢用之。而见在郎及从官，又令光禄每岁依此科考校，定其第高下，用知其人贤否也）。②

先帝劝农，薄其租税，宠其强力，令与孝弟同科。③

故至孝景始欲侯降者，丞相周亚夫守约而争。帝黜其议，初开封赏之科，又有吴楚之事。④

豪民富贾，即要贫弱，先圣知其然也，故斡之。每一斡为设科条防禁，犯者罪至死。⑤

科别其条，勿猥勿并（师古曰：猥，积也。并，合也。欲其一一梳理而言之）……诸不在六艺之科……⑥

位在宰相封侯，而为布被脱粟之饭，奉禄以给故人宾客，无有所余，可谓减于制度，而率下笃俗者也，与内厚富而外为诡服以钓虚誉者殊科。⑦

周罗天下放失旧闻，王迹所兴，原始察终，见盛观衰，论考之行事，略三代，录秦汉，上记轩辕，下至于兹，著十二本纪，既科条之矣。并时异世，年差不明，作十表。⑧

上既罢昌陵，以长首建忠策，复下公卿议封长。当又以为长虽有善言，不应封爵之科。坐前议不正，左迁巨鹿太守。后上遂封长。⑨

驭吏因随驿骑至公车刺取，知房入云中、代郡，遽归府见吉白状，因曰："恐房所入边郡，二千石长吏有老病不任兵马者，宜可豫视。"吉善其言，召东曹案边长吏，琐科条其人（张晏曰：琐，录也。欲科条其人老少及所经历，知其本以文武进也）。⑩

望之以射策甲科为郎（师古曰：射策者，谓为难问疑义书之于策，量其大小署为甲乙之科，列而置之，不使彰显。有欲射者，随其所取得而释

---

① 班固. 汉书：卷六 [M]. 北京：中华书局，1999：146.
② 班固. 汉书：卷九 [M]. 北京：中华书局，1999：201-202.
③ 班固. 汉书：卷十 [M]. 北京：中华书局，1999：220.
④ 班固. 汉书：卷十七 [M]. 北京：中华书局，1999：521.
⑤ 班固. 汉书：卷二十四下 [M]. 北京：中华书局，1999：989.
⑥ 班固. 汉书：卷五十六 [M]. 北京：中华书局，1999：1901，1918.
⑦ 班固. 汉书：卷五十八 [M]. 北京：中华书局，1999：1992.
⑧ 班固. 汉书：卷六十二 [M]. 北京：中华书局，1999：2060.
⑨ 班固. 汉书：卷七十一 [M]. 北京：中华书局，1999：2287.
⑩ 班固. 汉书：卷七十四 [M]. 北京：中华书局，1999：2353-2354.

之，以知优劣。射之，言投射也。对策者，显问以政事经义，令各对之，而观其文辞定高下也）。①

以射策甲科为郎……上以方进所举应科，不得用逆诈废正法，遂贬勋为昌陵令。方进旬岁间免两司隶，朝廷由是惮之。②

然疾朋党，问文吏必于儒者，问儒者必于文吏，以相参检。欲除吏，先为科例以防请托。其所居亦无赫赫名，去后常见思。③

平帝时王莽秉政，增元士之子得受业如弟子，勿以为员，岁课甲科四十人为郎中，乙科二十人为太子舍人，丙科四十人补文学掌故云。④

人持所见，各有同异，然总其要，归两科而已。缙绅之儒则守和亲，介胄之士则言征伐，皆偏见一时之利害，而未究匈奴之终始也。⑤

是岁，复明六筦之令。每一筦下，为设科条防禁，犯者罪至死，吏民抵罪者浸众。又一切调上公以下诸有奴婢者，率一口出钱三千六百，天下愈愁，盗贼起……惟贫困饥寒，犯法为非，大者群盗，小者偷穴，不过二科，今乃结谋连党以千百数，是逆乱之大者，岂饥寒之谓邪？……今东方岁荒民饥，道路不通，东岳太师亟科条，开东方诸仓，赈贷穷乏，以施仁道。其更名霸馆为长存馆，霸桥为长存桥。⑥

从如上的记载来看，"科"在西汉时期的主要用法有如下几种：第一种是类别、类型之类的含义，"七科"是指七类人，"四科"就是指四类人，"两科"就是两种类型，且科考中的"甲科"也可以理解为甲类或甲等，这种用法相当于《康熙字典》中所说的"等也"。第二种是官吏铨选规条，主要是在科考中的用法，《前汉书》中有大量的此类记载，与前一种用法相近，可以理解成类型、级别之类，"甲科""乙科""丙科"都属于分类，这种用法相当于《康熙字典》中所说的"取人条格曰科第"。第三种是就是度量、计算之意，如上所引的"罔罗天下放失"条即是说司马迁先计算年月，再一一条列（各表）之意，这相当于《说文解字》中所说的"程也。从禾从斗。斗者，量也"。除以上三种情况之外，还有一种情况需要引起我们的注意，那就是如上记载中的"豪民富贾""罔罗天下放失"两条，这些都是西汉末期王莽时期之语，且明显都是用

---

① 班固．汉书：卷七十八［M］．北京：中华书局，1999：2441-2442．
② 班固．汉书：卷八十四［M］．北京：中华书局，1999：2537-2540．
③ 班固．汉书：卷八十六［M］．北京：中华书局，1999：2588．
④ 班固．汉书：卷八十八［M］．北京：中华书局，1999：2668．
⑤ 班固．汉书：卷九十四下［M］．北京：中华书局，1999：2828．
⑥ 班固．汉书：卷九十九下［M］．北京：中华书局，1999：3046，3060，3062．

于处罚场合，从而与以上三种用法明显不同。无独有偶，出土的《额济纳汉简》"王莽诏书下行文"残册中有"并力除灭胡虏逆寇为故购赏科条将转下之勉府稽吏民"，《居延新简》中有言"捕斩匈奴虏反羌购偿科别"，这些记载同样出于王莽时期，都是用于赏赐的场合。虽然有学者据此认为存在"购赏科条""购偿科别"之类的法令，① 但仅凭这些字句并不能断定西汉或东汉前就已出现"科"这种法令。首先是简册断句方面有多种可能方法而不是只有一种断句方法，其次是这些出土文献与《前汉书》中记载并无新奇之处，再次是证据略显单薄，毕竟这仅是推论而没有任何在前或在后"科"的实物证据，至少单独为"购赏"而设置"科"这种法令在王莽之前没有先例且在王莽之后也无记载，且官吏铨选、赏有功之类的"赏"类规则在三国之后逐步脱离"律"而向令、例等法令样式中集中，那么，这两个出土简册中的"科"仍可从如上的第二或第三种用法得到合理解释。即，王莽时期关于"科"的这些记载仍是在旧有律令范围内的提法，"亟科条"当指严格依律条定罪处罚，"科条"也就可以是指有关施赏、科罪的律令条文。

另外，在其他秦汉文献中也有关于"科条"的记载，例如，在《史记·太史公自序》中已有基本相同的表述。而可能是西汉后期成书的《战国策》中则有苏秦所说"科条既备，民多伪态，书策稠浊，百姓不足"，如果此语是先秦语言，则可以在《春秋繁露·重政第十三》中的"圣人所欲说，在于说仁义而理之，知其分科条别，贯所附，明其义之所审，勿使嫌疑"得到解释，"科条"有"分科条别"的含义，则"科别""科条"近义。又有西汉之后的记载，如《唐六典·卷六》有注语"其至武帝时，张汤、赵禹增律令科条，大辟四百九条。宣帝时，于定国入删定律令科条"，这一记载虽出于唐人，但也说明西汉时的"科条"是指律令中的法条，而不是在律令外还有科条。

从如上的对《前汉书》中"科"字的梳理可知，"科"字在当时主要是作动词用，也就是《说文解字》提到的"程"之意，其他含义则可能是其引申义。到东汉末期仍然主要是动词，《释名》作"科，课也，课其不如法者罪责之也"，所指就更加明确了。这些记载表明西汉人对律令中的有关赏罚数量、计量的内容分外重视，也就是说，西汉后期的人们对律令条文的后半部分，即处罚规则（其前半部分是事制规则，当然，其后半部分还可能包括赏赐规则）分外重视，视处罚规则是用于"程"罪以定处罚的，从而，人们渐渐地把律令的条

---

① 张忠炜.《居延新简》所见"购偿科别"册书复原及相关问题之研究：以《额济纳汉简》"购赏科条"为切入点［J］. 文史哲，2007，(06)：54-61.

文叫作"科条"就是顺理成章的,毫不唐突。作为后世的我们不能因此而误认为"科"是一种法律样式(即法律文件的名称),这在西汉时期是不可能发生的事,也没有任何有力实据证实西汉时期存在"科"这种法律样式。张建国先生的质疑"考查汉魏时期的有关史料,首先引起怀疑的是,汉代真有所谓的'科'这种法律形式吗?"是有道理的。① 盲从各种未经证实的观点是不理智的。

1. 西汉时期,并不存在"科"这种法律形式

从如上的分析来看,至少在西汉的后期,"科"字明显是进入了律令实施的话语领域,这在以往是不可想象的,这体现了那时人们对"律"有了不同于商君、秦人或汉初人的认知(当时更重视事制规则),这一认知变化是极缓慢地发生的。不过,在西汉时期,"科"字并没有进入了律令制定的话语领域,历史发展的延续性或惯性决定了西汉中后期都会延续汉朝前期的制度体系。法的发展不可能是杂乱无章的,而一定是在必要性的支配下发生的。西汉当时显然没有那么明显的立法变革必要,立法意义上的"科"并不存在产生的必要。故,西汉时期不可能有"科"这种法律样式。

由于在西汉后期有了一些对"律"的新认知,这才为后续的变化带来了可能。到了东汉时期,随着人们对律的认知的变化而使"科"的含义也出现了些许变化,如下依《后汉书》对之略作梳理。

又车服制度,恣极耳目。田荒不耕,游食者众。有司其申明科禁,宜于今者,宣下郡国。②

今自三公,并宜明纠非法,宣振威风。朕在弱冠,未知稼穑之艰难,区区管窥,岂能照一隅哉!其科条制度所宜施行,在事者备为之禁,先京师而后诸夏。③

三月戊子,诏曰:"选举良才,为政之本。科别行能,必由乡曲。而郡国举吏,不加简择,故先帝明敕在所,令试之以职,乃得充选。"……秋七月辛卯,诏曰:"吏民逾僭,厚死伤生,是以旧令节之制度。顷者贵戚近亲,百僚师尹,莫肯率从,有司不举,怠放日甚。又商贾小民,或忘法禁,奇巧靡货,流积公行。其在位犯者,当先举正。市道小民,但且申明宪纲,

---

① 张建国."科"的变迁及其历史作用[J].北京大学学报(哲学社会科学版),1987,(03):119.
② 范晔.后汉书:卷二[M].北京:中华书局,1999:79.
③ 范晔.后汉书:卷三[M].北京:中华书局,1999:93.

勿因科令，加虐羸弱。"①

丙子，诏曰："旧令制度，各有科品，欲令百姓务崇节约。"②

丙辰，以太学新成，试明经下第者补弟子，增甲、乙科员各十人。……闰月丁亥，令诸以诏除为郎，年四十以上课试如孝廉科者，得参廉选，岁举一人。……顷者，州郡轻慢宪防，竞逞残暴，造设科条，陷入无罪。或以喜怒驱逐长吏，恩阿所私，罚枉仇隙，至令守阙诉讼，前后不绝。③

民有不能自振及流移者，禀谷如科。州郡检察，务崇恩施，以康我民。④

结童入学，白首空归，长委农野，永绝荣望，朕甚愍焉。其依科罢者，听为太子舍人。⑤

太尉读谥策，藏金匮。皇帝次科藏于庙。太史奉哀策荐篚诣陵。……校尉三人，皆赤帻不冠，绛科单衣，持幢幡。⑥

二千石以下各从科品。⑦

景丹字孙卿，冯翊栎阳人也。少学长安。王莽时举四科，丹以言语为固德侯相，有干事称，迁朔调连率副贰（东观记曰：王莽时举有德行、能言语、通政事、明文学之士）。……建武之世，侯者百余，若夫数公者，则与参国议，分均休咎，其余并优以宽科，完其封禄，莫不终以功名延庆于后。⑧

可令疑罪使详其法，大辟之科，尽冬月乃断。其立春在十二月中者，勿以报囚如故事。⑨

十四年，群臣上言："古者肉刑严重，则人畏法令；今宪律轻薄，故奸轨不胜。宜增科禁，以防其源。"⑩

今可令通义理明习法律者，校定科比，一其法度，班下郡国，蠲除故

---

① 范晔. 后汉书：卷四 [M]. 北京：中华书局，1999：120，126.
② 范晔. 后汉书：卷五 [M]. 北京：中华书局，1999：153.
③ 范晔. 后汉书：卷六 [M]. 北京：中华书局，1999：174-186.
④ 范晔. 后汉书：卷七 [M]. 北京：中华书局，1999：196.
⑤ 范晔. 后汉书：卷九 [M]. 北京：中华书局，1999：248.
⑥ 范晔. 后汉书：志第六 [M]. 北京：中华书局，1999：2134.
⑦ 范晔. 后汉书：志第二十九 [M]. 北京：中华书局，1999：2495.
⑧ 范晔. 后汉书：卷二十二 [M]. 北京：中华书局，1999：514-525.
⑨ 范晔. 后汉书：卷二十五 [M]. 北京：中华书局，1999：590.
⑩ 范晔. 后汉书：卷二十七 [M]. 北京：中华书局，1999：626.

条。如此，天下知方，而狱无怨滥矣。书奏不省。①

武帝值中国隆盛，财力有余，征伐远方，军役数兴，豪桀犯禁，奸吏弄法，故重首匿之科，著知从之律（凡首匿者，为谋首，藏匿罪人。至宣帝时，除子匿父母，妻匿夫，孙匿祖父母罪，余至殊死上请。知纵谓见知故纵，武帝时立见知故纵之罪，使张汤等著律，并见前书也），以破朋党，以惩隐匿。②

仲尼之门考以四科（四科谓德行、言语、政事、文学，颜渊、闵子骞及子游、子夏，并见论语也）。③

鸿与司空刘方上言："凡口率之科，宜有阶品，蛮夷错杂，不得为数。自今郡国率二十万口岁举孝廉一人，四十万二人，六十万三人，八十万四人，百万五人，百二十万六人。不满二十万二岁一人，不满十万三岁一人。"帝从之。④

旧制，公、卿、二千石、刺史不得行三年丧，由是内外众职并废丧礼。……恺独议曰："诏书所以为制服之科者，盖崇化厉俗，以弘孝道也。"⑤

又轻侮之比，浸以繁滋，至有四五百科，转相顾望，弥复增甚，难以垂之万载。⑥

永平中，奉车都尉窦固出击匈奴，骑都尉秦彭为副。彭在别屯而辄以法斩人，固奏彭专擅，请诛之。显宗乃引公卿朝臣平其罪科。躬以明法律，召入议。议者皆然固奏，躬独曰："于法，彭得斩之。"……躬奏谳法科，多所生全。⑦

宠为昱撰辞讼比七卷，决事科条，皆以事类相从。……其后遂诏有司，绝钻鑽诸惨酷之科，解妖恶之禁，除文致之请谳五十余事，定著于令。……汉兴以来，三百二年，宪令稍增，科条无限。……故亡逃之科，宪令所急，至于通行饮食，罪致大辟。……宜纠增旧科，以防来事。自今强盗为上官若它郡县所纠觉，一发，部吏皆正法，尉贬秩一等，令长三月

---

① 范晔. 后汉书：卷二十八上 [M]. 北京：中华书局，1999：642.
② 范晔. 后汉书：卷三十四 [M]. 北京：中华书局，1999：782-783.
③ 范晔. 后汉书：卷三十五 [M]. 北京：中华书局，1999：813.
④ 范晔. 后汉书：卷三十七 [M]. 北京：中华书局，1999：851-852.
⑤ 范晔. 后汉书：卷三十九 [M]. 北京：中华书局，1999：878.
⑥ 范晔. 后汉书：卷四十四 [M]. 北京：中华书局，1999：1014.
⑦ 范晔. 后汉书：卷四十六 [M]. 北京：中华书局，1999：1041-1042.

奉赎罪；二发，尉免官，令长贬秩一等；三发以上，令长免官。便可撰立科条，处为诏文，切敕刺史，严加纠罚。冀以猛济宽，惊惧奸慝。……高祖受命，萧何创制，大臣有宁告之科，合于致忧之义。①

陈忠不详制刑之本，而信一时之仁，遂广引八议求生之端。夫亲故贤能功贵勤宾，岂有次、玉当罪之科哉？②

今患刑轻之不足以惩恶，则假臧货以成罪，托疾病以讳杀。科条无所准，名实不相应，恐非帝王之通法，圣人之良制也。……今令五刑有品，轻重有数，科条有序，名实有正，非杀人逆乱鸟兽之行甚重者，皆勿杀。③

宜远览二君，使参、僮得在宽宥之科，诚有益于折冲，毗佐于圣化。④

及到官，设令三科以募求壮士，自掾史以下各举所知，其攻劫者为上，伤人偷盗者次之，带丧服而不事家业为下。收得百余人，诩为飨会，悉贳其罪，使入贼中，诱令劫掠，乃伏兵以待之，遂杀贼数百人。⑤

墨绶长吏，职典理人，皆当以惠利为绩，日月为劳。褒责之科，所宜分明。⑥

阳嘉元年，太学新成，诏试明经者补弟子，增甲乙之科，员各十人。……请自今孝廉年不满四十，不得察举，皆先诣公府，诸生试家法，文吏课笺奏，副之端门，练其虚实，以观异能，以美风俗。有不承科令者，正其罪法。若有茂才异行，自可不拘年齿。⑦

加其细政苛惨，科防互设，缯缴充蹊，阬阱塞路，举手挂网罗，动足蹈机陷，是以兖、豫有无聊之人，帝都有呼嗟之怨。⑧

自中兴以后，科网稍密，吏人之严害者，方于于前世省矣。而阉人亲娅，侵虐天下。⑨

（永元）十二年，东平清河奏妖言卿仲辽等，所连及且千人。香科别据奏，全活甚众。每郡国疑罪，辄务求轻科，爱惜人命，每存忧济。⑩

---

① 范晔. 后汉书：卷四十六 [M]. 北京：中华书局，1999：1045-1053.
② 范晔. 后汉书：卷四十八 [M]. 北京：中华书局，1999：1087.
③ 范晔. 后汉书：卷四十九 [M]. 北京：中华书局，1999：1114-1115.
④ 范晔. 后汉书：卷五十一 [M]. 北京：中华书局，1999：1141.
⑤ 范晔. 后汉书：卷五十八 [M]. 北京：中华书局，1999：1260-1261.
⑥ 范晔. 后汉书：卷六十下 [M]. 北京：中华书局，1999：1349-1350.
⑦ 范晔. 后汉书：卷六十一 [M]. 北京：中华书局，1999：1364.
⑧ 范晔. 后汉书：卷七十四上 [M]. 北京：中华书局，1999：1619.
⑨ 范晔. 后汉书：卷七十七 [M]. 北京：中华书局，1999：1682.
⑩ 范晔. 后汉书：卷八十上 [M]. 北京：中华书局，1999：1764.

律令的精神 >>>

  其南部斩首获生，计功受赏如常科。①

  今科条品制禁令，所以承天顺民者，备矣，悉矣，不可加矣。然而不平之效犹有咨嗟之怨者，百姓屡闻恩泽之声，而未见惠和之实也。②

  （仇览）选为蒲亭长。劝人生业，为制科令，至于果菜为限，鸡豕有数，农事既毕，乃令子弟群居，还就黉学。其剽轻游恣者，皆役以田桑，严设科罚。躬助丧事，赈恤穷寡。期年称大化。③

  从如上的记载来看，东汉时期的"科"字的用法与西汉时期的"科"字的用法没有明显区别。例如，有的指类型、类别，有的是科考方面的用法，有的则明显是分科条列之意。与西汉时期相比，东汉时期的言谈中涉及"科"字的"法令条文"用法的场合明显增多，除了常规的"科条""大辟之科""首匿之科""科禁""禀谷如科"等常规表述法外，还出现了"科令""科比"等新的表达，这是需要引起我们注意的。

  那么，东汉时期是否可能出现了"科"这种法律样式呢？

  首先，虽然东汉时期的言谈中涉及"科"字法律意义方面的用法明显增多，但整体上与西汉的相比并无特异之处，据这些表述并不能表明东汉时期已有"科"这种法令样式。

  其次，关于汉和帝时的诏书中提及了"科令"一词，桓谭的奏疏中则提及"科比"一词。桓谭上疏之时在汉光武帝初即位，桓谭在奏疏中说得很明白，就是针对"法令决事"而言的，可能所指就是西汉律、令、决事，则"科比"所指的只能是律令中的条文和决事比的各个事例，从而不能说明在东汉初已有"科"这种法令样式。而汉和帝的诏书中所提及的"科令"则与诏书中的提及的"旧令"当是同义或近义，都是指律令条文。且"科令"一词只是偶尔提及，整部《后汉书》另外还有"不承科令者，正其罪法""为制科令"，共三处，这三处都不能说明国家创立了"科"这种新法令样式。

  再次，从上述东汉中期的记载来看，"科"仍不是法令样式。"四五百科"是指轻侮法的决事比有几百个之多，"科"是指事例的个数。陈宠是生活于东汉中期的重要律家，其时的诏书"遂诏有司，绝钻钻诸惨酷之科，解妖恶之禁，除文致之请谳五十余事，定著于令"说明，科、禁、事等都以"令"的方式呈

---

① 范晔. 后汉书：卷八十九 [M]. 北京：中华书局，1999：1995.
② 袁宏. 后汉纪：第十八 [M] // 文渊阁四库全书：第 303 册. 上海：上海古籍出版社，2012：691.
③ 范晔. 后汉书：卷七十六 [M]. 北京：中华书局，1999：1676.

现，"科"仍是指法条，即律令的条文，甚至是指决事比的事例。而陈宠曾经"校律令条法"，他用礼制中的"威仪三千"来附会律条实在很牵强，但也算是大致查明了东汉中期的律令的规模，即"今律令死刑六百一十，耐罪千六百九十八，赎罪以下二千六百八十一，溢于甫刑者千九百八十九"，即有4989个治罪条文，他认为这是"汉兴以来三百二年，宪令稍增，科条无限"的结果，即，"科条"是指"律令"的条文，而不是在"律令"之外还有"科条"或"宪令"。陈宠之子陈忠上疏所提及的"撰立科条，处为诏文"当然也是就律令而言的。至于"今令五刑有品，轻重有数，科条有序，名实有正"，其"科条"仍应是指"律令"的条文。再如，应劭所言"又删定律令为汉仪，建安元年乃奏之"进一步说明，到了建安元年，当时的法律样式仍主要是律、令，而无"科"这种法律形式。

如此看来，整个东汉时期，朝廷都没有创立"科"这种法律形式，东汉"科条"一词与西汉"科条"一词都是指律令中的条文，并无二致。

且从史书来看，东汉时期确实也没有在律、令之外别立与律、令相当的其他全新法令样式的现实需要，因为经过西汉时期的积累，至少在东汉中期，其法律已是"备矣，悉矣，不可加矣"。那么，东汉时期的主要法令样式仍是与西汉如出一辙，即律、令、比，"科"仅是指条列于律、令、比中的条文或规则。

2. 东汉时期，不存在"科"这种法律形式

不过，东汉时期的法律有了一些值得注意的新变化，这主要体现在汉质帝时"州郡轻慢宪防，竞逞残暴，造设科条"和汉安帝时亭长"为制科令"。

对于这两条记载，可能有两种解释。一，作激进解释，这两条记载表明地方官（亭、州、郡的地方长官）能够"造设科条"。尤其是，仇览作为一个亭长而能"为制科令"，并且还能"役以田桑，严设科罚"，确实出乎意料，而此时当是汉安帝时期，即东汉中期。再结合"造设科条"的记载，我们是否可以认为东汉的地方官可以（或有权）发布本地方的赏罚科条呢？若是从亭长到州、郡都能造制"科条"，不能不令我们生疑是否实有其事。或许，这些地方性的科条是不是朝廷律令的誊抄或简化版本呢？由于"轻慢宪防，竞逞残暴""严设科罚"则说明这些地方性的科条与朝廷律令可能是不同的，但也不排除地方性的科条就是朝廷律令条文的摘抄，略有变更也是可能的。二，仍作常规解释。即，"造设科条，陷入无罪"是指州郡官依律令程式，生造事实并条列罪状以陷人入罪，虽属"轻慢宪防"，但并不是发布"科条"之类的法令。也就是说，这仅是律令的执行环节中出现的不当现象，皇帝因而发布诏令加以纠正而令"有司，罪非殊死且勿案验，以崇在宽"。亭长"为制科令"作发布"科条"解释也显

不当，因为私造法令明显属僭越，而当时并没有治仇览之罪，反而赞其"期年称大化"的治绩，可见，"为制科令"不能只从字面上解读。发布法令不但要有拟定法令文本的能力与学识，还要有立法权力，一个亭长显然不具备这样的条件，则"为制科令"很可能就是发布亭内通告或文告而已，而"严设科罚"并不是指刑罚，因为古代的刑罚权至少在县级，亭长是不具有任何刑罚权的，而可能的"科罚"或许正是上一句所提到的"役以田桑"，也就是责令那些"剽轻游恣者"种田、植桑，这正在亭长的权限范围内，即所谓的"劝课农桑"，秦汉以来的地方官都有这样的法定职责。总体而言，后一解释比前一解释更合理，前一解释在朝廷运转正常时是根本不可能发生的。不过，汉献帝到了曹操选定的新都城许昌后，统一的天下化为诸侯割据的天下，那时，各地诸侯自行"造设科条"（即颁布"科"这种法令）就是可能的了。

如此看来，西汉、东汉二朝四百年，"科"都不是法令样式，即不存在名称为"科"的法律，"科"只是指律令中的分科条列的条文而已，但其意义则在不断变化之中。

或许，早在战国后期，"科条"就是东周六国的人对秦律令条文的称呼，《战国策》中苏秦对秦王所说的话就是明证。到了汉朝，汉初官吏大抵秦旧吏，但随着旧六国之中下层人士进入社会中上层，从而使得六国中下层人士的观念带入汉朝国家意识中，西汉时期已有不少人把律令条文称作"科条"即其表现。到东汉时期这一趋势扩大了，尤其是在皇帝诏书中屡次出现"科条""科令"等相关词汇，这表明东汉时期"科"的观念已提升到一个新的高度，这些观念上的变化就为下一阶段的法律变化积聚了动力。

到了三国时期，"科"确实成为一个独立的法律样式。首先，从《三国志》的直接记载来看，三国时期各国都颁有"科"。在魏国，曹仁"常置科于左右"，"太祖始制新科，下州郡"（张建国认为此新科颁行于建安五年左右，[1] 当时是公元200年），"申明科诏，以督其违"，有邓艾"虽违常科"的记载等。这些记载表明，魏国不但创制了"科"，并且其"科"还得到了严格施行。在蜀国，诸葛亮的著作中有"科令上第二十、科令下第二十一"合二卷，"（简雍）后迁昭文将军，与诸葛亮、法正、刘巴、李严共造蜀科"等，这些记载表明，蜀国可能没有颁行过"律"，但确实颁行过"科"，而且其条文数量可能比较多（仅诸葛亮的著作中收录的两篇科令的字数估计在一万字左右）。在吴国，

---

[1] 张建国. "科"的变迁及其历史作用 [J]. 北京大学学报（哲学社会科学版），1987，(03)：123.

"令有司尽写科条""爱身重命不犯科法""表定科令""宜定科文，示以大辟"等记载表明，吴国很可能也颁行过"科"。其次，从魏律的创立过程来看，"科"曾经部分地起着"律"的作用，且或有优先于"律"的地位，所以有"科律""科诏""作奸犯科"之类的记载。在魏国颁新律时，是"与议郎庾嶷、荀诜等定科令，作新律十八篇"，即魏律是在"科令"的基础上制定的，或者说正是"定科令"的结果，而不是单纯对汉律的刊定，这至少说明魏国有"科令"。而《晋书》的记载是魏帝"命司空陈群、散骑常侍刘邵、给事黄门侍郎韩逊、议郎庾嶷、中郎黄休、荀诜等删约旧科，傍采汉律，定为魏法，制新律十八篇，州郡令四十五篇，尚书官令、军中令，合百八十余篇"，即当时是以"旧科"为主且兼采"汉律"才完成魏国的律、令的编制的，这说明，不但魏国有"科"，而且"科"还很显要，魏国的旧科在法律效力上明显优先于汉律。再次，魏国确有"科"文留存于今。如"今追赐整、像爵关中侯，各除士名，使子袭爵，如部曲将死事科""时科禁酒""今科制，自公列侯以下，位从大将军以上，皆得服绫锦、罗绮、纨素、金银饰镂之物，自是以下，杂彩之服，通于贱人，虽上下等级，各示有差"（此条言语出于司马懿任太傅之时，即魏律制定之后，未知魏律制定之前是否已存在此科制）等，这些"科"条明显并不是"律"的条文，而是"科"的条文。从这些记载来看，"科"与律的性质与地位是相当的，"科"文的规定是有赏有罚的，并不单纯是罚，且还有事制，例如上述关于舆服制度的科制规定。不过，"科"字的用法也有另一种可能：三国时是"科"外有"科"，即除了集中颁行的《科》书，还有汉旧律令中"科条"。另外，从"盗律有受所监受财枉法，杂律有假借不廉，令乙有呵人受钱，科有使者验赂，其事相类，故分为请赇律"等多处类似措辞来看，"科"（即"科有使者验赂"）与众所周知的《盗律》《杂律》《令乙》等法律相提并论，足见它本身就是法律的一种名称。魏国的新"科"及蜀国的"科令"或"蜀科"中的科条理当全是用于定刑罚的而不是单纯事制方面的，至少在魏国很可能是如此，"所下新科，皆以明罚敕法，齐一大化"即是此意。即，三国时期不但有"科"条和"科"条施行的记载，还有"科"书的颁布记载。

因此，三国时期存在《科》这种全新的法律样式是完全可以肯定的。

3. 三国时期，"科"是非常重要的法律形式

不仅如此，三国的"科"还对后世产生了影响。《唐六典·卷六》注"晋贾充等撰律令，兼删定当时制诏之条为故事三十卷，与律令并行。梁易故事为梁科三十卷，蔡法度所删定。陈依梁。后魏以格代，朴于麟趾殿删定名为麟趾格。北齐因魏立格，撰权格，与律令并行"。当然，梁、陈的《科》书所载的是

155

对"制诏之条"的删定，与三国的"科"书已有所不同。

那么，到了三国时期，为什么出现了"科"这一法律形式呢？或者说，三国前期的魏蜀吴三国为什么没有承汉制而各自颁行新律令，却对"科"格外青睐呢？

（1）三国不各自颁行新律令的原因

三国为何不各自颁行新律令的问题，已有一些学者加以研究，又有一些历史记载可资考证，现略做说明如下。

其一，在前期，三国皆是汉朝的藩国，这妨碍了各自颁行新律令的计划，而在三国中后期，魏国已称帝则消除了颁行新律令的障碍，但蜀国与吴国仍有各种疑虑使其难以在立法上有大的作为。关于魏国立科，从"魏武帝亦难以藩国改汉朝之制，遂寝不行。于是乃定甲子科"来看，当时魏国自认为仅是"藩国"，从而不适于改动汉朝旧制，汉律令只能继续施行。在蜀国看来，自始至终都存在颁行新律令的障碍，因为蜀国在称帝前自称是汉朝的属国，而在称帝后国号仍是"汉"，刘备称帝后即"立宗庙，祫祭高皇帝以下"，意欲承汉祚，则当然不会擅改"高皇帝"旧制。吴国在三国中则处于最不利的地位，因为汉献帝在魏国，而蜀国是汉献帝承认的皇亲，且吴国本来偏安一隅而无大志，有旧的律令及新颁的科令可用即不会对颁布新律令有特别强烈的需要。

其二，战争环境是一个重要原因。三国时期，大小战事连绵不断，"自丧乱已来，民人失所，今虽小安，然服教日浅"，连"新科"都难以实施，则制定新律令之议更是不便于轻易提起了。

其三，制定新律令其实是一个比较复杂的过程，在无充分准备的情况下是无从完成的。以西汉为例，虽然秦朝丞相"律令图书"都归了汉朝，但从汉初开始直到汉武帝时期花了一百多年才使汉朝法律达到"科条无限"即法律完备的程度。而三国总共也只有70年左右的光景，在如此短的时期中，如果不具有足够的社会安全条件、学术条件和人才条件则是很难支撑起制定新律令的活动的。

其四，汉朝律令的实施现状已令时人不满，从而会对"律"这一法律样式形成反感。例如，汉和帝时期，已是"令下而奸生，禁至而诈起。巧法析律，饰文增辞，货行于言，罪成乎手"，这会在一定程度上妨碍三国尝试颁行新律令。

其五，汉朝律令的规模庞大且内容杂乱也是妨碍各国颁行新律令的一大原因。汉律令比的规模达到了数万条之多，则对旧律令的整理是一个大型工程，并非一时轻易所可能完成的。比如，"法令决事，轻重不齐，或一事殊法，同罪异论,奸吏得因缘为市,所欲活则出生议,所欲陷则与死比,是为刑开二门""时司徒辞讼,久者数十年,事类涽错,易为轻重,不良吏得生因缘",旧律令过于复杂也会让人生畏。

而且,三国之各国的情况各有所不同,且各国在各时期的情况还在变化,大规模立法的困难是很大的。当然也会有其他一些原因,比如,魏武帝曹操本人即"嫌汉律太重,故令依律论者听得科半,使从半减也",这些情况会致使三国时期各国对"律"有所冷落。这就导致,除魏国在后期颁布过开创性的律书外,其他两国始终没有颁行或刊定过新律,而都以科令为主要法源。

(2)"科"的形成原因

为何三国时期就出现了"科"这一新的法律样式?现分述其原因如下:

其一,当时社会中下层人士的观念再次对国政产生重要影响。把律、令、比中有关科罪的条文称作"科条"是由来已久的事,秦汉以来都有这一倾向,并且这一观念越来越重,比如上引《三国志》中对"科"的记载约有21条,而对"律"的记载则仅约有11条。三国时的各国帝王将相大多来自社会的中下层,那些人原本就习惯把载有处罚内容的法条称作"科条",则在不便于刊定新"律"的情况下,把旧律令以外的新定"科条"及其合集叫作"科"就是水到渠成的事。

其二,虽然秦汉以来,人们对律令中的各种条文(无论是赏、罚或事制)可能都叫作"科条",但人们对"科条"的关注焦点明显是在处罚规则方面。"绳以法""明罚勒法,齐一大化""齐以科禁"等记载都明显是指向处罚规则,曹操所主持制定的"新科"可能就是一部处罚规则的合集。而"甲子科"则提到"犯钦左右趾者易以木械""令依律论者,听得科半"等语,则无论"甲子科"是否是"科"书,"甲子科"都可能全是处罚规则。

虽然也有人认为魏科也包括一些奖赏规则,但目前看来,其理由并不充分。这一主张也与律的发展的趋势相冲突,因为秦汉的各种律令都是事制规则与处罚规则合编的,且是处罚规则与奖赏规则合编的。从法律通史来看,只有事制规则与奖赏规则从律中分离出来,律中只保留处罚规则,集中统一的《律》书才可能出现。魏律是秦汉律与晋唐律之间的分水岭,而魏科对魏律的产生有主要的推动作用,因为正是通过"定科令"才使魏律(即,新"律十八篇")得以有机会形成。如此看来,魏科最可能全是处罚规则,至少其中所包括的事制规则与奖赏规则极少或极简,近似于无,如此判断才合乎法律发展的过程逻辑。当然,也需要考虑,由于汉律本是包括处罚规则与奖赏规则的。比如,汉《二年律令》,其中有《赐律》和关于购赏的律条,则这一传统也可能向下延续,进而使得三国的科中也可能带有奖赏规则，但由于三国时已不同于西汉初（西汉初的君臣对秦律没有多少研究与准备，只能承"秦制"，且也没有其他的更好的选择。但，经过两汉四百年的对律令的研习与运用，至少到东汉后期与三国时期，人们对律令有了新的认识，再加上旧政权的瓦解，使得律令编制的立法变革成为可能），三国科中即使有奖赏规则，也极为有限而可以忽略不计，即，"科"中理当主要是处罚规则。

　　三国为多战时代，赏罚并用是极重要的，奖赏规则当然也是必需的，但基于实用和解决实际问题的考虑，处罚规则与奖赏规则理当是分开编制与发布的。即，处罚规则多集中于科，而奖赏规则与事制规则多集中于令，这从史料中可以得到证实。《三国志》所说的"定科令"和《晋书》所说的"删约旧科，傍采汉律"以成魏律，都说明专门的刑书魏律主要是源于魏科，"科"无疑主要是处罚规则，而与魏律同时颁行的"州郡令四十五篇，尚书官令、军中令合百八十余篇"则当然主要是详尽的事制规则，其中也会有一些赏罚规则（特别是"军中令"）。再如，《唐六典·卷五》引"魏《甲辰令》、晋《官品令》、梁《官品令》，辅国将军并第三品"说明魏令中有官制，则当然是事制规则。又如《太平御览·卷二百九十六》引"魏武《军令》曰：兵欲作阵对敌，当先整伍，乃引兵就长而阵皆无喧哗，明听鼓音、旗旛，麾前则前，麾后则后，麾左则左，麾右则右，不闻令而擅前后左右者斩。伍中有不进者，伍长杀之，伍长不进什长杀之，什长不进，部下杀之。督战部曲将拔刃在后，察违令不进者斩之。一部受敌，余部有不进救者，斩之"则是军法类的事制规则，其中虽有处罚规定但与普通的刑罚规则有明显不同。而且，在东汉后期"叔孙宣、郭令卿、马融、郑玄诸儒章句十有余家"所作的汉律章句可能全是关于"断罪"的条文（即处罚规则）。正是由于当时的人们对律的"科条"的关注焦点在处罚规则方面，则三国时各国把新定的载有处罚规则的"科条"的结集叫作"科"是从观念（把记载处罚规则的律令条文叫作科条）到观念（把记载科条的文书名叫作《科》）的比较平滑的思维演进过程。

　　其三，汉律令的简化需要。汉法的规模极大，仅刑法方面，到东汉后期时"凡断罪所当由用者，合二万六千二百七十二条，七百七十三万二千二百余言"，律文如此之烦琐。这也就是说，汉律有严重的使用不便问题，而且还有新旧不一、轻重不一、体例不一等问题，这给了奸吏舞弊的机会而导致裁判不公，从而，三国时期各国面临着紧迫的简化法条且统一处罚标准的立法任务。既然不便于刊定律令（权力上的名不正、时间上的不充足及刊定新律令在策略上的无准备），则可以求其次而在旧的律令之外对科条进行简化，即在旧的汉律令之外另行造写科条，并结集成书以便于施行，其文书名即为"科"。在现实上，三国的"科"确实在某一方面的意义上正是刊定新律令的非常重要的准备与过渡。随着魏律的颁行，"科"即将逐步退出历史，而中国古代"律"的发展的转折点并不是三国的科而是魏律（当然更不是唐律）。可见，魏科是制颁魏律的非常关键的准备与尝试，汉律令的简化是通过"科"而得以实现的。

其四，汉朝皇帝尚在位，不便于颁律。三国是天下三分，并不是完整的代汉而立，从而，完整意义上的能取代汉律令的天下一统律令的制定条件并不完全成熟，蜀、吴二国在称帝前后都没有刊行新律的计划，魏国在称帝前同样没有这样的计划，而在称帝后过了几年才在魏科的基础上而不是直接在汉律令基础上（仅是"傍采汉律"）制定了较之汉律令更为简化、明晰的魏律令（即"制新律十八篇，州郡令四十五篇，尚书官令、军中令合百八十余篇"）。三国时的法律是如此状况，很明显是与汉朝的终结不够彻底相关的。汉献帝迁都许昌是在公元196年，其后的历史是：虽然三国鼎立早就完成，但汉献帝直到公元220年才禅让帝位于魏国的曹丕，蜀国并不承认这一禅让并于次年称帝而国号仍为汉，这表明蜀汉有继汉室之祚之意，刘备的谥号即是汉昭烈帝，而吴国与蜀国相对势弱以致常处于被迫联合以抗魏或向魏称臣的境地，吴国迟至公元229年才称帝（大约正是在此年前，魏律颁行），也表明吴国没有魏蜀那样的政治优势从而总是处事谨慎，而获封山阳公的汉献帝薨于公元234年（当年蜀汉丞相诸葛亮病死），至此，汉朝皇帝对三国的影响才算完结。但此时的三国都在发生重大变化，魏国权力逐步落入司马氏家族，蜀、吴二国都丧失进取精神而只求自保，公元263年魏灭蜀即意味着三国时代的初步结束。

从三国的短短几十年历史来看，汉朝皇帝虽然先是只空有皇位，其后连皇位也丢了，但对三国前期立法形势的影响却始终是很明显的。首先是曹操"难以藩国改汉朝之制"。其次是刘备自称汉室后裔则不会擅改祖宗之制，孙吴则受到魏蜀的极深影响而更不会在立法上有大的作为。其后，汉献帝禅让帝位于曹魏，从而使得魏国颁行新律也就名正言顺了，蜀汉始终坚称自己是承汉室之祚，这对蜀国的立法能力是一个强大的束缚，制颁新律几乎是不可行的。再次是孙吴虽然没有多少政治上的顾虑，但由于其本身处于政治上的不利地位，国力与内政又不够强健，时而要向魏国上表称臣，时而又发生内乱，这使得吴国同样难以在立法上有建树。可见，在三国时期，汉朝皇帝对律的颁行确实产生了重大影响：汉献帝在位时，三国都只能算是或自称是藩国，从而各国在名义上都无权颁行新律，汉献帝逊位后，也仅仅使魏国取得了颁行新律的底气和名义上的正统权力，蜀、吴二国处于政治上更不利的地位，这就抑制了其采取主动立法行动的动机。正是这一历史背景催生了"科"的出现。

其五，三国之时，律的作用和权威下降，而现实又需要一种能起到律的作用的法律样式，这使"科"应时而生。在曹魏，对汉律的态度是很明确的，那就是加以排斥，其表现有二，一是"嫌汉律太重，故令依律论者，听得科半，使从半减也"，二是"昔魏武帝建安中，已曾表上。汉朝依古为制，事与古异，不皆施行，施行者著在魏科，大晋采以著令"，① 大致是在无魏科时依科与汉律之半，有魏科时则纯依魏科而不再依汉律论罪。蜀、吴二国之立国远较曹魏为晚，其科很可能颁于魏科之后。曹魏政权至少在建安元年（公元196年）已较为稳固，魏科当颁行于其后。而蜀主刘备于公元214年才占领成都，蜀科当立于其后，因为参与其事的原益州牧刘璋的部将李严是在公元213年才投降刘备，并且只有完全占领益州后才因治理需要而立科。孙吴政权到公元208年赤壁之战后才稳定下来，吴科的确立当在公元211年定都建业之后，则，蜀、吴二国之科一方面是自身的社会治理之所需而依汉末以来的社会风气而创立，另一方面更可能是在魏科的带动下被动创立的。在"科"的创立上，魏、吴、蜀三国其实是面临着共同的东汉末年以来的社会文化环境，这是三国不约而同地创立"科"并把科作为本国最主要的法律样式对待的主要原因，只不过，可能是魏国开立"科"风气之先。除魏国后来颁行新律以取代魏科外，吴、蜀二国始终把科当成最主要的法律样式对待，这都说明各国对"科"有难以割舍的现实需要。即，在曹魏立科的影响下，蜀、吴二国也立科以作应对，一时之间，科成了三国时期的首要法律形式。

其六，科条的编撰和颁布时机已经成熟。早在秦汉时期，在律令的实用阶段和市民阶层已把律令中的用于科罚（也可能包括购赏）的条文叫作科条，后来，还有把决事比中的事例也叫作科条的倾向。但在秦汉时期，"科条"也仅是法令在实用阶段中的一种比较通俗的叫法而已，并没有及于立法阶段，在立法和法令中并无名义上或正式名称意义上的"科"，此期的"科"仅是一种观念。不过，随着社会变迁，"科条"观念的影响在扩大，一个重要的标志是东汉后期的诸多名儒（"叔孙宣、郭令卿、马融、郑玄诸儒章句十有余家"）皆在收集整理、注解用于"断罪②"的律、令、比的条文。这说明，人们对用于断罪的科条的关注已不是个别现象或仅限社会中下层人士，而是成了重要的公共文化

---

① 杜佑. 通典：卷九十三 [M]. 北京：中华书局，1988：2529.
② 当然，由于这里的"断罪"一词是出于儒生之口，则它当然并不等同于刑法。因为秦法时期的法令都是单行法令，每一法令内也就都会有"断罪"规定以确保法令的效力保障，则所有的法令都与"断罪"有关，从而都会成为汉儒的收集整理对象。

现象，并且说明学术层面的科条编纂已经开始，此时所差的一步就是官府在立法层面的科条编纂了，那么，科条观念在遇到合适的历史条件时也就能产生更多的后果。

在东汉后期，随着汉朝廷的衰落，社会中的上层人士及其保守观点逐步失势，而社会中下层人士及其改革观点逐步得势，法律改革的时机逐渐成熟，旧有的对科条的学术汇编活动得以有机会体现在国家的立法活动中以解决现实的法律困境（比如官吏的舞弊、判罚轻重不一等问题）。到三国时期，这样的条件完全具备了，学术性的准备是在东汉后期就进行的诸多编辑尝试，而魏、蜀、吴三国的统治层都来自社会的中下层而深谙世情并且较为务实，于是，各国也就有机会与能力把诸多散见的可用科条集中编制为图书且颁布为国家法令并命其名为"科"（至少，不可名之为"律"，因为汉旧律仍然有效）。

三国时期出现"科"这一法令样式的原因大致如上述。当然，出现了科，且科还一时居于三国法律体系的首要地位理当有其复杂的文化、政治等社会因素和心理、性格等个人因素，在此不再一一分析。

（3）三国"科"的颁行时间

大量的史料表明，法令样式意义上的"科"在三国时期是真实地出现了。则各国的科的创立时间先后也就是一个值得关注的问题，到底是哪一国最先颁行《科》的呢？对此问题，已有一些学者进行了一些研究。例如，张建国即认为，魏科创立于曹魏初期，蜀科是在建安十九年至二十五年（公元214—220年）之间制定的，吴科颁发年代估定在吴黄武元年至吴黄武五年（公元222—226年）之间为宜。① 要解决这一问题，需要考虑如下几个因素：

其一，各国名义上的称王时间。魏国，建安二十一年"夏五月天子进公，爵为魏王"，即曹操获封魏王是公元216年。蜀国，建安二十四年"依旧典封备汉中王，拜大司马"，时在公元219年。吴国，魏国黄初二年，魏"拜权为大将军，封吴王，加九锡"，时在公元222年。从各国称王的时间上来看，魏国是最早获汉帝封为王的，其次是蜀国称王，最后是吴国获魏国封为王。由于立"科"作为一种立法活动，是必须以拥有立法权为前提的，则正式的"科"只能在称王之后进行，否则名不正言不顺，从这个意义上讲，魏国立科必是早于蜀，而蜀科之立又早于吴科。

这里还有一个特殊情况需要考虑，即汉献帝一直住在魏国，在曹操身为丞

---

① 参见张建国."科"的变迁及其历史作用［J］.北京大学学报（哲学社会科学版），1987，(03)：119-126.

律令的精神 >>>

相与魏王时,汉朝政皆委之于曹操。从而,曹操在获封为王之前即完全能以汉朝廷的名义颁行新科(而蜀、吴二国则没有这样的优势),这在史书中得到了证实。据《三国志·魏志卷十二》,"太祖始制新科"之后有一个"征还,参丞相军事"之事,而据《三国志·魏志卷一》曹操是在建安十三年"夏六月以公为丞相",这说明魏科的颁行不但是在封王前,而且可能是在曹操出任丞相前后,因为据《三国志·魏志卷十二》知在魏"制新科"前有"长广县人管承"和后有"海贼郭祖"在长广县一带作乱之事。打败"管承"是在建安十一年秋,其后长广太守何夔加以收服,而打败"郭祖"理当是在建安十三年曹操出任丞相后,那么,"太祖始制新科"的时间就在建安十二年到建安十三年之间,即公元207—公元208年之间。至于《晋书》所载魏国"定甲子科",而《三国志》中并未记载此事,由于是在"魏国建"之后,则是曹操获封魏王的公元216年之后的另一件事,而且其内容可能并不全面,可能只涉及"犯釱左右趾者易以木械"及"依律论者,听得科半"这两方面的规定,或许只有数个条文,相当于是补充或修订建安十三年前后的"新科",也可能只是科条(即律条)之类的单行法令。由此可见,魏国立"科"是很早的,并且一定是以汉朝廷的名义颁布的。

其二,各国君主对法律的重视程度。关于魏国,《三国志·魏志卷一》评"太祖运筹演谋,鞭挞宇内,览申商之法术,该韩白之奇策,官方授材,各因其器,矫情任算,不念旧恶,终能总御皇机,克成洪业者,惟其明略最优也。抑可谓非常之人,超世之杰矣",斐松之则注引《魏书》评曹操"勋劳宜赏,不吝千金。无功望施,分毫不与"。可见,曹操是非常重视立法和执法的,近世也有人称曹操为法家,则曹操首创新科也就在情理当中。关于蜀国,《三国志·蜀志卷二》评刘备"先主之弘毅宽厚,知人待士……机权干略,不逮魏武",完全没有提及刘备有重视法度的事迹,蜀汉的大规模制定法令当是在后主登基诸葛亮当权后,即"诸葛亮之为相国也,抚百姓,示仪轨,约官职,从权制,开诚心,布公道;尽忠益时者虽雠必赏,犯法怠慢者虽亲必罚,服罪输情者虽重必释,游辞巧饰者虽轻必戮,善无微而不赏,恶无纤而不贬;庶事精练,物理其本,循名责实,虚伪不齿;终于邦域之内,咸畏而爱之,刑政虽峻而无怨者,以其用心平而劝戒明也",① 可见,诸葛亮确实重法,但先主不重法,诸葛亮亦是无可奈何。关于吴国,陈寿的评语是"孙权屈身忍辱,任才尚计,有勾践之奇,英人之杰矣。故能自擅江表,成鼎峙之业。然性多嫌忌,果于杀戮,暨臻

---

① 陈寿. 三国志:卷三十五 [M]. 北京:中华书局,1999:694.

末年，弥以滋甚。至于谗说殄行，胤嗣废毙"。① 可见，吴国君主从一开始就没有把立法放在很重要的位置。经过对比，正是由于魏国的曹操本人自一开始就非常重视法律建设，从而也就能率先创立新科以开新风，而后是蜀汉的诸葛亮也很强调法律，吴国在法律建设方面可能是三国中最被动的一个。

其三，各国在政治上的比较优势。由于曹魏是"奉天子以令不臣"（《三国志·魏志卷十二》）或"挟天子以令诸侯"（《三国志·蜀志卷四》）立身，汉献帝一直处于曹魏的尊"奉"或"挟"持之下，从而，魏国在立法时完全可以汉献帝的名义进行，且后来汉帝是禅让帝位于魏国，于是魏国在法制建设方面有大展宏图的便利和政治条件而能取得大的成就。蜀国以承续汉室相标榜，这限制了其立法企图，且蜀汉在事实上并未得到汉献帝的承认，蜀国也就并无真实的政治优势；由于先主终归"不逮魏武"，后主更是不及先主，从而使蜀国在立法上无大的成就，以至于蜀国对后世的立法几无影响。吴国在政治上于三国中是最不利的，先是建安初孙策依附曹操，"曹公表策为讨逆将军，封为吴侯（注：江表传曰：建安三年，策又遣使贡方物，倍于元年所献。其年，制书转拜讨逆将军，改封吴侯）"。② 再是建安末（建安二十四年底）再次向曹操称臣，"曹公表权为骠骑将军，假节领荆州牧，封南昌侯。权遣校尉梁寓奉贡于汉"。③ 再是魏王称帝后，魏帝"今封君为吴王，使使持节太常高平侯贞，授君玺绶策书、金虎符第一至第五、左竹使符第一至第十，以大将军使持节督交州，领荆州牧"，④ 再是黄武元年"权卑辞上书，求自改厉，'若罪在难除，必不见置，当奉还土地民人，乞寄命交州，以终余年'"。⑤ 不久之后孙权称帝，吴国虽能自保，但政治中的劣势并无改观。通过如上的三国政治地位的对比可知，魏国处于政治上的最优地位，蜀国次之，吴国又次之，三国称帝的时间也大致是按照这个顺序进行的。正是由于魏国在政治上的优势地位使其敢于大刀阔斧且名正言顺地进行法律改革，并取得了开创性成就：魏科和魏律都是中国法律史上的关键发展节点。

---

① 陈寿. 三国志：卷四十七 [M]. 北京：中华书局，1999：849-850.
② 陈寿. 三国志：卷四十六 [M]. 北京：中华书局，1999：820.
③ 陈寿. 三国志：卷四十七 [M]. 北京：中华书局，1999：829.
④ 陈寿. 三国志：卷四十七 [M]. 北京：中华书局，1999：830.
⑤ 陈寿. 三国志：卷四十七 [M]. 北京：中华书局，1999：832.

通过如上的分析，足以使我们确信，蜀、吴二国的"科"极可能始于仿制魏科，① 魏国是最先创立"科"这一法律样式的。

4. 三国之中，魏国最先创立"科"这一法律样式

关于三国"科"的规模。目前，虽不能确知魏、蜀、吴三国"科"的规模和具体内容，但综合考虑以下二项即不难估定其概况：一，科在蜀、吴二国始终是首要的法律样式，它在魏国的曹操与曹丕二朝则也始终是首要的法律样式，直到魏明帝时期颁行新律令为止。"科"作为在如此长的时期内有效的重要法律形式，首先，它在内容上必须是完整、详尽的，才能满足现实生活中的各种社会治理需要，其次，它在规模上必须是足够大的，虽不必一定要有上万条，但也不会只有区区的几十条那么少，其规模当在数百条至上千条左右，至少实务中常用的科条都会有。二，"科"在三国时期成一时之盛事，其后虽然不再有魏科意义上的科，但"科"之名却影响很大，因为南朝的梁、陈都有《科》（其内容可能不同于三国时的科）。"梁令三十卷。梁科三十卷……陈令三十卷。陈科三十卷……晋初，贾充杜预删而定之，有律、有令、有故事。梁时，又取故事之宜于时者，为梁科"（《隋书·经籍志二》），而作为法令载体的"故事"始于晋，《隋书·经籍志二》和《旧唐书·经籍志上》《新唐书·艺文志第四十八》都载"晋故事四十三卷"，"晋故事"所载的是"朝仪……刑政"（《晋书·列传第五·裴秀》）、"常事品式章程"（《晋书·刑法志第二十》）、"当时制诏之条"（《唐六典·卷六》"凡格二十有四篇"注），"晋故事"经"科"后来发展成"格"。从魏之后世的故事、科与格的规模大致可想见三国的科的规模，即魏科当有数十卷或数十篇。或者从魏律十八篇的规模也可以想见三国科（以魏科为代表）的规模当在十几篇左右。三国的"科"理当都是成系统的且是编纂成书的，其有数十篇约数百条或数千条的规模是很可能的。

关于三国"科"的性质。既然魏科等三国科有较大的规模与体量，则三国"科"的性质是什么？张建国认为三国的科（包括魏科、蜀科、吴科）是"临时法典"，并说"魏之初霸，术兼名法，这种以科为其形式以曹魏法治为内涵的新法律，使曹氏集团由弱到强，所向披靡，成为后来鼎立之局中最强的一支，如何可以说极重法术的曹魏会靠完全承袭那些杂乱不堪言繁览难的汉法，而能

---

① 有学者认为，"曹魏的制科在横向上也产生重大影响，不久即为吴蜀政权所争相效法，蜀科和吴科的出现，使这种临时法规成为取代汉律治理两国的主要法律形式。"参见张建国．"科"的变迁及其历史作用［J］．北京大学学报（哲学社会科学版），1987，(03)：125.

取得如此显赫和与众不同的治绩呢？故可断言，科的制定本身就是对汉律进行重大改革的关键一步，亦直接为魏晋修订正式法典开辟了道路。"[1] 张先生所言很有道理。但三国科是"临时"法典之说却很难成立。首先，史书中并无记载三国把"科"当成临时法或临时措施的文字，曹操、刘备、孙权三人是三国时的雄主，但都把"科"看得比律更重，且他们都没有要用律或其他的法律样式把"科"替换掉的意思。立国者的观点对本国总会有深远的影响，并能表明三国对"科"的定性，那就是：三国都意图把"科"当作本国的基本法律。其次，包括魏科在内的三国科都施行了很久，并非作一时权宜之用。蜀、吴二国的"科"始终是基本法律。而魏明帝下令改定律令，也并不是因为魏科是临时的法律，而是因为旧科令有"律文烦广，事比众多，离本依末"的问题。再次，三国时的律、科是并存的，不是哪一个是临时哪一个是正式的区别问题，只有主次之分。三国并没有正式或明确地废除汉律，实际上汉律也一直在某种程度上有效，只是其效力低于"科"，且"科"还可以对汉律作出修正。由于"科"是魏蜀吴三国自己制定的新法律，而律则是汉朝的旧法律，各国当然会把"科"当作本国的基本的、首要的法律，而旧律则处于补充或援用的次要地位。如此看来，"科"在一开始就是被三国作为正式的、基本的法律来对待的，蜀、吴二国一直把它当作首要法律，而魏国自魏明帝后则以新颁行的律令取代"科"及汉律令而居于首要地位，其实也正是因为以前的"科"是居于首要地位才需要以新律去取代它。

5. 在三国时期，"科"是各国正式的、首要的法律

三国时期的"科"成了各国的正式的首要法律，这是自秦孝公三年（公元前359年）律令首次颁行以来五百多年间的第一次重大的立法变化，是什么促成了这一变化呢？对这个问题，如上在分析"科"的产生原因时已有所涉及。整体而言，促成这一立法变化的社会动力主要是：

其一，在这个时期，基于实用要求，人们不再满足于法的内容完善，而是要求法的形式也须是完善的。

秦朝自秦孝公以来的法律与国策是一贯的、统一的、完善的，真正做到了"诸产得宜，皆有法式"（《史记》所载泰山刻辞），但这种完善主要是法的内容方面的。由于都只是单行法令，则秦法的外在存在形式难以说也是完善、完美的。秦制是以律、令为主体，再辅以其他法律样式，秦律令完全不同于唐宋时

---

[1] 张建国. "科"的变迁及其历史作用 [J]. 北京大学学报（哲学社会科学版），1987，(03)：125.

律令的精神　>>>

的律令，秦朝时律、令无别且是名目繁多的单行法令，律中有处罚规则也有大量的事制规则，而令中有事制规则也有处罚规则。秦律、令的主要区别可能就是篇幅的大小及稳定性，令大多是国君因一时、一人、一事而发布则必然篇幅短小，律则多用来解决一类社会问题则必然篇幅较长，由于同一类事务可能有多个法令来处理，则秦法只是内容上成体系而没有形式上的体系。从而，秦律令整体即是秦国法律或秦制（或秦法）的整体，秦律可以是秦国法律体系的同义语而不能等同于后世的刑律或刑法，秦法在形式上的不足意味着将来进行法律改革的可能。从秦孝公到秦始皇，秦律令的刊定一直在进行中，但秦律令的系统编纂、分类编纂则没有进行过，事制规则、奖赏规则、处罚规则可能共存于某一个法令中而没有分开、分类编纂。同时，早期的秦律令可能是有分类编纂倾向的，即一个法令只处理一个或一类公共事务，但随着法律规则的增多及一些交叉事务的存在，这使得分类颁布法令的倾向逐步淡化，形同无严格的分类。承秦制的汉律令当然也有这样的问题。并且，出土文献中的大量律令名称也表明，秦汉律令并没有经历过系统的、有目标的分类编纂。故，秦制的发达与完善并不是体现在编纂体例上（形式方面），而是体现在法律规则的齐备、精密方面，即内容方面。

两汉历时四百年，而汉家制度大多源自秦律，"汉承秦制"可以从传世文献和出土文献得到双重证实，秦律令与汉律令是一脉相承的，二者并无重大区别。汉初即"草创之初，大臣无学，方用秦吏治秦律令图书""申用秦律"，西汉初沿袭秦制而确立的汉制基本上通行两汉四百年。至东汉后期，"律"的神圣和神秘光环渐渐褪去，人们直面各种现实需要和现实问题，有越来越多的学者对法律的现状感到不满，于是亲自动手编辑整理法令，其中尤以对科罪条款的学术整理最兴盛，经统计汉律令有两万多个科罚条文，法条须按性质和类别编纂已是社会共识，这就为下一步的法律发展准备了必要的实践和理论指引。

其二，主导这场变化的曹操一族是一个非常重视法制建设、了解民情且务实的群体。三国都面临着生存压力，但魏国处于一个特殊的地位，由于魏国在一开始就非常注重法制建设，因此魏国的军政实力始终强大。魏国重视使自身居于正统地位的途径，这就导致魏国的生存压力是虚的，而蜀、吴二国的生存压力是实的，这是魏国重视法律带来的利好。由于魏国有这样重视法律的传统与推动法律变革的内生动力，曹操的主持立"科"和魏明帝的颁行新律都是出于自身的发展和施政实用之所需而为，这些举措虽然是全新的，古人从来没有这样做过，但这并不是对秦汉传统法律的破坏或倒退，而是顺应时势的发展与进步，它首次满足了时代对法律形式的要求，这才使它有能力对后世产生深远影响。有现实需要且又有有力的现实推动者，于是，法律变革完成，历史就这样发生了。

6. 三国时期的科体现了顺应时势、满足现实需要的法律改良和进步

三国时期，旧法律（即汉朝的律、令、比等）并没有被明令废除，相反，虽然各国都把"科"置于最重要的地位，但汉律仍可被援用，仍部分有效。曹操在定"甲子科"时，即明令"依律论者，听得科半"，也就是说，在科没有涉及的场合即援用汉律，且援用汉律时要减半量刑。这说明，汉律仍部分有效，只是已处于次要地位。律的地位发生变化，主要原因不应是政权更迭，而是现实需要导致的变迁，这是法律变革的前奏。律令在秦形成后已有内容上的体系，汉初仅是对秦律令略作刊定就作为汉法颁行，其后又对汉律令不断进行增、改、删，从而使得汉律令规模庞大、内容庞杂、体例不一，这造成法律适用的困难与不便，且有些条文存在相互冲突、新旧不一等立法问题，这进而造成奸吏乘便、社会不公等执法问题。由于东汉末及三国初的各种现实法律问题凸显，有志之士对此痛心疾首，从而使得轻高谈、崇实务的文化风气逐步占了上风，这才迎来了法律改革的契机。

其实，东汉时期的多次法律改革提议大都搁浅了。例如，汉和帝时期的陈宠所提出的"宜令三公、廷尉平定律令，应经合义者，可使大辟二百，而耐罪、赎罪二千八百，并为三千，悉删除其余令"即因其他原因未得施行。不过，陈宠之子陈忠"奏上二十三条，为决事比，以省请谳之敝。又上除蚕室刑；解臧吏三世禁锢；狂易杀人，得减重论；母子兄弟相代死，听，赦所代者"等小幅改革建议则"事皆施行"。又如，建安初的应劭虽然有"辄撰具律本章句、尚书旧事、廷尉板令、决事比例、司徒都目、五曹诏书及春秋断狱凡二百五十篇。蠲去复，重为之节文。又集驳议三十篇，以类相从，凡八十二事"等诸多个人努力，但其结果仅是"献帝善之"，基于当时的时势，这些努力对立法并无影响，朝廷并没有采纳相关主张。汉朝因循既久，来自社会中下层的法律改革声音很难得到朝廷的重视和采纳，汉法已难于由朝廷主动革新。但，由于自董卓之乱、汉庭西迁和东迁等诸多事件导致汉朝廷的没落和失势，阻碍法制革新的权力基础得以基本消除。代汉而起的三国新贵都来自社会的中下层，他们熟知民情、政情，从而能适时地将那些利国利民的改革要求付诸实验或实施。事实是三国之魏国走在法律改革的前列，因此之故，曹魏时期成为中国法律发展史上的一个重要时间节点。汉代的法律以"承秦制"为主，革新的成分较少，主要是因循，从而，革新法律的历史任务就留给了汉朝之后的朝代，紧接东汉的三国就首当其冲地承担了此历史使命。

三国的"科"是顺应法律变革的现实需要而出现的，体现了法律的改良和一定程度的进步。秦代的法律发达是内容上的周全与完善，但在载体形式与编排体例上则可能不是同样地周全与完善，至少在汉魏时期的文人们看来汉法的体例是不尽完善的，从而留下了较大的进步与发展空间。

秦汉时期法律的主要特征就是事制规则与赏罚规则没有进行适度分离，外在的表现就是律、令的名目繁多，以致看起来法律规模过大而不便于学习和执行。且由于法律没有集中编排而导致法律一定程度的杂乱无章和相互冲突，这给了官吏徇私舞弊的机会。这种情况在秦代时或许还没有凸现出来，但随着时间的推移，到东汉后期时这些问题越来越明显和严重，已到了非革新不可的地步，但实际上并没有进行法律革新。不过，到了三国时期，曹魏基于现实需要而率先进行了法律改革，颁布了名称为"科"的法律（即《科》），从而部分解决了前朝所面临的法律难题，也部分实现了革新法律的时代要求。《科》的出现是法律的改良和进步，它因部分解决了前朝所遗留或没能解决的问题而使法律在形式方面也走向完善。

7. 三国的"科"是处罚规则的集合

虽然仅从字面上看，三国时的"科"可能就是指普通的旧律条，从而可以包括任何类型的规则，事制规则与处罚规则可能都在其中。但细加分析，事实不可能如此。

首先，"科条"意义上的"科"与《科》书意义上的"科"是不同的。前者意义上的"科"在秦汉时期即存在，也就是法条或律条的同义语，而由于秦汉时期律令不分，则此种意义上的"科"当然包括任何类型的法律规则，事制规则与赏罚规则皆属科条。虽然历史上曾流传着秦律六篇、汉律九章的说法，但由于同时也存在其他的说法，比如，汉朝"律令凡三百五十九章"、汉律"合六十篇"等，且出土秦汉简牍表明秦汉律令篇章颇多，从而，"科条"意义上的"科"也就包括了各种社会规则而不会仅是处罚规则，这使秦汉律令都很分散，也没有编纂成书。但三国的"科"之特殊在于它是《科》书意义上的"科"，也就是编纂成书的"科"，而不再仅是律条的别称。历史在演进，虽然各种书籍仍一如既往地使用"科"字，且由于古代极少使用标点符号，从字面上看似乎是一成不变，但"科"的实物和实质正在悄悄发生变化，从而不能因秦汉时期的科条状况而断定三国时的"科"仍然是包括各种社会规则的大杂烩。

其次，从目前所见的关于三国"科"的记载来看，《科》书意义上的"科"都主要与处罚规则相关联。从魏"太祖始制新科，下州郡"的记载中的"绳以法""以明罚勅法齐一大化""齐以科禁""不得不诛"等语词来看，此次颁行的"新科"极可能全部是处罚规则,不再包括详尽的事制规则和奖赏规则。从魏"定甲子科"记载中的"犯钦左右趾者易以木械""听得科半"等语词来看,此次颁行的"甲子科"极可能也全部是处罚规则,也不再包括详尽的事制规则和奖赏规则。关于吴国的"科"的多处记载也明显指向处罚规则,如,"科法严峻,下犯者多。顷年以来,将吏罹罪""表定科令,所以防御,甚得止奸之要""宜定科文,示以大辟"等都明显是就处罚规则而言的。另外,从"科有持质""科有登闻道辞""科有考事报谳""科有使者验赂""科有擅作修舍事""科有平庸坐赃事"等纳入魏律的记载来看,科中确实是一些处罚规则。从如上的这些史书记载可以看出,三国"科"已很不同于秦汉科条,它作为一种新的法律样式,其所承载的不再是各类规则,而仅是处罚类规则。法律规则因其类型的不同而发生了分化,"科"主要是接纳处罚规则,它体现了立法技术的变化与进步,因为经此归集而便于处罚规则的查阅和运用。

再次,在事实上,三国时的"科"(特别是魏科)起到了制定刑律的预备、尝试和过渡的作用。秦汉的律令是内容上的体系,而没有形式上的体系,即对于一类公务,其事制规则、奖赏规则、处罚规则是在一个法律文件(即一个单行法令)中集中规定的,这样的立法模式在内容上是完整的、成体系的,但却造成了法令过多、篇幅过长、使用不便等问题。为解决这些问题,就需要对法律中的这些类别不同的规则进行归类,事制规则、奖赏规则可归入《令》等法律样式中,而处罚规则则可归入《律》中,经此分化,指导人的行为的法律形式就是"令"等,而当违背"令"等法律时,就只需要依"律"加以处罚即可,违令则入于律,这可带来立法与执法的双重便利。不过,侧重内容体系的立法与侧重形式体系的立法有很大不同,不可能直接或很简单地过渡完成,于是各种准备、尝试、实验也就在所难免,三国的《科》在某种意义上就充当着这样的准备、尝试、实验角色。虽然三国各自所颁行的《科》都没有临时一用的想法,并且实际上都是作为正式的、首要的法律形式来对待的,但在事实上却起到了使处罚规则从律令中分化出来的实验和过渡作用,并且实验比较成功,过渡得也比较好。

三国《科》的颁行,一方面表明处罚规则的归集成书是势所必然,另一方面表明刑制的汇集编定是当时的现实需要,《科》就是这一必然与需要的体现。即,三国的"科"在其历史使命中只能收纳处罚规则。

另外,作为趋势,东汉后期已有诸多学者专事处罚规则的汇编,则三国《科》书的颁行理当是这一私人汇编努力的延续,而不是倒回秦汉之旧的立法模式。正是由于汉朝法律在形式体系上有各种问题,这引发了陈宠、陈忠、应劭等人的改革刑制提议。此外，还有不少人进行了实际的刑律编纂努力，即"后人生意，各为章句。叔孙宣、郭令卿、马融、郑玄诸儒章句十有余家，家数十万言。凡断罪所当由用者，合二万六千二百七十二条"，这里统计出来的两万多条都是"断罪所当由用者"，即全侧重于处罚规则，只是其中的事制规则很可能还没有简化，原文录入才导致字数多达数百万言。对处罚类科条的编纂，在东汉后期还只是私人的、学术的性质，而它正是对现实需要的响应。当三国准备颁布科令时，也必须回应现实之所需并采纳已经取得的探索成果，而不能不顾现实条件仍模仿秦汉那种只注重内容体系的立法模式，倒退与维持现状并不能解决现实问题，这也使得三国的"科"只能载入处罚规则，其他类型的法律规则只能分化出去而载入其他法律样式中，或保留在汉律令中供参考。

综合如上的理由，由于三国的"科"基本上只记载处罚规则，我们因此确认：三国的《科》，虽然在名称上是"科"，但实质上已是三国之后历朝通行的《律》书（即刑律）的祖本。

8. 三国的"科"是《科》书，是后世《律》书的祖本

三国的"科"是《科》书而不是单行法令，这是不应有疑问的，因为有相当多的依据与理由加以证实，现简析如下。

首先，作为一种法律形式总须经过国家立法并随着法令的颁行才会确立，而三国时确有国家颁行"科"的历史记载。有相当多的史料记载汉朝颁有律或律条，但由于没有任何史料表明汉朝廷颁布过"科"，故，汉朝的"科"充其量就是律令条文的别称，科条实即是律条，即两汉四百年间，"科"并不是法律样式。而在三国时期，魏、蜀、吴都有官方颁行"科"的明确记载，有魏国颁行科的记载，有蜀国颁行科的记载，也有吴国颁行科的记载，这三国颁行"科"的时间虽有先后，但确有官方颁行的史实记载。而由于三国颁"科"都只是一次或二次（其第二次颁"科"可能仅是刊改而不是新颁），也就是有一个单独的法律文件（至多有两个，第二个可能是补充或修订版），那么，三国所颁之"科"是法律典籍无疑，而不可能是单行法令，它必是大量处罚规则的合集。故，三国理应都各有《科》书。

其次，在三国，"科"是比汉旧律更重要的法律样式，而且又是以法律文件的方式呈现的，则它理当成文且成书。相比较而言，三国之中只有魏国（魏明帝时）后期有颁行律书的记载，另两国则完全没有颁行律书相关记载，这说明史书无意中是把"科"的颁行当作比律的刊定更为重大的历史事件。秦、汉二朝的律令虽没有结集成书，但每个律令都各有篇名（相当于有了松散的分类或篇章体例），这与它们并不是一次性集中颁行的立法过程有关。而在三国时期，

社会关系与法律秩序已基本定型，重要的是法律规则也已在前朝详备且还有过于细密烦琐的问题，这使得一次集中颁行所需的全部法律规则成为可能（实际上从汉朝开始，由于有秦国的立法成就，立法已不是原创性的活动，而实际上主要是刊定前朝法律），史书中关于三国立"科"次数的记载都很少，各国也就一二次，要想在一二次立法活动中为国家提供全面的法律支撑，就只能采取集结成书的方式。魏明帝在颁行魏《律》的同时也颁行了"州郡令四十五篇，尚书官令、军中令，合百八十余篇"，这些都是典籍，则可以反推，魏国及蜀国、吴国在颁行科令时也是集中以图书的形式呈现的，即，三国的"科"是《科》书。

再次，从三国之后的各朝的立法情况来看，南朝的梁、陈二朝都有《科》书，虽然它与三国的科在性质上已不同，不过，《科》之名很可能承袭自三国时的立法，即，三国时各国都颁布了经过编纂的统一《科》书，梁、陈二朝只是接续以往的历史传统而已，而有据可查的史实是南朝之前只有三国时颁有"科"。这些都说明，三国的科都必定是《科》书。

根据现有的历史资料得出这样的结论：《科》书在中国历史上首次出现的时间是三国时期，且它基本上已把事制规则与奖赏规则剥离出去，从而基本上只保留了处罚规则，并可能初步实现了条文的分门别类。这使三国"科"已与后世的《律》书相近，只是名称上不同，它是原始的法籍，从而与秦律令、汉律令只以单行法令的样式呈现有很大不同。

虽然从表面上看，"科"在中国历史上是非常孤单的一种法律样式，三国之前无《科》书，三国之后也极少有朝廷颁行有《科》书。但实际上，"科"并不孤单，因为自三国时起，中国古代法律史即由律、令不分的单行法令阶段步入律、令分立的法籍阶段。中国历史上的第一部刑律实际上正是三国的"科"，其后不久魏国即颁行了名称为"律"的刑律，名称虽不同，但其性质则是基本相同的。比较而言，律、令无别的秦律令是过去两千多年古代法律的鼻祖（从法的内容角度而言，古代两千多年中以各种形式呈现的法律的鼻祖都是秦律令或秦法），而三国的"科"则是三国之后一千多年中《律》书的祖本（这主要是就法的形式角度而言的）。

科与律之间的联系和区别是明显的。三国的科的出现，使中国过去两千多年的法律区分成秦汉单行法令体系和魏晋以来的法籍体系两个前后相接的发展阶段，三国"科"正是这两个阶段的衔接节点和演化中介，这使三国的科不同于秦律、汉律，也不同于其后的律书，但却与它们有诸多共同点，因为它们处于同一个演化序列中的不同发展阶段。秦律令进一步演化的阶段是汉律令，汉

171

承秦制是从内容到形式的全面承袭,仍然是律令不分且以单行法令为表现形式,且处罚规则、事制规则与奖赏规则合一,更没有进行系统编纂,这给法律的传播与运用带来了一些问题,于是各种法律改革建议纷纷而出,其中以东汉后期出现的律令学术汇编最为重要。三国的科正是各种处罚规则的编纂,可见三国的科是汉律令演化的一个新阶段或者说新成果。

三国的科有两大重要特色:一是侧重载入处罚规则,从而与秦汉律令有别,而与其后的刑律相近;二是对大量处罚规则实现了集中、统一地编纂,并以一部书的面目出现,它与秦汉律令名目繁多、编制较为分散的状况很不同,而与后来的律书以一部书的面目出现相近。三国的"科"所取得的这两项立法成就为其后的一千多年立法所继承,从而开启了法籍时代。秦律令、汉律令、三国的科令、魏晋以来的法籍成为中国古代法发展的主要脉络。可见,三国"科"的历史影响非常大,其重要性不可小视。

(三) 科对律令发展的影响

"科"的出现使三国时期的法律大为改观,而且,科还对其后的法律发展产生了重大影响。已有一些学者注意到科对律的影响。虽然刘笃才先生主张汉朝有科的观点有待商榷,但他对"科"的作用的界定却是值得重视的,"秦汉法律体系转换为魏晋法律体系,魏律的制定是一个转折点。它增加了律的整体性,解决了律外有律的问题,通过律令分工的方法,增加了律的专业性。这影响于后世,意义非常深远,此后,律成为专门以定罪正刑为务的法典之专称。隋律、唐律、明律、清律无不如此。这个变化是怎样发生的呢?不能不说和科有密切关系。科在这中间起了重要作用,构成了这一转变的中间环节",[①] 这其实是对汉科的评价(而事实上汉无科),如果把它挪作对三国科的评价则非常恰当。

三国的科(特别是魏国的科)对后世法律发展的影响主要是:

1. 三国的科采用了全新的立法模式

从秦孝公主持变法颁行秦律令开始到东汉末已有五百多年,其间出现了一些尚待解决的新问题,尽管总有各种改革建议出现,但由于两汉四百多年历史显示出对秦制的敬畏与盲从而没有开展任何实质性的法律改革。法律改革已势在必行,汉朝政权的瓦解正好迎来了改革的契机,魏、蜀、吴三国都先后颁行了"科",而三国"科"正好较全面地满足了东汉后期各种改革建议的要求,比如"科"只载入处罚规则、简化条文数量、编纂成书以便于寻检和使用等。"科"作为革新成果体现了全新的立法模式,这在以往是没有的,是创新。

---

① 刘笃才. 汉科考略 [J]. 法学研究, 2003, (04): 150-151.

三国的"科"，虽是作为实现法律改革要求的尝试，却是杰作，因为它满足了现实需求且体现了法律发展的趋势。把处罚规则单独集中编纂，在以往确实有东汉学者从学术角度尝试过，这表明在立法上对处罚规则进行集中编纂是可行的，但却没有官府进行立法上的尝试。三国，尤其是魏国，颁布了《科》书，这就使得在立法上对处罚规则进行集中编纂成为现实，并且这种立法在法的执行上也较好地满足了现实需要，从而，这种立法对后世立法就有了鲜明的示范意义，包括魏国自身在内的历朝历代在立法时并没有重返秦汉之旧的立法模式，而是坚持了这一革新。处罚规则单独集中编纂，这是新的立法模式的内涵之一。

正是由于"科"把处罚规则从传统旧"律"中剥离出来，"律"也就不可能继续如同秦汉时期那样存在，这才引起法律编制事业的兴盛。秦汉时期的官府有颁行律令及修订律令的活动，但编纂律令的活动则没有进行。由于处罚规则已单独编制成书（即《科》书），则旧律中的事制规则、奖赏规则也就有必要另行单独编制成书，它们的性质与功用也是专门的，则只能分别单独编纂，从而导致对秦汉立法模式（只重视法的内容体系而不注重法的形式体系，且全部都是单行法令）形成巨大冲击。注重法的形式体系的传统正是自"科"出现后才开始的。"科"虽然只是对旧法的内容的再整理、再编排，但其意义却不小，虽然把事制规则与处罚规则分离开来也会导致一些问题，但毕竟解决了更大的现实问题，且事制规则已经推行了五百多年，则这一分离并不会导致严重的问题，从而，"科"的出现不但是重要的，而且也是恰逢其时，它超越了律令不分的体系，而代之以律令分立的体系。律、令分别编纂成书，这是新的立法模式的内涵之二。

2. 三国的科为《律》书的编制创造了条件

三国时的人们不可能不知道秦汉时期律令的状况，因为在魏律颁行之前，汉律并没有完全失效。如果在科颁行之前刊定律令，则其立法模式仍只会是律令不分的旧立法模式，那是一套成熟的立法模式且已通行五百多年了，从而，如果不是基于确定可信且必要的原因，则这样的立法模式理当延续下去。而三国"科"的出现改变了这一旧态势。

三国"科"的出现验证了采用另一种全新的立法模式的可能。学术上的或观念上的主张是容易提出且容易验证的，而在立法上进行实验并得到证实则困难得多，因为有众多现实上的障碍要克服。虽然东汉已有不少学者主张重新刊定旧律令，但因种种原因而未能实际尝试。比如，陈宠依礼经和纬书而主张"可使大辟二百，而耐罪、赎罪二千八百，并为三千，悉删除其余令，与礼相应"，也就是删去"溢于甫刑者千九百八十九"，其主张似乎很有吸引力，但其

173

律令的精神 >>>

理由则荒诞不经，其后不了了之，此时还是在东汉前期。东汉后期有诸儒对律、令、比中的处罚规则进行了全面的统计，得知断罪的法条有26272条（只是着眼于处罚规则，实际上只会是统计全部律令条文）。全面统计本是刊定律条的必要准备，但这同样没有在立法上得到实现，立法上是否可行仍不得而知，至少现实中存在诸多障碍。到了三国时期，情势发生了重大变化，首先是刊改汉律存在障碍，其次是单独颁行"科"变得简便易行，并且在"科"的施行上也没有遇到大的困难，这表明在立法上单独集中编制处罚规则是可行的。正是由于得到了验证，其后的立法即不需要进行尝试而可以直接进行编制。

三国"科"的出现验证了采用另一种全新的立法模式的必要。三国各各立"科"或许各有原因与目的，但也同时表明如此立法有其紧迫的必要。三国鼎立之初，天下大乱，各个诸侯国都有在自己的辖区内实现社会安定和富强的紧迫任务，而在大张旗鼓地展开法律改革并不可行的情况下，各国采取务实的策略解决现实问题就成了决策的首选。三国时的各种立法都是响应现实需要而生，虚假无用、伪饰的部分也就无从出现，而以"科"为代表的这些务实立法正好解决了各种现实问题，特别是魏国经过完善法律而迅速强大起来，这是有实证意义的。以编纂的处罚规则为主体的"科"即是为满足现实需要而出现的，处罚规则经过简化、集中而变得更易于宣传与执行，它作为人们长期以来的追求一旦得到了立法上的确认，即不可抗拒，这正显示出法律改革的必要。

虽然，三国的处罚规则合编都名为"科"，而不名为律，但随着"科"的颁行，汉律令的旧立法模式已经被打破。在新的立法模式面前，能继承"律"的名称的只能是"科"，这一过程其实就是先从汉律中分化出《科》（汉律的其他部分采用律、科以外的其他名称），其后再把《科》改编为《律》。汉律与魏《律》虽同名为"律"，但二者在外观上已明显不同，一为众多的单行法令，一为单独一部典籍。魏明帝把所编处罚规则的合集定名为《律》，而把事制规则的合集定名为《某令》，其实是没有选择的选择。三国《科》书在性质上与后世的《律》书是相同的，它的出现迫使旧法律体系必须被全面革新，《科》书如同是第一张被推倒的多米诺骨牌而对法律的发展产生了一系列的连锁反应，它使《律》书的颁行成为必然（《科》书本身在性质上就是刑律，仅仅在名称上还不是"律"而已）。

(四) 魏国《律》①《州郡令》等法籍的出现

将处罚规则集中编纂为《律》书并将事制规则编纂为三部《令》书是中国法律发展史上的一件大事，值得我们深入研究。

由于《律》书首次颁行于三国时魏国的魏明帝朝，三国并立是《律》书首次颁行的时代背景，为分析这一变革，对当时各国对"律"的态度的考查就显得很重要。《三国志》中关于"律"的记载及《晋书》关于魏律的相关记载，主要如下：

（大将军上言）"科律大逆无道，父母妻子同产皆斩。济凶戾悖逆，干国乱纪，罪不容诛。辄勒侍御史收济家属，付廷尉，结正其罪。"太后诏曰："夫五刑之罪，莫大于不孝。夫人有子不孝，尚告治之，此儿岂复成人主邪？吾妇人不达大义，以谓济不得便为大逆也。然大将军志意恳切，发言恻怆，故听如所奏。当班下远近，使知本末也。"②

乃欲要君胁上，肆其诈虐，谋诛良辅，擅相建立，将以倾覆京室，颠危社稷。毓所正皆如科律，报毓施行。③

汉律，罪人妻子没为奴婢，黥面。汉法所行黥墨之刑，存于古典。今真奴婢祖先有罪，虽历百世，犹有黥面供官，一以宽良民之命，二以宥并罪之辜。此何以负于神明之意，而当致旱？④

大军还洛阳，曜有罪，勋奏绌遣，而曜密表勋私解邕事。诏曰："勋指鹿作马，收付廷尉。"廷尉法议："正刑五岁。"三官驳："依律罚金二斤。"帝大怒曰："勋无活分，而汝等敢纵之！收三官已下付刺奸，当令十鼠同穴。"太尉钟繇、司徒华歆、镇军大将军陈群、侍中辛毗、尚书卫臻、守廷尉高柔等并表"勋父信有功于太祖"，求请勋罪。帝不许，遂诛勋。⑤

陛下远追二祖遗意，惜斩趾可以禁恶，恨入死之无辜，乃明习律令，与群臣共议。出本当右趾而入大辟者，复行此刑。……夫五刑之属，著在科律，自有减死一等之法，不死即为减。施行已久，不待远假斧凿于彼肉刑，然后有罪次也。前世仁者，不忍肉刑之惨酷，是以废而不用。不用已

---

① 有一种观点认为魏国颁行的律书名称是《新律》，很多论著也是这么写的。但这一观点明显缺乏足够的史实依据，我们不能根据史书中的个别字句就得出这一结论。
② 陈寿. 三国志：卷四 [M]. 北京：中华书局，1999：110.
③ 陈寿. 三国志：卷九 [M]. 北京：中华书局，1999：224.
④ 陈寿. 三国志：卷十二 [M]. 北京：中华书局，1999：283.
⑤ 陈寿. 三国志：卷十二 [M]. 北京：中华书局，1999：290.

律令的精神 >>>

来，历年数百。今复行之，恐所减之文未彰于万民之目，而肉刑之间已宣于寇雠之耳，非所以来远人也。今可按篊所欲轻之死罪，使减死之髡、刖。嫌其轻者，可倍其居作之岁数。内有以生易死不訾之恩，外无以刖易钦骇耳之声。①

觊奏曰："九章之律，自古所传，断定刑罪，其意微妙。百里长吏，皆宜知律。刑法者，国家之所贵重，而私议之所轻贱；狱吏者，百姓之所县命，而选用者之所卑下。王政之弊，未必不由此也。请置律博士，转相教授。"事遂施行。②

御史大夫郗虑辟劭，会虑免，拜太子舍人，迁秘书郎。黄初中，为尚书郎、散骑侍郎。受诏集五经群书，以类相从，作皇览。明帝即位，出为陈留太守，敦崇教化，百姓称之。征拜骑都尉，与议郎庚嶷、荀诜等定科令，作新律十八篇，著律略论。③

夫三千之属，虽未可悉复，若斯数者，时之所患，宜先施用。汉律所杀殊死之罪，仁所不及也，其余逮死者，可以刑杀。如此，则所刑之与所生足以相贸矣。今以笞死之法易不杀之刑，是重人支体而轻人躯命也。④

青龙二年，入为侍中。先是，散骑常侍刘劭受诏定律，未就。毓上论古今科律之意，以为法宜一正，不宜有两端，使奸吏得容情。⑤

臣闻为政听民，律令与时推移，诚宜与将相大臣详择时宜，博采众议，宽刑轻赋，均息力役，以顺民望。⑥

广宣恩威，贷其元帅，吊其残民。他如诏书律令，丞相其露布天下，使称朕意焉。⑦

卫觊又奏曰"刑法者，国家之所贵重，而私议之所轻贱；狱吏者，百姓之所悬命，而选用者之所卑下。王政之弊，未必不由此也。请置律博士，转相教授"。事遂施行。然而律文烦广，事比众多，离本依末，决狱之吏如廷尉狱吏范洪受囚绢二丈，附轻法论之，狱吏刘象受属偏考囚张茂物故，附重法论之。洪、象虽皆弃市，而轻枉者相继。是时太傅钟繇又上疏求复

---

① 陈寿. 三国志：卷十三 [M]. 北京：中华书局，1999：299-300.
② 陈寿. 三国志：卷二十一 [M]. 北京：中华书局，1999：456.
③ 陈寿. 三国志：卷二十一 [M]. 北京：中华书局，1999：461.
④ 陈寿. 三国志：卷二十二 [M]. 北京：中华书局，1999：473.
⑤ 陈寿. 三国志：卷二十二 [M]. 北京：中华书局，1999：484.
⑥ 陈寿. 三国志：卷五十九 [M]. 北京：中华书局，1999：1009.
⑦ 诸葛亮. 为后帝伐魏诏 [M]//诸葛亮文集全译. 方家常，译注. 贵阳：贵州人民出版社，1997：16.

肉刑，诏下其奏，司徒王朗议又不同。时议百余人，与朗同者多。帝以吴蜀未平，又寝。其后，天子又下诏改定刑制，命司空陈群、散骑常侍刘邵、给事黄门侍郎韩逊、议郎庾嶷、中郎黄休、荀诜等删约旧科，傍采汉律，定为魏法，制新律十八篇，州郡令四十五篇，尚书官令、军中令，合百八十余篇。其序略曰："旧律所难知者，由于六篇篇少故也。篇少则文荒，文荒则事寡，事寡则罪漏。是以后人稍增，更与本体相离。今制新律，宜都总事类，多其篇条。旧律因秦法经，就增三篇，而具律不移，因在第六。罪条例既不在始，又不在终，非篇章之义。故集罪例以为刑名，冠于律首。盗律有劫略、恐猲、和卖买人，科有持质，皆非盗事，故分以为劫略律。贼律有欺谩、诈伪、逾封、矫制，囚律有诈伪生死，令丙有诈自复免，事类众多，故分为诈律。贼律有贼伐树木、杀伤人畜产及诸亡印，金布律有毁伤亡失县官财物，故分为毁亡律。囚律有告劾、传覆，厩律有告反逮受，科有登闻道辞，故分为告劾律。囚律有系囚、鞫狱、断狱之法，兴律有上狱之事，科有考事报谳，宜别为篇，故分为系讯、断狱律。盗律有受所监受财枉法，杂律有假借不廉，令乙有呵人受钱，科有使者验赂，其事相类，故分为请赇律。盗律有勃辱强贼，兴律有擅兴徭役，具律有出卖呈，科有擅作修舍事，故分为兴擅律。兴律有乏徭稽留，贼律有储峙不办，厩律有乏军之兴，及旧典有奉诏不谨、不承用诏书，汉氏施行有小愆之反不如令，辄劾以不承用诏书乏军要斩，又减以丁酉诏书，丁酉诏书，汉文所下，不宜复以为法，故别为之留律。秦世旧有厩置、乘传、副车、食厨，汉初承秦不改，后以费广稍省，故后汉但设骑置而无车马，律犹著其文，则为虚设，故除厩律，取其可用合科者，以为邮驿令。其告反逮验，别入告劾律。上言变事，以为变事令，以惊事告急，与兴律烽燧及科令者，以为惊事律。盗律有还赃畀主，金布律有罚赎入责以呈黄金为价，科有平庸坐赃事，以为偿赃律。律之初制，无免坐之文，张汤、赵禹始作监临部主、见知故纵之例。其见知而故不举劾，各与同罪，失不举劾，各以赎论，其不见不知，不坐也，是以文约而例通。科之为制，每条有违科，不觉不知，从坐之免，不复分别，而免坐繁多，宜总为免例，以省科文，故更制定其由例，以为免坐律。诸律令中有其教制，本条无从坐之文者，皆从此取法也。凡所定增十三篇，故就五篇，合十八篇。于正律九篇为增，于傍章科令为省矣。改汉旧律不行于魏者皆除之，更依古义，制为五刑。其死刑有三，髡刑有四，完刑、作刑各三，赎刑十一，罚金六，杂抵罪七，凡三十七名，以为律首。又改贼律，但以言语及犯宗庙园陵，谓之大逆无道，要斩，家属从坐，不及祖父母、孙。至于谋反大逆，临时捕之，或污潴，或枭菹，夷其三族，不在律令，所以严绝恶迹也。贼斗杀人，以劾而亡，许依古义，听子弟得追杀之。会赦及过误相杀，不得报仇，所以止杀害也。正杀继母，与亲母同，防继假之隙也。除异子之科，使父子无异财也。殴兄姊加至五岁刑，以明教化也。因徒诬告人反，罪及亲属，异于善人，所以累之使省刑息诬也。改投书弃市之科，所以轻刑也。正篡囚弃市之罪，断凶强为义之踪也。二岁刑以上，除以家人乞鞫之制，省所烦狱也。改诸郡不得自择伏日，所以齐风俗也。"①

及魏国建，陈纪子群时为御史中丞，魏武帝下令又欲复之，使群申其父论。群深陈其便。时钟繇为相国，亦赞成之，而奉常王脩不同其议。魏武帝亦难以藩国改汉朝之制，遂寝不行。于是乃定甲子科，犯钦左右趾者易以木械，是时之铁，故易以木焉。又嫌汉律太重，故令依律论者听得科半，使从半减也。②

根据如上引文，确实在魏明帝时期完成了改定法律，成果即"制新律十八篇，州郡令四十五篇，尚书官令、军中令合百八十余篇"。不过，天子何时下的改定诏令及何时颁行新律令在《三国志》和《晋书》中并无明确记载。关于"天子又下诏改定刑制"的时间，由于是在"太傅钟繇又上疏求复肉刑"之后，而钟繇出任太傅是在公元 226 年明帝即位后，而魏太和四年（公元 230 年）钟繇即去世，考虑到颁行新律是在公元 234 年之后，而编制是需要时间的，则改定刑制诏令是在公元 226 年至公元 234 年这段时期中的某一年下达的。至于颁行新律的时间，到魏青龙二年（公元 234 年）时仍是"先是散骑常侍刘劭受诏定律，未就"，这才引出卢毓"上论古今科律之意"，可见，颁行新律令是在公元 234 年到公元 239 年魏明帝驾崩这段时间中的某一年。

魏明帝时颁行的《律》《州郡令》等法籍在中国法律史上有重要的里程碑意义，其意义主要体现在如下几个方面：

其一，魏颁《律》《州郡令》等书是古代法在"汉承秦制"之后的阶段性发展成果。秦制从秦孝公始至秦二世止的一百五十多年中，未闻有施行上的明显不便，不过，下层官吏确实在使用节录版的秦法，比如睡虎地秦简《秦律杂抄》即是，同时还伴随着使用法律解释，比如睡虎地秦简《法律答问》即是，

---

① 房玄龄. 晋书：卷三十 [M]. 北京：中华书局，2000：600-602.
② 房玄龄. 晋书：卷三十 [M]. 北京：中华书局，2000：599.

这说明增进法律施用便利性的努力很早就出现了。到了汉朝，虽说汉承秦制，但由于汉初的中央级高官大多来自秦朝的中下层官吏阶层，这极可能导致秦朝的部分法律制度在汉朝失传。总之，两汉时期确有秦朝所没有的各种严重的法律适用问题困扰着，比如诸侯王问题、后戚问题、宦官问题、奸吏舞弊问题、法律不统一问题等，这些问题必须分别得到解决，两汉时期也有学者提出了各种解决方案，不过，鲜有实施者，两汉法律的整体状况并没有改观。汉朝被曹魏取代后，政治形势变得有利于法律改革，曹氏本来有重视法律的传统，曹操时颁行的《科》就是处罚规则的编纂，虽然它可能只涉及部分犯罪，其他犯罪的处理则要援引汉旧律，但这已是一个非常重要、关键的改革开端和尝试，事实证明这是一个成功的开端，它拉开了中国古代法律新一轮改革的序幕。魏明帝承前而颁行《律》《州郡令》等书即是汉朝时面临法律改革任务、曹操成功地开启法律改革历程的一个阶段性总结或阶段性成果。魏明帝立法较好地解决了旧律"律文烦广，事比众多，离本依末"等问题，这正是对自两汉时即已开启的法律改革议题的发展成果，并且这一成果极其丰硕。

其二，魏《律》书是中国法律史上的第一部《律》书，也是第一部正式的刑书，以它为起点，其后近一千七百年的刑制皆以编纂成书的《律》书的方式呈现，而事制也将被编纂成另外的一部或多部书籍，法籍的发展史自此开启。秦汉法律只有内容体系，形式体系较弱，这种状况直到魏明帝法律改革时才得到改观，自此而使法律又有了形式体系，它体现在将全部法律规则编纂成少数几部书，而每部书都自有内部的篇章体系。

自曹魏始，编法籍时原则上要把全部处罚规则集中编入一部《律》书中，事制规则是编入其他法律书（比如《令》《式》《典》等），至少在颁行《律》《令》书时要这么做，其后所发布的新的或修正的法律规则则处于补充的地位（尽管这些新的法令可能是优先适用的）。魏国开创的这一立法传统一直保持到清朝终结为止，也就是保持了一千七百多年，这是魏国的重要贡献。

其三，它所开创的律令分立的立法模式引领了其后近一千七百年的中国法律进程。律自秦孝公时始现，但从孝公变法到汉献帝这五百多年中的法律都是律令不分的，即事制规则、处罚规则、奖赏规则通常是并存于某一个律或令中，而且律令众多，各种名目的律篇并存，且各种名目的令篇并存，还有大量的决事比、法律解释存在。而实际上，事制规则、处罚规则、奖赏规则通常不会在同一场合使用，把性质不同的各种规则编入一个法律文件会给法条的寻检与使用带来不便。同时，律、令、比、法律解释并存且名目多、规模庞大又不统一，会带来困惑与麻烦，现实情况正是这样呈现的，特别是在东汉中后期是这样，或当时的人们认为是这样。既然是问题，就必须加以解决。

魏国，前有魏武帝曹操颁行《科》书，后有魏明帝颁行《律》书十八篇并同时颁行了《州郡令》四十五篇及《尚书官令》《军中令》合百八十余篇。《军中令》更可能始创于曹操，即在曹操时可能已实现科令分立了，至于单立《军中令》以满足军队在战场上的即时赏罚需要更是一个久远的人类惯例（因为在二十世纪发生的二战仍然如此）。即，到魏明帝时则实现了完全的律令分立，刑制有《律》书，政令有《州郡令》及《尚书官令》（唐朝的《散颁天下格》和《留司格》模式与之类似），其中军事有《军中令》，这些成果在法的形式体系上是开创性的。不过，律令的分立只是形式上的分离，二者在内容上是不可能分离的，有律无令为不可，有令无律亦为不可。魏国新颁律令的出现，表明，法的形式体系的确立并不会损害法的内容体系的存在，内容与形式并不会存在根本冲突。

律令分立是在实行了五百多年律令不分之后才得以完成，作为事制的三种《令》书合计有二百二十五篇以上，而作为刑制的《律》书仅有十八篇，事制的篇幅占到92.6%。这说明，法律的主体与基础仍是事制规则，即事制规则是处罚规则的基础与前提。

1. 魏明帝颁行了经系统编纂的多部法籍

目前可见的关于魏明帝颁行《律》书的详细记载主要有两处，一是《三国志》中的"定科令，作新律十八篇"，一是《晋书》中的"删约旧科，傍采汉律，定为魏法，制新律十八篇，州郡令四十五篇，尚书官令、军中令，合百八十余篇"。这两处记载虽然略有不同，但都把"科"而不是"律"置于修律依据的首要地位，其编制依据为"科令"或"旧科"，二者所指都是魏武帝所"制新科"，即魏《科》。魏《科》的性质，前已述及，是处罚规则的合集。魏国《律》书正是以魏《科》为原型和基础，并"傍采汉律"（汉律当然都是单行法令而不是法籍），即有选择地采摘了部分汉律条文，这才编辑完成，这使魏《律》的内容与魏《科》是相近的，在性质上同样是处罚规则的合集。只是魏《律》的名称没有采用"科"字，而是沿用了秦汉之旧的"律"字，也就是说，魏明帝颁行的《律》书在性质上是刑律，从而使得"律"字的含义较之秦汉的有了变化。同时，魏国的三种《令》书都是事制规则的合集，也是沿用了秦汉之旧的"令"字，只是"令"字的含义较之秦汉的也有了变化。

虽然秦汉时期的法律名称用了"律""令"二字，魏国的法律书也用了"律""令"二字，但两个字前后有着很不同的意义，不可混为一谈。秦汉时期的"律""令"都是单行法令，而每个法令从内容和形式上都可能是综合性的，相当于是在法条或规则层次的综合性而不是部门法意义上的综合性，每个法令都不单纯是事制或处罚，往往在一个律令中为处理某一种事务而动用各种权力资源，比如政体建制、行政规则、奖励规定、处罚规定等。例如，睡虎地秦墓竹简中的《田律》、汉《二年律令》中的《置吏律》等都是如此。秦汉时期五百年间之所以采用这样的单行法令模式，是因为这里当就是立法的常规模式，任何时代的原创性的立法或新法令都只能如此（秦汉时是如此，到明清时也是如此，概莫能外），在此种情况下，任何立法都直接是为处理具体类型的公共事务而为，而不是为了立法或编书而立法，法律规则的归类、规整等也就无从顾及，这个时期的法律也就会致力于发展法的内容体系而对法的形式体系不会太重视。至于区分民法、刑法、诉讼法等的部门法体系，目前看来主要是来自欧陆的立法模式或法学理论或历史叙事，从而不具有普遍的指导意义。而在普通法地区，当前也只有法学或理论上的部门法，而在立法中则没有这样的区分，也就是说，从立法层面来看，普通法中也只有法的内容体系，而暂不太关注法的形式体系。通常认为，现代法或现代文明是从普通法系发展起来的，而欧陆法系则是学习、模仿普通法系的产物，从而，不能以是否具有立法上的部门法划分为依据而判断一国法律是否发达。一国的法律如果仅仅是徒有其表地具有部门法的体系或形式体系，而没有内容上的体系，这样的法律必然是落后的，而不是先进的，因为判断一个国家的法律是否发达的标准仍在内容体系上而不在外在的形式体系上。

  法的形式体系的塑造必须以法已经具有了内容上的体系为先决条件，无论法的形式体系是什么都必须以法的内容体系来支撑。有内容的形式才是实在的、真实的形式，并能维持长久，无内容的形式则是虚假的、脆弱的而不能存在长久。中国古代法的内容体系在秦国形成后，又在两汉时期继续演进了四百年，人们这才开始尝试去实现法的形式体系，并在曹魏得以实现，这充分地表明法的内容体系的重要性与基础性。

  法律从律令不分演变为律令分立，处罚规则以外的法律规则不再归入律中而放入其他法令样式中（比如，魏国时的法律样式主要是在律书外另立令书，唐朝在律书外有令、格、式等书），而由于编纂成书则必然要有篇章体例来统领诸多法律规则，其篇章体例就是法的形式体系。当然，这一体系是实用性的，而不是理论性的。中国古代律令的演变历程，非常能体现法的演变的一般规律，值得我们细加研究。

  魏明帝法律改革的一个重大成就是事制规则得以从"律"中分离出去，"律"只记载处罚规则而成了单纯的刑制书，其他类型的法律规则则载入其他法律样式而成了事制书，法的形式体系随之得以初步确立，这一全新的立法模式对后世立法产生了深远的影响。

2. 魏国颁行《律》《州郡令》等法籍意味着中国古代法的形式体系初步建立

虽然魏明帝只是"下诏改定刑制"，但根据其结果，实际上这是一场在传承秦汉旧制基础上的全面法律改革，而不是仅涉及"刑制"。魏明帝法律改革的起因是当时"律文烦广，事比众多，离本依末"，以致"轻、枉者相继"，虽曾有"复肉刑"之议而"帝以吴蜀未平，又寝"。或许曹魏君臣所见到的汉朝法令本来就有数百种之多，或许是君臣都认识到单纯地严刑峻法无济于事，于是不是囿于"改定刑制"而是全面系统地改定法律。

由于在东汉后期已有学者们各种改革刑制的尝试，况且，魏武帝曹操已在立法上有所行动，那就是制定了魏《科》。"改定刑制"之前已有尝试和经验教训在先，于是，魏明帝的改制计划也就有了优越的实施条件。若说曹操制颁的魏《科》有什么不足，那就是它未能完全替代汉律令，从而导致魏科与汉朝的旧律、令并行，法律未能划一的问题并没有得到解决。有问题便会有人谋划解决问题。魏明帝法律改革时，旧律的各种问题都有了相应的对策。首先，"律文烦广"的问题在汉朝表现得非常突出，汉朝刑罚的依据有萧何律九章、傍章十八篇、越宫律二十七篇、朝律六篇、令甲以下三百余篇、法比都目凡九百六卷等，魏法则简化为律十八篇、令二百二十多篇，至少确保了刑律的篇幅不大，在查阅与适用的便利性上已有明显改善。其次，"事比众多"的问题则是通过强化《律》书来解决的。魏明帝颁布《律》书时并没有涉及决事比，虽然在具体罪案的处理上可能仍然会考虑旧有的"决事"，不过，由于新颁行的《律》书已有详尽、系统的处罚规则，则"事比"的重要性与地位将大幅降低，官员也不必依赖于"事比"而是可以直接依据《律》书断案。再次，"离本依末"的问题同样是通过强化《律》书来解决。可能正是由于"律文烦广，事比众多"才导致官员在处理案件时不是依据律条而是依事比断案，甚至不是依法律而是依私情断案，这样的本末倒置的情况是极不正常的，不能保障公正的社会也就不会是安定的社会，问题的症结明显是在法律本身的不完善、不周密上，从而就需要着力于完善法律，魏明帝下令对法律进行整理、简化并系统编纂就是来解决这个病症的。魏明帝主持的法律改革，注定是对法律的一场深刻的变革，而不可能仅是细枝末节的法律刊定。

魏明帝法律改革的结果是"制新律十八篇，州郡令四十五篇，尚书官令、军中令合百八十余篇"，可谓成果丰硕。魏明帝原本只是计划"改定刑制"，殊不知这将是一场牵一发而动全身的全面改革，因为一旦将处罚规则集中编纂为《律》书，则其他的法律规则，即数量更为庞大的事制规则及奖赏规则即必须另行编纂于其他的法律文件中。从这次改革的成果来看，《律》书有18篇，而各种《令》则合计有225篇以上，可见，曹魏当时的法律规模是极大的（当然，它们基本上是汉朝旧有的法律规则，而并不是曹魏自己新创的），如果这些法律规则全部混杂于各种单行律令的法条中，确实会导致极大的不便，律、令分立之必要性不言自明。

魏国处于从在先的秦汉单行法体系向其后的晋唐法籍体系过渡的重要时期，这使"改定刑制"不可能只牵涉到"刑制"本身，这首先会触及法的形式体系问题，也就是要先对各种法律规则依其性质与用途进行归类。处罚规则要单独归为一大类和若干小类（曹魏是将其分为17个小类，这就是其篇章体系）而结集编纂成一部书，事制规则也要归为另一类或少数几类并另行编纂成书。只有在完成法的形式体系的改造之后，也就是把散见的大量处罚规则单独编纂成有篇章体例的《律》书之后，才可能进一步把散见的大量事制规则编纂成其他的同样有篇章体例的法籍。魏国处于这样的历史时期，只能是把确立法的形式体系与完善刑制两个历史任务一起进行，事实上，魏国的法律改革也非常成功。

自魏明帝法律改革开始，中国古代法的形式体系得以初步确立，再加上在秦国时期已确立的法的内容体系，中国古代法从内容到形式渐趋于精密。

3. 曹魏刑书的名称是《律》，而不是《新律》

关于魏律的名称，《晋书》的记载是"制新律十八篇，州郡令四十五篇，尚书官令、军中令合百八十余篇"。而古文原是没有标点与句读的，但自清末之后，各种标点符号盛行起来，其中就有书名号"《》"，有此符号可以使我们的阅读更加地便捷，但胡乱添加书名号反而会徒增我们的阅读困难并导致严重的误解。在清末以前，或许没有人去注意一朝法律的名称是什么，但在清末西学传入、东学消沉和国内法律革新的时代背景之下，包括沈家本、程树德等人开始反思中国古代法律，于是各种分析古代法律的论著就出现了，其中就有沈家本的《历代刑法考》，这部书虽然包含有沈家本的少量按语，不过，此书的主体是古代法律相关文献资料的摘抄。在《历代刑法考·律令·卷三》中有"新律""旧律""魏令"等条目，其下是从《晋志》和《唐六典》摘抄的两段文字和一段按语。沈家本作为旧式官僚、旧式文人且生活在旧时代，他当然不大可能使用书名号，根据目前的资料来看，《历代刑法考》在最初流布时是很少使用标点符号的，为此书大量添加标点符号是后来的书商所为，为"新律"字样添加书名号当然也是书商的"杰作"，而不是沈家本的本意或有意之作。"新律"

变成"《新律》"最可能是源于沈家本《历代刑法考》的标点，但却不会是沈家本的本意，而是好事的书商的不经意之作，是书商为了促进图书销量牟利而给《历代刑法考》添加了各种标点，于是书中的"新律"字样就变成了"《新律》"，这样一来，不细究其事的读者就会以为魏国曾经制定了一部名称为《新律》的法律，但沈家本未必是这么认为的，史实更未必是如此。问题是，自其之后，目前国内的各种论著（包括许多教科书）大都认为中国古代存在一部名称叫《新律》的法律。

"《新律》"一词的由来，有如上述。那么，史实是什么样的呢？

首先，探究这一问题并不难，因为从《晋书·刑法志》就可以得到解答。晋志将"旧科""新律""旧律"并提，很明显，新、旧都只是作形容、修饰之用，那么，正确的标注方法理应是：新《律》。魏新《律》是相对于秦汉旧的各种单行律令及魏旧《科》而言的，"新"是从这方面显示出来的。"《新律》"一词把"新"字划入法律名称，是在识文断字上犯了错误，因为古文本来是以字表意为主，从而，不需要标点符号也不会有理解上的困难，若是以现代文的阅读方式去阅读古文定然会导致各种错误。妄加标点将导致读者没有了选择余地，若是标点恰巧是正确的则还无妨，如果标点是错误的则将把读者引向错误的方向，所以，不宜轻易给古文加标点，也不宜轻信对古文的标点。古人对古文的断句通常只用圆点这一种符号，且还可以比较随意地圈点，从而仍能给人留下较宽的思考空间，这不失其为一种好方法。未加标点的"新律"两字确实有多种解释，但结合上下文并不难定位其含义，相反，未加详审而给它添加书名号是对读者的极不负责任。除非确证一部书的书名就是它，否则就不能在上面添加书名号。实际上，包括准备建立"新"朝的王莽时期在内，中国历史上没有哪一个朝代颁行过一部名字叫《新律》的法律。

其次，从中国古代法律史来看，在《律》名上冠以其他文字只有两种方式：一是秦汉时期在"律"字前冠以标示法律内容的字样作为单行法令的名称，例如秦律中的《仓律》、汉律中的《吏律》等即是，各种单行法令只能如此，以示区别。二是元、明、清三代在法律前冠以国号，例如《大元通制》《大明律》《大清律》等即是，或在法令前年号，例如《开元后格》等。还有一种情况就是在"律"字前不冠任何文字，法律名称就是《律》，刑书名就是这一个字。或许有人认为，还有一种情况就是以年号冠于"律"字前，例如"大业律""永徽律疏"等，确实在史书上有这样的记载，但最好信其为别称而不是正式名称，比如"永徽律疏"的正式名称可能就是《律疏》，唐律的正式名称可能正是《律》（从《律音义》等书名及正史的记载可以推知）。对于魏国"新律"，

"新"不是国号（更不是年号），也不是法律的内容，从而"新"字当然不在书名之内，"《新律》"明显是一个错误的表述。

再次，法律是极严肃之物，不可臆增臆减，法律名称与法律条文都是如此。早在秦国，商君就主张"有敢剟定法令，损益一字以上，罪死不赦"，① 虽然不知这一主张是否纳入了秦律令，但历朝历代确实就是这么做的，比如明太祖朱元璋在颁布《大明律》后就曾申明此规，这正可以说明古人已认识到法律的严肃性和权威性必须是很强的。法律的条文增加一个字或减少一个字是可能造成法律条文所要表达的意思发生重大变化的，同样，法律的名称增加一个字或减少一个字也是可能造成重大的混淆与误导的。《律》与《新律》在任何人看来都会认为是两部不同的法律，故，在使用书名号的场合，法律的名称只能是一字不差，否则就是极其不严肃的错误，且构成违法。在未有充分的依据证实魏律的名称是"新律"的情况下而加上书名号就是这样的极不严肃的错误。

最后，从史书的记载来看，《三国志》《晋书》《宋书》《梁书》《魏书》《周书》《隋书》《南史》《北史》《旧唐书》《新唐书》《宋史》《金史》《元史》《明史》《清史稿》都记载当时的朝廷曾颁行"新律"。很明显，"新律"仅是一个俗称或别称，并不是正式的法律名称。比如，根据《元史·刑法志第五十》的记载，元世祖时所颁"新律"的正式名称是《至元新格》。在古文中，"新律"一词所表示的意思只是说朝廷颁行了新的法律，如此而已，至于新法律的正式名称是什么则需要通过其他途径获知。因此，"《新律》"实是一个违背历史常识的错误表述。

由此得出的结论是，魏国颁行的新律的正式名称不可能是《新律》，而可能是《律》。且根据《三国志》中所载的魏国散骑常侍刘劭曾著《律略论》，据《旧唐书·卷四十六》记载有"《律略论》为五卷"，《三国志补注·卷三》载有"刘劭律略曰，删旧科，采汉律，为魏律，悬之象魏"，这两处记载中连"新"字都没有。这说明，魏国新律的正式名称明显就是《律》而不可能是《新律》。魏律是"新"的（相对于秦汉旧律而言），但其正式名称与"新"字无关。

4. 魏国刑律的名称是"律"而不是"科"原因

魏国刑律的正式名称是《律》，也就是说，其刑书名只有一个字。那么，为何书名不是《科》而是《律》呢？整体而言的情况是：据史料可知，汉律在三国时期仍然有效，虽然已处于次要地位了。另外，对汉律的教育培训与研究活动并无衰落的迹象，反而更盛了。同时，魏科的地位很高，但却始终没能替代

---

① 长治. 商君书评注 [M]. 武汉：武汉大学出版社，2019：127.

汉律。这些因素综合影响的结果是在魏国颁行新法令时选定了旧有的"律"字而不是新的"科"字作为刑书的正式名称。

在法"律"方面。三国时期，各国都颁行了"科"，但在"科"外，旧律仍然部分发挥着法律规则的作用，汉朝旧律并没有完全失效，从而仍有重要的影响力。例如，在魏国，太祖曹操在"定甲子科"时就规定"依律论者，听得科半"，大意是，魏科有规定的则依魏"科"科罪，魏科没有规定的则以汉旧"律"科罪。另外，陈群曾经建议，"夫三千之属，虽未可悉复，若斯数者，时之所患，宜先施用"。这就说明在曹操时期，汉律仍然是有效的。魏文帝在处罚鲍勋时"廷尉法议'正刑五岁'，三官驳'依律罚金二斤'"，钟繇的奏言中也有"五刑之属著在科律"，可见，在魏文帝当时仍然在施行汉律。魏明帝即位后，卫觊奏言中有"断定刑罪，其意微妙。百里长吏，皆宜知律"，当时并未颁行新律，可见，明帝颁行新律前同样在施行汉旧律。在吴国，有奏言提及"为政听民，律令与时推移"，这说明吴国人对"律"看得很重，或在科之上。蜀国的诏书中提到"他如诏书律令，丞相其露布天下"，这说明蜀国也把旧"律"置于一个非常重要的地位。既然三国都没有废除汉朝旧律，并且对它还很重视，那么，汉律对颁行新法和法的发展就会发生影响。况且，秦汉旧律有长达五百多年的沿用历史，不但它的内容很详细，而且已深度介入社会生活和民俗文化的方方面面，从而，旧律对当时的社会不但有规则意义，还有文化意义。故，旧律对当时社会的综合影响力是不容小觑的，也是难以抗拒、难以消除的，朝野都认同"律"的观念，况且新时期的法度总须以前一时期法度（汉制）为基础向前发展而不是从零开始，则"律"字就当然成为新法正式名称的首选。

在"律"学方面。在秦朝（秦国），由于从孝公变法以来形成的"以法为教"传统，法律教育在秦国非常兴盛，官吏和民众都须学法、知法、守法，相应地，律学也是发达的，出土秦简《法律答问》就是秦代法学教育的缩影。到了汉朝，法律教育同样蔚然成风，两汉期间有大量达官显贵就是以明习法律而得显的，从而，学习法律的人很多，教学法律的人也很多。例如，钟皓是东汉后期人，《三国志·魏志卷十三·钟繇》注引"先贤行状曰：钟皓字季明，温良笃慎，博学诗律，教授门生千有余人，为郡功曹"（《郝氏续后汉书·卷六十九上》则载为"钟皓字季明，颍川长社人也，为郡著姓，世善刑律"）。并且还出现了不少法律世家，例如，杜周家族（杜周所教为大杜律，其子杜延年所教为小杜律。东汉时有郭躬"习小杜律"）、于定国家族（《前汉书·卷七十一》载"于公为县狱史郡决曹，决狱平，罗文法者，于公所决皆不恨，郡中为之生立祠，号曰于公祠……定国少学法于父，父死后定国亦为狱史郡决曹，补廷尉史，以选与御史中丞从事，治反者狱以材高举侍御史，迁御史中丞"，《魏书·卷一百一十一》载"于定国为廷尉，集诸法律，凡九百六十卷。大辟四百九十条，千八百八十二事死罪决比，凡三千四百七十二条，诸断罪当用者合二万六千二百七十二条，后汉二百年间，律章无大增减"）、郭躬家族（郭氏自弘后，数世皆传法律，子孙至公者一人、廷尉七人、侯者三人、刺史二千石侍中郎将者二十余人，侍御史、正、监、平者甚众）、陈宠家族（陈咸、陈宠、陈忠）、吴雄家族（《后汉书·卷七十六》载"顺帝时，廷尉河南吴雄季高，以明法律断狱平。起自孤宦，致位司徒，雄少时家贫，丧母营人所不封土者，择葬其中，丧事趣办不问时日，医巫皆言当族灭，而雄不顾。及子欣、孙恭，三世廷尉，为法名家"）等。律学，自秦汉以来长盛不衰，到三国时期仍然如此，并且，魏国还发生了一件中国法律史上极为重要的事，那就是"置律博士"，这就是魏明帝根据卫觊奏请而施行的，并且其事发生在"下诏改定刑制"之前，这说明在汉祚已终的时代，传统的律学非但没有受到冷落，反而以制度化的方式而把律学提升到了更高的地位。正是由于律学有很深的历史根基和长期的文化积累，它得以有向前延续的优越文化条件，这样的文化氛围会引导法律的发展方向。魏新法的名称之所以仍是"律"而不是"科"理当与强势的律学氛围有关。

在"科"令方面。事实上，虽然三国都在颁行科令，且"科"作为新法还有优先于"律"的效力，但却没有想要以"科"替代"律"的倾向，因为没有哪一国曾明令废除旧律。当然，三国的"科"又不像是临时的法律；魏科在颁行时明显有撮旧律之紧要的特点，魏国颁新律后，魏科相当于是被新律替代了，这当然在魏科颁行时不曾预想到；但蜀、吴二国的科则始终有效。"科"明显不是作临时之用，这或许是魏科颁行时汉献帝尚在位的现实情况使然，为不留下僭越之名，既然"难以藩国改汉朝之制"，当时不能直接颁行新律，那么就以颁"科"代替颁"律"，三国的"科"实际上部分地起着"律"的作用，只是没有"律"的名称而已。"科"没能替代"律"，还可能与定"科"当时的战争环境有关，即"近以师旅之后，不可卒绳以法"，天下大乱的环境使得过于复杂的、周全的法律在宣传和实施时必然有困难，于是，所制定的"新科"也就不会是系统的、全面的、周密的，而只会收纳那些重要的、必需的、精简后的处罚规则，其篇目与条文数量也就不会太大。当社会安定下来后，社会所需要的就不仅仅是重要的法律规则（"科"），而是对汉法的全部法律规则都产生了需要，从而，社会越是安定繁荣也越是需要全面系统的法令，"科"之不足也越来越明显，整合科、律的法律改革要求也越迫切。由于汉律的体量大，而魏科的体量小,这使得新法的名称为"律"为宜。

另外,"科"的施行时间尚短,尚缺乏文化背景和理论积淀。从而,"科"的文化影响力就会远远低于"律",这导致在颁行新法时只会首先考虑把"律"而不是"科"作为刑书的名称。

另外,魏国颁行新律意在完全替代汉朝旧"律",而主要不是用于替代魏"科"。改定刑制的起因是"律文烦广,事比众多,离本依末",也就是主要用于解决汉朝旧"律"令的问题而不是旧科的问题,从而在新律的名称的选择上就会聚焦在旧"律"上而不是科上,对各种旧"律"令的整理则其名称当然以照旧为宜。同时,律的传统很久远,颁行新"律"以替代旧的汉"律"可以体现王朝的新气象及正统地位,其政治意义和象征意义也是很重要的,"科"虽然有积极的实用意义,但政治意义和象征意义并不明显,朝廷在平衡这两方面意义时也会优先考虑把"律"字作为正式刑书名称。

5. 在三国时期,"律"确有中断之虞,但并没有中断

律的原创时期是在秦,秦法的最大特色就是秦律。而到了汉朝,虽然刘邦在一开始以废除秦苛法和立约法三章作标榜,不过,基于实务的需要和萧何的提议,汉朝很早就承秦制而颁行了新律令。其后,汉律令逐步增多,到汉武帝时已是法律规模庞大以致有"苛"法之嫌。东汉时期则沿用西汉法律。汉律令主要改编自秦律令,总的来说,秦律令在汉朝得到了延续。但到了三国时期,三国在一开始都只有颁行"科"令的立法行动,却没有要刊定新律的意思,蜀、吴二国也都只颁行有科令且始终没有颁行或刊定过律。魏国在前中期也只有科,天下三分已几十年过去了,三国的朝廷却都没有考虑颁行新律。三国时人或许会猜测:律的历史难道要就此中断吗?

三国时期,"律"的发展确有中断之虞,若非魏国自曹操开始就极为重视法制建设并在魏明帝时颁行新律,那么,可能整个三国时期都不会有新律颁行,如此一来,中国古代的法律状况可能就是另一个面目了。不过,由多种因素的综合作用,"律"在事实上并没有中断。

6. 魏《律》的篇目

由于魏《律》是一部法律典籍,而不是像秦汉律令那样都是单行法令而没有统一、明确的篇目,故,史书得以完整地记载下了它的具体篇目。新律十八篇是:《刑名》《劫略律》《诈律》《毁亡律》《告劾律》《系讯断狱律》《请赇律》《兴擅律》《乏留律》《惊事律》《偿赃律》《免坐律》《盗律》《贼律》《户

律》《杂律》《捕律》《囚律》等,① 它所规定的刑罚有三十七等,主要是"死刑有三,髡刑有四,完刑、作刑各三,赎刑十一,罚金六,杂抵罪七,凡三十七名"。篇章体例和刑等使得魏《律》以内容体系和形式体系兼具的系统面貌呈现在世人面前,也使一千多年后的人们得以弄清魏《律》的基本情况。

（五）魏《律》《州郡令》等法籍的历史地位

曹魏《律》《州郡令》等法律典籍的出现是我国古代法律发展史上的一个重要转折点,法籍时代自此开始。② 自此之后,刑制单独成书,而不再是如同秦汉时期那样无单独的刑书而只有大量的单行法令,也不再是事制规则与处罚规则合并在一起。也就是说,从魏《律》之后,在秦汉法律已存在法的内容体系基础上,法的形式体系得以形成,中国古代法迈入一个全新的发展阶段,即法籍阶段。

从魏《律》等法籍的颁行开始,专门的刑书和法籍的历史正式开始。秦汉时期的"律",很难说是刑律,因为当时的律令之间并没有明显的界限而都含有详细的事制规则与处罚规则。无论是唐宋以来的古代法观念还是欧陆现代法观念,刑律或刑书里都不应包括大量的事制规则,否则很难说它是刑律。且,在汉朝人的观念里,当时人们对律、令的区分依据就不在有无处罚规则方面,而是在颁行先后或稳定性方面,如大杜律的开拓者杜周说认为"前主所是著为律,后主所是疏为令",这一观念在当时可能极有代表性,更有可能在秦国时期就存在这一观念且流布极广。其实,到了汉献帝时期（当然是在魏《律》颁行之前）,文颖仍然认为"天子诏所增损,不在律上者为令。令甲者,前帝第一令也",不过,这种区分律、令的方法仅适用于秦、汉时期。

自从魏《律》颁行后,律、令的区分标准就要重新确定了,对此,魏晋时期的杜预认为"律以正罪名,令以存事制",这一新标准对从魏明帝到清末这一千七百年中出现的律、令基本上是适用的,但不适用于秦汉律令。故,魏《律》

---

① 关于魏《律》的具体篇名有多种说法,《晋书·刑法志》对它有详细介绍但并没有详列篇目,而《唐六典》则提出了另一说法,未知孰是。对此,清末的沈家本已有关注。
② 这里采用"法籍"一语,其意有二：一是它是"法律典籍"的简称,表明它是图书形态,二是"法籍"一词是古典词语,在春秋古书《文子》中即有使用。这里没有使用在欧陆法系国家比较流行的"法典"（CODE）一词,其意有二：一是我国古代的法籍（及现代的英美国家的法籍）与欧陆法系国家的法典有完全不同的性质和编制方法,不可在词汇的使用上陷入混乱,把两种不同性质的事物归于同一名字是严重的学术错误,二是"法典"一词虽不能说就是日语词汇,我国古代也偶有使用,但它毕竟在古代汉语中是一个小众词汇,古代几乎没有人使用它来指称《律》书等典籍,现代人反而这么表述是不恭,更是无知。其细节,将在本书第三章中分析。

《州郡令》等法籍是中国古代法发展史上的分水岭，在它之前只有众多的单行法令，自它开始而有了集中统一的法籍（当然，它们之外也会有随时发布的大量单行法令）。

自魏《律》开始才是"刑书曰律"，魏《律》是中国古代法律史上的第一部"刑书"（即，第一部《律》书）。秦汉时期的"律"是各种类型的法律规则的合称，它是仅有内容体系而无形式体系的法律，即是事制规则与处罚规则合一的众多单行法令，且它与"令"并无严格的界限，更没有形成为一部集中、统一的法律典籍，故，它不是单纯的刑律，更不是"刑书"。秦律、汉律都没有进行过官方的统一编纂，故而未成书，且其篇名还时有变动，况且，当时的律、令无别，这使得人们对当时法律有多少篇（篇即件）及具体篇名也就无定论。正是由于魏明帝颁行的新律是把处罚规则集中起来编纂成的刑书，这才有了确定的篇目。成"书"是刑律或刑书的一个显著特征，魏《律》开辟了"刑书"时代。即，魏明帝颁行的一部律书和三部令书标志着中国法正式步入了法籍时代。

正是由于魏《律》《州郡令》等法籍的颁行有如上的重大意义，所以它在中国法律史上的地位极为重要。

二、晋朝律令

司马氏于曹魏咸熙二年（公元265年）代曹魏，建晋，定都洛阳，改元泰始。至建兴四年（公元316年）西晋灭（中原进入"五胡十六国"时期）止，西晋传四帝，历五十一年。其后，司马氏南渡，在建邺建立东晋，至公元420年灭。

（一）晋法概况

搜寻史书，有关晋朝法律发展状况的记载，主要是如下一些：

> 文帝为晋王，患前代律令本注烦杂，陈群、刘邵虽经改革，而科网本密，又叔孙、郭、马、杜诸儒章句，但取郑氏，又为偏党，未可承用。于是令贾充定法律，令与太傅郑冲、司徒荀𫖮、中书监荀勖、中军将军羊祜、中护军王业、廷尉杜友、守河南尹杜预、散骑侍郎裴楷、颍川太守周权、齐相郭颀、都尉成公绥、尚书郎柳轨及吏部令史荣邵等十四人典其事，就汉九章增十一篇，仍其族类，正其体号，改旧律为刑名、法例，辨囚律为告劾、系讯、断狱，分盗律为请赇、诈伪、水火、毁亡，因事类为卫宫、违制，撰周官为诸侯律，合二十篇，六百二十条，二万七千六百五十七言。

蠲其苛秽,存其清约,事从中典,归于益时。其余未宜除者,若军事、田农、酤酒,未得皆从人心,权设其法,太平当除,故不入律,悉以为令。施行制度,以此设教,违令有罪则入律。其常事品式章程,各还其府,为故事。减枭斩族诛从坐之条,除谋反适养母出女嫁皆不复还坐父母弃市,省禁固相告之条,去捕亡、亡没为官奴婢之制。轻过误老小女人当罚金杖罚者,皆令半之。重奸伯叔母之令,弃市。淫寡女,三岁刑。崇嫁娶之要,一以下娉为正,不理私约。峻礼教之防,准五服以制罪也。凡律令合二千九百二十六条,十二万六千三百言,六十卷,故事三十卷。泰始三年,事毕,表上。武帝诏曰:"昔萧何以定律令受封,叔孙通制仪为奉常,赐金五百斤,弟子百人皆为郎中。夫立功立事,古今之所重,宜加禄赏,其详考差叙。辄如诏简异弟子百人,随才品用,赏帛万余匹。"武帝亲自临讲,使裴楷执读。四年正月,大赦天下,乃班新律。[①]

其后,明法掾张裴又注律,表上之,其要曰:"律始于刑名者,所以定罪制也;终于诸侯者,所以毕其政也。王政布于上,诸侯奉于下,礼乐抚于中,故有三才之义焉,其相须而成,若一体焉。刑名所以经略罪法之轻重,正加减之等差,明发众篇之多义,补章条之不足,较举上下纲领。其犯盗贼、诈伪、请赇者,则求罪于此,作役、水火、畜养、守备之细事,皆求之作本名。告讯为之心舌,捕系为之手足,断狱为之定罪,名例齐其制。自始及终,往而不穷,变动无常,周流四极,上下无方,不离于法律之中也。其知而犯之谓之故,意以为然谓之失,违忠欺上谓之谩,背信藏巧谓之诈,亏礼废节谓之不敬,两讼相趣谓之斗,两和相害谓之戏,无变斩击谓之贼,不意误犯谓之过失,逆节绝理谓之不道,陵上僭贵谓之恶逆,将害未发谓之戕,唱首先言谓之造意,二人对议谓之谋,制众建计谓之率,不和谓之强,攻恶谓之略,三人谓之群,取非其物谓之盗,货财之利谓之赃:凡二十者,律义之较名也。夫律者,当慎其变,审其理。若不承用诏书,无故失之刑,当从赎。谋反之同伍,实不知情,当从刑。此故失之变也。卑与尊斗,皆为贼。斗之加兵刃水火中,不得为戏,戏之重也。向人室庐道径射,不得为过,失之禁也。都城人众中走马杀人,当为贼,贼之似也。过失似贼,戏似斗,斗而杀伤傍人,又似误,盗伤缚守似强盗,呵人取财似受赇,囚辞所连似告劾,诸勿听理似故纵,持质似恐猲。如此之比,皆为无常之格也。五刑不简,正于五罚,五罚不服,正于五过,意善

[①] 房玄龄. 晋书:卷三十 [M]. 北京:中华书局,2000:603.

功恶，以金赎之。故律制，生罪不过十四等，死刑不过三，徒加不过六，囚加不过五，累作不过十一岁，累笞不过千二百，刑等不过一岁，金等不过四两。月赎不计日，日作不拘月，岁数不疑闰。不以加至死，并死不复加。不可累者，故有并数；不可并数，乃累其加。以加论者，但得其加；与加同者，连得其本。不在次者，不以通论。以人得罪与人同，以法得罪与法同。侵生害死，不可齐其防；亲疏公私，不可常其教。礼乐崇于上，故降其刑；刑法闲于下，故全其法。是故尊卑叙，仁义明，九族亲，王道平也。律有事状相似而罪名相涉者，若加威势下手取财为强盗，不自知亡为缚守，将中有恶言为恐猲，不以罪名呵为呵人，以罪名呵为受赇，劫名其财为持质。此六者，以威势得财而名殊者也。即不求自与为受求，所监求而后取为盗赃，输入呵受为留难，敛人财物积藏于官为擅赋，加殴击之为戮辱。诸如此类，皆为以威势得财而罪相似者也。夫刑者，司理之官；理者，求情之机；情者，心神之使。心感则情动于中，而形于言，畅于四支，发于事业。是故奸人心愧而面赤，内怖而色夺。论罪者务本其心，审其情，精其事，近取诸身，远取诸物，然后乃可以正刑。仰手似乞，俯手似夺，捧手似谢，拟手似诉，拱臂似自首，攘臂似格斗，矜庄似威，怡悦似福，喜怒忧欢，貌在声色。奸真猛弱，候在视息。出口有言当为告，下手有禁当为贼，喜子杀怒子当为戏，怒子杀喜子当为贼。诸如此类，自非至精不能极其理也。律之名例，非正文而分明也。若八十，非杀伤人，他皆勿论，即诬告谋反者反坐。十岁，不得告言人；即奴婢捍主，主得谒杀之。贼燔人庐舍积聚，盗贼赃五匹以上，弃市；即燔官府积聚盗，亦当与同。殴人教令者与同罪，即令人殴其父母，不可与行者同得重也。若得遗物强取强乞之类，无还赃法随例畀之文。法律中诸不敬，违仪失式，及犯罪为公为私，赃入身不入身，皆随事轻重取法，以例求其名也。夫理者，精玄之妙，不可以一方行也；律者，幽理之奥，不可以一体守也。或计过以配罪，或化略不循常，或随事以尽情，或趣舍以从时，或推重以立防，或引轻而就下。公私废避之宜，除削重轻之变，皆所以临时观衅，使用法执诠者幽于未制之中，采其根牙之微，致之于机格之上，称轻重于豪铢，考辈类于参伍，然后乃可以理直刑正。夫奉圣典者若操刀执绳，刀妄加则伤物，绳妄弹则侵直。枭首者恶之长，斩刑者罪之大，弃市者死之下，髡作者刑之威，赎罚者误之诫。王者立此五刑，所以宝君子而逼小人，故为敕慎之经，皆拟周易有变通之体焉。欲令提纲而大道清，举略而王法齐，其旨远，其辞文，其言曲而中，其事肆而隐。通天下之志唯忠也，断天下

>>> 第二章 律令的创制与传承

之疑唯文也，切天下之情唯远也，弥天下之务唯大也，变无常体唯理也，非天下之贤圣，孰能与于斯！夫形而上者谓之道，形而下者谓之器，化而裁之谓之格。刑杀者是冬震曜之象，髡罪者似秋彫落之变，赎失者是春阳悔吝之疵也。五刑成章，辄相依准，法律之义焉。①

晋氏受命，议复肉刑，复寝之。命贾充等十四人增损汉、魏律，为二十篇：一、刑名，二、法例，三、盗律，四、贼律，五、诈伪，六、请赇，七、告劾，八、捕律，九、系讯，十、断狱，十一、杂律，十二、户律，十三、擅兴律，十四、毁亡，十五、卫宫，十六、水火，十七、厩律，十八、关市，十九、违制，二十、诸侯，凡一千五百三十条。其刑名之制，大辟之刑有三：一曰枭，二曰斩，三曰弃市。髡刑有四：一曰髡钳五岁刑，笞二百；二曰四岁刑；三曰三岁刑；四曰二岁刑。赎死，金二斤；赎五岁刑，金一斤十二两；四岁、三岁、二岁各以四两为差。又有杂抵罪罚金十二两、八两、四两、二两、一两之差。弃市以上为死罪，二岁刑以上为耐罪，罚金一两以上为赎罪。②

晋命贾充等撰《令》四十篇：一、户，二、学，三、贡士，四、官品，五、吏员，六、俸廪，七、服制，八、祠，九、户调，十、佃，十一、复除，十二、关市，十三、捕亡，十四、狱官，十五、鞭杖，十六、医药疾病，十七、丧葬，十八、杂上，十九、杂中，二十、杂下，二十一、门下散骑中书，二十二、尚书，二十三、三台秘书，二十四、王公侯，二十五、军吏员，二十六、选吏，二十七、选将，二十八、选杂士，二十九、宫卫，三十、赎，三十一、军战，三十二、军水战，三十三至三十八皆军法，三十九、四十皆杂法。③

晋贾充等撰律、令，兼删定当时制、诏之条，为故事三十卷，与律、令并行。④

晋朝杂事二卷。晋、宋旧事一百三十五卷。晋要事三卷。晋故事四十三卷。晋建武故事一卷。晋咸和咸康故事四卷（晋孔愉撰）。晋修复山陵故事五卷（车灌撰）。交州杂事九卷（记士燮及陶璜事）。晋八王故事十卷。晋四王起事四卷（晋廷尉卢綝撰）。大司马陶公故事三卷。郗太尉为尚书令

---

① 房玄龄. 晋书：卷三十 [M]. 北京：中华书局，2000：603-606.
② 李林甫，等撰. 唐六典：卷六 [M]. 北京：中华书局，1992：181.
③ 李林甫，等撰. 唐六典：卷六 [M]. 北京：中华书局，1992：184.
④ 李林甫，等撰. 唐六典：卷六 [M]. 北京：中华书局，1992：185.

193

故事三卷。桓玄伪事三卷。晋东宫旧事十卷。①

从如上的记载来看，晋国修律始于魏国后期司马昭当政时期，正是由于筹备很早，所以能在晋朝建立后的第三年编制完成，并在泰始"四年正月，大赦天下，乃班新律"二十篇，当时是公元268年，并且还颁行了晋令四十篇。晋法的主体理当就是律、令、故事，三者并行："律令合二千九百二十六条，十二万六千三百言，六十卷"，还有"故事三十卷"，三者合计有九十卷，约二十万字。其后又有修撰，比如晋故事四十三卷。

（二）晋法对魏法形式体系的进一步发展

晋法基本上延续了魏法的形式体系。魏法以法籍为主，而其法籍是以律、令为主要形式，刑律已单独编定成一部《律》书，而令（《州郡令》《尚书官令》《军中令》）则有多部书而不是一部。而到了魏晋相交期间，虽然魏法的颁行只是二十多年前的事，但却是"患前代律令本注烦杂"。从而，晋朝开始了新的尝试，其结果是三部法籍的颁行：《律》二十篇、《令》四十篇、《故事》三十卷。如此一来，法的形式体系就更加简洁了，显得一目了然。

另外，晋法延续了魏法将事制规则剥离出律而归入令的进程。早在魏法厘定时就有律、令分流的举措，将秦汉旧律中的事制规则归入令中颁行，例如，"秦世旧有厩置、乘传、副车、食厨，汉初承秦不改，后以费广稍省，故后汉但设骑置而无车马，律犹著其文，则为虚设，故除厩律，取其可用合科者，以为邮驿令。其告反逮验，别入告劾律。上言变事，以为变事令"；又把旧令中的处罚规则归入律颁行，例如，汉律中有所谓令甲、令乙、令丙等包括了一些处罚规则，于是，"令丙有诈自复免，事类众多，故分为诈律""令乙有呵人受钱，科有使者验赂，其事相类，故分为请赇律"，如此律、令分流的结果就是魏"律十八篇，州郡令四十五篇，尚书官令、军中令合百八十余篇"这些成体系法籍的形成。但是，魏国所进行的律、令分流，即事制规则与处罚规则的分流，可能并不彻底，从而导致在魏《律》中仍保留了一些较详细的事制规则，这才引出了进一步的法律革新的必要。在晋武帝主持的新法籍制定过程中，即"其余未宜除者，若军事、田农、酤酒，未得皆从人心，权设其法，太平当除，故不入律，悉以为令"，经此调整，刑律也就更加精简。经过晋朝的调整，律、令分流的过程基本完成。

还有，"故事"作为一种新的法籍样式是用于"删定当时制、诏之条"，大

---

① 魏徵．隋书：卷三十三［M］．北京：中华书局，2000：653.

致就是用于汇集皇帝临时发布的诏令，大约相当于其后朝代出现的"格"、会要之类。由于朝廷会经常发布"制诏之条"，从而使得"故事"会逐步增长，所以，在晋初编定的故事是三十卷，而作为最后成果流传隋唐的是"晋故事四十三卷"等多部，篇幅增长了不少。

（三）晋刑书的名称是《律》

对于晋朝刑书的名称，从现有史料来看，仍是一个字：《律》。由于晋律颁行于泰始四年，于是有"《泰始律》"的写法，这是不符合史实的，查遍全部古书都没有这样的措辞，因而这是一个错误的书名，并不存在这样的刑书，如果需要显示它的颁行时间，则可以写成带引号而不是带书名号的表述："泰始律"或"晋律"或泰始《律》。

晋《律》当然是刑律、刑书无疑，存疑的地方是其条数。目前流通的《晋书》与《唐六典》都是成书于唐朝，不过，二书却对晋《律》的条数有不同的说法。《晋书》认为它"合二十篇，六百二十条，二万七千六百五十七言"，而《唐六典》则认为它"凡一千五百三十条"，二者相差九百一十条。程树德认为《晋书》的这一记载有疑误。而晋朝"律令，合二千九百二十六条，十二万六千三百言，六十卷"。单从卷数上看，令是律的两倍，律二十卷是两万多字，则令四十卷即是约五万字，二者相加似应是约八万字，而实际的字数是十两万多字，多出近一半，这说明各卷的篇幅是不同的，或者说，每卷（即每篇，从《晋书》行文来看，篇、卷似无区别。自晋朝开始，竹简完全退出书写领域，卷字虚化，篇、卷大致同义）律的字数比每卷令的字数要少很多。单从条数来看，若以晋律有620条算则每条约有44字，若以晋律有1530条算则每条约有18字（律条如此精简，几乎不可能）。从出土的秦汉律条及唐宋律条来看，《晋书》载晋律620条之说更可信。从《晋书》所载律令合计的条数（2926条）与字数（126300多字）来看，平均每条约有43字，正好与《晋书》载晋律620条之说相当。故，整体来看，《晋书》所载晋律620条之说更可信，当从之。

（四）出令入刑原则的再次申明

早在秦国时期，秦法令就贯彻了出令入刑的原则。秦国变法的推动者商君即明确认为"一刑则令行""有不从王令、犯国禁、乱上制者，罪死不赦"，[①] 这说明违令（事制）是定罪处刑的前提条件。又例如，在睡虎地秦简中，其《语书》中就有"举劾不从令者，致以律"，其《田律》有"不从令者，有罪"，《金布》有"及不如令者，皆以律论之"，《内史杂》有"犯令者有罪"，《除吏

---

① 长治. 商君书评注［M］. 武汉：武汉大学出版社，2019：99，101.

律》中有"上造以上不从令,赀二甲",其《法律答问》有"令曰勿为,而为之,是谓犯令。令曰为之,弗为,是谓废令也"。从这些记载可知,在秦代就确立了出令有罪、出令入刑的法律观念,事制与处罚之间的界限是明晰的。在汉朝的法律中同样贯彻了出令入刑的思想,例如在张家山汉简《二年律令》中,其《传食律》有"不从令者罚黄金四两"。

秦汉时期,律、令的界限并不是很清晰,律、令中都有事制规则。不过,律外其实有大量的令,出土秦令中有内史郡二千石官共令第甲、内史郡二千石官共令第戊、内史郡二千石官共令第己、内史郡二千石官共令第庚、内史郡二千石官共令第乙、四司空卒令、四谒者令丙、尉郡卒令甲、卜祝酌及它祠令等,[①] 汉令中有成篇的令甲、令乙、令丙等。故,秦汉时期的律、令仍然有一定的差异,律稍微侧重于处罚规则,令则侧重于事制规则(特别是官制官规),这才出了"不从令者,致以律"(睡虎地秦简《语书》)的说法。只不过,由于律中有大量的事制规则,而令中有大量的处罚规则,这导致律、令的界限不是太显明,而这并不妨碍"出令入刑"观念的成立。

秦汉时期的律令不分的后果是断罪条文(其中必包含详细的事制规则)的规模极为庞大,例如,到东汉后期,经统计已是"凡断罪所当由用者,合二万六千二百七十二条,七百七十三万二千二百余言",这导致了很多问题,于是各种改革提议就出现了。但真正在国家层面进行的法律改革是首次出现在曹魏时期,其成果是魏法的颁行,即"新律十八篇,州郡令四十五篇,尚书官令、军中令,合百八十余篇",经此改革,刑律的体例和规模得以优化,事制规则与处罚规则的分流初步完成,律、令分立的立法体系也基本成型,这使得违令入律的思维范式得以增强。

到了晋朝初年,对法律进行了进一步的革新,其成果是律"二十篇,六百二十条,二万七千六百五十七言""令四十篇""故事三十卷",律、令的分流更加地彻底,令的功能是"施行制度,以此设教",并且再次申明了"违令有罪则入律"的观念,这是对秦汉出令入刑原则的再次申明,这是非常适宜的,因为在此时,令、律已经区分得比较清楚,无论是从令、律的功能还是其载体上看都是如此。

出令入刑思想是中国古代法中的一项基本原则,它确认了刑是因为有罪,而有罪是出于违令,它确认了刑罚的唯一依据,即只有违令才会有罪,否则不应该有刑。其意,令是法的主体和实体,律是法的防护外壳。出令入思想与现

---

① 陈松长. 岳麓秦简中的几个令名小识 [J]. 文物, 2016, (12): 59-64.

代英美法中的合法原则（The principle of legality）及现代欧陆刑法中的罪刑法定原则（拉丁文作 Nullumcrimen sine lege, Nullapoena sine lege）是相当的，只不过，欧美的这些法律思想是近一二百年左右才提出的。出令入刑观念源于商君思想，它在自秦至清的法令中得到了落实，守法的官员在断案中也是这么做的。定罪不但要有律上的依据而且必须有违令的事实，归根结底，处罚的根据在事制规则，出令入刑思想深刻地影响了古代人们的法律认知和思维习惯。

不过，在儒家则有一个不同的主张，即是"出礼入刑"。"出礼入刑"一语出现较晚，目前看来是元人柳贯在其《唐律疏义序》中首提此语，而相近观念出现极早且极为流行。例如，成书于战国时期的《管子·卷四》中即有"法出于礼，礼出于治。治，礼道也"，东汉王充《论衡·卷十二》中有"古礼三百，威仪三千，刑亦正刑三百，科条三千，出于礼入于刑，礼之所去刑之所取，故其多少同一数也"，宋人沈该《易小传·卷三下》中即有"出于礼则入于刑。刑法之于国，亦所以藏礼以保其民也"，宋洪咨夔《春秋说·卷六》中有"孽自己作，恶由身积。出于礼则入于刑。五刑之用，无非天讨，岂得而私宥之"，明唐顺之《稗编·卷三十一》中有"礼者防之于未然，律者禁之于已然，皆缘人情而为制，礼之所不许即律之所不容，出于礼则入于律也"，清《钦定礼记义疏·卷六十五》中亦有"出于礼，则入于刑"。儒家以治礼见长，则当然会倾向于把礼的地位与功能看得极重，不过，出礼入刑观念只能算是一个儒家迷梦，是东周时期儒家的礼治观念的延续，它不切实际，因而从来仅停留于观念状态而没有付诸实现。且，撇开法令而从礼的角度直接谈论刑罚是极为有害的，因为"礼仪三百，威仪三千"并无确定的统一标准，从而难以成为处罚依据。

从整体上看，出令入刑思想是中国古代法中的一个核心观念，它从秦至清都是有效的，晋法对此原则的重申和贯彻体现了法度的延续和传承。

三、南朝律令

公元 420 年，刘裕受东晋禅称帝，国号宋，南朝的历史开始。宋后，南朝又经历齐、梁、陈三朝，传到公元 589 年为隋所灭，南朝的历史随之终结。

（一）南朝宋的律令

公元 420 年刘裕建宋称帝，至公元 479 年禅于萧道成，刘宋一朝历八帝合六十年。

刘宋一朝，其制度大抵依晋旧。相关的记载略录如下：

（大明五年）诏曰："昔人称人道何先，于兵为首，虽淹纪勿用，忘之

律令的精神 >>>

必危。朕以听览余闲，因时讲事，坐作有仪，进退无爽。军幢以下，普量班锡。顷化弗能孚，而民未知禁，諠役违调，起触刑网。凡诸逃亡，在今昧爽以前，悉皆原赦。已滞囹圄者，释还本役。其逋负在大明三年以前，一赐原停。自此以还，鳏贫疾老，详所申减。伐蛮之家，蠲租税之半。近籍改新制，在所承用，殊谬实多，可普更符下，听以今为始。若先已犯制，亦同荡然。"①

晋立服制令，辨定众仪，徐广车服注，略明事目，并行于今者也。②

俭又上议曰："自顷服章多阙，有违前准，近议依令文，被报不宜改革，又称左丞刘议，'按令文，凡有朝服，今多阙亡。然则文存服损，非唯铉佐，用舍既久，即为旧章'。如下旨。伏寻皇宋受终，每因晋旧制，律令条章，同规在昔。若事有宜，必合惩改，则当上关诏书，下由朝议，县诸日月，垂则后昆。岂得因外府之乖谬，以为盛宋之兴典，用晋氏之律令，而谓其仪为颣法哉。顺违从失，非所望于高议；申明旧典，何改革之可论。又左丞引令史之阙服，以为铉佐之明比。夫名位不同，礼数异等，令史从省，或有权宜；达官简略，为失弥重。又主簿、祭酒，备服于王庭。长史、掾、属，朱衣以就列。于是伦比，自成矛盾。此而可忍，孰不可安。将引令以遵旧，台据失以为例，研详符旨，良所未譬。当官而行，何强之有，制令昭然，守以无贰。"③

廷尉评，一人。汉宣帝地节三年，初置左右评。汉光武省右，犹云左评。魏、晋以来，直云评。正、监、评并以下官礼敬廷尉卿。正、监秩千石，评六百石。廷尉律博士，一人。魏武初建魏国置。④

晋西朝凡有吏曹、课第曹、直事曹、印曹、中都督曹、外都督曹、媒曹、符节曹、水曹、中垒曹、营军曹、算曹、法曹，凡十三曹，而置御史九人。晋江左初，省课第曹、置库曹，掌厩牧牛马市租。后复分库曹，置外左库、内左库二曹。宋太祖元嘉中，省外左库，而内左库直云左库。世祖大明中，复置。废帝景和元年又置。顺帝初，省营军并水曹，省算曹并法曹，吏曹不置御史，凡十御史焉。⑤

谓此制可施小人，士人自还用旧律。……至于求之管见，宜附前科，

---

① 沈约. 宋书：卷六 [M]. 北京：中华书局，2000：85.
② 沈约. 宋书：卷十八 [M]. 北京：中华书局，2000：333.
③ 沈约. 宋书：卷十八 [M]. 北京：中华书局，2000：345.
④ 沈约. 宋书：卷三十九 [M]. 北京：中华书局，2000：808.
⑤ 沈约. 宋书：卷四十 [M]. 北京：中华书局，2000：822.

第二章 律令的创制与传承

区别士庶，于义为美。盗制，按左丞议，士人既终不为兵革，幸可同宽宥之惠，不必依旧律，于议咸允。①

弘又上言："旧制，民年十三半役，十六全役。当以十三以上，能自营私及公，故以充役。而考之见事，犹或未尽。体有强弱，不皆称年。且在家自随，力所能堪，不容过苦。移之公役，动有定科，循吏隐恤，可无其患，庸宰守常，已有勤剧，况值苛政，岂可称言。乃有务在丰役，增进年齿，孤远贫弱，其敝尤深。至令依寄无所，生死靡告，一身之切，逃窜求免，家人远讨，胎孕不育，巧避罗宪，实亦由之。今皇化惟新，四方无事，役召之应，存乎消息。十五至十六，宜为半丁，十七为全。"从之。②

原夫礼律之兴，盖本之自然，求之情理，非从天堕，非从地出也。③

律伤死人，四岁刑，妻伤夫，五岁刑，子不孝父母，弃市，并非科例。④

从弟道生，亦以军功为大司马参军，犯罪，为秣陵令庾淑之所鞭。安都大怒，乃乘马从数十人，令左右执矟，欲往杀淑之。行至朱雀航，逢柳元景。元景遥问："薛公何处去？"安都跃马至车后曰："小子庾淑之鞭我从弟，今指往刺杀之。"元景虑其不可驻，乃绐之曰："小子无宜适，卿往与手，甚快。"安都既回马，复追呼之："别宜与卿有所论。"令下马入车。既入车，因责让之曰："卿从弟服章言论，与寒细不异，虽复人士，庾淑之亦何由得知？且人身犯罪，理应加罚，卿为朝廷勋臣，宜崇奉法宪，云何放恣，辄欲于都邑杀人。非唯科律所不容，主上亦无辞以相宥。"因载之俱归，安都乃止。⑤

从史书的这些记载来看，刘宋一朝的法律在延续晋法的基础上又有革新。比如，大明五年前后的"近籍改新制"、景平七年前后的定役"十五至十六，宜为半丁，十七为全"、官制及礼制的改定等。刘宋时期对法律细节方面的改良很多，不过，成规模的法律编纂的工作很可能没有进行过，则其法律的主体仍是晋初所颁行的《律》《令》《故事》，即，"晋旧制"仍在沿用。

刘宋王朝没有颁行新法，却能延续长达六十年，这或许是一个令人感兴趣

---

① 沈约. 宋书：卷四十二 [M]. 北京：中华书局，2000：865-866.
② 沈约. 宋书：卷四十二 [M]. 北京：中华书局，2000：867.
③ 沈约. 宋书：卷五十五 [M]. 北京：中华书局，2000：1022.
④ 沈约. 宋书：卷八十一 [M]. 北京：中华书局，2000：1377.
⑤ 沈约. 宋书：卷八十八 [M]. 北京：中华书局，2000：1474.

的现象。在中国，凡新的王朝建立，通常会"改正朔，易服色"，其中一项就是颁行新法，以昭示王朝新气象。不过，王朝的能否久享国祚，并不是取决于是否颁行了新法，因为确有很多的王朝虽是颁行了新法仍不免于旋即灭亡，比如曹魏、隋等，但也有一些王朝始终没有颁行新法也能维持长久，比如东汉即是。东汉建立时，西汉已灭国很久了，其间经过了王莽篡汉和绿林赤眉起义，东汉创立者刘秀宣布自己是西汉皇族且定国号为汉，从而使得西汉的一整套国家制度得到沿用，东汉一朝在强大制度基础的支撑下得以保持达二百年之久。与东汉相近，刘宋王朝虽然没有颁行新法，但并不表明它没有法度作支撑，相反，晋法是秦孝公变法以来过去六百年法律发展的一个总结，沿用晋法就是一个明智的选择。或许晋旧制也有这样那样的问题，而刘宋王朝一直在进行局部的各种革新以优化、完善旧法度。况且，在元朝之前，我国古代法是不冠国号的，包括"汉承秦制"等前朝故事都没有遭到非议，则沿用吏民都很熟悉的旧法是快速恢复秩序和建立法度的捷径，无所不可。刘宋王朝的选择其实是确立本朝法度的方式之一，并不怪异。

其实，统观中国历史及世界历史，法律的发展进步整体上是渐进的，革命性的进步是上千年一遇的事，多数时候都是承用前代旧制。于是，除了法度的创建之外，确立本朝法度的方式主要有二，一是直接承用前朝旧制并在使用中加以损益，二是将前朝法律略作损益后重新颁行为本朝法律，东汉和刘宋王朝所采用的就是前一种方法，隋唐明清采取的是后一种方法。

(二) 南朝齐的律令

公元479年，萧道成代宋立齐，即南齐，传七帝24年，至公元502年禅于梁。

南齐的历史尚短，却对法律比较重视。相关的记载如下：

> (永泰元年) 冬十月己未，诏删省律科。①
> 廷尉。府置丞一人，正一人，监一人，评一人，律博士一人。②
> (上初即位，祖思启陈政事) 又曰："宪律之重，由来尚矣。故曹参去齐，唯以狱市为寄，余无所言。路温舒言'秦有十失，其一尚在，治狱之吏是也'。实宜清置廷尉，茂简三官，寺丞狱主，弥重其选，研习律令，删除繁苛。诏狱及两县，一月三讯，观貌察情，欺枉必达。使明慎用刑，无

---

① 萧子显. 南齐书：卷七 [M]. 北京：中华书局，2000：67.
② 萧子显. 南齐书：卷十六 [M]. 北京：中华书局，2000：210.

忝大易；宁失不经，靡愧周书。汉来治律有家，子孙并世其业，聚徒讲授，至数百人。故张、于二氏，絜誉文、宣之世；陈、郭两族，流称武、明之朝。决狱无冤，庆昌枝裔，槐衮相袭，蝉紫传辉。今廷尉律生，乃令史门户，族非咸、弘，庭缺于训。刑之不措，抑此之由。如详择笃厚之士，使习律令，试简有征，擢为廷尉僚属。苟官世其家而不美其绩，鲜矣；废其职而欲善其事，未之有也。若刘累传守其业，庖人不乏龙肝之馔，断可知矣。"①

（上初即位，祖思启陈政事）又曰："论儒者以德化为本；谈法者以刻削为体。道教治世之梁肉，刑宪乱世之药石。故以教化比雨露，名法方风霜。是以有耻且格，敬让之枢纽；令行禁止，为国之关楗。然则天下治者，赏罚而已矣。赏不事丰，所病于不均；罚不在重，所困于不当。如令甲勋少，乙功多，赏甲而舍乙，天下必有不劝矣；丙罪重，丁眚轻，罚丁而赦丙，天下必有不悛矣。是赏罚空行，无当乎劝沮。将令见罚者宠习之臣，受赏者仇雠之士，戮一人而万国惧，赏匹夫而四海悦。"②

永明七年，（孔稚珪）转骁骑将军，复领左丞。迁黄门郎，左丞如故。转太子中庶子，廷尉。江左相承用晋世张杜律二十卷，世祖留心法令，数讯囚徒，诏狱官详正旧注。先是七年，尚书删定郎王植撰定律章表奏之，曰："臣寻晋律，文简辞约，旨通大纲，事之所质，取断难释。张斐杜预同注一章，而生杀永殊。自晋泰始以来，唯斟酌参用。是则吏挟威福之势，民怀不对之怨，所以温舒献辞于失政，绛侯忼慨而兴叹。皇运革祚，道冠前王，陛下绍兴，光开帝业。下车之痛，每恻上仁，满堂之悲，有矜圣思。爰发德音，删正刑律，敕臣集定张杜二注。谨砺愚蒙，尽思详撰，削其烦害，录其允衷。取张注七百三十一条，杜注七百九十一条，或二家两释，于义乃备者，又取一百七条。其注相同者，取一百三条。集为一书。凡一千五百三十二条，为二十卷。请付外详校，摘其违谬。"从之。于是公卿八座参议，考正旧注。有轻重处，竟陵王子良下意，多使从轻。其中朝议不能断者，制旨平决。③

至九年，稚珪上表曰："臣闻匠万物者以绳墨为正，驭大国者以法理为本。是以古之圣王，临朝思理，远防邪萌，深杜奸渐，莫不资法理以成化，

---

① 萧子显. 南齐书：卷二十八 [M]. 北京：中华书局，2000：348.
② 萧子显. 南齐书：卷二十八 [M]. 北京：中华书局，2000：349.
③ 萧子显. 南齐书：卷四十八 [M]. 北京：中华书局，2000：566-567.

律令的精神 >>>

明刑赏以树功者也。伏惟陛下蹑历登皇，乘图践帝，天地更筑，日月再张，五礼裂而复缝，六乐颓而爰缉。乃发德音，下明诏，降恤刑之文，申慎罚之典，敕臣与公卿八座共删注律。谨奉圣旨，咨审司徒臣子良，禀受成规，创立条绪。使兼监臣宋躬、兼平臣王植等抄撰同异，定其去取。详议八座，裁正大司马臣巉。其中洪疑大议，众论相背者，圣照玄览，断自天笔。始就成立律文二十卷，录叙一卷，凡二十一卷。今以奏闻，请付外施用，宣下四海。臣又闻老子、仲尼曰：'古之听狱者，求所以生之；今之听狱者，求所以杀之。''与其杀不辜，宁失有罪。'是则断狱之职，自古所难矣。今律文虽定，必须用之；用失其平，不异无律。律书精细，文约例广，疑似相倾，故误相乱，一乖其纲，枉滥横起。法吏无解，既多谬僻，监司不习，无以相断，则法书徒明于帙里，冤魂犹结于狱中。今府州郡县千有余狱，如令一狱岁枉一人，则一年之中，枉死千余矣。冤毒之死，上干和气，圣明所急，不可不防。致此之由，又非但律吏之咎，列邑之宰，亦乱其经。或以军勋余力，或以劳吏暮齿，犷情浊气，忍并生灵，昏心狠态，吞剥氓物，虐理残其命，曲文被其罪，冤积之兴，复缘斯发。狱吏虽良，不能为用。使于公哭于边城，孝妇冤于遐外。陛下虽欲宥之，其已血溅九泉矣。寻古之名流，多有法学。故释之、定国，声光汉台；元常、文惠，绩映魏阁。今之士子，莫肯为业，纵有习者，世议所轻。良由空勤永岁，不逢一朝之赏，积学当年，终为间伍所蚩。将恐此书永坠下走之手矣。今若弘其爵赏，开其劝慕，课业宦流，班习胄子；拔其精究，使处内局，简其才良，以居外仕；方岳咸选其能，邑长并擢其术：则皋繇之谋，指掌可致；杜郑之业，郁焉何远。然后奸邪无所逃其刑，恶吏不能藏其诈，如身手之相驱，若弦括之相接矣。臣以疏短，谬司大理。陛下发自圣衷，忧矜刑网，御延奉训，远照民瘼。臣谨仰述天官，伏奏云陛。所奏缪允者，宜写律上，国学置律学助教，依五经例，国子生有欲读者，策试上过高第，即便擢用，使处法职，以劝士流。"①

（史臣曰）故永明定律，多用优宽，治物不患仁心，见累于弘厚，为令贵在必行，而恶其舛杂也。②

（梁武帝）时欲议定律令，得齐时旧郎济阳蔡法度，家传律学，云齐武时，删定郎王植之，集注张、杜旧律，合为一书，凡一千五百三十条，事

---

① 萧子显. 南齐书：卷四十八 [M]. 北京：中华书局，2000：567-568.
② 萧子显. 南齐书：卷四十八 [M]. 北京：中华书局，2000：572.

未施行，其文殆灭，法度能言之。①

齐永明律八卷，宋躬撰。②

1. 南齐颁行有《律》二十卷，有一千五百三十条

从如上的记载来看，南齐一朝确实"成立律文二十卷，录叙一卷，凡二十一卷"，与晋律的篇数相同，南齐律文在起草时（永明七年）有"一千五百三十二条"，不过，可能后来又经过详议更定，最终条文数是"一千五百三十条"。廷尉孔稚珪请旨颁行新律"宣下四海"的年份是永明九年（公元491年），十年后南齐禅于梁，新律施行情况如何则不得而知。不过，南齐律确已颁行是可以肯定的（宋躬的八卷本可能是其个人著作或南齐律的节录本），只是孔稚珪为了防止"用失其平，不异无律"而请旨要求"国学置律学助教"的事并未施行。

南齐律在南朝法律的发展历程中是非常重要的，因为梁律即是以南齐律损益而成。南齐虽定有《律》，不过，其他方面的法律（令、故事等）则可能并无刊定，可能仍是沿用晋令、晋故事，只是略有损益而已（这从《南齐书·百官志》《南齐书·舆服志》可见其一二），《唐六典·卷六》也注作"宋、齐略同晋氏"。

南齐一朝的历史虽然较短，不过在法律建设方面则有不小的成就，它接续了魏晋以来的法籍传统，并且直接促成了梁朝的系列立法。同时，南齐的律学仍盛，蔡法度即是有"家传律学"，在廷尉府仍一直置有律博士。

2. 南齐时的法律观念较为中允，及"法理""法学"观念的提出

虽然自魏晋以来就有崇清谈之风，不过，南齐君臣似更加注重法律。齐高帝的大臣崔祖思即认为"令行禁止，为国之关楗。然则天下治者，赏罚而已矣"，其思想显得较为开明，远非不谙实务之士可比，只是可能过于倚重刑罚。齐武帝本人更是"留心法令，数讯囚徒，诏狱官详正旧注"，在他的主持下，南齐进行了刑书的刊定，对于立法中的重大疑难问题还由他躬自"制旨平决"。

齐武帝时的廷尉孔稚珪是南齐时期的一个重要律家，他是一个思想开明的学者，他认为"驭大国者以法理为本。是以古之圣王，临朝思理，远防邪萌，深杜奸渐，莫不资法理以成化，明刑赏以树功者也"，这在玄谈成风、释道风行的时代确是一股清流，他把"法理"看作治国之本，这是对秦汉治国之术的回归。孔稚珪不仅重视"法理"，他还在中国法律史上第一次提出"法学"这一

---

① 魏徵. 隋书：卷二十五 [M]. 北京：中华书局，2000：472.
② 刘昫，等撰. 旧唐书：卷四十六 [M]. 北京：中华书局，2000：1362.

全新的学术词汇，他以为法学是古已有之且有益治绩，"释之、定国声光汉台，元常、文惠绩映魏阁"，因而他有很大的雄心，他不满足于在廷尉府内置律博士与律生，更进一步，他要在国学（国子学，类似于后世的太学、国子监）中仿经学的体例而"置律学助教"以教授法学，这确实是一个很先进、很超前的主张。在秦朝时是以法令为尊而以经学为卑，汉朝则以经学为尊而法学则不立于学官，直到清朝亡后法学又获得了显要的学科地位而经学则没落了，这正说明法学之重要。南北朝时的孔稚珪提出立"律学"于国子学似较另类，实则中允且必要。虽然孔稚珪的"国学置律学助教"的奏请并未得到施行，但仍值得我们重视。

（三）南朝梁的律令

梁朝始于公元502年萧衍受齐禅，公元557年又禅于陈，历四帝。

梁武帝在位时间较长（达四十八年，在南朝诸帝中居首），梁朝因而拥有了较为稳定内政环境，从而得以进行系统的法律建设。相关的记载如下：

（天监元年八月）丁未，诏中书监王莹等八人参定律令。①

（天监二年）夏四月癸卯，尚书删定郎蔡法度上梁律二十卷、令三十卷、科四十卷。②

（天监五年夏四月）甲寅诏曰："朕昧旦斋居，惟刑是恤，三辟五听，寝兴载怀，故陈肺石于都街，增官司于诏狱，殷勤亲览，小大以情。而明慎未洽，囹圄尚拥，永言纳隍，在予兴愧。凡犴狱之所，可遣法官近侍，递录囚徒，如有枉滞，以时奏闻。"③

天监元年，除长史兼侍中，与仆射沈约等共定新律。④

（蔡法度）于是以为兼尚书删定郎，使损益植之旧本，以为梁律。天监元年八月，乃下诏曰："律令不一，实难去弊。杀伤有法，昏墨有刑，此盖常科，易为条例。至如三男一妻，悬首造狱，事非虑内，法出恒钧。前王之律，后王之令，因循创附，良各有以。若游辞费句，无取于实录者，宜悉除之。求文指归，可适变者，载一家为本，用众家以附。丙丁俱有，则去丁以存丙。若丙丁二事，注释不同，则二家兼载。咸使百司，议其可不，取其可安，以为标例。宜云：'某等如干人同议，以此为长'，则定以为梁

---

① 姚思廉. 梁书：卷二 [M]. 北京：中华书局，2000：26.
② 姚思廉. 梁书：卷二 [M]. 北京：中华书局，2000：27.
③ 姚思廉. 梁书：卷二 [M]. 北京：中华书局，2000：30.
④ 姚思廉. 梁书：卷二十一 [M]. 北京：中华书局，2000：226.

>>> 第二章 律令的创制与传承

律。留尚书比部，悉使备文，若班下州郡，止撮机要。可无二门侮法之弊。"法度又请曰："魏、晋撰律，止关数人，今若皆谘列位，恐缓而无决。"于是以尚书令王亮、侍中王莹、尚书仆射沈约、吏部尚书范云、长兼侍中柳恽、给事黄门侍郎傅昭、通直散骑常侍孔蔼、御史中丞乐蔼、太常丞许懋等参议断定，定为二十篇：一曰刑名，二曰法例，三曰盗劫，四曰贼叛，五曰诈伪，六曰受赇，七曰告劾，八曰讨捕，九曰系讯，十曰断狱，十一曰杂，十二曰户，十三曰擅兴，十四曰毁亡，十五曰卫宫，十六曰水火，十七曰仓库，十八曰厩，十九曰关市，二十曰违制。其制刑为十五等之差：弃市已上为死罪，大罪枭其首，其次弃市。刑二岁已上为耐罪，言各随伎能而任使之也。有髡钳五岁刑，笞二百，收赎绢，男子六十匹。又有四岁刑，男子四十八匹。又有三岁刑，男子三十六匹。又有二岁刑，男子二十四匹。罚金一两已上为赎罪。赎死者金二斤，男子十六匹。赎髡钳五岁刑笞二百者，金一斤十二两，男子十四匹。赎四岁刑者，金一斤八两，男子十二匹。赎三岁刑者，金一斤四两，男子十匹。赎二岁刑者，金一斤，男子八匹。罚金十二两者，男子六匹。罚金八两者，男子四匹。罚金四两者，男子二匹。罚金二两者，男子一匹。罚金一两者，男子二丈。女子各半之。五刑不简，正于五罚，五罚不服，正于五过，以赎论，故为此十五等之差。又制九等之差：有一岁刑，半岁刑，百日刑，鞭杖二百，鞭杖一百，鞭杖五十，鞭杖三十，鞭杖二十，鞭杖一十。有八等之差：一曰免官，加杖督一百；二曰免官；三曰夺劳百日，杖督一百；四曰杖督一百；五曰杖督五十；六曰杖督三十；七曰杖督二十；八曰杖督一十。论加者上就次，当减者下就次。①

大凡定罪二千五百二十九条。（天监）二年四月癸卯，法度表上新律。又上令三十卷，科三十卷。帝乃以法度守廷尉卿，诏班新律于天下。②

梁科三十卷。……晋初，贾充、杜预，删而定之。有律，有令，有故事。梁时，又取故事之宜于时者为梁科。③

梁初，命蔡法度等撰《梁令》三十篇：一、户，二、学，三、贡士赠官，四、官品，五、吏员，六、服制，七、祠，八、户调，九、公田公用仪迎，十、医药疾病，十一、复除，十二、关市，十三、劫贼水火，十四、

---

① 魏徵．隋书：卷二十五 [M]．北京：中华书局，2000：474．
② 魏徵．隋书：卷二十五 [M]．北京：中华书局，2000：472-473．
③ 魏徵．隋书：卷三十三 [M]．北京：中华书局，2000：657-658．

捕亡，十五、狱官，十六、鞭杖，十七、丧葬，十八、杂上，十九、杂中，二十、杂下，二十一、宫卫，二十二、门下散骑中书，二十三、尚书，二十四、三台秘书，二十五、王公侯，二十六、选吏，二十七、选将，二十八、选杂士，二十九、军吏，三十、军赏。①

天监初，则何佟之、贺玚、严植之、明山宾等覆述制旨，并撰吉凶军宾嘉五礼，凡一千余卷，高祖称制断疑。②

从如上的记载来看，梁朝在一二年的时间内就完成了《律》《令》《科》的编纂（颁行时间是公元503年），这一法律体系当然是在传承魏晋旧制基础上的新发展。

1. 梁朝确立了新的法律体系：律、令、科

梁律的参定是以南齐王植等所修南齐律二十卷为底本损益而成，即"使损益植之旧本，以为梁律"，正是因为有所本，这才能快速完成这么重大的立法任务。不过，"删定郎王植之，集注张、杜旧律，合为一书，凡一千五百三十条"，但经蔡法度等所编定的梁律则虽同是二十卷，但已是"大凡定罪二千五百二十九条"，而晋律令的合计才"二千九百二十六条"，可见，梁律的篇幅有了很大增长。

梁令三十卷为"蔡法度等撰"，由于刘宋、南齐二朝都可能没有编撰过《令》，则梁令当本于魏令或晋令，而晋有"令四十篇"，梁令篇幅有所缩小，只是未知其条数与字数。

梁科是"取故事之宜于时者"而成，可见梁科是本于晋故事，而晋有"故事三十卷"。梁科篇数则有"四十卷"和"三十卷"之说，未知孰是，亦未知是不是同一书。考梁以晋令四十篇缩为梁令三十卷，则未尝不可能把晋故事三十卷扩展为梁科四十卷。

另外，梁朝还组织编撰了礼书，其篇幅达"一千余卷"。秦汉以来皆有礼制，却无官颁系统礼书，或许正是梁朝开中国古代王朝大规模编纂礼书的先河。

梁朝的法律创建虽是在极短的时间内完成的，不过，其成就却不小。首先是梁法传承了以往的法律发展成就，律、令分立的形式体系得到接续。其次是有所发展，由晋朝的律、令、故事的体系发展为律、令、科的新体系，还在具体法律制度上也有创新，比如确立了三十二等刑制（合十五等之差、九等之差、

---

① 李林甫，等撰. 唐六典：卷六［M］. 北京：中华书局，1992：184.
② 姚思廉. 梁书：卷三［M］. 北京：中华书局，2000：64.

八等之差)。后来,虽然南朝亡于北朝,但这些法律创新未必无意义,因为它作为一种文献对当时的北朝及后世都可能产生法文化上的影响。

2. 梁朝法律的教训:为法,急于黎庶,缓于权贵,非长久之术

梁朝的法律似乎较为健全,但在施行中却产生了极大的问题,那就是"屈法"。

南齐的廷尉孔稚珪在其奏疏中即认为"今律文虽定,必须用之;用失其平,不异无律",并提出了一些用法建议。不过,他所针对的问题可能还不是对某一部分人的用法不平上,而是针对由于官吏对法律的理解不准而造成的用法不平上。但到了梁朝,情况则完全不同了。

梁武帝重视法制建设,并且还非常重视庶狱,从而使法律的施行情况呈现严肃的一面,即严格执行法律且很注重防范冤滥。据《梁书》载,仅在天监年间,梁武帝即多次下诏严明宪纲。例如,天监元年四月"癸酉,诏曰:'商俗甫移,遗风尚炽,下不上达,由来远矣。升中驭索,增其懔然。可于公交车府谤木肺石傍各置一函。若肉食莫言,山阿欲有横议,投谤木函。若从我江、汉,功在可策,犀咒徒弊,龙蛇方县;次身才高妙,摈压莫通,怀傅、吕之术,抱屈、贾之叹,其理有皦然,受困包甄;夫大政侵小,豪门陵贱,四民已穷,九重莫达。若欲自申,可并投肺石函"。① 天监二年春正月甲寅朔,诏"朕属当期运,君临兆亿,虽复斋居宣室,留心听断;而九牧遐荒,无因临览。深惧怀冤就鞠,匪惟一方。可申敕诸州,月一临讯,博询择善,务在确实"。② 天监三年六月丙子,诏"总总九州,远近民庶,或川路幽遐,或贫羸老疾,怀冤抱理,莫由自申,所以东海匹妇,致灾邦国,西土孤魂,登楼请诉。念此于怀,中夜太息。可分将命巡行州部,其有深冤巨害,抑郁无归,听诣使者,依源自列。庶以矜隐之念,昭被四方,遏听远闻,事均亲览"。③ 天监五年夏四月,甲寅,诏"朕昧旦斋居,惟刑是恤,三辟五听,寝兴载怀。故陈肺石于都街,增官司于诏狱,殷勤亲览,小大以情。而明慎未洽,囹圄尚壅,永言纳隍,在予兴愧。凡犴狱之所,可遣法官近侍,递录囚徒,如有枉滞,以时奏闻"。④ 十六年春正月辛未,诏"诸州郡县,时理狱讼,勿使冤滞,并若亲览"。⑤ 天监十七年春正月丁巳朔,诏"凡坐为市埭诸职割盗衰减应被封籍者,其田宅车牛,是民生之

---

① 姚思廉. 梁书:卷二[M]. 北京:中华书局,2000:25-26.
② 姚思廉. 梁书:卷二[M]. 北京:中华书局,2000:27.
③ 姚思廉. 梁书:卷二[M]. 北京:中华书局,2000:28.
④ 姚思廉. 梁书:卷二[M]. 北京:中华书局,2000:30.
⑤ 姚思廉. 梁书:卷二[M]. 北京:中华书局,2000:38.

具，不得悉以没入，皆优量分留，使得自止。其商贾富室，亦不得顿相兼并。遁叛之身，罪无轻重，并许首出，还复民伍。若有拘限，自还本役。并为条格，咸使知闻"。① 从这些诏令来看，梁武帝似是一个"万机斯理"的明主，不过，这是梁武帝前期且是对平民百姓。而"及乎耄年，委事群幸。然朱异之徒，作威作福，挟朋树党，政以贿成，服冕乘轩，由其掌握，是以朝经混乱，赏罚无章。'小人道长'，抑此之谓"，②"武帝敦睦九族，优借朝士，有犯罪者皆讽群下，屈法申之。百姓有罪，皆案之以法。其缘坐则老幼不免，一人亡逃，则举家质作。人既穷急，奸宄益深"，③ 用法不公会带来严重的社会危机。

梁武帝用法"急于黎庶，缓于权贵"，这导致了严重的"用法不平"，从而造成对法律的破坏。据史书所载，梁武帝初崇儒玄，以致"疏简刑法，自公卿大臣咸不以鞫狱留意，奸吏招权，巧文弄法，货贿成市，多致枉滥"，④ 后来则笃信释典，更是不以法律为意，例如，武帝"尝游南苑，临川王宏伏人于桥下，将欲为逆，事觉，有司请诛之，帝但泣而让曰，我人才十倍于尔，处此恒怀战惧，尔何为者，我岂不能行周公之事，念汝愚故也。免所居官，顷之还复本职"，其后果是"王侯骄横转甚，或白日杀人于都街，劫贼亡命，咸于王家自匿，薄暮尘起，则剥掠行路，谓之打稽。武帝深知其弊，而难于诛讨。十一年十月，复开赎罪之科。中大同元年七月甲子，诏自今犯罪，非大逆，父母、祖父母勿坐。自是禁网渐疏，百姓安之，而贵戚之家，不法尤甚矣"。⑤ 由于权贵可以不守法却不必负责任，实际上是使权贵们处于不受法律拘束的状态，其作乱是迟早的事。不久，梁武帝本人即死于侯景逆乱。秣陵老人给梁武帝的谏言"陛下为法，急于黎庶，缓于权贵，非长久之术，诚能反是，天下幸甚！"⑥ 是深刻的劝诫，惜乎梁武帝并未真正听取。梁武帝用法留下的教训可谓深刻，后世不可不鉴戒乎！

（四）南朝陈的律令

南朝陈是陈武帝（陈霸先）自557年建立于建康，传五帝共三十三年，于589年亡于隋。侯景逆乱对南朝造成了极大的破坏，此后，南朝弱于北朝。关于陈朝的法律记载，略录如下：

---

① 姚思廉. 梁书：卷二 [M]. 北京：中华书局，2000：39.
② 姚思廉. 梁书：卷三 [M]. 北京：中华书局，2000：65.
③ 姚思廉. 隋书：卷二十五 [M]. 北京：中华书局，2000：474-475.
④ 姚思廉. 隋书：卷二十五 [M]. 北京：中华书局，2000：475.
⑤ 魏徵. 隋书：卷二十五 [M]. 北京：中华书局，2000：475.
⑥ 魏徵. 隋书：卷二十五 [M]. 北京：中华书局，2000：475.

(永定元年十月）立删定郎，治定律令。①

（太建十一年夏五月）甲寅，诏曰："旧律以枉法受财为坐虽重，直法容贿其制甚轻，岂不长彼贪残，生其舞弄？事涉货财，宁不尤切？今可改不枉法受财者，科同正盗。"②

（王冲）寻又以本官领丹阳尹，参撰律令。③

梁代旧律，测囚之法，日一上，起自晡鼓，尽于二更。及比部郎范泉删定律令，以旧法测立时久，非人所堪，分其刻数，日再上。廷尉以为新制过轻，请集八座丞郎并祭酒孔奂、行事沈洙五舍人会尚书省详议。④

陈律九卷（范泉撰）。……陈令三十卷（范泉撰）。陈科三十卷（范泉撰）。⑤

于是稍求得梁时明法吏，令与尚书删定郎范泉参定律令。又敕尚书仆射沈钦、吏部尚书徐陵、兼尚书左丞宗元饶、兼尚书右丞贺朗参知其事，制律三十卷，令律四十卷。采酌前代，条流冗杂，纲目虽多，博而非要。其制唯重清议禁锢之科。若缙绅之族，犯亏名教，不孝及内乱者，发诏弃之，终身不齿。先与士人为婚者，许妻家夺之。其获贼帅及士人恶逆，免死付治，听将妻入役，不为年数。又存赎罪之律，复父母缘坐之刑。自余篇目条纲，轻重简繁，一用梁法。⑥

五岁四岁刑，若有官，准当二年，余并居作。其三岁刑，若有官，准当二年，余一年赎。若公坐过误，罚金。其二岁刑，有官者，赎论。一岁刑，无官亦赎论。寒庶人，准决鞭杖。囚并著械，徒并著锁，不计阶品。死罪将决，乘露车，著三械，加壶手。至市，脱手械及棒手焉。⑦

陈律九卷（范泉等撰）。⑧

陈令三十卷（范泉等撰）。陈科三十卷（范泉志）。⑨

条钞晋宋齐梁律二十卷。范泉等陈律九卷。又陈令三十卷。陈科三

---

① 姚思廉.陈书：卷二［M］.北京：中华书局，2000：23.
② 姚思廉.陈书：卷五［M］.北京：中华书局，2000：63.
③ 姚思廉.陈书：卷十七［M］.北京：中华书局，2000：162.
④ 姚思廉.陈书：卷三十三［M］.北京：中华书局，2000：304.
⑤ 魏徵.隋书：卷三十三［M］.北京：中华书局，2000：657.
⑥ 魏徵.隋书：卷二十五［M］.北京：中华书局，2000：476.
⑦ 魏徵.隋书：卷二十五［M］.北京：中华书局，2000：476.
⑧ 郑樵.通志：卷六十五［M］.北京：中华书局，1987：777.
⑨ 刘昫，等撰.旧唐书：卷四十六［M］.北京：中华书局，2000：1362.

十卷。①

陈朝的法律在传承的基础上有所革新。

陈朝延续了梁朝的立法成就，律、令、科的体系仍然保持着，且也有革新，比如"重清议禁锢之科""有官准当"等。至于陈法大多"一用梁法"，则并不是值得批评的地方，因为历朝历代、古今中外的立法都会如此。除非是遇到社会大变革时期，否则平时的法律革新只会是细节性的、补充性的，承袭前朝法律就是主要的立法手段。

从如上的史书所记陈律篇数的两种记载（九卷、三十卷）来看，陈朝的法律可能在隋唐之际已有亡佚，以致有不同的版本。

虽然陈朝在梁朝法律的基础上继续改进法律，但其新成就可能并不多，况且在当时已被认为是"博而非要"，即使是有创新，也因王朝的覆灭而消亡了，不过它对后世的影响是存在的，这可以从《唐六典》《唐律疏义》等古文献中的记载见之。

（五）小结：南朝法律之重要历史地位

南朝历四朝，始于公元420年，终于589年，这短短的一百七十年则是政权更迭频繁且内乱与外患并存，这样的环境对其法律的创建与完善是挑战与机遇并存的，而最终的结局却是只见挑战，而没有抓住法律进步的机遇，加上军事上的失败，以至其法几近全泯。对此，程树德评其为"南朝诸律，实远逊北朝，其泯焉澌灭，盖有非偶然者"。② 从整体上看，南朝国力在后期远不及北朝，这从侧面说明其法律的完善程度可能不及北朝。不过，这种对比可能意义不大。

由于南北朝都是在魏晋法律的基础上发展其法律的，二者的领土又不是固定的，相互之间文化及人员的交流就是不可避免的，随着北朝国土的扩大，不少有良好律学修养的原南朝学者在北朝得到任用，这会直接促进北朝法律的完善。而且，南朝长期保持统一（南朝若以公元316年东晋建立起算，则南朝的历史长达二百七十多年）和昌盛，这与其法律上的优势是相关的，北朝是存在学习汉制的压力的，这会促使谋求统一的北朝学习、借鉴南朝法律制度。③ 虽然西晋法律对北朝法律的确立会有影响，但这种影响很可能是间接的，直接的影响只能是来自同时期的南朝法律，即同时代的南朝法籍及南朝的律学家。故，

---

① 欧阳修，宋祁. 新唐书：卷五十八 [M]. 北京：中华书局，2000：975.
② 程树德. 九朝律考 [M]. 北京：商务印书馆，2010：407.
③ 仔细分析历史可以找到合适的参照对象。比如，元朝由于统一了全中国，从而失去了学习邻国的压力，这使得元朝法律的汉化过程及发展都相当缓慢，其成就也低。

虽然南朝法律对隋唐法律没有直接影响，但它对北朝法律的建立与完善一定是有积极、直接的影响，这是其重大意义。南朝法律并非无足轻重。

北朝原本是北方游牧民族南下中原建立的政权，由于其原本没有法律传统，为了适应定居社会的需要，也为了能与南朝相抗衡，这才开始了法律的创建历程，在这种情况下，它一开始就想取得重大的立法成就是不可能的。事实上，北魏、东魏及西魏的立法也都是处在探索甚至迟疑阶段，西晋法律并没有得到直接采纳。北朝真正取得重大的法律进步是在北朝后期的北齐、北周时期，而此时距西晋灭亡已经二百多年，在当时西晋法律文献可能已丧失了一部分，其传习者可能更少，那么，后期北朝也就不大可能直接受到西晋法律的影响。

北朝法律革新的文化资源，一方面来自自身及南朝的法律学者，比如，南齐王肃北逃到北魏之后，"朝仪国典，咸自肃出"。[①] 另一方面是南朝的法律，比如，梁律增设了《仓库》一篇，这为隋唐刑律所沿用，再如，《梁令》开启后代令典三十篇体例之先河。隋朝立法时，裴政"采魏、晋刑典，下至齐梁，沿革轻重，取其折衷"。[②] 那么，我们理当认为是南北朝法律共同促成了隋唐法律的形成，而不能孤立地认为只有北朝法律是其渊源。[③] 从而，南朝法律是中国古代法律史上不可或缺的重要阶段，有其重要的承上启下的历史地位。

四、北朝律令

鲜卑拓跋氏在东晋十六国时期即已立国，只不过后来合并于其他强国，公元386年复国，并定国号为魏，不久称帝，其后统一北方，史称北魏，北朝的历史开始。魏孝文帝太和十八年（494年）迁都洛阳。到公元534年，北魏分裂为东魏、西魏。公元550年，东魏禅于北齐。公元557年，西魏禅于北周。公元577年，北周灭北齐。公元581年，北周禅于隋，北朝的历史结束。再其后，南朝一统于隋，大一统的时代再次来临。

（一）北朝北魏的律令

北魏（后魏、元魏）是鲜卑族建立的政权，其先曾被西晋封为代公、代王。北魏于534年分裂为东魏、西魏，而《魏书》仍以东魏为北魏正统。

534年，魏孝武帝出逃长安，北魏权臣高欢拥立另一北魏皇嗣为帝（即魏孝静帝），邺成为都城，是为东魏，高氏为相，"自是军国政务，皆归相府"。550

[①] 李延寿.北史：卷四十二[M].北京：中华书局，2000：1019.
[②] 魏徵.隋书：卷六十六[M].北京：中华书局，2000：1041.
[③] 因此之故，著者认为，当今的学界忽视对南朝法制的研究是不妥的。

年，高欢之子高洋称帝建立北齐，东魏灭。东魏历时仅约16年，朝政实际上握于高氏之手。

北魏权臣高欢在532年拥立魏孝武帝，但孝武帝无法容忍高欢掌握实权而在534年投奔长安的宇文泰。第二年，宇文泰拥立另一北魏皇嗣为帝，并定都长安，是为西魏。557年，宇文泰的儿子宇文觉建立了北周政权，西魏亡。西魏历时约22年，其朝政则实际上握于宇文氏之手。

史书所载北魏法律情况略如下：

（天兴元年，十有一月辛亥）三公郎中王德定律令，申科禁。①

（神䴥四年）冬十月戊寅，诏司徒崔浩改定律令。②

（正平元年夏）诏曰："夫刑网太密，犯者更众，朕甚愍之。有司其案律令，务求厥中。自余有不便于民者，依比增损。"诏太子少傅游雅、中书侍郎胡方回等改定律制。③

（太和元年，九月）乙酉，诏群臣定律令于太华殿。④

（太和二年）五月，诏曰："婚娉过礼，则嫁娶有失时之弊；厚葬送终，则生者有靡费之苦。圣王知其如此，故申之以礼数，约之以法禁。乃者，民渐奢尚，婚葬越轨，致贫富相高，贵贱无别。又皇族贵戚及士民之家，不惟氏族，下与非类婚偶。先帝亲发明诏，为之科禁，而百姓习常，仍不肃改。朕今宪章旧典，祗案先制，著之律令，永为定准。犯者以违制论。⑤

（太和十五年）五月己亥，议改律令，于东明观折疑狱。……（八月）丁巳，议律令事，仍省杂祀。……（十有六年）四月丁亥朔，班新律令，大赦天下。……五月癸未，诏群臣于皇信堂更定律条，流徒限制，帝亲临决之。⑥

（太和十七年六月）自八元树位，躬加省览，远依往籍，近采时宜，作职员令二十一卷。⑦

（十有八年）又诏诸北城人，年满七十以上及废疾之徒，校其元犯，以准新律，事当从坐者，听一身还乡，又令一子扶养，终命之后，乃遣归边；

---

① 魏收.魏书：卷二［M］.北京：中华书局，2000：22.
② 魏收.魏书：卷四上［M］.北京：中华书局，2000：53.
③ 魏收.魏书：卷四下［M］.北京：中华书局，2000：71.
④ 魏收.魏书：卷七上［M］.北京：中华书局，2000：97.
⑤ 魏收.魏书：卷七上［M］.北京：中华书局，2000：98.
⑥ 魏收.魏书：卷七下［M］.北京：中华书局，2000：113-114.
⑦ 魏收.魏书：卷七下［M］.北京：中华书局，2000：116.

>>> 第二章 律令的创制与传承

自余之处，如此之犯，年八十以上，皆听还。①

（正始元年，十二月）己卯，诏群臣议定律令。②

（兴和三年冬十月）先是，诏文襄王与群臣于麟趾阁议定新制，甲寅，班于天下。③

（邓）渊明解制度，多识旧事，与尚书崔元伯参定朝仪、律令、音乐，及军国文记诏策，多渊所为。④

（封琳）还拜中书侍郎，与侍中、南平王冯诞等议定律令，赐布帛六百匹、粟六百石、马牛各一。⑤

是时，断狱多滥。（源）贺上书曰："案律：谋反之家，其子孙虽养他族，追还就戮，所以绝罪人之类，彰大逆之辜；其为劫贼应诛者，兄弟子侄在远，道隔关津，皆不坐。窃惟先朝制律之意，以不同谋，非绝类之罪，故特垂不死之诏。若年十三已下，家人首恶，计谋所不及，愚以为可原其命，没入县官。"高宗纳之。⑥

又诏（高）允与侍郎公孙质、李虚、胡方回共定律令。……明年（即太和三年），诏允议定律令。⑦

（景明三年）诏太师、彭城王勰以下公卿朝士儒学才明者三十人，议定律令于尚书上省，鸿与光俱在其中，时论荣之。⑧

正始初，诏尚书门下于金墉中书外省考论律令，（袁）翻与门下录事常景、孙绍，廷尉监张虎，律博士侯坚固，治书侍御史高绰，前军将军邢苗，奉车都尉程灵虬，羽林监王元龟，尚书郎祖莹、宋世景，员外郎李琰之，太乐令公孙崇等并在议限。又诏太师、彭城王勰、司州牧、高阳王雍，中书监、京兆王愉，前青州刺史刘芳，左卫将军元丽，兼将作大匠李韶，国子祭酒郑道昭，廷尉少卿王显等入预其事。⑨

（常景）廷尉公孙良举为律博士，高祖亲得其名，既而用之。后为门下

---

① 魏收. 魏书：卷七下 [M]. 北京：中华书局，2000：118.
② 魏收. 魏书：卷八 [M]. 北京：中华书局，2000：134.
③ 魏收. 魏书：卷十二 [M]. 北京：中华书局，2000：204.
④ 魏收. 魏书：卷二十四 [M]. 北京：中华书局，2000：426.
⑤ 魏收. 魏书：卷三十二 [M]. 北京：中华书局，2000：514.
⑥ 魏收. 魏书：卷四十一 [M]. 北京：中华书局，2000：624.
⑦ 魏收. 魏书：卷四十八 [M]. 北京：中华书局，2000：722，734.
⑧ 魏收. 魏书：卷六十七 [M]. 北京：中华书局，2000：1012.
⑨ 魏收. 魏书：卷六十九 [M]. 北京：中华书局，2000：1038.

录事、太常博士。①

又先帝时，律令并议，律寻施行，令独不出，十余年矣。臣以令之为体，即帝王之身也，分处百揆之仪，安置九服之节，经纬三才之伦，包罗六卿之职，措置风化之门，作用赏罚之要，乃是有为之枢机，世法之大本也。……然律令相须，不可偏用，今律班令止，于事甚滞。若令不班，是无典法，臣下执事，何依而行？②

案晋官品令所制九品，皆正无从，故以第八品准古下士。今皇朝官令皆有正、从，若以其员外之资，为第十六品也，岂得为正八品之士哉？③

世祖即位，以刑禁重，神䴥中，诏司徒崔浩定律令。除五岁四岁刑，增一年刑。分大辟为二科死，斩死，入绞。大逆不道腰斩，诛其同籍，年十四已下腐刑，女子没县官。害其亲者轘之。为蛊毒者，男女皆斩，而焚其家。巫蛊者，负羖羊抱犬沉诸渊。当刑者赎，贫则加鞭二百，畿内民富者烧炭于山，贫者役于圊溷，女子入舂槁；其固疾不逮于人，守苑圉。王官阶九品，得以官爵除刑。妇人当刑而孕，产后百日乃决。年十四已下，降刑之半，八十及九岁，非杀人不坐。拷讯不逾四十九。论刑者，部主具状，公车鞫辞，而三都决之。当死者，部案奏闻。以死不可复生，惧监官不能平，狱成皆呈，帝亲临问，无异辞怨言乃绝之。诸州国之大辟，皆先谳报乃施行。阙左悬登闻鼓，人有穷冤则挝鼓，公车上奏其表。④

正平元年，诏曰："刑网太密，犯者更众，朕甚愍之。其详案律令，务求厥中，有不便于民者增损之。"于是游雅与中书侍郎胡方回等改定律制。盗律复旧，加故纵、通情、止舍之法及他罪，凡三百九十一条。门诛四，大辟一百四十五，刑二百二十一条。有司虽增损条章，犹未能阐明刑典。⑤

（魏高宗时）又增律七十九章，门房之诛十有三，大辟三十五，刑六十二。⑥

（魏高祖时）先是以律令不具，奸吏用法，致有轻重。诏中书令高闾集中秘官等修改旧文，随例增减。又敕群官，参议厥衷，经御刊定。五年冬讫，凡八百三十二章，门房之诛十有六，大辟之罪二百三十五，刑三百七

---

① 魏收. 魏书：卷八十二 [M]. 北京：中华书局，2000：1217.
② 魏收. 魏书：卷七十八 [M]. 北京：中华书局，2000：1166.
③ 魏收. 魏书：卷一百八之四 [M]. 北京：中华书局，2000：1868.
④ 魏收. 魏书：卷一百一十一 [M]. 北京：中华书局，2000：1921.
⑤ 魏收. 魏书：卷一百一十一 [M]. 北京：中华书局，2000：1921-1922.
⑥ 魏收. 魏书：卷一百一十一 [M]. 北京：中华书局，2000：1922.

十七；除群行剽劫首谋门诛，律重者止枭首。①

诏隆之参议麟趾阁，以定新制。②

后魏律二十卷。……后齐武帝时，又于麟趾殿删正刑典，谓之麟趾格。③

从如上的记载，我们可以了解到北魏一朝法制建设的概貌。

1. 北魏进行法律革新的时间较短且成就不高

虽然《魏书》中"定律令"的记载很多，但其中的多数更可能是史书的格式化写法，其含义并不相同。在北魏孝文帝之前的议"律令"可能只是对鲜卑族原始习惯的汇编与改革，而不是对魏晋律令的传承与革新，比如，其"焚其家"、"沉诸渊"、门诛这样的处罚措施在中原地区的法律中是没有的。

虽然在孝文帝亲政前，文明太后已在进行革新，但较大规模地采纳汉制是在迁都洛阳之后。比如，在北魏官制中，太和年间的"律博士"品级是"第六品中"，与"太史博士""太学博士""礼官博士"是同一品级，而《魏书》只记载了常景、侯坚固、刘安元三人曾为律博士，而其事大都发生在北魏孝文帝当政之后，那么，大致可以推测，"律博士"之职可能是迁都洛阳之后仿魏晋旧制或南朝官制而设。太和年间所颁行的《职员令》二十一卷是一个重要成就，由此而使北魏官制得到完善，而且也有创新，比如在九品官制的正品外增设了从品。

再如，在刑制方面，据《隋书》颁有"后魏律二十卷"、（东魏）麟趾格、（西魏）大统式，这说明北魏在刑律的编制方面是有一定的成就的，这些成就可能都是自孝文帝起取得的。关于其律令的篇目，据《魏书·刑罚志》记载有《狱官令》、法例律、盗律、贼律、斗律等，据《唐律疏义》可知北魏有捕亡律、诈伪律、厩牧律等，从这些律目来看，传承与革新兼具。北魏在刑制的一些具体制度上也取得了一定的革新，比如，"刑限三年""枷杖之制""以阶当刑"等即是。

整体而言，北魏法律虽然吸收了汉制的一些成就，且有创新，但成就不高。由于汉化改革较晚，且孝文帝在493年迁都洛阳后几年即逝，虽然改革没有因此停止，但不久后出现的六镇之乱这一反汉制运动对汉化改革肯定是有负面影响的，至少在几年的叛乱期间是无从继续革新法律的。而后发生的北魏分裂则

---

① 魏收. 魏书：卷一百一十一 [M]. 北京：中华书局，2000：1923.
② 李百药. 北齐书：卷二十一 [M]. 北京：中华书局，2000：206.
③ 魏徵. 隋书：卷三十三 [M]. 北京：中华书局，2000：657-658.

在事实上几乎结束了北魏的历史。由此表明，北魏的法律改革是一场浅尝辄止的运动，其最为重大的意义莫过于指明了北朝法律革新的方向。

2. 北魏法律史指明了北朝法律改革的方向

北魏的法律改革历程体现了其法律发展的趋势，即，虽然北方游牧民族"荡涤华夏"后作为主人公入主中原，但主要在军事上的一时占优，而在法律上并无优势，从而需要接受和传承汉制，汉制是先进法律文明的代表。东魏、西魏其实就是在这一方向上进行法律改革的，其后的北齐、北周二朝仍然是在这一方向上发展其法律的。

北魏所面临的时代条件是，在当时，之前的魏晋法度或同时的南朝法度是体现最高制度文明水准的。那么，接受和传承汉制就是其法制建设的基础或前提，没有这一基础则其王朝很可能难以为继，更别提法律进步了，五胡十六国及北朝诸国所能维持的时间都不长就与此有关。法度是一个大的规则系统，它并不是用传统习惯可以替代的，也不是短期内可以独立创建出来，这就需要接续前代所取得的立法成就。通过制度传承而可以使本朝处于制度文明的高端，然后可以再在这个基础上进行制度革新。任何一个王朝或国家都有权力和机会进行法律改革，通过改革而可以保障自身的安全与强盛，也可以取得新的立法成就。如此说来，北魏孝文帝的汉化改革是一个英明的决策，它指向了正确的方向，虽然这一改革的启动是偏晚了一点，但因此使北朝（不仅限于北魏）的法制建设步入了发展正轨，后来也在事实上取得了远胜于南朝的立法成就。

3. 北魏法籍样式主要是律、令、格

北魏法律样式，首先是有律、令。魏孝文帝太和十六年，"班新律令"，其律是二十卷，它可能是效仿魏晋法律或南朝法律并经改进而成。其次是有"格"，这是在东魏时期颁行的新法，因是天平年间（公元534年—537年）诏齐"文襄王与群臣于麟趾阁议定"（文襄王就是高欢之子高澄），故名"麟趾格"，不过，数年之后的兴和三年（541年）才制定完成。《隋书》认为，格是"删正刑典"而成，那么，魏"格"可能是刑律的缩略版本或改进版本，具体仍不得其详。

"格"作为法律样式的出现，一方面当与鲜卑这一北方游牧民族的语言及社会习惯有关，"格"在鲜卑语言中可能就是法律或戒律的意思，则在"麟趾格"颁行之前在游牧民族中可能就存在"格"这一法律样式。另一方面又与权臣高欢一族有关，虽然史载是诏令齐文襄王议定新法，但由于当时政出相府，则制定麟趾格可能就是相国高欢的旨意。那么，"麟趾格"在很大程度上与北齐的关系更为密切，相当于是北齐的作品。

(二) 北朝北齐的律令

高欢于534年以邺为东魏都城。550年,高欢之子高洋称帝,建立北齐。577年,北周灭北齐。

高欢之祖上有为晋玄菟太守者,后来没落为平民,则高氏本为汉人,但据《北齐书·卷一》,高欢因"累世居北边,故习其俗,遂同鲜卑",这一家世背景对其国策的制定有重大影响。高欢年轻时"家贫",而他之所以得势是因为六镇之乱,他先是参加义军,后来则投降于官军,并借机收编了六镇义军,从而成为一方诸侯,进而起兵并于532年攻入洛阳而控制了北魏朝政,但由于魏孝武帝西逃,他只得迁都邺城。这一历史背景使得东魏及北齐有较重的回归鲜卑倾向,北魏孝文帝所倡导的汉化运动受到一定排挤。虽然如此,且连年争战,但北齐在法律革新上还是取得了一定的成就。相关记载如下:

> (天保元年)诏曰:"魏世议定麟趾格,遂为通制,官司施用,犹未尽善。可令群官更加论究。适治之方,先尽要切,引纲理目,必使无遗。"①
>
> (河清三年)三月辛酉,以律令班下,大赦。②
>
> 又诏删定律令,损益礼乐,令尚书右仆射薛琡等四十三人在领军府议定。又敕(崔)昂云:"若诸人不相遵纳,卿可依事启闻。"昂奉敕笑曰:"正合生平之愿。"昂素勤慎,奉敕之后,弥自警勖,部分科条,校正今古所增损十有七八。③
>
> 天平中,增损旧事为麟趾新格,其名法科条,皆述删定……河清三年,敕与录尚书赵彦深、仆射魏收、尚书阳休之、国子祭酒马敬德等议定律令。④
>
> (文宣)于是始命群官,议造齐律,积年不成。其决狱犹依魏旧。是时刑政尚新,吏皆奉法。自六年之后,帝遂以功业自矜,恣行酷暴,昏狂酗酱,任情喜怒。为大镬、长锯、剉碓之属,并陈于庭,意有不快,则手自屠裂,或命左右脔啖,以逞其意。……又以律令不成,频加催督。河清三年,尚书令、赵郡王叡等,奏上齐律十二篇:一曰名例,二曰禁卫,三曰户婚,四曰擅兴,五曰违制,六曰诈伪,七曰斗讼,八曰贼盗,九曰捕断,十曰毁损,十一曰厩牧,十二曰杂。其定罪九百四十九条。又上新令四十

---

① 李百药. 北齐书:卷四 [M]. 北京:中华书局,2000:36.
② 李百药. 北齐书:卷七 [M]. 北京:中华书局,2000:61.
③ 李百药. 北齐书:卷三十 [M]. 北京:中华书局,2000:286.
④ 李百药. 北齐书:卷四十三 [M]. 北京:中华书局,2000:394.

卷。大抵采魏晋故事。其制，刑名五：一曰死……凡四等。二曰流刑……三曰刑罪，即耐罪也。……凡五等。四曰鞭，有一百、八十、六十、五十、四十之差，凡五等。五曰杖，有三十、二十、十之差，凡三等。大凡为十五等。当加者上就次，当减者下就次。赎罪旧以金，皆代以中绢。……又列重罪十条：一曰反逆，二曰大逆，三曰叛，四曰降，五曰恶逆，六曰不道，七曰不敬，八曰不孝，九曰不义，十曰内乱。其犯此十者，不在八议论赎之限。是后法令明审，科条简要，……其不可为定法者，别制权令二卷，与之并行。后平秦王高归彦谋反，须有约罪，律无正条，于是遂有别条权格，与律并行。大理明法，上下比附，欲出则附依轻议，欲入则附从重法，奸吏因之，舞文出没。至于后主，权幸用事，有不附之者，阴中以法，纲纪紊乱，卒至于亡。①

北齐律十二卷（目一卷）……北齐令五十卷。北齐权令二卷。②

从如上的这些记载来看，北齐虽然后来不太重视法律的实施，但却重视法律的制定，先是在东魏时期，相国高欢主持制定了"麟趾格"（即所谓的"麟趾新格"③）。后是河清三年（公元564年）编定新"律令"颁下。北齐再过十几年就灭国了，这些新律令可能并没有实施。

1. 北齐法籍样式有格、律、令

目前，虽不知格与律令的关系，是否律令颁行后"麟趾格"就作废了或仍在并行，但可以确定的是，北齐的法籍样式至少包括格、律、令。

此新"格"是高欢主政后才出现的。《麟趾格》④ 本是在东魏时期制定的，并且是齐"文襄王与群臣于麟趾阁议定"的，即是在北齐称帝前颁行的，它在北齐建立后仍应是有效的，因为它在河清三年颁行律令之前虽然"官司施用，犹未尽善"而仍在勉强行用。

从史书的记载来看，北齐律令颁行后，格可能就失效了。首先，正是由于

---

① 魏徵. 隋书：卷二十五 [M]. 北京：中华书局，2000：477-479.
② 魏徵. 隋书：卷三十三 [M]. 北京：中华书局，2000：657.
③ 时人之所以称之为"新格"，可能在这之前就存在旧"格"，或许这从一个侧面说明在北魏政权中可能通行着类似在古代蒙古人中施行的"大札撒"那样的社会规范，只不过，其名称在北魏语言中叫作"格"。
④ 《麟趾格》很可能并不就是那个法律的正式名称，则不宜径加书名号，而可能是人们为了便于区分而提出来的俗称，其正式名称可能就是《格》或麟趾《格》，这是如出现"大业律""贞观律""永徽律"等之类名称都是俗称一样的道理，所以，"麟趾格"加上书名号是不太准确的。

作为通制的格有"犹未尽善"问题，《北史·卷三十三》称其为"未精"，所以齐文宣帝才下令"更加论究"，那么，新颁律令当是用于替代《麟趾格》的。其次，关于格的属性或内容，有学者认为是"名法科条"，也有学者认为是"刑典"，那么，它所起的理当正是刑律的作用，则当新律颁行了它就应该失效了。不过，由于史书对此没有具体记载，格是否废止仍然不明。而由于北齐律令颁行后不久即在军事和内政上处于危险境地，再后就亡了，时间有限，从而可能出现的情形是：北齐律令并没有实施，终北齐一朝所施行的都仅是《麟趾格》（及北魏的旧律令，即"犹依魏旧"）。

北齐在立法方面的成就主要是律令，具体就是律十二卷、令五十卷（或称"令四十卷"）、权令二卷等。北齐律令的制定，是从北齐称帝的当年（公元550年）即下旨重议，其后"积年不成"，直到公元564年才颁行，相当于花费了十五年时间才编制完成。

"麟趾格"的出现对后世（特别是隋唐）的立法有一定影响，而北齐律令的编纂则体现了对秦汉律令传统及魏晋南朝法籍体系的继受与发展，这正说明北齐法律已融入中国古代法的传统中了，这是它能影响后世立法的主要原因。

2. 北齐律的正式名称当为《律》

虽然《隋书》及唐律疏义都提及"北齐律"或"齐律"，但北齐律的正式名称当为《律》，也就是并没有冠以国号。首先，古代在法律名称前冠以国号的做法，基本上可以确定是自元朝才开始的，以前没有这样的先例。秦汉出土的法律都没有在前面冠以国号的，包括唐朝的律、令、礼、格、式等法律样式也没有在前面冠以国号的。并没有直接的史料表明北齐的法律名称前面冠有国号，则，最好认为北齐的法律名称也没有冠国号。其次，各种古文献确有写作"北齐律"或"齐律"的需要，因为由此可以明确告知读者法律的颁行朝代。而这一需要在北齐时期并不存在，因为在北齐后期只有这一部生效的《律》，从而不需要冠国号加以特定化。至于后世的著述，即使有人为了阅读便利在法律名称前面冠了国号也不能改变史实。再次，古文中"北齐律"或"齐律"的标点方法并不一定是唯一的，标为"北齐《律》""齐《律》"未尝就是行不通的。最重要的是，法律如同任何科学一样，它向上是需要接继的，也需要能向下传承，其内容和表现形式不可能是完全由某一朝代所独创，其法内容和形式大部分非本朝所独创，那么，法律名称前冠国号也就有掠美之嫌。特别是对于在一个历史发展阶段中期的一个朝代而言更是如此，其法律的发展往往表现为对以前法律的刊定、删定或议定，它会大量承袭前朝制度，后朝也同样会大量承袭它，专创于本朝的制度可能只是极少量的，那么，在法律名称前冠以本朝国号是没有必要的，除非有其他更重要的原因。故，为慎重起见，宜认定北齐律的正式名称当为《律》。

3. 北齐律实现了刑律编纂技术的重要革新

众所周知，秦汉以来的古代法是在秦孝公变法之后而确立了法的内容体系，自那时开始，法的内容是周密的、成体系的，但在外观上、形式上则并不成体系，它并没有经过系统编纂而有统一的形制，因为它表现为零散的诸多律令，都是单行法令且律令无别。未经编纂的诸多律令可能给法的实施带来了困难，故自东汉中后期开始有学者对律令进行编纂的学术性尝试，但真正从国家层面组织法律编纂活动则是肇始于三国曹魏时期颁行的"新律十八篇"等法籍。曹魏《律》书的出现使得律、令的分化格局初步形成，刑律也初具形式上的系统性，但要实现对刑律的形式体系上的改造则需要更多的革新和努力。

曹魏之后，对刑律的各种改革尝试就不断出现，在条文数量上，如晋律二十篇六百二十条，南齐颁行有《律》二十卷一千五百三十条，梁律是二十卷二千五百二十九条，在篇章体系及内容编排上也都有不断地尝试和新成就。到了北齐，基于对以往法律"未精"的评判，法律编纂改革也就继续开展。

北齐律体现了较高的立法技术水平。第一，律的卷数由以往的二十卷缩为十二卷，卷数精简了很多。比如，把以往的《刑名》和《法例》二篇合并为《名例》一篇，这一简洁的编纂方法一直沿用至清朝末年。第二，刑名与刑等的进一步精简。秦汉时期的刑等制度已不得其详，魏晋的刑名刑等制度仍稍烦琐，而到北齐则明确为五刑十八等，它对隋唐五刑二十等制的形成有重要的奠基和启发作用。第三，通过规定"重罪十条"（即"十恶"）而明确了刑律处罚对象的重点，这一规定同样一直沿用至清朝末年。通过如上的各种革新，北齐律的形式体系显得非常严整，整部刑书俨然有了一个周密而不可分割的形式体系和内容体系兼备的系统。

（三）北朝北周的律令

公元535年宇文氏拥立一北魏皇嗣为帝，并定都长安，是为西魏。公元557年，西魏禅让于北周，定都长安。公元577年，北周灭北齐，北朝实现了统一。公元581年，北周禅于隋。北周又称后周、宇文周，宇文氏所创，同样是鲜卑政权。北周历五帝二十四年。

北周善用武备，从而对北齐形成军事上的优势。有一定安全环境作保障，北周在法律上亦有建树。如：

（魏大统元年春）三月，太祖以戎役屡兴，民吏劳弊，乃命所司斟酌今古，参考变通，可以益国利民便时适治者，为二十四条新制，奏魏帝行之。……（七年）冬十一月，太祖奏行十二条制，恐百官不勉于职事，又下令申明之。……十年夏五月，太祖入朝。秋七月，魏帝以太祖前后所上二十四条及十二条新制，方为中兴永式，乃命尚书苏绰更损益之，总为五卷，班于天下。①

（保定三年）二月庚子，初颁新律。②

初行刑书要制。持杖群强盗一匹以上，不持杖群强盗五匹以上，监临主掌自盗二十匹以上，小盗及诈伪请官物三十匹以上，正长隐五户及十丁以上、隐地三顷以上者，至死。刑书所不载者，自依律科。③

初，高祖作刑书要制，用法严重。及（宣）帝即位，以海内初平，恐物情未附，乃除之。④

遣大使巡察诸州。诏制九条，宣下州郡：一曰，决狱科罪，皆准律文。⑤

初，太祖欲行周官，命苏绰专掌其事。未几而绰卒，乃令辩成之。于是依周礼建六官，置公、卿、大夫、士，并撰次朝仪，车服器用，多依古礼，革汉、魏之法。事并施行。⑥

至保定三年三月庚子乃就，谓之大律，凡二十五篇：一曰刑名，二曰法例，三曰祀享，四曰朝会，五曰婚姻，六曰户禁，七曰水火，八曰兴缮，九曰卫宫，十曰市廛，十一曰斗竞，十二曰劫盗，十三曰贼叛，十四曰毁亡，十五曰违制，十六曰关津，十七曰诸侯，十八曰厩牧，十九曰杂犯，二十曰诈伪，二十一曰请求，二十二曰告言，二十三曰逃亡，二十四曰系讯，二十五曰断狱。大凡定罪一千五百三十七条。其制罪：一曰杖刑五，自十至五十。二曰鞭刑五，自六十至于百。三曰徒刑五，徒一年者，鞭六十，笞十。徒二年者，鞭七十，笞二十。徒三年者，鞭八十，笞三十。徒四年者，鞭九十，笞四十。徒五年者，鞭一百，笞五十。四曰流刑五……五曰死刑五，一曰磬，二曰绞，三曰斩，四曰枭，五曰裂。五刑之属各有五，合二十五等。不立十恶之目，而重恶逆、不道、大不敬、不孝、不义、

---

① 令狐德棻等. 周书：卷二 [M]. 北京：中华书局，2000：15, 19, 20.
② 令狐德棻等. 周书：卷五 [M]. 北京：中华书局，2000：48.
③ 令狐德棻等. 周书：卷六 [M]. 北京：中华书局，2000：72.
④ 令狐德棻等. 周书：卷七 [M]. 北京：中华书局，2000：83.
⑤ 令狐德棻等. 周书：卷七 [M]. 北京：中华书局，2000：80.
⑥ 令狐德棻等. 周书：卷二十四 [M]. 北京：中华书局，2000：273.

内乱之罪。①

周大统式三卷……后周太祖，又命苏绰撰大统式。②

其赎杖刑五，金一两至五两。赎鞭刑五，金六两至十两。赎徒刑五，一年金十二两，二年十五两，三年一斤二两，四年一斤五两，五年一斤八两。赎流刑，一斤十二两，俱役六年，不以远近为差等。赎死罪，金二斤。③

由如上记载可见，北周在立法上仍然取得了一些成就。

1. 北周法律形式有制、式、律等

北周上接西魏，由宇文氏所主持制定的法令，主要有"二十四条新制""十二条制""刑书要制""诏制九条""大统式"三卷及"中兴永式"五卷④、"大律"二十五篇等。这些法令，除大律是北周武帝颁行于563年外，其他各法（除"诏制九条"）基本上颁行于周太祖当权时期（也就是西魏时期），那么，北周的主要立法成就是其"大律"。

北周"大律"较北齐律要早一年颁行，那么，它当然不可能受到北齐律的影响，而它在传承魏晋及北魏刑律的基础上也显示出了重要的革新。从如上的记载来看，其主要成就如下：一是设置了更细致的篇目，晋律与北魏律都是二十篇，而北周则细分为二十五篇。对律条做更具体的分类是利于条文的寻检与适用的，之所以隋唐宋三代沿用了北齐律的十二篇之制（不过，也大多分为三十卷），但明清二代则均细置为三十篇，其原因或即在于此。二是对刑等进行了重要的革新，也就是五刑二十五等制，其鞭、杖、徒、流、死均分为五等。五五之制，虽然这一分法可能显得有些刻板，但其承载的规律性、确定性特征则是实现法的形式体系的重要手段，也正是这个原因，其后的一千多年的刑律基本上沿袭了这一立法技术，只是把五流、五死改为三流、二死。另外，它对赎罪制度进行了详细的梯度规定，对后世影响或启发较大。这足以说明，北周律是中国古代法律发展史上的一个不容忽视的重要节点，而并不是如程树德所说的"今古杂糅，礼律凌乱，无足道者"。⑤

---

① 魏徵. 隋书：卷二十五 [M]. 北京：中华书局，2000：479.
② 魏徵. 隋书：卷三十三 [M]. 北京：中华书局，2000：657-658.
③ 魏徵. 隋书：卷二十五 [M]. 北京：中华书局，2000：480.
④ 《唐六典·卷六》注有"十年，命尚书苏绰总三十六条，更损益为五卷，谓之大统式"，即是认为"大统式"即"中兴永式"，其一或为别称或俗称。但，是否确实尚待考证。
⑤ 程树德. 九朝律考 [M]. 北京：商务印书馆，2010：546.

2. 北周法律有复古倾向

北周仍为鲜卑政权，与北齐略为不同的是，它延续了北魏的汉化国策，特别是周太祖对古制非常痴迷，从而使得北周法律有一定的复古倾向。首先，北周官制和礼制可能确立于周太祖时期，而他曾下令"依周礼建六官……车服器用，多依古礼"，虽然后来多有损益，且北周"宣帝嗣位，事不师古"，① 但由于北周长期贯彻复古政策，其影响并不是一朝一夕所能祛除的。其次，周太祖所主持制定的"二十四条新制""十二条制""刑书要制"等法令，虽然可能都有"用法严重"的问题，但它们毕竟是制定"大律"的重要参考依据。而且"太祖知人善任使，从谏如流，崇尚儒术，明达政事……恒以反风俗，复古始为心"，② 那么，这一施政思想对"大律"的制定必然有直接和间接的重大影响，这可以从其"重恶逆、不道、大不敬、不孝、不义、内乱之罪"（与"重罪十条"相比，这相当于是重罪六条）之规定看出来。类似这样的复古倾向使得北周的法律受到中原旧式文人的重视和欢迎，从而也对立法产生了较大影响。

（四）小结：北朝的法律改革之风较盛的原因

由于出于北朝的隋朝最终击败南朝陈而统一了中国，随着军事的失败，南朝的法律大多没能对后世的法律发展直接产生重要影响。于是，出现"南朝诸律，实远逊北朝③"的观点也就不足为奇了。不过，仅凭谁先消亡并不能判断孰优孰劣，因为在世界历史中，法律落后的国家击败法律发达的国家而导致先进法律消亡的史例是很多的，比如蛮族吞灭西罗马而导致古罗马法在欧洲本土的近乎消亡。而且，由于魏晋南北朝时期的法制建设的重心是法的形式体系，也就是将在秦汉以来在法的内容方面已经发展得较为成熟的法律规则编纂成有形式体系的系统典籍，从而，南北朝时之诸朝法律的发达或完善程度是相当的，其差异仅表现在细枝末节方面。

南朝法律对隋唐法律没有产生直接影响的原因在于其军事上的失败，并不是因为其法律较逊，况且，南朝法律对北朝法律是有重要的直接影响的。故，不能简单地认为北朝法律与南朝法律之间是优劣或盛衰之别。

北朝的法律改革活动的确很活跃，并取得了一些对后世有重要影响的改革成果，当然，这些成果主要是法的形式体系方面的。与南朝的立法侧重于对前朝法律的刊定或整理不同，北朝的诸律，比如北魏律、北周律、北齐律等，虽

---

① 令狐德棻等.周书：卷二十四［M］.北京：中华书局，2000：274.
② 令狐德棻等.周书：卷二［M］.北京：中华书局，2000：25.
③ 程树德.九朝律考［M］.北京：商务印书馆，2010：407.

然也有刊定，但更重视进行独立的编纂，于是，法律改革时受到的羁绊也就稍少，改革的步伐也就稍大，改革的成果也就稍多一点。比如，晋律、刘宋律、南齐律、梁律都是二十篇，陈律虽然有三十篇，但在内容上则"一用梁法"，南朝法律改革的步伐是显得稍慢的。不过，北朝诸政权皆保留有一定的胡俗或旧的部落习惯，那么，对中原那种较为烦琐的法律就会有些不适应，"大崇简易"① 就成为普遍需要。虽然北魏律也是二十卷，它在很大程度上可能是模仿晋律或南朝法律，不过，其中一定有较多的简化，且融入了较多的胡俗。而随着汉化的加深，北朝法律中的胡俗成分可能在减少，但他们对法律简洁明了、易理解的追求则会推动对法的形式体系的改良。比如，北周律有二十五篇，并对刑名、刑等进行了优化。又如，北齐律只有十二篇（其中，它把以往的刑名、法例二篇合为名例一篇），又草创了"重罪十条"，也对刑种、刑等进行了优化。北朝的这些法律改革延续了魏晋以来的律、令分立的趋势，也完善了早已开始的法籍编纂体例，从而使得法律编纂的技术体系愈加严密。

为何北朝法律改革之风较南朝盛呢？这也可能与当时的南北文化氛围的差异有关。南北朝时期，南北均崇尚佛道，但南北仍有重要的文化差异。比如，南朝承魏晋玄学之盛而对儒学有一定程度的抵制，但北朝对儒学则有相当程度的推崇，这就使得以儒学为名目的一些改革倡议在北朝更容易得到官府的支持。比如北周的重罪六条、北齐的"重罪十条"，其改革虽然未必与儒学有关，② 但在儒学的名义下自觉或不自觉地会得到官府支持并纳入法律，进而会受到后世的重视。儒学这个因素不可小视，有学者认为，"在魏晋至隋唐的法律儒家化进程中，由于全面贯彻礼、法关系准则的需要，尤其是由于其与北朝汉化、改制等历史进程的合拍，导致了一个不断强调法典重要性的历史运动"。③ 北朝本是中原汉文化的外来者，可能原本对儒、法都不太熟，并且儒家也不热衷于法律，但以儒学为名的主张是容易得到朝廷响应的。另外，南朝吏民长期适应那种烦琐的汉制，习以为常，也就不太积极寻求改变。但北朝吏民对烦琐的汉制当然是不适应的，于是积极寻求简化汉制，就会尝试进行大幅革新，从而取得一些

---

① 魏收. 魏书：卷一百一十一 [M]. 北京：中华书局，2000：1921.
② 这就如同晋律所倡导的"峻礼教之防，准五服以制罪"主张一样。有学者指出，准五服以制罪虽然将儒家礼教的主张纳入法律之中，但与儒家礼教精神却是相背离的，其入律的深层原因是为了迫使家族承担自我约束与管理的责任，从而更好地维护中央集权君主专制的统治秩序。参见屈永华. 准五服以制罪是对儒家礼教精神的背离 [J]. 法学研究，2012，34（05）：191-197.
③ 楼劲. 魏晋南北朝隋唐立法与法律体系：敕例、法典与唐法系源流 [M]. 北京：中国社会科学出版社，2014：简介.

积极成果也就在意料之中。不过，虽然北朝取得了一些重要的立法成就，但由于北朝历时较短，这使其独创性立法成就屈指可数，且主要限于形式体例方面。

固然北朝有一些立法成果得到了后世的重视与传承，但中国古代律令传统在南北朝时期仍是以南朝法度为正统，北朝在很大程度上是一个研习者的角色。实际上，作为隋唐法律原型的开皇律令主要是"采魏、晋刑典，下至齐、梁"而成，它当然也会参考北魏、北齐、北周的法律，但中原的汉制肯定更为重要。况且，虽然南北朝时战争很多，但法籍非常容易保存与传播，魏晋及南朝的法籍理当大都完整地保存到了隋朝乃至唐朝（从史书中的书目可推知），北朝的法籍可能也完整地保存到了隋朝，而由于魏晋南朝一系有更久的法籍编制历程及更深厚的文化底蕴，则隋朝在立法时更多地是参酌魏晋南朝法度即在情理之中。

五、隋朝律令

北周权臣杨坚于581年创立隋朝，589年灭南朝而统一中国，619年亡于内乱。

隋朝法律是过去几百年法律发展的一个阶段性总结，统一、稳定的社会环境使得它有机会对过去几百年中法的内容和形式两个方面的发展成就进行系统的总结、提炼、优化。事实上，隋朝的法律建设确实取得了很大的成就。

（一）隋律令概况

虽然隋朝所颁行的各种法令基本上没能保存下来，但由于有大量的古文献记载其事，故，我们可以据此了解其梗概。

> （开皇元年十月）戊子，行新律。[1]
>
> 自古哲王，因人作法，前帝后帝，沿革随时。律令格式，或有不便于事者，宜依前敕修改，务当政要。呜呼，敬之哉！无坠朕命![2]
>
> 高祖既受周禅，开皇元年，乃诏尚书左仆射、渤海公高颎，上柱国、沛公郑译，上柱国清河郡公杨素，大理前少卿、平源县公常明，刑部侍郎、保城县公韩浚，比部侍郎李谔，兼考功侍郎柳雄亮等，更定新律，奏上之。其刑名有五：一曰死刑二，有绞，有斩。二曰流刑三，有一千里、千五百里、二千里。应配者，一千里居作二年，一千五百里居作二年半，二千里居作三年。应住居作者，三流俱役三年。近流加杖一百，一等加三十。三

---

[1] 魏徵. 隋书：卷一 [M]. 北京：中华书局，2000：11.
[2] 魏徵. 隋书：卷二 [M]. 北京：中华书局，2000：37.

225

曰徒刑五，有一年、一年半、二年、二年半、三年。四曰杖刑五，自五十至于百。五曰笞刑五，自十至于五十。而蠲除前代鞭刑及枭首轘裂之法。其流徒之罪皆减从轻。唯大逆谋反叛者，父子兄弟皆斩，家口没官。又置十恶之条，多采后齐之制，而颇有损益。一曰谋反，二曰谋大逆，三曰谋叛，四曰恶逆，五曰不道，六曰大不敬，七曰不孝，八曰不睦，九曰不义，十曰内乱。犯十恶及故杀人狱成者，虽会赦，犹除名。①

帝王作法，沿革不同，取适于时，故有损益。夫绞以致毙，斩则殊形，除恶之体，于斯已极。枭首轘身，义无所取，不益惩肃之理，徒表安忍之怀。鞭之为用，残剥肤体，彻骨侵肌，酷均脔切。虽云远古之式，事乖仁者之刑，枭轘及鞭，并令去也。贵砺带之书，不当徒罚，广轩冕之荫，旁及诸亲。流役六年，改为五载，刑徒五岁，变从三祀。其余以轻代重，化死为生，条目甚多，备于简策。宜班诸海内，为时轨范，杂格严科，并宜除削。先施法令，欲人无犯之心，国有常刑，诛而不怒之义。措而不用，庶或非远，万方百辟，知吾此怀。②

（开皇）三年，因览刑部奏，断狱数犹至万条。以为律尚严密，故人多陷罪。又敕苏威、牛弘等，更定新律。除死罪八十一条，流罪一百五十四条，徒杖等千余条，定留唯五百条。凡十二卷。一曰名例，二曰卫禁，三曰职制，四曰户婚，五曰厩库，六曰擅兴，七曰盗贼，八曰斗讼，九曰诈伪，十曰杂律，十一曰捕亡，十二曰断狱。自是刑网简要，疏而不失。于是置律博士弟子员。断决大狱，皆先牒明法，定其罪名，然后依断。③

隋开皇命高颎等撰令三十卷：一、官品上，二、官品下，三、诸省台职员，四、诸寺职员，五、诸卫职员，六、东宫职员，七、行台诸监职员，八、诸州郡县镇戍职员，九、命妇品员，十、祠，十一、户，十二、学，十三、选举，十四、封爵俸廪，十五、考课，十六、官卫军防，十七、衣服，十八、卤簿上，十九、卤簿下，二十、仪制，二十一、公式上，二十二、公式下，二十三、田，二十四、赋役，二十五、仓库厩牧，二十六、关市，二十七、假宁，二十八、狱官，二十九、丧葬，三十、杂。④

开皇元年，敕令与太尉任国公于翼、高颎等同修律令。事讫奏闻，别赐九环金带一腰，骏马一匹，赏损益之多也。格令班后，苏威每欲改易事

---

① 魏徵. 隋书：卷二十五 [M]. 北京：中华书局，2000：481.
② 魏徵. 隋书：卷二十五 [M]. 北京：中华书局，2000：482.
③ 魏徵. 隋书：卷二十五 [M]. 北京：中华书局，2000：482.
④ 李林甫，等撰. 唐六典：卷六 [M]. 北京：中华书局，1992：184-185.

条。德林以为格式已颁，义须画一，纵令小有踳驳，非过蠹政害民者，不可数有改张。①

（开皇二年七月）甲午，行新令。②

隋承战争之后，宪章踳驳，上令朝臣厘改旧法，为一代通典。律令格式，多咸所定，世以为能。（开皇）九年，拜尚书右仆射。③

诏与苏威等修定律令。政采魏、晋刑典，下至齐、梁，沿革轻重，取其折衷。同撰著者十有余人，凡疑滞不通，皆取决于政。④

既至京师，诏与奇章公牛弘撰定律令格式。⑤

大业三年，始行新令，有三台、五省、五监、十二卫、十六府。⑥

（大业四年冬十月）乙卯，颁新式于天下。⑦

炀帝嗣位，意存稽古，建官分职，率由旧章。大业三年，始行新令。⑧

（大业三年四月）甲申，颁律令，大赦天下，关内给复三年。⑨

（大业）三年，新律成。凡五百条，为十八篇。诏施行之，谓之大业律：一曰名例，二曰卫宫，三曰违制，四曰请求，五曰户，六曰婚，七曰擅兴，八曰告劾，九曰贼，十曰盗，十一曰斗，十二曰捕亡，十三曰仓库，十四曰厩牧，十五曰关市，十六曰杂，十七曰诈伪，十八曰断狱。其五刑之内，降从轻典者，二百余条。其枷杖决罚讯囚之制，并轻于旧。是时百姓久厌严刻，喜于刑宽。⑩

隋则律令格式并行。⑪

隋律十二卷。隋大业律十一卷……隋开皇令三十卷（目卷一），隋大业令三十卷。⑫

其后，杨素复进谏曰："秦王之过，不应至此，愿陛下详之。"上曰："我是五儿之父，若如公意，何不别制天子儿律？以周公之为人，尚诛管、

---

① 魏徵. 隋书：卷四十二 [M]. 北京：中华书局，2000：801-802.
② 郑樵. 通志：卷十八 [M]. 北京：中华书局，1987：345.
③ 魏徵. 隋书：卷四十一 [M]. 北京：中华书局，2000：792.
④ 魏徵. 隋书：卷六十六 [M]. 北京：中华书局，2000：1041.
⑤ 魏徵. 隋书：卷七十三 [M]. 北京：中华书局，2000：1128.
⑥ 杜佑. 通典：卷十九 [M]. 北京：中华书局，1988：470.
⑦ 魏徵. 隋书：卷三 [M]. 北京：中华书局，2000：49.
⑧ 魏徵. 隋书：卷二十六 [M]. 北京：中华书局，2000：488.
⑨ 魏徵. 隋书：卷三 [M]. 北京：中华书局，2000：46.
⑩ 魏徵. 隋书：卷二十五 [M]. 北京：中华书局，2000：485.
⑪ 魏徵. 隋书：卷三十三 [M]. 北京：中华书局，2000：658.
⑫ 魏徵. 隋书：卷三十三 [M]. 北京：中华书局，2000：657.

蔡，我诚不及周公远矣，安能亏法乎？"卒不许。①

上以盗贼不禁，将重其法。绰进谏曰："陛下行尧、舜之道，多存宽宥。况律者天下之大信，其可失乎？"上忻然纳之。②

一日尚宫局，管司言，掌宣传奏启；司簿，掌名录计度；司正，掌格式推罚。③

所修格令章程，并行于当世，然颇伤苛碎，论者以为非简久之法。④

从如上的记载来看，隋朝的立法主要有两次，分别是开皇初和大业初。隋文帝对"律令格式"格局的法律规划奠定了隋法（及唐法）的发展方向。⑤

1. 隋朝的法籍形式有律、令、格、式

律。隋文帝开皇元年（公元581年）即颁行了新律，此律的同撰者有"十有余人"。开皇三年再次更定新律，此律是"五百条，凡十二卷"。炀帝嗣位后，于大业三年颁行新律，"凡五百条，为十八篇"。

令。开皇二年（公元582年）七月即颁行新令，有三十卷。大业三年颁行了新令"三十卷"，可能仅是刊定前令。

格。隋文帝时期曾经颁行了格，其颁行时间当在开皇初，也就是与其律令的颁行时间相当。大业年间是否新颁了格，并不明确。对于格，不但"行于当世"，而且还有专门"掌格式推罚"的机构（司正）。这说明，"格"作为自北魏出现的法律样式，在大一统的隋朝时仍是重要的法律样式。

式。隋文帝时颁行了式，其颁行时间当在开皇初，也就是与其律令的颁行时间相当。大业四年（公元608年），又"颁新式"。

隋文帝时期完成"律令格式"颁行的时间当在开皇九年之前，其后，至少在大业年间对开皇立法进行了一次全面的刊定。经过这两次对法律的撰定和优化，内容体系和形式体系兼备的隋朝法律体系基本定型，这也使得唐宋法律制度得以在一个全新的高度上向前发展。

2. 隋法是对以往诸代法律发展的集大成之作且有重要创新

隋朝虽然历时不长，而其法律的确立有非常优越的时代条件作依托，隋朝

---

① 魏徵. 隋书：卷四十五 [M]. 北京：中华书局，2000：828.
② 魏徵. 隋书：卷六十二 [M]. 北京：中华书局，2000：995.
③ 魏徵. 隋书：卷三十六 [M]. 北京：中华书局，2000：738.
④ 魏徵. 隋书：卷四十一 [M]. 北京：中华书局，2000：794.
⑤ 也有学者认为，由于《隋书》经籍志中并无隋朝"格""式"典籍的记载等，故而认为，隋朝并未颁行过《格》《式》这两种法籍。参见楼劲. 魏晋南北朝隋唐立法与法律体系：敕例、法典与唐法系源流 [M]. 北京：中国社会科学出版社，2014：348-370.

也正好充分地利用了这些条件。不但如此，隋朝还以主权者的姿态主动地、积极地进行法律的优化与革新，这使其立法并不仅仅是对前朝立法的刊定，而在一定程度上体现为全新的创造性活动。

（1）在法的内容方面的传承

先是经秦代一百多年的创制和积累，法已具有了完整的内容体系，到秦始皇时已是"事无巨细，皆有法式"。秦孝公、商鞅、秦始皇等早已不在了，但他们所创立的那些法律制度却并不当然失效，而是继续有效，并造福或约束秦以后的古代社会。其后又经过汉朝近四百年的选择、修订、优化，人们对法的认识加深，这些认识又会推动人们去完善法律。哪些是这个国家所必不可少的法律规则，法律规则中哪些是可以修正的、哪些是不可更改的都是有其一定之规的，主权者并不可以为所欲为。同时，对于那些可以修订的、可以废除的法律规则，主权者则可以随时加以改动以推动法律的完善。明知此理，国家才会立于不败之地。魏晋南北朝的各个主权者在立法时非常注重对以往法律发展成就的吸收与借鉴，其原因并不仅是时间仓促或人才不足，而是与如上这些认知密切相关的。隋文帝"诏与苏威等修定律令。政采魏、晋刑典，下至齐、梁，沿革轻重，取其折衷"也就在意中，这是在一个社会历史形态的中期必然采取的主要立法策略。

（2）在法的形式方面的传承

在东汉后期即有一些学者进行了法律编纂的尝试，而真正开始在官府层面进行立法上的法律编纂则是在魏明帝时期（也就是编成了"律十八篇，州郡令四十五篇，尚书官令、军中令合百八十余篇"），律、令在法律载体上的分立格局初步成为现实。不过，法的形式体系与内容体系非常不同，这又是刚刚开始进行立法尝试，所以还需要较长时间的探索过程来加以完善。对过去与当前所存在数量庞大的法律规则进行拆分、归类、组合并非易事，需要进行大量的研究与尝试，而不可能一蹴而就。自晋以来诸朝所进行的律令编纂尝试，莫不先对前朝所编纂的法籍做一番嘲讽，这些批评一部分是属实的，所以在立法时会进行一些细微的调整，但也有很大一部分是出于自证优越的粉饰需要，所以对过去的法律制度会进行最大限度地保留与传承以推陈出新，隋朝同样以此模式发展自身的法律。

在律方面的传承与创新。比如，隋律虽然采北齐律的十二篇体例，但对各个篇名则进行了重新厘定，十二篇名中有六篇是与北齐律不同的，比如改北齐律的"禁卫"篇为"卫禁"篇，等。隋律的刑名的编排方式是从死刑到笞刑，这接近于北齐律，而与北周自杖刑到死刑的编排方式（唐律即采此制）有所不

229

同。在刑名方面，北齐是死、流、刑、鞭、杖，北周是杖、鞭、徒、流、死，而隋则是死、流、徒、杖、笞，很明显，隋刑名更多地与北周的相同（名称上相同者有四个）。隋律的二十等刑的编定，很明显是在北周二十五等刑制的基础上，经"蠲除前代鞭刑及枭首轘裂之法。其流徒之罪皆减从轻"而成的，且把杖、鞭两个刑种变更为笞、杖，刑等上重要的变化是死刑由原来的五等减为二等，流刑由原来的五等减为三等，徒杖刑仍是五等，只是徒刑刑期缩短为最长三年。隋律创立了"十恶"条目，而其具体法条在秦汉时期大多即已存在，其处罚本来很重，只是在南北朝时期把这些犯罪置于一个显著的位置。北齐有重罪十条的规定，而北周早就有重罪六条的规定，隋朝立法者对以往这些立法成就进行了吸收与改造。首先，北周的重罪六条全部得到了继受，北齐所重的"降"和"不敬"二罪并没有被继受。其次，一个重大的变化是，隋律改北齐的"一曰反逆，二曰大逆，三曰叛"为"一曰谋反，二曰谋大逆，三曰谋叛"，重点强调了"谋"，这其实已是重大变化。另外，创立"十恶"概念并确定"虽会赦犹除名"的处罚原则也是一个重要的制度创新。诸如此类的在形式体系方面的传承创新，使得刑律的全部内容在严密形式体系的统合下成为一个密不可分的整体。

在令方面的传承与创新。令在秦汉时期是"后主所是"者，也就是因时因事颁布的单行法令，其稳定性较律要低一些，而律、令在规则模型上是无差别的，都同时记载事制规则与处罚规则。但自魏晋以来，事制规则与处罚规则分立的需求变得迫切了，而如何分立则需要进行探索，事实上也是经过长期探索才找到了律令分立的一般规律。首先，虽然令是收集事制规则的，但其具体表现形式则不止"令"一种。曹魏有多部令书，晋律之外有令、故事等，南朝梁在律外有令、科等，北魏和北齐在律外有令、格等，北周在律外有制、式等，隋法在律外有令、格、式。这都说明，对事制规则仍可以进行细化和归类，从而将其归入不同的法律典籍中。其次，虽然自秦至隋都存在"令"，不过，其编制方法却是很不同的。秦汉时期并无集中、统一的令典或令书，令具体表现为各个独立的令文，也就是分散颁行的、单行的法令。到了魏明帝时，编令时仍是"州郡令四十五篇，尚书官令、军中令合百八十余篇"，虽然进行了集中的编纂，但仍然分为多部，合计有二百多篇。晋朝时贾充等编有"令四十篇""故事三十卷"，其后又编成了更多的"故事"，其总的篇数仍然巨大。南朝梁编有"令三十卷，科四十卷"或"令三十卷，科三十卷"，"令"的卷数在减少，此外还编有"吉凶军宾嘉五礼，凡一千余卷"。到了南朝陈，则编有"陈令三十卷，陈科三十卷"，可能主要是承袭前代而成。北齐有"令四十卷"或"令五十卷",另有"权令二卷",以及麟趾格。北周时有"式三卷"或五卷,及多部"制"。隋朝颁行有令三十卷及格、式,从其"令"的篇目来看,它与晋令四十篇、梁令三十卷、陈令三十卷、北齐令四十卷之间显然有渊源联系,其官品、祠、户、学、田、关市、狱官、丧葬、杂等篇名在以前朝代的令中就存在着,其宫卫军防、选举、衣服等篇名是对以往的篇名加以改进而成的,比较新的主要是与职官有关的那些篇名,比如"诸省台职员""诸寺职员"等,这与官制变化有关。隋令篇章体系的这些传承与创新使得其本身体现了较高的立法技术水平,从而能对后世立法产生重要影响。

(3) 在法的内容体系与其形式体系的协调方面,隋法承前而进行了有效的革新

法的内容体系在秦孝公改革后逐步形成,而此时的法律都是单行法令,每一个单行法令基本上只解决一个社会问题,比如,《田律》《置吏律》《军爵律》等均是如此。每一个单行法中无论有多少个法条,事制规则与赏罚规则在其中都有明确、具体、周密的规定,如此立法模式的好处是使人们有机会不违法,使人们知晓守法的方法与途径,避免"不教而诛"之害,即商君所谓"圣人为民法,必使之明白易知,愚智偏能知之,万民无陷于险危也"。① 单行法令通过事制规则的明确、具体规定而创造了使人们守法或不违法的法律环境,如果有人仍然违法,则就可以依法加以处罚了,而如何处罚也是在这个单行法令中有明确、具体规定,从而不需要官员裁决,而违法者就可以预先知道将会受到什么样的处罚,这样可以保护民众的安全,也可以防范官吏绚私枉法。如此以来,某一事项的事制规则与赏罚规则俱载于同一个单行法令就是秦朝法律的基本形式体系,这一立法体例对于刚刚进入一个全新历史阶段的秦及汉朝来说是非常必要的,但对于其后的朝代来说则有一定的新问题需要解决,因为事制规则的长期实施和遵守,已使得它们中的大部分已成为习惯、惯例、习俗等理所当然的普遍事实,而不会再让人有陌生感、抗拒感,那么,事制规则与赏罚规则的分离就有了一定的现实条件。再加上朝代的更替而带来的官制的变化,进而造成法律执行环境的变化,官吏们感到在几十或上百个单行法令中寻找处罚规则过于烦琐、低效。在这种情况下,对处罚规则的编纂首先以私人的学术性编纂的方式出现了(东汉末),正式的官府层面的立法编纂是在三国时的魏明帝时期出现的,于是,事制规则与赏罚规则的分离导致旧有的法律形式被破坏,新的法律形式体系也就需要建立。在这种情况下,魏晋以来,单行法令当然仍有其

---

① 长治.商君书评注[M].武汉:武汉大学出版社,2019:130.

律令的精神 >>>

存在必要且实际发挥着重要作用，但法律形式的主体或最受重视的法律形式将不再是众多的单行法令而是朝廷颁行的各种大部头的法籍。法律规则没有多少变化，但法律的表现形式在发生较大的变化，那就需要有新的立法技术来实现。

由于将各种事项的事制规则或赏罚规则编纂于一书必然受到体系性、协调性要求的约束，于是，立法过程就是一方面要探索确立新的形式体系，另一方面就是要探索实现使法的形式体系与内容体系相协调的方式。

比如官制，秦汉时期虽有爵位制度，但它实际上是功爵，而不是官品或官阶，汉的禄秩（比如二千石、六百石等）也不是官阶，当需要对官制进行系统规定时就需要对官阶进行形式化的改造，而一旦形成系统的官品制度又会对官制产生重要影响。秦汉时期即已有《品令》《秩禄令》等之类的与官阶有关的法令，实质的官阶制度理当已经建立，但形式化的官阶制度并没有同时出现。三国魏文帝时曾创立九品官人法，① 其后，九品官制逐步成型。先是南朝梁武帝时定令为九品，并把官品与秩禄联结起来，如，把第二品和第三品定为中二千石，后来则把官员分为十八班。其后，南朝陈在遵梁制的基础上又进行了一些改革，明确把各种官职划入九品之内。北齐的官制虽是从北魏承袭而来的，而也接受了魏晋及南朝的官品制度，它的官职同样是九品制的但有了正、从品之别，比如规定"三品，四百匹，一百匹为一秩。从三品，三百匹，七十五匹为一秩"。② 隋初，据《隋书·百官志下》载"高祖既受命，改周之六官，其所制名多依前代之法"，官阶的九品、正从、流内流外、上下阶等制度得以确立。其后，据同书记载，"炀帝即位，多所改革。三年，定令品，自第一至于第九唯置正从，而除上下阶"，正从九品官阶制度至此基本定型，其后一千三百多年皆采此制。虽然在三国以前没有九品制作为官制的统摄形式，旧的职官制度同样可以实现上下有序和高效运转。但九品制作为一种重要的形式化制度框架，它的形成对官制的系统化和明确化起着基础性作用，官职高低的识别和官职升降的调整操作变得非常容易和明白易知，而且依此对官制的调整与完善将变得更容易、更规范。九品制对官制的简化与完善起着引导作用，它能重构官制，在一定程度上改变了原有官制的面貌。也就是说，九品制虽然只是形式上的，而它对官制内容的优化与完善起着推动作用，在实际上推动了官制的形式体系与内容体系的融合，进而实现了官制自身的体系化和稳定性。

---

① 《通志：卷五十八》载"延康元年，吏部尚书陈群以天朝选用不尽人才，乃立九品官人之法，州郡皆置中正，以定其选择，州郡之贤有识鉴者为之，区别人物，第其高下"。而其初意"似非品秩也，乃人品耳"。

② 魏徵．隋书：卷二十七［M］．北京：中华书局，2000：517．

232

再比如，五刑"二十等"制如同九品官制那样是一种形式化的制度框架，它是隋朝在吸收过去近千年的刑制发展成就的基础上创立的。秦汉时期是否存在系统的刑等制度，从现有的文献来看，仍然是一个待考证的问题（因为文献不足），不过，从其具体的法律规定来看，其刑罚轻重有序且有显著的规律性，那么，完全可以认为，实质上的刑等制度已经形成，只不过可能没有形成类似隋朝二十等刑那样的格式化刑等制度（也可能形成了，只是相关法令失传了而未被我们获知其详情。魏律三十七等刑制的突然出现，即已说明是存在秦汉刑等这种可能的）。自魏晋以来，形式上的刑等制度逐步形成、逐步规范，最终定型为二十等刑制。从魏律的三十七等刑发展到隋律的二十等刑的过程中，随着刑等制度的精简，作为刑律主体的处罚规则同样被大为精简了，魏律颁行前的汉律令有约"三百五十九章""断罪所当由用者，合二万六千二百七十二条"，如此大规模的法令，不仅平民而且官吏都会觉得理解与执行有困难，精简是必要的。魏律将刑律部分精简为十八篇，南朝齐国的律则有"一千五百三十二条，为二十卷"，南朝梁律则是二十篇有"二千五百二十九条"，北魏律有十二卷合"八百三十二章"，北齐律则十二篇"定罪九百四十九条"，北周律是二十五篇"大凡定罪一千五百三十七条"，而隋律则只有"五百条，凡十二卷"，法条数量明显在趋于减少（当然，法律规则并不会也减少），即由汉朝时的两万多条（这些条文当然不是刑书的条文数，而是各种单行法令中的与处罚有关法条的总数目，从而与隋唐刑律的条文数目是不同性质的）减为隋律的五百条，精简幅度是极大的。无论有多少法条，其实都必须以解决实际的社会问题与社会需要为前提。隋律的五百条必须承担起解决汉律令两万多条所处理社会问题的任务，否则即是失败的立法。历史证明，隋律取得了立法上的成功而为后世师法，这说明隋律所进行的立法精简是基本成功的。隋律实现立法精简有多方面的技术工具作依托，其中一个重要工具就是简洁且规律性很强的二十等刑制，它为法条的精简与合并创造了技术条件。可见，经此改革，法的内容与形式之间的协调与配合愈加顺畅无阻，法体系自身的系统性和稳定性得以有更可靠的基础。形式体系的创建与完善的重要价值由此可见一斑。

故，我们有充分的理由认为，隋法之律令格式体系是对以往诸代法律发展成就的集大成之作，是从秦孝公三年（公元前359年）至隋文帝开皇元年（公元581年）这940年古代法律发展成就的结晶。不但如此，隋朝还以主权者的姿态主动地、积极地进行法律的优化与革新，这使其立法并不仅仅是前朝法律的刊定或集成，而是一场成功的法律革新活动。

(二) 隋律令的主要成就

隋朝法律作为全新的一统国家的法律体系，取得了较多立法上的重要成就。

首先，确立了全新的、系统的法籍编纂体系。

律、令的分立，经过魏晋南北朝几百年的尝试而取得了不少新成果，隋朝传承这些制度成果并加以革新，从而确立了律、令、格、式这样的全新法律编纂体系。

一方面，法律规则被归入不同类型的法籍中。"令、格、式"这三者相当于主要是事制规则的载体，但这三者各各承载的是不同类型的事制规则。而"律"则基本上只记载处罚规则，这样一来，律、令的分立已实现得较为彻底。一朝立法当时现存的全部法律规则被分门别类地分载于这四类法籍中，除这四类法籍中所记载的法律规则之外，还会有为数不少临时颁行的敕令中记载有各种法律规则，法籍与单行法令并存的新的法律形式体系得以全面、完整地建立起来。即，法籍与单行法令并存的格局得到加强，而不是仅有法籍。

另一方面，每一种法籍通过对自身所属的全部规则的归类而有了自身的篇章体例。隋律为十二卷（开皇律）及十八篇（实际上是"大业律十一卷"，经过削减后，较开皇律十二卷少了一卷）的篇章体系，隋令为三十卷的篇章体系，隋格、隋式也当有其自身的篇章体系。各种法籍内部的篇章体系是法籍体系得以稳定存在的基础。

其次，实现了对部分法律制度的重大革新。

如前所述，隋朝对九品官制、五刑、刑等、十恶等法律制度进行了革新，相关新制度对新法律体系的确立起到了推动作用。除此之外，其他方面的法律改革也取得了很大的成就，比如死罪三复奏制度的创立、议减赎当制度的规范化等。这些从内容到形式的法律改革，使得隋法体现为当时立法的最新水平，其所创立的一些制度在其后的数百年中无大更改即是明证。

再次，延续了处罚轻缓化、文明化的大趋势。

古五刑向新五刑的转化，其总的趋势是处罚轻缓化、文明化，而隋法顺应了这一发展趋势。隋朝刑制的改革主要有三次：一是开皇元年进行的"蠲除前代鞭刑及枭首轘裂之法。其流徒之罪皆减从轻"，五刑大都有所减轻，比如将最高徒五年改为最高徒三年，时称"以轻代重，化死为生，条目甚多"，这次改革主要是刑罚种类上的统一化重为轻。二是开皇三年"除死罪八十一条，流罪一百五十四条，徒杖等千余条，定留唯五百条"，这次改革主要是对众多法条的法定刑的化重为轻。三是大业三年"其五刑之内，降从轻典者，二百余条"，只是这次的"刑宽"善政被后来的"立严刑"之举破坏掉了。整体而言，隋朝法律对古代刑罚的轻缓化、文明化厥功至伟，这些改革成就也得到了后世历朝的承认和保全，从而对其后一千多年的法律制度和古代社会产生了深远的正面影响。

当然，隋法所取得的立法成就远不止如上那些，只不过由于隋法几乎散失殆尽而使我们对隋法了解不多而已。

（三）隋朝用法的主要教训

隋朝法度之所以早早消失于历史长河中，主要在于隋朝虽然是大一统国家，但只存在了很短的时间。一方面是其法度因实施时间太短甚至一度被搁置而对社会的影响较浅，另一方面是隋法被唐朝继承，唐法即是从刊改隋法而来，这使隋法丧失了独立存在的意义，在种种因素的作用下，隋法渐渐失传。《新唐书·卷五十八》记载"高颎等隋律十二卷，牛弘等隋开皇令三十卷，隋大业律十八卷"，这说明在北宋时期，隋朝的部分法律典籍仍然存世，这些仅存的隋朝法籍可能亡于宋元之际的战火。

隋朝实现了天下一统，在法制建设上实际上是取得了承前启后的重大成就，但却仅历三十年即灭，其中的教训可谓深刻。创立隋王朝的隋文帝本来是非常重视法制建设的，在立国之初即展开了大规模的立法活动，律、令、格、式等法籍渐次颁行，而且隋文帝也深知"先施法令，欲人无犯之心，国有常刑，诛而不怒之义"的道理，但隋朝前后二帝对法律的执行并不坚决、不彻底、不全面，从而留下了惨痛的历史教训。

首先，朝廷对法度没有形成坚定的信念。

从表面上看，隋朝非常重视法制建设，在短短的三十多年间，刊改法律多达三次，而且每次都是向宽平的方向努力，如此大的法律改革力度是很让人肃然起敬的。但是，这些立法活动是难掩其严重的弊端与缺点的。在商君思想中，"法者，君臣之所共操也"，① 也就是坚定地认为法是天下之法而非君王一人之法，那么，君王也就不可以肆意操控法律。

隋朝二代帝王虽然重视法律，但远没有形成对法律的信念。隋文帝开皇元年与开皇三年刊改的法律是为人所称道的，但不久即开始对之做逆向修改，刑罚趋重。据史载"此后又定制，行署取一钱已上，闻见不告言者，坐致死。自此，四人共盗一榱桶、三人同窃一瓜，事发即时行决。有数人劫执事而谓之曰：'吾岂求财者邪？但为枉人来耳。而为我奏至尊，自古以来，体国正法，未有盗一钱而死也。而不为我以闻，吾更来，而属无类矣。'帝闻之，为停盗取一钱弃

---

① 长治. 商君书评注 [M]. 武汉：武汉大学出版社，2019：89.

市之法。"① 虽然这次所修之法被废止了，但其后又有各种名目的酷法纷纷而出，再加上断罪"不复依准科律"，从而使其早期立法成就逐渐被部分搁置。隋炀帝时期，虽然在早期也很重视完善法律，但由于多次发动战争及兴建大型公共工程（据《隋书·卷二十四》载，"始建东都，以尚书令杨素为营作大监，每月役丁二百万人""兴兵百万，北筑长城""四年，发河北诸郡百余万众，引沁水，南达于河，北通涿郡。自是以丁男不供，始以妇人从役"）而造成赋役加重，为达到聚敛目标及为镇压反抗，抛开法律的严刑峻法再次兴起，宽平的法律再次被架空、被忽略，这种以饮鸩的方法来止渴是必然不能达到目的的，最终使大一统的隋王朝亡于内乱。

这说明，整个隋朝基本上没有确立起对法律的信念，隋帝对法律的态度更可能是视其为可以随用随弃的工具，而不是视其为全社会、君民存续的共同凭据。国君不愿受法度约束，则也就不可能得到法度所可带来的富国强兵和维持秩序的利益，这样的朝廷是不可能维持长久的。

其次，有法不依，对法律的执行不彻底。

隋文帝虽然在称帝初期重视立法，但不久即开始坏法、弃法。据《隋书·卷二十五》所载，文帝"仁寿中，用法益峻。帝既喜怒不恒，不复依准科律"，再加上任用酷吏奸臣以致"其临终赴市者，莫不涂中呼枉，仰天而哭"。这表明，文帝自身并不尊重法律，也不重视法律的执行，由此带来了严重的社会危机。

隋炀帝即位后对法令进行了刊改，虽然改变了文帝时期"禁网深刻"的局面，但"刑宽"的好局面也没能维持太久。据史载，"帝乃更立严刑，敕天下窃盗已上，罪无轻重，不待奏闻，皆斩。百姓转相群聚，攻剽城邑，诛罚不能禁。帝以盗贼不息，乃益肆淫刑。九年，又诏为盗者籍没其家。自是群贼大起，郡县官人，又各专威福，生杀任情矣。及杨玄感反，帝诛之，罪及九族。其尤重者，行辒裂枭首之刑。或磔而射之。命公卿已下，脔啖其肉"，② 原有法度可能因之而部分失效。又有，大业"十七年，诏又以所在官人，不相敬惮，多自宽纵，事难克举，诸有殿失，虽备科条，或据律乃轻，论情则重，不即决罪，无以惩肃。其诸司属官，若有愆犯，听于律外斟酌决杖。于是上下相驱，迭行捶楚，以残暴为干能，以守法为懦弱"，③ 这是官制的严重失序。处罚更重、处罚

---

① 魏徵. 隋书：卷二十五 [M]. 北京：中华书局，2000：484.
② 魏徵. 隋书：卷二十五 [M]. 北京：中华书局，2000：486.
③ 魏徵. 隋书：卷二十五 [M]. 北京：中华书局，2000：483-484.

范围更广且恢复了已被废止的酷刑,旧有的法律被严重破坏,这说明此时的禁网之苛酷远远超过隋文帝之时。法律被弃之一旁,国家治理已蜕变为自上而下的压迫与暴行,此朝廷岂有不亡之理。

隋朝虽立有成体系且较健全的法律,惜乎并没有得到有效执行,自上而下对法律的破坏使国家丧失了安全的基础。

再次,重刑罚而轻事制,对法律的执行不全面。

隋文帝似乎明知"先施法令"而后施刑罚之深意,但实际上,由于隋朝二帝个性的猜忌、急于建功,最终都急于以重刑(律)作为工具来达到其维持秩序、提升军力这样原本是由事制(令)来实现的目标。隋朝重刑罚而轻事制的特征非常明显,而社会无事制的组织与协调则将彻底丧失秩序,这是导致隋朝统治快速崩溃的原因之一。比如,史载,隋文帝"诏有能纠告者,没贼家产业,以赏纠人。时月之间,内外宁息。其后无赖之徒,候富人子弟出路者,而故遗物于其前,偶拾取则擒以送官,而取其赏。大抵被陷者甚众。帝知之。乃命,盗一钱已上皆弃市。行旅皆晏起晚宿,天下懔懔焉。"① 没收家产、弃市之类的重罚当然能对社会秩序的维护起到快速效果,但这仅仅是压迫的结果,从而不可能维持长久。

隋炀帝同样也过度仰赖于重刑,他为了外征四夷而过度聚敛,由此引起了穷人"聚为盗贼"以抗,此时本应以休养生息、降低赋税为上策,但炀帝重蹈文帝旧辙以重刑待之,最终导致"百姓怨嗟,天下大溃"。

隋朝始终没有处理好事制与刑罚的关系,这使其执法片面倚重于重刑,而忽略了事制在维护社会秩序、增强社会凝聚力方面的基础性作用,这是隋朝一统后不久即分崩离析的主要原因。由此看来,隋朝的快速覆灭并不是因为隋朝没有健全的法度,相反,隋朝有较为健全、适中、系统的法律,问题在于隋朝未能尊重、坚持和全面贯彻其法度。

六、唐朝律令

唐朝始于618年李渊起义称帝,定都于长安,历二十一帝,亡于907年。唐之后是五代十国的乱局,直到960年北宋建立为止。

唐朝作为一统的朝代历时长约三百年,这在一定程度上得益于其对法度的坚守与完善。唐朝重视法制建设,史书的相关记载主要有:

---

① 魏徵. 隋书:卷二十五 [M]. 北京:中华书局,2000:484.

律令的精神 >>>

改隋义宁二年为唐武德元年……壬申,命相国长史裴寂等修律令……废隋大业律令,颁新格…(武德七年)夏四月庚子,大赦天下,颁行新律、令。①

高祖初起义师于太原,即布宽大之令,百姓苦隋苛政,竞来归附。旬月之间,遂成帝业。既平京城,约法为二十条。惟制杀人、劫盗、背军、叛逆者死,余并蠲除之。及受禅,诏纳言刘文静与当朝通识之士,因开皇律令而损益之,尽削大业所由烦峻之法。又制五十三条格,务在宽简,取便于时。寻又敕尚书左仆射裴寂、尚书右仆射萧瑀及大理卿崔善为、给事中王敬业、中书舍人刘林甫颜师古王孝远、泾州别驾靖延、太常丞丁孝乌、隋大理丞房轴、上将府参军李桐客、太常博士徐上机等,撰定律令,大略以开皇为准。于时诸事始定,边方尚梗,救时之弊,有所未暇,惟正五十三条格,入于新律,余无所改。至武德七年五月奏上。②

(贞观)十一年春正月……庚子,颁新律令于天下。③

玄龄等遂与法司定律五百条,分为十二卷:一曰名例,二曰卫禁,三曰职制,四曰户婚,五曰厩库,六曰擅兴,七曰贼盗,八曰斗讼,九曰诈伪,十曰杂律,十一曰捕亡,十二曰断狱。有笞、杖、徒、流、死,为五刑。笞刑五条,自笞十至五十;杖刑五条,自杖六十至杖一百;徒刑五条,自徒一年,递加半年,至三年;流刑三条,自流二千里,递加五百里,至三千里;死刑二条,绞、斩。大凡二十等。……比隋代旧律,减大辟者九十二条,减流入徒者七十一条。其当徒之法,惟夺一官,除名之人,仍同士伍。凡削烦去蠹,变重为轻者,不可胜纪。又定令一千五百九十条,为三十卷。贞观十一年正月,颁下之。又删武德、贞观已来敕格三千余件,定留七百条,以为格十八卷,留本司施行。斟酌今古,除烦去弊,甚为宽简,便于人者。以尚书省诸曹为之目,初为七卷。其曹之常务,但留本司者,别为留司格一卷。盖编录当时制敕,永为法则,以为故事。贞观格十八卷,房玄龄等删定。永徽留司格十八卷,散颁格七卷,长孙无忌等删定,永徽中,又令源直心等删定,惟改易官号曹局之名,不易篇目。永徽留司格后本,刘仁轨等删定。垂拱留司格六卷,散颁格三卷,裴居道删定。太极格十卷,岑羲等删定。开元前格十卷,姚崇等删定。开元后格十卷,宋

---

① 刘昫,等撰.旧唐书:卷一[M].北京:中华书局,2000:4,5,9.
② 刘昫,等撰.旧唐书:卷五十[M].北京:中华书局,2000:1439.
③ 刘昫,等撰.旧唐书:卷三[M].北京:中华书局,2000:31.

璟等删定。皆以尚书省二十四司为篇目。凡式三十有三篇，亦以尚书省列曹及秘书、太常、司农、光禄、太仆、太府、少府及监门、宿卫、计帐名其篇目，为二十卷。永徽式十四卷，垂拱、神龙、开元式并二十卷，其删定格令同。①

（永徽二年）九月癸巳，改九成宫为万年宫，废玉华宫以为佛寺。闰月辛未，颁新定律、令、格、式于天下。……（四年）十一月，癸丑，兵部尚书固安县公崔敦礼为侍中。颁新律疏于天下。②

永徽初，敕太尉长孙无忌、司空李勣、左仆射于志宁、右仆射张行成、侍中高季辅、黄门侍郎宇文节柳奭、右丞段宝玄、太常少卿令狐德棻、吏部侍郎高敬言、刑部侍郎刘燕客、给事中赵文恪、中书舍人李友益、少府丞张行实、大理丞元绍、太府丞王文端、刑部郎中贾敏行等，共撰定律令格式。旧制不便者，皆随删改。遂分格为两部：曹司常务为留司格，天下所共者为散颁格。其散颁格下州县，留司格但留本司行用焉……于是，太尉赵国公无忌、司空英国公勣、尚书左仆射兼太子少师监修国史燕国公志宁、银青光禄大夫刑部尚书唐临、太中大夫守大理卿段宝玄、朝议大夫守尚书右丞刘燕客、朝议大夫守御史中丞贾敏行等，参撰律疏，成三十卷，四年十月奏之，颁于天下。③

（宣宗大中七年）五月，左卫率府仓曹张戣集律令格式条件相类一千二百五十条，分一百二十一门，号曰刑法统类，上之。④

则天又敕内史裴居道、夏官尚书岑长倩、凤阁侍郎韦方质与删定官袁智弘等十余人，删改格式，加计帐及勾帐式，通旧式成二十卷。又以武德已来、垂拱已后诏敕便于时者，编为新格二卷，则天自制序。其二卷之外，别编六卷，堪为当司行用，为垂拱留司格。时韦方质详练法理，又委其事及咸阳尉王守慎，又有经理之才，故垂拱格、式，议者称为详密。其律令惟改二十四条，又有不便者，大抵依旧。⑤

（中宗）敕中书令韦安石、礼部侍郎祝钦明、尚书右丞苏瓌、兵部郎中狄光嗣等，删定垂拱格后至神龙元年已来制敕，为散颁格七卷。又删补旧式为二十卷，颁于天下。景云初，睿宗又敕户部尚书岑羲、中书侍郎陆象

---

① 刘昫，等撰．旧唐书：卷五十 [M]．北京：中华书局，2000：1441-1442.
② 刘昫，等撰．旧唐书：卷四 [M]．北京：中华书局，2000：48-49.
③ 刘昫，等撰．旧唐书：卷五十 [M]．北京：中华书局，2000：1444.
④ 刘昫，等撰．旧唐书：卷十八下 [M]．北京：中华书局，2000：429.
⑤ 刘昫，等撰．旧唐书：卷五十 [M]．北京：中华书局，2000：1445-1446.

律令的精神 >>>

先、右散骑常侍徐坚、右司郎中唐绍、刑部员外郎邵知与、删定官大理寺丞陈义海、右卫长史张处斌、大理评事张名播、左卫率府仓曹参军罗思贞、刑部主事阎义颛凡十人，删定格式律令。太极元年二月奏上，名为太极格。①

开元初……删定格式令，至三年三月奏上，名为开元格。……删定律令格式，至七年三月奏上，律令式仍旧名，格曰开元后格。十九年，侍中裴光庭、中书令萧嵩，又以格后制敕行用之后，颇与格文相违，于事非便，奏令所司删撰格后长行敕六卷，颁于天下。二十二年，户部尚书李林甫又受诏改修格令。……共加删缉旧格式律令及敕，总七千二十六条。其一千三百二十四条于事非要，并删之。二千一百八十条随文损益，三千五百九十四条仍旧不改，总成十二卷，律疏三十卷，令三十卷，式二十卷，开元新格十卷。又撰格式律令事类四十卷，以类相从，便于省览。二十五年九月奏上，敕于尚书都省写五十本，发使散于天下。②

元和十三年八月，凤翔节度使郑余庆等详定格后敕三十卷，右司郎中崔郾等六人修上。其年，刑部侍郎许孟容、蒋义等奉诏删定，复勒成三十卷。③

开成四年，两省详定刑法格一十卷，敕令施行。……大中五年四月，刑部侍郎刘琢等奉敕修大中刑法总要格后敕六十卷，起贞观二年六月二十日至大中五年四月十三日，凡二百二十四年杂敕，都计六百四十六门，一千一百六十五条。七年五月，左卫率仓曹参军张戣进大中刑法统类一十二卷，敕刑部详定奏行之。④

令律十二卷（裴寂撰）。律疏三十卷（长孙无忌撰）。武德令三十一卷（裴寂等撰）。贞观格十八卷（房玄龄撰）。永徽散行天下格中本七卷。永徽留本司行中本十七卷（源直心等撰）。永徽令三十卷。永徽留本司格后本十一卷（刘仁轨撰）。永徽成式十四卷。永徽散颁天下格七卷。永徽留本司行格十八卷（长孙无忌撰）。永徽中式本四卷。垂拱式二十卷。垂拱格二卷。垂拱留司格六卷（裴居道撰）。开元前格十卷（姚崇等撰）。开元后格九卷（宋璟等撰）。令三十卷。式二十卷（姚崇等撰）。⑤

---

① 刘昫，等撰. 旧唐书：卷五十 [M]. 北京：中华书局，2000：1450.
② 刘昫，等撰. 旧唐书：卷五十 [M]. 北京：中华书局，2000：1450-1451.
③ 刘昫，等撰. 旧唐书：卷五十 [M]. 北京：中华书局，2000：1453.
④ 刘昫，等撰. 旧唐书：卷五十 [M]. 北京：中华书局，2000：1454-1455.
⑤ 刘昫，等撰. 旧唐书：卷四十六 [M]. 北京：中华书局，2000：1363.

>>> 第二章　律令的创制与传承

　　武德律十二卷。又式十四卷。令三十一卷（……）。贞观律十二卷。又令二十七卷。格十八卷。留司格一卷。式三十三卷（……）。永徽律十二卷。又式十四卷。式本四卷。令三十卷。散颁天下格七卷。留本司行格十八卷（……）。律疏三十卷（……）。永徽留本司格后十一卷（……）。赵仁本法例二卷。崔知悌法例二卷。垂拱式二十卷。又格十卷。新格二卷。散颁格三卷。留司格六卷（……）。删垂拱式二十卷。又散颁格七卷（……）。太极格十卷（……）。开元前格十卷（……）。开元后格十卷。又令三十卷。式二十卷（……）。格后长行敕六卷（……）。开元新格十卷。格式律令事类四十卷（……）。度支长行旨五卷。王行先律令手鉴二卷。元泳式范四卷。裴光庭唐开元格令科要一卷。元和格敕三十卷（权德舆、刘伯刍等集）。元和删定制敕三十卷（许孟容、韦贯之、蒋乂、柳登等集）。太和格后敕四十卷。格后敕五十卷（初，前大理丞谢登纂，凡六十卷。诏刑部详定，去其繁复。大和七年上）。狄兼謩开成详定格十卷。大中刑法总要格后敕六十卷（刑部侍郎刘瑑等纂）。张戣大中刑律统类十二卷。卢纾刑法要录十卷（裴向上之）。张伾判格三卷。李崇法鉴八卷。①

　　大唐新礼一百卷（房玄龄等撰）。紫宸礼要十卷（大圣天后撰）……太宗文皇帝政典三卷（李延寿撰）。杂仪三十卷（鲍昶撰）。书笔仪二十卷（谢朓撰）。妇人书仪八卷（唐瑾撰）。皇室书仪十三卷（鲍行卿撰）。大唐书仪十卷（裴矩撰）。童悟十三卷。封禅录十卷（孟利贞撰）。皇帝封禅仪六卷（令狐德棻撰）。玉玺谱一卷（僧约贞撰）。神岳封禅仪注十卷（裴守贞撰）。玉玺正录一卷（徐令信撰）。传国玺十卷（姚察撰）。大享明堂仪注二卷（郭山恽撰）。明堂义一卷（张大瓒撰）。明堂仪注七卷（姚璠等撰）。亲享太庙仪三卷（郭山恽撰）。皇太子方岳亚献仪二卷。②

　　六典三十卷（开元十年，起居舍人陆坚被诏集贤院修"六典"，玄宗手写六条，曰理典、教典、礼典、政典、刑典、事典。张说知院，委徐坚，经岁无规制，乃命母煚、余钦、咸廙业、孙季良、韦述参撰。始以令式象周礼六官为制。萧嵩知院，加刘郑兰、萧晟、卢若虚。张九龄知院，加陆善经。李林甫代九龄，加苑咸。二十六年书成）。③

　　（唐德宗贞元十七年冬十月）淮南节度使杜祐进通典，凡九门，共二

----
① 欧阳修，宋祁，撰. 新唐书：卷五十八 [M]. 北京：中华书局，2000：976-977.
② 刘昫，等撰. 旧唐书：卷四十六 [M]. 北京：中华书局，2000：1343，1362.
③ 欧阳修，宋祁，撰. 新唐书：卷五十八 [M]. 北京：中华书局，2000：966.

百卷。①

　　初开元末，刘秩采经史百家之言，取周礼六官所职，撰分门书三十五卷，号曰政典，大为时贤称赏，房琯以为才过刘更生。佑得其书，寻味厥旨，以为条目未尽，因而广之，加以开元礼、乐，书成二百卷，号曰通典。贞元十七年，自淮南使人诣阙献之。②

　　唐之刑书③有四曰，律、令、格、式。令者，尊卑贵贱之等数，国家之制度也；格者，百官有司之所常行之事也；式者，其所常守之法也。凡邦国之政，必从事于此三者。其有所违及人之为恶而入于罪戾者，一断以律。④

　　凡律，以正刑定罪。令，以设范立制，格，以禁违正邪。式，以轨物程事。⑤

从如上的这些记载可以知道唐朝法律的基本情况：

（一）唐朝的法籍样式主要有律、令、格、式、编敕等

唐代颁行的法律制度方面的典籍很多。唐初即颁行有"二十条"和"五十三条格"。其后，武德七年颁行新法，主要是"律十二卷，又式十四卷，令三十一卷"。贞观年间完成了律令的全面修订，主要是"律五百条，分为十二卷""令一千五百九十条，为三十卷""七百条以为格十八卷""格十八卷"等，即"律十二卷，又令二十七卷，格十八卷，留司格一卷，式三十三卷"。永徽年间再颁新定律、令、格、式于天下，"律十二卷，又式十四卷，式本四卷，令三十卷，散颁天下格七卷，留本司行格十八卷。律疏三十卷。永徽留本司格后十一卷"，但实际上可能主要是刊定新格，即"留司格十八卷，散颁格七卷"等，其时最显要的成就可能是编成流传至今的《律疏》三十卷。武则天当政期间又编成"垂拱式二十卷，又格十卷，新格二卷，散颁格三卷，留司格六卷"，也就是仍然以刊定新格为主。唐中宗时期又编成"散颁格七卷""式为二十卷""太极格"。开元年间，先后编成"开元格""开元后格""格后长行敕六卷""总成十二卷，律疏三十卷，令三十卷，式二十卷，开元新格十卷。又撰格式律令事类

---

① 刘昫，等撰. 旧唐书：卷十三 [M]. 北京：中华书局，2000：268.
② 刘昫，等撰. 旧唐书：卷一百四十七 [M]. 北京：中华书局，2000：2705.
③ 这里出现"刑书"一词合乎儒术，但由于四者中只有"律"是专门的刑书，则实为一错误表述。
④ 欧阳修，宋祁，撰. 新唐书：卷五十六 [M]. 北京：中华书局，2000：925.
⑤ 刘昫，等撰. 旧唐书：卷四十三 [M]. 北京：中华书局，2000：1254.

四十卷"。元和年间又编成"格敕三十卷"。太和年间又进行了编敕。大中年间编成"大中刑法总要格后敕六十卷""大中刑法统类一十二卷"。关于各法籍之间的内容界限与差异，从如上所引的一些界定可作参考。

从这些历史记载来看，唐前期立法主要是承隋而编制律、令、格、式，而唐后期立法则主要是编敕。而正是这些编敕活动改变了后世法律编纂的发展方向：编敕变得越发重要，而令、格、式这三种法律形式在后世渐渐淡出，宋朝开始就是如此。再加上唐《六典》的出现，法的形式体系由此蕴含着变革的种子。

不过，唐代法律制度方面的文献大多没有传承下来。律，目前所能见到的主要是《律疏》三十卷。完整的唐令已经佚失，我们只可以间接了解其内容，首先是唐玄宗《六典》三十卷（即今《唐六典》），它是"以令式象周礼"而收录了一大部分唐令，其次是天一阁藏书宋《天圣令》中收录有部分唐令，再次是日本《养老令》中保存了部分唐令，还有就是《通典》中的详细记载。格，同样散佚几净，现存的主要是古籍中的零散记录及敦煌文书中的一些残卷（比如《散颁刑部格》等）。式，同样散佚几净，现存的主要是《六典》和其他古籍中的零散记录及敦煌文书中的一些残卷（比如《开元水部式》等）。唐代的各种编敕同样散佚几净。

另外，在唐礼仪制度方面，虽然有《旧唐书》所记载的"大唐新礼一百卷"等和《宋史·艺文志三》载有萧嵩《唐开元礼》一百五十卷（一云王立等作）、《唐吉凶礼仪礼图》三卷等，这些同样散佚了，目前可见的主要是唐杜佑《通典》中的《开元礼纂类》（即其书的卷一百六至卷一百四十，共三十五卷），及唐朝的王泾所撰《大唐郊祀录》十卷。

（二）唐朝在法籍之外颁有大量的诏、制、敕、册等单行法令

唐朝的主要法律样式是编成典籍的律、令、格、式、编敕，除此之外，实际上还存在大量的因时因事颁行的诏、制、敕、册等单行法令，此类法令可以在《旧唐书》《文苑英华》《册府元龟》《唐会要》等古籍中见到。贞观格"十八卷"即是"又删武德、贞观已来敕格三千余件，定留七百条"而成，从武德初到贞观格编定时这短短的约二十年间却有达"三千余件"单行法令，数量很大，由此可见单行法令在立法中的重要性。而现存的收录单行法令数量较多的是《唐大诏令集》，《唐大诏令集》中的这些单行法令，有些仅是权威的宣告，比如德音、册文等，有些是具体的命令，比如任免官职的制、大赦等，也有一些是长期有效的法规，比如《置孟州敕》《升中书门下品秩诏》《劝天下种桑枣制》等，这些有必要长期、普遍生效的法令就会是编敕的主要对象。

单行法令本来是秦汉时期的主要法律样式，而自魏晋颁行统一法籍之后仍随时有颁行单行法令的现实需要，唐朝同样如此。单行法令的颁行和作用对于解决一时、一地出现的新问题是必要的，也可以通过它而修正现行法籍中的某一规定，这使得单行法令在任何时代都是必要的，因为它是实现"当时而立法"的最主要途径。而且，由于对新问题的解决方法及对现行法律的修正可能体现了法律发展的趋势或新要求，从而，虽然单行法令是分散颁行的，但却极为重要，通常有优先效力，理当成为当时及后世进行法律编纂时所需要优先考虑的对象。在这种情况下，由于存在大量的单行法令，唐朝后期所进行的大型立法活动基本上只是编制"格后敕"，这一历史实践对五代及宋朝的立法产生了重大影响，比如，宋朝除宋初颁行的"刑统"外，其最重要的立法活动就是编敕了。而从唐《大中刑法总要格后敕》到《大中刑法统类》，说明它有从顺叙收录向系统编纂的方向发展的趋向，并且有了新法籍形式的雏形。

（三）唐朝法律取得成功的关键在对法律的尊重、坚守和灵活

当前，存在着对唐法赞誉有加的倾向，如果考虑到唐朝能保持约三百年的统一和强盛及唐法其后对周边国家立法产生影响的史实，则出现这种观点也未尝不可。不过，虽然隋法已几乎佚失殆尽而唐法保存了一部分至今，但通过这有限的史料是很难得出唐法一定优于隋法的结论。首先，唐法是本于隋法的，武德七年颁行的唐律只是把"惟正五十三条格，入于新律，余无所改"，也就是把五十三条格编入开皇律而成武德律，令、格、式等法籍的编制也可能是采取了类似的方法，其后的贞观律令是这个基础上结合之前颁行的诏敕编制而成的，这说明，唐法是本于隋法的，隋法正是唐法的发展基础与起点。其次，贞观时期对法律进行了一些革新，不过，与隋法相比，其变化并不大。比如，唐律与隋开皇律相比，篇数、篇名、刑名等方面的变化很小，只是在五百条中有一些法条（约163条）所规定的刑罚变轻了，而这方面的工作在隋大业律中也进行过，这说明贞观律所做的改进是细节方面的谨慎修正，而不是重大的法律革新。再次，永徽、武则天及开元时期对法律的删定，其性质理当是"刊"而不是改，即它主要是对某些字句的修正。比如，永徽年间立法的最主要成就可能就是颁行《律疏》了，而它主要的特色是对律条的注解。再如，武则天时期"律令惟改二十四条"，从而都不会使法律体系有大的改观。不可否认，唐法中有一些制度创新，但这些创新只是中国古代法律发展历程中的自然流变，而唐法的主体上承隋法，更渊源于秦汉魏晋法律，并且下启宋元，这说明唐法只是我国古代法律发展史上的一个阶段而已，它并不是凭空而出的，也不是完全由唐朝独创的，则不可过度颂扬唐法而贬抑其他朝代的法律，否则反而不利于对古代法进

行深入研究。至于用清朝人所言的"论者谓唐律一准乎礼,以为出入得古今之平①"来支持其唐律极重要的主张更是不足取。

虽然唐法与隋法相比主要是某些细节方面的差异明显,而无本质上的优劣之别,但在先的隋法在隋朝当时基本上被架空了且隋朝历时较短,而唐法却得到了施行且唐朝事实上也是历时约三百年的强盛时代。之所以唐法与隋法有如此大的命运差异,主要在于唐朝对法律始终是持尊重和坚守态度的。初唐统治者与上层官吏大多来自旧社会的中下层,他们目睹隋朝法律的败坏,从而对法律施行不善的后果必有切肤之感,而唐高祖与唐太宗二帝身为表率而坚定地树立起法度的权威,这为其后几百年的法律完善与法律落实起到了引领和示范作用。

唐高祖在颁行新律的诏令中确认"古不云乎,'万邦之君,有典有则。'故九畴之叙,兴于夏世,两观之法,大备隆周。所以禁暴惩奸,弘风阐化,安民立政,莫此为先"。②这说明他对上古的法文化传统及法的功用是了然于胸的。唐太宗君臣对"法"有深刻、系统的理论认知,这集中体现在《贞观政要》中。比如,关于法的性质,他们认为"法,国之权衡也,时之准绳也。权衡所以定轻重,准绳所以正曲直,今作法贵其宽平,罪人欲其严酷,喜怒肆志,高下在心,是则舍准绳以正曲直,弃权衡而定轻重者也,不亦惑哉?"③关于立法则强调"国家法令,惟须简约,不可一罪作数种条""萧何起于小吏,制法之后,犹称画一。今宜详思此义,不可轻出诏令,必须审定,以为永式"。④关于执法则强调公平、严格执法,"法者,非朕一人之法,乃天下之法""贞观之初,志存公道,人有所犯,一一于法""朕以天下为家,不能私于一物"⑤及"用法务在宽简"⑥等即是此意。正是由于唐太宗君臣对"法"有深入的研究,从而在唐朝的一开始就确立起了法律的权威,不但在立法时力求详审,而且在执法时注重公平无私,这就树立了立法、用法的榜样,进而为唐朝的长期兴盛确立了政治法律基础。

相比隋朝之速朽,我们完全可以说,唐之"盛"在于,一方面唐朝承前而制定了系统且健全的法律制度,另一方面唐朝使其法律生效了,而不是仅停留

---

① 参见《四库全书·唐律疏义提要》,成书于清初的《明史》中也有类似的表述。
② 刘昫,等撰.旧唐书:卷五十[M].北京:中华书局,2000:1440.
③ 吴兢.贞观政要[M].成都:四川美术出版社,2018:172.
④ 吴兢.贞观政要[M].成都:四川美术出版社,2018:252.
⑤ 吴兢.贞观政要[M].成都:四川美术出版社,2018:160-169.
⑥ 吴兢.贞观政要[M].成都:四川美术出版社,2018:240.

在字面上。唐朝对法律的尊重与坚守是其实现国祚长久的主要根据。

七、宋朝律令（附辽金律令）

宋辽金时期，国家版图变化很快，辽与北宋大致并存，金与南宋大致并存，除此之外，中国当时还存在着大理、西夏、吐蕃诸部、蒙古等政权，呈现天下分裂之势。事实上正是其后蒙古所建立的元朝再次实现了中国的一统。

公元907年唐亡后，在中原与南方的政权主要是宋。唐朝灭亡后，定都于中原地区的朝代先后有五个，即后梁、后唐、后晋、后汉和后周，这就是"五代"。960年，后周赵匡胤发动陈桥兵变而称帝，建立宋朝，史称"北宋"。而在唐末至宋初，中原地区之外存在过前蜀、后蜀、南吴、南唐、吴越、闽、楚、南汉、南平、北汉等十余个割据政权，统称"十国"，北宋建立后先后兼并了这些地方政权。1127年，金破宋并掳徽、钦二帝北去，北宋亡。其后，宋室南渡，后定都临安，史称"南宋"。1276年蒙古攻入临安，南宋亡。

在北方，先有契丹政权"辽"。公元907年，耶律阿保机成为契丹首领。947年，耶律德光攻占汴京（开封）后始称国号为辽。公元1125年，辽被金国所灭。辽亡后，辽朝贵族耶律大石西迁到中亚楚河流域建立西辽，1218年西辽被蒙古所灭。

在北方，取代契丹政权的是女真政权"金"，女真原为辽朝臣属，1114年，完颜旻统一女真诸部后起兵反辽，并于1125年灭辽，两年后再灭北宋。1234年，金朝在南宋和蒙古南北夹击下覆亡。

宋辽金时期，北方是游牧民族建立的政权，其法律既包括原有部落习惯，也包括对中原法律的吸收，而由于辽、金的立法基本上失传了，我们只能通过史书了解其法律的概况，故，如下只对其做简介。

宋朝法律上承隋唐，并对明清立法有重要影响，且其有大量法律典籍传承至今，故，如下主要对宋朝法律进行梳理。

（一）宋朝律令

宋承继唐、五代之法，从而深受其律令格式及刑统立法体例的影响。相关记载如下：

> 宋法制因唐律、令、格、式而随时损益，则有编敕，一司、一路、一州、一县又别有敕。建隆初，诏判大理寺窦仪等上编敕四卷，凡一百有六条，诏与新定刑统三十卷并颁天下，参酌轻重为详，世称平允。太平兴国中，增敕至十五卷，淳化中倍之。咸平中增至万八千五百五十有五条，诏

给事中柴成务等芟其繁乱,定可为敕者二百八十有六条,准律分十二门,总十一卷。又为仪制令一卷。当时便其简易。大中祥符间,又增三十卷,千三百七十四条。又有农田敕五卷,与敕兼行。①

(建隆三年二月)更定窃盗律……(十二月)班捕盗令……(乾德元年七月)已卯,班重定刑统等书。②

(淳熙六年)秋七月癸亥,籍郴州降寇。隶荆、鄂军。戊辰,班隆兴以来宽恤诏令于诸路。赵雄等上会要。……十二月丙戌,班重修淳熙敕令格式。……(十一年四月)癸未,重颁绍兴申明刑统。③

(景德二年九月)三司上新编敕……冬十月戊申,丁谓上景德农田编敕。④

(大中祥符六年六月)丙子,诏翰林学士陈彭年等删定三司编敕。⑤

(天圣五年五月)命吕夷简等详定编敕……(冬十月)颁新定五服敕。……(七年)五月乙未朔,诏礼部贡举。庚申,诏戒文弊。已巳,颁新令。⑥

(明道元年)三月戊子,颁天圣编敕。……(景祐二年)八月壬子朔,诏轻强盗法。……(三年)秋七月丁亥,禁民间私写编敕、刑书。⑦

(元祐二年十二月)壬寅,颁元祐敕令式。……(六年五月)丁亥,后省上元祐敕令格。⑧

(崇宁四年冬十月)甲申,以左右司所编绍圣、元符以来申明断例班天下,刑名例班刑部、大理司。⑨

(乾道二年六月)丙子,刑部上乾道新编特旨断例。⑩

(乾道六年五月)乙未,陈俊卿、虞允文等上神宗哲宗徽宗钦宗四朝会要、太上皇玉牒。……(八月)是月,虞允文上乾道敕令格式……(乾道

---

① 脱脱,等撰.宋史:卷一百九十九[M].北京:中华书局,2000:3315-3316.
② 脱脱,等撰.宋史:卷一[M].北京:中华书局,2000:7,9,10.
③ 脱脱,等撰.宋史:卷三十五[M].北京:中华书局,2000:449,450,457.
④ 脱脱,等撰.宋史:卷七[M].北京:中华书局,2000:86.
⑤ 脱脱,等撰.宋史:卷八[M].北京:中华书局,2000:103.
⑥ 脱脱,等撰.宋史:卷九[M].北京:中华书局,2000:122,123,124.
⑦ 脱脱,等撰.宋史:卷十[M].北京:中华书局,2000:129,134.
⑧ 脱脱,等撰.宋史:卷十七[M].北京:中华书局,2000:216-221.
⑨ 脱脱,等撰.宋史:卷二十[M].北京:中华书局,2000:250.
⑩ 脱脱,等撰.宋史:卷三十三[M].北京:中华书局,2000:426.

九年）九月丙申，梁克家等上中兴会要、太上皇及皇帝玉牒。①

（绍熙三年）十二月癸卯，帝率群臣上寿皇圣帝玉牒、圣政、会要于重华宫。②

（开禧二年）八月丙寅，有司上开禧刑名断例。③

建隆编敕四卷。开宝长定格三卷。太平兴国编敕十五卷。苏易简淳化编敕三十卷。柴成务咸平编敕十二卷。丁谓田农敕五卷。陈彭年大中祥符编敕四十卷。又转运司编敕三十卷。韩琦端拱以来宣敕札子六十卷。又嘉祐编敕十八卷，总例一卷。晁迥礼部考试进士敕一卷。吕夷简一司一务敕三十卷。贾昌朝庆历编敕十二卷，总例一卷。贡举条制十二卷（至和二年）。吴奎嘉佑录令十卷。又驿令三卷。审官院编敕十五卷。王珪在京诸司库务条式一百三十卷。铨曹格敕十四卷。孙奭律音义一卷。王海群牧司编十二卷。张稚圭大宗正司条六卷。王安礼重修开封府熙宁编十卷。沈立新修审官西院条贯十卷，又总例一卷。支赐式十二卷，支赐式二卷……窦仪重详定刑统三十卷。卢多逊长定格三卷。吕夷简天圣编敕十二卷，天圣令文三十卷……庆元重修敕令格式及随敕申明二百五十六卷（庆元三年诏重修）。庆元条法事类八十卷（嘉泰元年，敕令所编）。开禧重修吏部七司敕令格式申明三百二十三卷（开禧元年上）。嘉定编修百司吏职补授法一百三十三卷（嘉定六年上）。嘉定编修吏部条法总类五十卷……右刑法类二百四十一部，七千九百五十五卷。④

（张虙）迁秘书郎，预编宁宗会要。⑤

（绍兴）元年八月四日，戊辰，参政张守等上绍兴新敕一十二卷，令五十卷，格三十卷，式三十卷，目录十六卷，申明刑统及随敕申明三卷。政和二年以后敕书德音一十五卷及看详六百四卷，诏自二年正月一日颁行，以绍兴重修敕令格式为名（总六百六十卷）……（绍兴）十三年十月六日己丑，宰臣等上国子监敕令格并目录十四卷，太学敕令格式并目录十四卷，武学敕令格式并目录十卷，律学敕令格式并目录十卷，小学令格并目录二卷申明七卷指挥一卷，诏自来年二月朔行之。二十六年十二月癸丑，上重修贡举敕令格式共四十五卷，总为二十五卷……（淳熙）六年正月庚午，

---

① 脱脱，等撰．宋史：卷三十四 [M]．北京：中华书局，2000：435，436，440．
② 脱脱，等撰．宋史：卷三十六 [M]．北京：中华书局，2000：472．
③ 脱脱，等撰．宋史：卷三十八 [M]．北京：中华书局，2000：497．
④ 脱脱，等撰．宋史：卷二百四 [M]．北京：中华书局，2000：3425-3429．
⑤ 脱脱，等撰．宋史：卷四百七 [M]．北京：中华书局，2000：9655．

赵雄奏，士大夫罕通法律，吏得舞文，今若分门编次聚于一处，则遇事悉见，吏不能欺。乃诏敕局取敕令格式申明，体仿吏部七司条法总类，随事分门，篡为一书。七年五月二十八日，成书（四百二十卷），为总门二十三，别门四百二十。以明年三月一日颁行，赐名条法事类（六年七月六日进一州一路酬赏法）。自乾道后新修之书共三千一百二十五卷。①

绍兴二十一年七月二十八日，宰臣上：盐法敕令格式并目录续降指挥，共一百五十五卷；茶法敕令格式并目录续降指挥，共一百四卷。②

1. 宋朝的法籍样式有编敕、敕令格式、条法事类、刑统、令、格、式、断例、会要等

从如上的记载来看，虽然宋初沿用了部分唐朝法律，但宋朝的法律与唐朝的有了很大不同，其重要的法籍类型有：

编敕。二宋时期，特别是北宋，较重要且较连续的立法活动是编敕。其一，编敕活动始于宋初终于宋末，历时长久。宋太祖建隆初，当时成"编敕四卷，凡一百有六条"，其规模可能还不太大。其后代有编敕，而且一朝还可能有多次、多种编敕，比如，宋仁宗时期编有"五服敕"和"天圣编敕"。直到宋度宗咸淳六年十月仍"以陈宗礼、赵顺孙兼权参知政事，依旧同提举编修敕令、经武要略"，③ 就是说，如果不是因为宋朝旋即亡于元，可能还有新的编敕颁行。其二，编敕的数量极为庞大，只是基本上没能留传下来。④《宋史·艺文志》载"刑法类二百四十一部，七千九百五十五卷"，这其中有很大一部分即为宋朝的编敕。其每一种编敕也都有较大的篇幅，一般有几十卷之多，比如，咸平编敕有"万八千五百五十有五条"合"十二卷"。宋朝编敕除了一个时期敕令的集中编纂外，还有敕令的分类编纂，比如"农田敕五卷""农田编敕""五服敕""审官院编敕十五卷"等即是。其三，编敕的内容丰富、涉及面广。宋初即是刑统与编敕并行，这表明编敕在一开始主要不是刑事法规。但到后来，由于刑统长期无刊定，而编敕是对平时诏制的编纂，那么就会编入刑事法规。于是，编敕与刑统之间就有了交集，而编敕代表着新法就应取得优先于刑统的效

---

① 王应麟. 玉海：卷六十六 [M]//文渊阁四库全书：第944册. 上海：上海古籍出版社，2012：730-732.
② 王应麟. 玉海：卷一百八十一 [M]//文渊阁四库全书：第947册. 上海：上海古籍出版社，2012：661.
③ 脱脱，等撰. 宋史：卷四十六 [M]. 北京：中华书局，2000：609.
④ 据《宋史研究论丛》的统计，宋代编敕有二百多种，总计一万多卷。这一统计可能把格、式、条法事类等也计入了。

力，这就需要立法加以明确，"神宗以律不足以周事情，凡律所不载者一断以敕"① 即是其表现。

宋编敕大多是就一种事务或一个职能部门为核心而汇集相关诏令或法条而成，这样的编敕当属单行法令。同时，也有汇集一个时期敕令的编敕，比如咸平编敕、天圣编敕等。

与编敕类似的还有条贯、条制等，比如"审官西院条贯十卷""贡举条制十二卷"等。宋朝的"条贯"，虽然有些法律的名称就是"条贯"（这可能仅是偶一为之的情况），但它在很大意义上可能如同汉朝人所称的"科条"那样仅是对法条的俗称，比如，《续资治通鉴长编·卷三百八十五》所言"近据中书门下后省修成尚书六曹条贯，共计三千六百九十四册"，其意当是指记载法条的图籍共有三千六百九十四册，其各册的名称不可能就是条贯。将法条称作"条贯"，可能起于五代时期，在唐代并不存在这一说法。而从明朝人陆深《科场条贯》一卷（此文实际上只有一千字上下）来看，"条贯"内容涉及制度变迁的历史沿革。

敕令格式。宋朝（主要是南宋时期）编有法律全书性质的法籍"敕令格式"，它把敕、令、格、式都编入了，这会导致其篇幅巨大，比如元丰敕令格式等"成书二千有六卷""庆元重修敕令格式及随敕申明二百五十六卷""绍兴重修敕令格式为名（总六百六十卷）"。虽然这些法籍没有流传下来，不过，从史书记载来看，有些此类法籍是以某一职官为范围汇集相关法规进行编排的，比如，"开禧重修吏部七司敕令格式申明三百二十三卷""国子监敕令格并目录十四卷，太学敕令格式并目录十四卷，武学敕令格式并目录十卷，律学敕令格式并目录十卷，小学令格并目录二卷申明七卷指挥一卷""盐法敕令格式并目录续降指挥共一百五十五卷，茶法敕令格式并目录续降指挥共一百四卷"等就是。那么，宋朝的"敕令格式"主要有两种类型，一是以职官（比如，国子监、太学、吏部七司等）或事务（比如武学、律学、小学、茶法、盐法等）为限各各编纂成书，于是会形成多种敕令格式的编纂，每一种有数卷到数十数百卷不等，二是将一个时期颁行的全部法规编纂成一书，它往往有数百卷的规模，比如"绍兴重修敕令格式"有六百六十卷之多。

条法事类。编成的"敕令格式"虽然齐全（因为它包括了法令变迁的沿革），但有"士大夫罕通法律，吏得舞文"等方面的问题，于是就有了"随事分门，纂为一书"的需要，于是，"条法事类"这种新的法籍形式应运而生。淳

---

① 脱脱，等撰. 宋史：卷一百九十九 [M]. 北京：中华书局，2000：3316.

熙七年（1180年）编成的书有四百二十卷，"为总门二十三，别门四百二十"，另有"淳祐条法事类，凡四百三十篇"。由于"条法事类"是分门别类地对制诏进行了编纂，而不是简单地罗列各种诏令，这就会把过时的、重复的、相近的诏制进行删并，这会使其篇幅大为缩减。比如，庆元重修"敕令格式及随敕申明"有二百五十六卷，而其"条法事类"仅有八十卷。《庆元条法事类》今有残卷存世，含卷三至卷十七卷、二十八至卷三十二卷、三十六卷、三十七卷、四十七至卷五十二卷、七十三至卷八十，共存三十六卷。

刑统。宋朝在立国初期即已颁行《刑统》三十卷十二篇五百零二条，它将律文分为二百一十三门，律文后附疏议及一百多条相关的敕令，这就是宋刑统，也就是宋史中所称的"律"，它是唐末及五代编制"刑律统类"立法传统的延续。到南宋初又重颁"绍兴申明刑统"。这表明，二宋时期很少修订刑统。宋刑统较之唐律的一个重要的变化是它创立了折杖法，也就是把笞、杖、徒、流四刑十八等折成脊杖二十到十三或臀杖二十至七，这实现了刑罚的轻缓，但由于后来增设了刺配、陵迟、集众决杀等刑而使得刑罚变重、变酷。

令。令在唐代是一种很重要的法籍，但到了宋朝，令书仍然时有编制，但令的独立性及重要性在下降。宋令有两种类型，一种是令书，比如，天圣七年"颁新令"，即"天圣令文三十卷"，在天一阁藏书中所见到《天圣令》残本可能就是它（它包括田令、赋役令、仓库令、厩牧令、关市令（捕亡令附）、医疾令（假宁令附）、狱官令、营缮令、丧葬令、杂令）。又比如，绍兴年间颁行了"令五十卷"。另一种是单行的各种法令，比如，"捕盗令""仪制令一卷""驿令三卷"等。敕令格式、条法事类的出现使令文与律、格、式一起附随在某一事项之下，其独立性和重要性被削弱了，再后的朝代几乎就不再编制《令》书了。

格。宋初仍沿用唐格，其后则时有刊定。比如，绍兴元年颁行了"格三十卷"。不过，相对于编敕及敕令格式，宋朝对"格"的汇编并不多，可知的除绍兴格外，另有"开宝长定格三卷""芦多逊长定格三卷"等。到后来，为了便于法规的使用而采用了随事分门的编纂方法，格便与律、令、式的条文一起附随在某一事项之下，其独立性变弱了，并逐步淡出历史。

式。宋初仍延用唐式，其后偶有刊定。如，绍兴元年颁行有"式三十卷"。除了"式"书外，还有单行的式文，如"支赐式十二卷"等。整体而言，式在宋朝的受关注度较之唐朝已经下降了很多，即使它是不可或缺的。随着敕令格式、条法事类的出现，式文与律、格、令的条文一起归属于某一事项之下，独立的式书也就不必要再编制了。

断例，它也是宋朝的一种法律文献，它类似于汉朝的决事比。宋朝官颁的断例集有很多，比如，"绍圣元符以来申明断例""乾道新编特旨断例""开禧刑名断例"等。宋朝的断例大多失传，目前可以见到的《名公书判清明集》中收录有大量的宋朝判例。宋朝的断例对后世的影响主要体现在元朝时只编断例而不再编律书或刑统。

宋朝还有一种官方政书，名为：会要。会要是详细记录政令、政事的史书，[①]它保存了政事的大量原始资料，从而导致卷帙浩繁。比如，"中兴会要"有二百卷。宋朝前后编有十几部会要，总计三千多卷，但大多失传。目前存世的有清朝人徐松等人所编的《宋会要》（目前整理出版的书名是《宋会要辑稿》）一书，它有上千万字之多。另有《续资治通鉴长编》五百二十卷对北宋法律的流变本末也有详细记载。由于宋朝编制的各种法籍，除了"刑统"和"天圣令"及《庆元条法事类》等部分法籍留存至今外，大多早已亡佚，这使《宋会要》显得弥足珍贵。

2. 宋朝颁行了大量的单行法令

虽然宋朝勤于编制法籍，事实上是编制了数量大、品种多的各式法律典籍。但不可否认的是，繁荣的法籍编纂事业的背后存在数量极为庞大的单行法令，也就是诏、制、令等，这些单行法令正是新法籍编制的依据。

若说秦朝法律"事无巨细，皆有法式"，宋朝法律同样如此，即如宋人叶适说"今内外上下，一事之小，一罪之微，皆先有法以待之。极一世之人志虑之所周浃，忽得一智，自以为甚奇，而法固已备之矣，是法之密也"。[②]宋朝实现法律完备的途径并不是仅靠承袭前朝法度，而是在传承的基础上，又因时、因事而主动加以改进、完善，从而使法律越来越周密，而改进的主要方式就是颁行单行法令，其各种法籍其实基本上是对那些众多单行法令的编纂。

宋朝的单行法令数量极多，累积而形成的篇幅同样巨大，这可以从各朝所编辑的敕令格式、会要等书籍动辄数百卷至上千卷的规模即可见一斑。宋朝的单行法令的名称与唐代的基本上一致，主要是制、诏、册文等，不过，在宋朝还出现了申明、批答等单行法令。现存的《宋会要辑稿》《宋大诏令集》《续资治通鉴长编》和《宋史》等文献中保存了大量的单行法令，这些法令大都是为

[①]《文献通考·卷二百一六》载，宋"六朝国朝会要三百卷"即是，"总一十一类，八百五十八门，其间礼乐政令之大纲，仪物事为之细目，有关讨论，顾无不载，文简事详，一代之典备矣"。

[②]杨士奇等. 历代名臣奏议：卷九十六［M］//文渊阁四库全书：第435册. 上海：上海古籍出版社，2012：680.

着解决一时、一事而颁发的。比如，《宋会要辑稿》载，乾兴元年（1022年）正月，开封府言"人户典卖庄宅，立契二本，（一本）付钱主，一本纳商税院。年深整会，亲邻争占，多为钱主隐没契书。及问商税院，又检寻不见。今请晓示人户，应典卖倚当庄宅田土，并立合同契四本，一付钱主，一付业主，一纳商税院，一留本县"，朝廷采纳了它。① 通过这一法令，使得土地交易更规范、更安全。又如，据《宋史》载，宋神宗熙宁四年颁行了盗贼重法，它规定，"凡劫盗罪当死者，籍其家货以赏告人，妻子编置千里；遇赦若灾伤减等者，配远恶地。罪当徒、流者，配岭表；流罪会降者，配三千里，籍其家货之半为赏，妻子递降等有差。应编配者，虽会赦，不移不释。凡囊橐之家，劫盗死罪，情重者斩，余皆配远恶地，籍其家货之半为赏。盗罪当徒、流者，配五百里，籍其家货三之一为赏。窃盗三犯，杖配五百里或邻州。虽非重法之地，而囊橐重法之人，以重法论。其知县、捕盗官皆用举者，或武臣为尉。盗发十人以上，限内捕半不获，劾罪取旨。若复杀官吏，及累杀三人，焚舍屋百间，或群行州县之内，劫掠江海船栰之中，非重地，亦以重论"，② 这一规定使刑统中的相关规定得到扩充或补充。由于类似的诏令很多，而这些诏令又很有针对性和使用上的优先性，从而使宋朝的法律在渐渐发生变化。

单行法令是宋法的主体或实体，一方面，这些单行法令是实际生效的且得到实际执行的活法或优先法，另一方面，各种法籍所编纂的对象与内容正是这些数量庞大的单行法令。或者可以说，单行法令正是推动宋朝法律（及法籍）发展演变的源动力。

3. 宋朝的法律体现出向新形式体系发展的特征

虽然宋朝上承唐朝、五代之法而在开国就得以确立起良好的法律基础，但宋朝上下似乎并没有满足于此。在基本解决唐末及五代兵制、官制上的重大问题之后，宋朝君臣在法律革新上表现出勤政、务实的特征。

宋朝仍处于律、令分立的法律发展阶段中，而在如何分立的问题上，宋朝并没有盲从成规，而是在传承的基础上进行了以实务为依归的改革与尝试。唐朝所确立的律、令、格、式四分法在宋初仍然是有效的，但随着建隆编敕的颁行（编敕在唐后期即已出现）表明，宋朝法律是沿着唐后期而不是唐初期的立法体例在向前发展的。宋朝前期的法律主要是刑统和编敕，当然，令、格、式之类的法籍仍然存在。而其后，刑统之外的"敕令格式"及"会要"出现了，

---

① 徐松辑，刘琳等较. 宋会要辑稿 [M]. 上海：上海古籍出版社，2014：7464.
② 脱脱，等撰. 宋史：卷一百九十九 [M]. 北京：中华书局，2000：3326.

253

律令的精神 >>>

它们是有法律大合编特征的，只是这种编纂可能是按颁行时间及事务编排的，从而导致"士大夫罕通法律，吏得舞文"，于是"分门编次聚于一处"的"条法事类"出现了，这是一种较为系统、较为精简的法籍。于是，到宋朝中后期，就形成了"刑统"与"条法事类"分立的格局，这是法律体系的新变化。

宋朝法律的变化明显是基于实务的自然流变，其任何变革均是为解决政务中的实际问题而做，这不但体现在法律典籍类型上，也体现在具体法律制度的改革创新上。比如，如上所提及典卖田宅契约的改革，原制规定契约为一式二份，但由于存在"隐没契书"或"寻检不见"而无法找到断案凭据的问题，于是改为规定须"并立合同契四本"，也就是一式四份，这对于保存交易凭据、稳定交易关系、息争意义重大。再如，宋朝为了避免出现地方藩镇坐大对抗朝廷，于是进行了系统的官制改革，地方的权限逐层上解，并且路、州、县的重要官员均须由朝廷下派，从而形成"分天下为十八路，路置转运使、提点刑狱，收乡长、镇将之权悉归于县，收县之权悉归于州，州之权悉归于监司，监司之权悉归于朝廷"。[①] 这也正是宋朝几无藩镇割据问题的主要原因，可见，其革新解决了唐末及五代时期所面临的严峻藩镇问题。类似的制度革新促成了宋朝的安全、稳定和强盛。也正是这一系列法律革新，推动了宋朝法律的内容和形式不断向前发展。

（二）辽朝律令

辽朝兴起于北方的游牧部落，其统治区域在极盛时跨北方与中原部分地区，于是其法律不是全国统一的而是南北有别，北部主要是适用其旧习惯，南部则主要适用以唐宋律令为基础的汉法，其官制也区分南北，比如曾分设南、北两个枢密院。由于辽朝有自己的文字，且其统治区明显偏北，这导致其法律的汉化程度可能不深。由于其立法基本上失传了，目前了解其立法的主要依据就是《辽史》等材料。

辽朝的立法主要是辽太祖曾诏大臣定治契丹及诸夷之法，汉人则断以律令。辽兴宗重熙"五年，新定条制成，诏有司凡朝日执之，仍颁行诸道。盖纂修太祖以来法令，参以古制。其刑有死、流、杖及三等之徒，而五凡、五百四十七条。……（道宗清宁六年）更定条制。凡合于律令者，具载之；其不合者，别存之。时校定官即重熙旧制，更窃盗赃二十五贯处死一条，增至五十贯处死；又删其重复者二条，为五百四十五条；取律一百七十三条，又创增七十一条，凡七百八十九条，增重编者至千余条。皆分类列。以太康间所定，复以律及条

[①] 脱脱，等撰. 宋史：卷三百三十七 [M]. 北京：中华书局，2000：8634.

254

例参校，续增三十六条。其后因事续校，至大安三年止，又增六十七条"。① 从这些记载来看，辽的立法基本上处于初创阶段。一方面它有很重的部落习惯痕迹，比如其死刑有生埋方式，而徒刑有终身徒刑。另一方面它过于倚重刑罚，事制方面的法律较少，这是万万行不通的。刑罚须以事制为本，即如唐人所言，"刑罚，理之末也"。②

（三）金朝律令

金朝脱胎于辽，从而辽的立法得失对金是有鉴戒意义的。金同样有自身的文字，不过，其法律的汉化完成得比辽朝彻底。由于其立法已失传，目前仅可从史书了解其概况。

金朝的立法，史书记载较详的主要有三次。一是金熙宗时，"至皇统间，诏诸臣，以本朝旧制，兼采隋、唐之制，参辽、宋之法，类以成书，名曰皇统制，颁行中外"。③ 二是金世宗时，史载"（大定二十二年三月）癸巳，诏颁重修制条"，④（大定二十年之前）"参以近所定徒杖减半之法，凡校定千一百九十余，分为十二卷，以大定重修制条为名，诏颁行焉"。⑤ 这二事或即是一事，仅是记载上的不同。三是金章宗时，史载有奏议"历采前代刑书宜于今者，以补遗阙，取刑统疏文以释之，著为常法，名曰明昌律义。别编榷货、边部、权宜等事，集为敕条"，至"泰和元年正月，尚书省奏，以见行铜杖式轻细，奸究不畏，遂命右司量所犯用大杖，且禁不得过五分。十二月，所修律成，凡十有二篇：一曰名例，二曰卫禁，三曰职制，四曰户婚，五曰厩库，六曰擅兴，七曰盗贼，八曰斗讼，九曰诈伪，十曰杂律，十一曰捕亡，十二曰断狱。实唐律也，但加赎铜皆倍之，增徒至四年、五年为七，削不宜于时者四十七条，增时用之制百四十九条，因而略有所损益者二百八十有二条，余百二十六条皆从其旧；又加以分其一为二、分其一为四者六条，凡五百六十三条，为三十卷，附注以明其事，疏义以释其疑，名曰泰和律义。自官品令、职员令之下，曰祠令四十八条，户令六十八条，学令十一条，选举令八十三条，封爵令九条，封赠令十条，宫卫令十条，军防令二十五条，仪制令二十三条，衣服令十条，公式令五十八条，禄令十七条，仓库令七条，厩牧令十二条，田令十七条，赋役令二十三条，关市令十三条，捕亡令二十条，赏令二十五条，医疾令五条，假宁令十四条，狱

---

① 脱脱，等．辽史：卷六十二 [M]．北京：中华书局，2000：579-580.
② 吴兢．贞观政要 [M]．成都：四川美术出版社，2018：167-168.
③ 脱脱，等．金史：卷四十五 [M]．北京：中华书局，2000：670.
④ 脱脱，等．金史：卷八 [M]．北京：中华书局，2000：118.
⑤ 脱脱，等．金史：卷四十五 [M]．北京：中华书局，2000：672.

官令百有六条，杂令四十九条，释道令十条，营缮令十三条，河防令十一条，服制令十一条，附以年月之制，曰律令二十卷。又定制敕九十五条，榷货八十五条，番部三十九条，曰新定敕条三卷，六部格式三十卷，司空襄以进。诏以明年五月颁行之"。① 可见，这些立法中，以泰和元年（1201年）的立法为最齐全，以往朝代所具备的律、令、格、式、编敕都有了，只是可能缺乏独创性的立法成就。由于三十多年后金朝即亡，看似健全的法律可能来得晚了一些，事实上也没有促成金朝的强盛和安全。

八、元朝律令

1206年，铁木真统一漠北，建立大蒙古国，而后开始对外扩张，先后攻灭西辽、西夏、花剌子模、东夏、金等国。1260年忽必烈即位，由于他的汉化政策而使四大汗国互相敌对，他1271年改国号为元，次年迁都燕京，称大都。1276年灭南宋，实现一统。1368年，朱元璋称帝，建立明朝，随后北伐并攻入元大都，元亡。此后元廷退居漠北，史称北元。1402年，北元大臣鬼力赤篡夺政权，建立鞑靼，北元灭亡。

元朝的疆域远超汉唐。与以往的北方游牧民族至多仅统领北方地区不同，元朝是"自封建变为郡县，有天下者，汉、隋、唐、宋为盛，然幅员之广，咸不逮元。汉梗于北狄，隋不能服东夷，唐患在西戎，宋患常在西北。若元，则起朔漠，并西域，平西夏，灭女真，臣高丽，定南诏，遂下江南，而天下为一。故其地北踰阴山，西极流沙，东尽辽左，南越海表"，② 统治如此广阔的领土、众多的人民当然需要有制度保障。元朝廷已有人认识到"考之前代，北方之有中夏者，必行汉法，乃可长久"。③ 元朝也相对重视法律，相关的历史记载主要有：

（至元十年十月）敕伯颜、和礼霍孙以史天泽、姚枢所定新格，参考行之。④

（至元二十八年五月）保荣祖以公规、治民、御盗、理财等十事缉为一书，名曰至元新格，命刻版颁行，使百司遵守。⑤

---

① 脱脱，等. 金史：卷四十五[M]. 北京：中华书局，2000：675-676.
② 宋濂，等撰. 元史：卷五十八[M]. 北京：中华书局，2000：903.
③ 宋濂，等撰. 元史：卷一百五十八[M]. 北京：中华书局，2000：2478.
④ 宋濂，等撰. 元史：卷八[M]. 北京：中华书局，2000：102.
⑤ 宋濂，等撰. 元史：卷十六[M]. 北京：中华书局，2000：235.

（大德四年二月）壬戌，帝谕何荣祖曰："律令良法也，宜早定之。"荣祖对曰："臣所择者三百八十条，一条有该三四事者。"帝曰："古今异宜，不必相沿，但取宜于今者。"①

（至治三年二月）格例成定，凡二千五百三十九条，内断例七百一十七、条格千一百五十一、诏赦九十四、令类五百七十七，名曰大元通制，颁行天下。②

及世祖平宋，疆理混一，由是简除繁苛，始定新律，颁之有司，号曰至元新格。仁宗之时，又以格例条画有关于风纪者，类集成书，号曰风宪宏纲。至英宗时，复命宰执儒臣取前书而加损益焉，书成，号曰大元通制。其书之大纲有三：一曰诏制，二曰条格，三曰断例。凡诏制为条九十有四条，格为条一千一百五十有一，断例为条七百十有七，大凡纂集世祖以来法制事例而已。其五刑之目，凡七下至五十七，谓之笞刑；凡六十七至一百七，谓之杖刑。③

元典章前集六十卷、附新集（无卷数，内府藏本）。不著撰人名氏。《前集》载世祖即位至延祐七年英宗初政。其纲凡十，曰诏令，曰圣政，曰朝纲，曰台纲，曰吏部，曰户部，曰礼部，曰兵部，曰刑部，曰工部。其目凡三百七十有三，每目之中又各分条格。《新集》体例略仿《前集》，皆续载英宗至治元二年事，不分卷数，似犹未竟之本也。此书始末，元史不载。④

（至正四年）三月戊申，填星退犯东咸。辛酉，命中书平章政事阿吉剌监修至正条格。⑤

（至正五年）十二月，至正条格成（先是，至元四年二月命修至正条格，以平章昂吉尔监修，至是始成书）。⑥

至正条格二十三卷（永乐大典本）。元顺帝时官撰。凡分目二十七：曰祭祀，曰户令，曰学令，曰选举，曰宫卫，曰军防，曰仪制，曰衣服，曰公式，曰禄令，曰仓库，曰厩牧，曰田令，曰赋役，曰关市，曰捕亡，曰

---

① 宋濂，等撰.元史：卷二十［M］.北京：中华书局，2000：290.
② 宋濂，等撰.元史：卷二十八［M］.北京：中华书局，2000：425.
③ 宋濂，等撰.元史：卷一百二［M］.北京：中华书局，2000：1729.
④ 纪昀总纂.四库全书总目提要：卷八十三［M］.石家庄：河北人民出版社，1999：2166.
⑤ 宋濂，等撰.元史：卷三十九［M］.北京：中华书局，2000：570.
⑥ 胡粹中.元史续编：卷十三［M］//文渊阁四库全书：第334册.上海：上海古籍出版社，2012：563.

律令的精神 >>>

赏令，曰医药，曰假宁，曰狱官，曰杂令，曰僧道，曰营缮，曰河防，曰服制，曰站赤，曰榷货。……书成。为制诏百有五十条，格千有七百，断例千五十有九。至正五年书成，丞相阿鲁图等入奏，请赐名曰至正条格。其编纂始末，厘然可考。《元史》遗之，亦疏漏之一证矣。原本卷数不可考，今载于《永乐大典》者，凡二十三卷。①

元朝的这些立法，目前所能见到的主要是：一是《大元通制》中的条格部分（明朝时的写本名为《通制条格》，现存有残卷，包括户令、学令、选举、军防、仪制、衣服、禄令、仓库、厩牧、田令、赋役、关市、捕亡、赏令、医药、杂令、僧道、营缮等十九个篇目，类似于唐令），《元史·刑法志》即元史卷一百二至卷一百五详列元刑律二十篇，其内容或即为《大元通制》断例的摘抄或全录。二是《元典章》六十卷。三是《至正条格》，清四库全书中仅录其残卷为存目，其后完全佚失。2002年，韩国学者在韩国发现了元刊《至正条格》两册残本，包括条格、断例各一册，共25卷，条格存约374条，断例存约426条。此残本《至正条格》的条格部分依次为第二十三卷《仓库》、第二十四卷《厩牧》、第二十五卷第二十六卷《田令》、第二十七卷《赋役》、第二十八卷《关市》、第二十九卷《捕亡》、第三十卷《赏令》、第三十一卷《医药》、第三十二卷《假宁》、第三十三卷第三十四卷《狱官》，残本《至正条格》显示"断例"目录为卫禁、职制、户婚、厩库、擅兴、贼盗、斗讼、诈伪、杂律、捕亡、断狱11门，"断例"法条仅存《卫禁》《职制》《户婚》《厩库》《擅兴》（后半阙）。

（一）表面上，元朝采用了异于唐宋的法籍样式

元朝的几次法律编纂都没有采取魏晋以来的律、令分立方式，而是采用了全新的合编方式。比如，《至元新格》是将"公规、治民、御盗、理财等十事，缉为一书"，《风宪宏纲》则是"以格例条画有关于风纪者，类集成书"，《大元通制》则是"断例七百一十七、条格千一百五十一、诏敕九十四、令类五百七十七"，《至正条格》则主要是对制诏、条格和断例的编纂。元朝的这些法律典籍，在名称和体例上，与唐宋法籍有很大不同，特别是传统的"律"消失不见。而唐宋的"令"在元法中则成了"条格"，传统的"律"则成了"断例"（当然，宋朝也编有大量的断例）。这说明，元朝统治者有意采用合乎自身语言和风

---

① 纪昀总纂. 四库全书总目提要：卷八十四［M］. 石家庄：河北人民出版社，1999：2207-2208.

258

俗习惯的法籍样式。当然，也可能是元朝廷认识到隋唐编制的那种律、令、格、式四编法籍没有很大的实用价值，因为自唐朝中后朝开始，四编法籍逐步衰落，宋朝也不太重视编制四编法籍，归于元廷的旧宋文臣对此是知情的。

而且，元法体现了将全部法律合编为一书的倾向，特别是《大元通制》是包括律、令、敕等各种法律在内的大合编，这在以往是没有的。宋朝的"敕令格式"或"条法事类"虽然也是规模很大的编纂，但它需要与《刑统》结合使用，还不是元朝这种法律大合编的立法模式。或者说，元朝延续了自宋朝开始的那种合编趋势。

元朝除了有如上的诸法籍外，也颁行有大量的诏、令、条例等单行法令。而且，其法籍的编制当主要就是将本朝的各种单行法令参以唐宋法律编制成书。

（二）实际上，元朝延续了秦汉以来的法律传统并有改革

虽然元朝的诸立法与我国秦汉唐宋以来的法律传统很不一致，但这只是表面上的。仔细分析就可以发现，元朝法律虽然与蒙古传统息息相关，不过，它仍然主要是我国秦汉法律传统的延续，它承前并且启后，对其后世立法是有重要启发和影响的。

其一，在法律名称上，元朝虽然没有采纳传统的律、令等名称，但其实与其有对应关系。

比如，《大元通制》中的"条格"与《至正新格》中的"条格"其实就是魏晋唐宋以来的"令"，并且其具体篇目也是源于汉唐。曹魏有"州郡令四十五篇，尚书官令、军中令，合百八十余篇"。晋有"《令》四十篇：一、《户》，二、《学》，三、《贡士》，四、《官品》，五、《吏员》，六、《俸廪》，七、《服制》，八、《祠》，九、《户调》，十、《佃》，十一、《复除》，十二、《关市》，十三、《捕亡》，十四、《狱官》，十五、《鞭杖》，十六、《医药疾病》，十七、《丧葬》，十八、《杂上》，十九、《杂中》，二十、《杂下》，二十一、《门下散骑中书》，二十二、《尚书》，二十三、《三台秘书》，二十四、《王公侯》，二十五、《军吏员》，二十六、《选吏》，二十七、《选将》，二十八、《选杂士》，二十九、《宫卫》，三十、《赎》，三十一、《军战》，三十二、《军水战》，三十三至三十八皆《军法》，三十九、四十皆《杂法》"。唐贞观"令一千五百九十条，为三十卷"，《唐令拾遗》所复原的唐令篇目为官品令、三师三公台省职令、寺监职令、卫府职员令、东宫王府职员令、州县镇戍岳渎关津职员令、内外命妇职员令、祠令、户令、学令、选举令、封爵令、禄令、考课令、宫卫令、军防令、衣服令、仪制令、卤簿令、乐令、公式令、田令、赋役令、仓库令、厩牧令、关市令、医疾令、捕亡令、假宁令、狱官令、营缮令、丧葬令、杂令三十三门。

律令的精神 >>>

宋《天圣令》有三十卷（天一阁残本包括田令、赋役令、仓库令、厩牧令、关市令（捕亡令附）、医疾令（假宁令附）、狱官令、营缮令、丧葬令、杂令）。而元朝《至正条格》的篇目，可考者有二十七篇，分别是"曰祭祀，曰户令，曰学令，曰选举，曰宫卫，曰军防，曰仪制，曰衣服，曰公式，曰禄令，曰仓库，曰厩牧，曰田令，曰赋役，曰关市，曰捕亡，曰赏令，曰医药，曰假宁，曰狱官，曰杂令，曰僧道，曰营缮，曰河防，曰服制，曰站赤，曰榷货"，其条目与现存《通制条格》残卷中的户令、学令、选举、军防、仪制、衣服、禄令、仓库、厩牧、田令、赋役、关市、捕亡、赏令、医药、杂令、僧道、营缮等十九个篇目是基本相同的，《至正条格》中的"条格"可能只是《通制条格》的刊修版。从元朝"条格"篇目来看，元"条格"的篇目与魏晋唐宋"令"的篇目有很大一部分是相同的，其具体内容也当如此。即，元"条格"无"令"之名而有"令"之实。

再比如，元朝的"断例"实际上即是魏晋唐宋以来的"律"。"断例"在《大元通制》中是七百一十七条，到了《至正条格》则有千五十有九条。当前残本《至正条格》显示其"断例"目录为卫禁、职制、户婚、厩库、擅兴、贼盗、斗讼、诈伪、杂律、捕亡、断狱11门，另外，很可能还有"名例"一门。而《元史·刑法志》显示它有名例、卫禁、职制、祭令、学规、军律、户婚、食货、大恶、奸非、盗贼、诈伪、诉讼、斗殴、杀伤、禁令、杂犯、捕亡、恤刑、平反，这可能是《大元通制》的断例篇目，与《至正条格》的"断例"篇目有一部分是相同的。唐律的篇目是"一曰名例，二曰卫禁，三曰职制，四曰户婚，五曰厩库，六曰擅兴，七曰贼盗，八曰斗讼，九曰诈伪，十曰杂律，十一曰捕亡，十二曰断狱"。可见，《至正条格》的断例篇目与唐律的篇目有很大一部分是相同的。那么，元朝"断例"无"律"之名而有"律"之实。

其二，在法律的内容上，元朝在保留一些蒙古旧传统的基础上大量吸收唐宋旧制，从而确立起独具特色的元制。

比如，在政体方面，蒙古以往"部落野处，非有城郭之制"（《元史·百官志一》），则原本无官制可言。而元朝自统有中原以来，迅速确立起系统的国家政体，这有赖于对汉唐制度的吸收。比如，元朝的大汗原本是推举的，但自成吉思汗以来的诸帝都推举的是成吉思汗的后代，忽必烈继位后遂依汉制改为大汗世袭制，这明显是汉制。元朝的中央官制，比如中书省、尚书省、枢密院、御史台、六部、九品制等即是取自唐宋官制。元朝的地方官制，最初是仿宋金旧制，其最大的变化是增设"行中书省"作为最高一级的地方官署（此外，各地也设有行枢密院、行御史台），行省下一般有路、州（府）、县三级区划，中书省下辖的地方则有路、府、州、县四级区划,这大多是沿宋金旧制。参以旧制,而又能适时加以变通,这是蒙古铁蹄之后仍能维持近百年统治的重要支撑。

再如,在刑制方面。从元制中现存的两种"断例"来看,元朝刑制与唐宋刑制有明显差异,但细究之,其五刑、十恶、八议、篇目及具体法条的立法模式则直接取自唐宋刑书,只是略有变通而已。比如,唐宋的"笞"为十至五十共五等,而元朝的"笞"为七至五十七共六等。有此变化,据载是因为元"世祖尝言,天饶他一下,地饶他一下,我饶他一下。故每数至七而止,而缺其三也"①,以示宽大之意,但元朝恢复了中原早已废止的各种肉刑与酷刑,这使其宽刑或徒有其名。

其三,元朝法律对后世有深远影响。比如,其行省(省)这一地方政区设置一直延续下来至今。再如,其《大元通制》与《元典章》的单一法籍模式在事实上得到明清二朝的接续,其表现就是《会典》。元法律是中国古代法的重要组成部分。

九、明朝律令

1356年,朱元璋占据集庆路,更其名为应天府(南京),1368年在南京称帝,国号"明",随后攻入元大都,元亡。1644年,起义军攻入北京,明朝亡。不久,清军入关并逐步入主中原。

由于明太祖平武昌后,"太祖以唐、宋皆有成律断狱,惟元以一时行事为条格,胥吏易为奸。诏(周)祯与李善长、刘基、陶安、滕毅等定律令,少卿刘惟谦、丞周祯与焉。书成,太祖称善",②从而,明朝在一开始并没有考虑全面接续元法,而是更多地采用唐宋制度。相关的记载主要有:

(洪武六年闰月)庚寅,颁定大明律。③

(吴元年)十二月,书成,凡为令一百四十五条,律二百八十五条。又恐小民不能周知,命大理卿周祯等取所定律令,自礼乐、制度、钱粮、选法之外,凡民间所行事宜,类聚成编,训释其义,颁之郡县,名曰律令直解。太祖览其书而喜曰:"吾民可以寡过矣。"洪武元年又命儒臣四人,同行官讲唐律,日进二十条。五年定宦官禁令及亲属相容隐律,六年夏刊律

---

① 王樵. 法原[M]//明文海:卷一百三十一//文渊阁四库全书:第1454册. 上海:上海古籍出版社,2012:420.
② 张廷玉,等撰. 明史:卷一百三十八[M]. 北京:中华书局,2000:2636.
③ 张廷玉,等撰. 明史:卷二[M]. 北京:中华书局,2000:19.

令宪纲，颁之诸司。其冬，诏刑部尚书刘惟谦详定大明律。每奏一篇，命揭两庑，亲加裁酌。①

（弘治十三年二月）庚寅，定问刑条例。……（十五年）十二月己酉，大明会典成。②

明初颁大明令，凡丧服等差，多因前代之旧。洪武七年，孝慈录成，复图列于大明令，刊示中外。③

翰林学士宋濂为表以进，曰："臣以洪武六年冬十一月受诏，明年二月书成，篇目一准于唐，曰卫禁，曰职制，曰户婚，曰厩库，曰擅兴，曰贼盗，曰斗讼，曰诈伪，曰杂律，曰捕亡，曰断狱，曰名例。采用旧律二百八十八条，续律百二十八条，旧令改律三十六条，因事制律三十一条，掇唐律以补遗百二十三条，合六百有六条，分为三十卷。或损或益，或仍其旧，务合轻重之宜。"……二十二年……遂命翰林院同刑部官，取比年所增者，以类附入。改名例律冠于篇首。为卷凡三十，为条四百有六十。名例一卷，四十七条。吏律二卷，曰职制十五条，曰公式十八条。户律七卷，曰户役十五条，曰田宅十一条，曰婚姻十八条，曰仓库二十四条，曰课程十九条，曰钱债三条，曰市廛五条。礼律二卷，曰祭祀六条，曰仪制二十条。兵律五卷，曰宫卫十九条，曰军政二十条，曰关津七条，曰厩牧十一条，曰邮驿十八条。刑律十一卷，曰盗贼二十八条，曰人命二十条，曰斗殴二十二条，曰骂詈八条，曰诉讼十二条，曰受赃十一条，曰诈伪十二条，曰犯奸十条，曰杂犯十一条，曰捕亡八条，曰断狱二十九条。工律二卷，曰营造九条，曰河防四条。……三十年，作大明律诰成。……盖太祖之于律令也，草创于吴元年，更定于洪武六年，整齐于二十二年，至三十年始颁示天下。日久而虑精，一代法始定。中外决狱，一准三十年所颁。……弘治中，去定例时已百年，用法者日弛。五年，刑部尚书彭韶等以鸿胪少卿李鐩，请删定问刑条例。至十三年……于是下尚书白昂等会九卿议，增历年问刑条例经久可行者二百九十七条。……（嘉靖二十八年）会茂坚去官，诏尚书顾应详等定议，增至二百九十四条。三十四年，又因尚书何鳌言，增入九事。……至（万历）十三年，刑部尚书舒化等乃辑嘉靖三十四年以后诏令及宗藩军政条例、捕盗条格、漕运议单与刑名相关者，律为正

---

① 张廷玉，等撰. 明史：卷九十三 [M]. 北京：中华书局，2000：1524.
② 张廷玉，等撰. 明史：卷十五 [M]. 北京：中华书局，2000：130-132.
③ 张廷玉，等撰. 明史：卷六十 [M]. 北京：中华书局，2000：999.

文,例为附注,共三百八十二条,删世宗时苛令特多。①

大明律三十卷(洪武六年,命刑部尚书刘惟谦详定。篇目皆准唐律,合六百有六条,九年复厘正十有三条,余仍故)。更定大明律三十卷(洪武二十八年,命词臣同刑部参考比年律条,以类编附,凡四百六十条)。太祖御制大诰一卷、大诰续编一卷、大诰三编一卷、大诰武臣一卷、武臣敕谕一卷……顾应祥重修问刑条例七卷……高举大明律集解附例三十卷。范永銮大明律例三十卷……舒化问刑条例七卷、刑书会拟三十卷……右刑法类,四十六部,五百九卷。②

(明太祖吴元年)凡为令一百四十五条,吏令二十,户令二十四,礼令十七,兵令十一,刑令七十一,工令二。律则准唐之旧而增损之,计一百八十五条,吏律十八,户律六十三,礼律十四,兵律三十二,刑律一百五十,工律八,命有司刊布中外。③

明会典一百八十卷(江苏巡抚采进本),明宏治十年奉敕撰,十五年书成,正德四年重校刊行。……宗人府自为一卷弁首外,余第二卷至一百六十三卷皆六部之掌故;一百六十四卷至一百七十八卷,为诸文职;末二卷为诸武职……大抵以洪武二十六年诸司职掌为主,而参以祖训、大诰、大明令、大明集礼、洪武礼制、礼仪定式、稽古定制、孝慈录、教民榜文、大明律、军法定律宪纲十二书。于一代典章,最为赅备。凡史志之所未详,此皆具有始末,足以备后来之考证。其后嘉靖八年复命阁臣续修会典五十三卷,万历四年又续修会典二百二十八卷。今皆未见其本,莫知存佚。殆以嘉靖时祀典太滥,万历时秕政孔多,不足为训,故世不甚传欤?④

(一) 明朝的法籍主要是律、会典

从如上所录史料可知,明朝的法律典籍主要有两大部分:

一是大明律(包括问刑条例),这是刑律部分。明朝早在吴元年时即制"律二百八十五条",它"律则准唐之旧而增损之,计一百八十五条,吏律十八,户律六十三,礼律十四,兵律三十二,刑律一百五十,工律八",相当简赅。洪武

---

① 张廷玉,等撰.明史:卷九十三[M].北京:中华书局,2000:1524-1528.
② 张廷玉,等撰.明史:卷九十七[M].北京:中华书局,2000:1599-1600.
③ 嵇璜,曹仁虎,撰.钦定续文献通考:卷一百三十六[M]//文渊阁四库全书:第629册.上海:上海古籍出版社,2012:741.据《明史》,其中的"一百八十五"当为"二百八十五"。
④ 纪昀总纂.四库全书总目提要:卷八十一[M].石家庄:河北人民出版社,1999:2124-2125.

六年重修的《大明律》是"六百有六条，分为三十卷"，其篇目与唐律、元《至正条格》的"断例"篇目是大致相同的。洪武二十二年再行刊修律书，而直到洪武三十年才颁行天下，其文"为卷凡三十，为条四百有六十"，它分为名例、吏律、户律、礼律、兵律、刑律、工律这七篇，篇下再分卷，采用了全新的体例，宋刑统那种以律附例的传统仍保留着。此后，律条不再变动，唯对其中的"条例"进行修订。

大明律中的"问刑条例"源于皇帝对一时一事所做的决定，其中的一些可能补充或修正了律的规定，于是可能被视为是新令而成为成规，相当于是单行法令，《问刑条例》即由此形成。弘治十三年编"问刑条例经久可行者二百九十七条"，嘉靖年间再次编修过，万历十三年删定条例为"三百八十二条"，它们被编入律书成为相关律条的附款。

二是大明会典（包括大明令等），这是法律全书。早在吴元年时即制"令一百四十五条"，这当即是"大明令"，它包括"吏令二十，户令二十四，礼令十七，兵令十一，刑令七十一，工令二"，较之唐令三十卷是缩减很多。后来，又颁行了许多法令，诸如"诸司职掌……祖训、大诰……大明集礼、洪武礼制、礼仪定式、稽古定制、孝慈录、教民榜文、大明律、军法定律宪纲"以及一些诏、制等。弘治十五年（1502年）首次编成《大明会典》一百八十卷。正德四年（1509年），刊定过《大明会典》。而据载，嘉靖八年续修会典五十三卷，万历四年又续修会典二百二十八卷（《续修四库全书》中的第789—792册就是这个二百二十八卷本的《明会典》）。《大明会典》是备载明朝典章制度的官颁法籍，它是研究明朝法度的最为重要的史料。

明朝法律，传世的法籍主要是《大明律》三十卷和《大明会典》一百八十卷及二百二十八卷。

（二）明朝确立了全新的法籍形式

明朝的法籍编纂体现了全新的法律编纂态势。

首先，自魏晋以来的律令分立，至此而有了律令合一的体例。早在宋朝时，就出现了"敕令格式"及"条法事类"这种综合性的法律编纂。到了元朝，其《大元通制》是包括律（断例）、令（条格）、敕（诏制）等各种法令在内的大合编。明朝的会典则是将律、令、格、式、礼等各种制度汇为一书，《大明律》也包括于其中，由此而使"会典"成为真正的法律全书。

其次，自曹魏开始出现的"令"书、自北朝开始出现的"格"书及"式"书，随着《明会典》的出现而基本消失。

再次，自秦开始出现的单行"律"、自曹魏开始出现的"律"书的形式得以保留,并没有接续元朝的那种取消"律"书的编纂方法。"律"的独立存在并没有随着时代变迁而有改变。这说明,一千多年过去了,"律"的生命力仍很强。

明朝的法律状态体现了很好的历史延续性,它也基本指定了清朝法律发展的方向。

(三)明朝的单行法令仍是法籍编制的基础与依据

当然,随时可以发布的诏、制等单行法令仍然是推动不断进行法籍修订的主要依据与动力,《大明律》《问刑条例》和《明会典》的历次修订都是如此。首先,洪武六年律的制定依据有旧律、续律、旧令改律、因事制律、唐律等,这之中就有以往的单行法令。洪武三十年律则编附"比年律条",万历十三年刊定律例时则"辑嘉靖三十四年以后诏令及宗藩军政条例、捕盗条格、漕运议单与刑名相关者",历次《问刑条例》的编制当然就是对之前条例的增删。其次,《大明会典》大约编修了四次,每次编修的动因当是其前期所颁行的诸单行法令而导致的制度变化,数百卷的明会典中也收录了数量可观的诏令。再次,在这些法籍之外,一直有一些单行法令是长期有效的,比如,《明史》中所提及的《府州县条例》《宗藩条例》《国子监规》等及《钦定续文献通考·卷二十》所记的《盐引条例》等。故,研究明朝法律不可忽视明朝的这些单行法令,因为相对于长期不变的大明律和大明会典,单行法令才是活的、新的法。

十、清朝律令

1616年,建州卫女真首领努尔哈赤建国,号"金"。1636年,皇太极改国号"金"为"大清"。1644年,明亡,驻守山海关的明将吴三桂降清,清兵入关后,逐步完成全国统一。1912年,清帝溥仪逊位于袁世凯,清朝从此结束,古代法也因之结束。

清朝法律,始于"暂用"明制,而后创制出了完整的一代之制。相关的记载主要有:

> 世祖顺治元年,摄政睿亲王入关定乱,六月,即令问刑衙门准依明律治罪……三年五月,大清律成……(雍正)三年书成,五年颁布……雍正三年之律,其删除者:名例律之吏卒犯死罪、杀害军人、在京犯罪军民共三条,职制门选用军职、官吏给由二条,婚姻门之蒙古、色目人婚姻一条,宫卫门之悬带关防牌面一条。其并入者:名例之边远充军并于充军地方,公式门之毁弃制书印信并二条为一,课程门之盐法并十二条为一,宫卫门

之冲突仪仗并三条为一，邮驿门之递送公文并三条为一。其改易者：名例之军官军人免发遣更为犯罪免发遣，军官有犯更为军籍有犯；仪制门之收藏禁书及私习天文生节为收藏禁书。其增入者：名例之天文生有犯充军地方二条。总计名例律四十六条。吏律：曰职制十四条，曰公式十四条。户律：曰户役十五条，曰田宅十一条，曰婚姻十七条，曰仓库二十三条，曰课程八条，曰市廛五条。礼律：曰祭祀六条，曰仪制二十条。兵律：曰宫卫十六条，曰军政二十一条，曰关津七条，曰厩牧十一条，曰邮驿十六条。刑律：曰贼盗二十八条，曰人命二十条，曰斗殴二十二条，曰骂詈八条，曰诉讼十二条，曰受赃十一条，曰诈伪十一条，曰犯奸十条，曰杂犯十一条，曰捕亡八条，曰断狱二十九条。工律：曰营造九条，曰河防四条。盖仍明律三十门，而总为四百三十六条。律首六赃图、五刑图、狱具图、丧服图，大都沿明之旧。纳赎诸例图、徒限内老疾收赎图、诬轻为重收赎图，银数皆从现制。其律文及律注，颇有增损改易。律后总注，则康熙年间所创造。律末并附比引律三十条。此其大较也。自时厥后，虽屡经纂修，然仅续增附律之条例，而律文未之或改。惟乾隆五年，馆修奏准芟除总注，并补入过失杀伤收赎一图而已。①

例文自康熙初年仅存三百二十一条，末年增一百一十五条。雍正三年，分别订定，曰原例，累朝旧例凡三百二十一条；曰增例，康熙间现行例凡二百九十条；曰钦定例，上谕及臣工条奏凡二百有四条，总计八百十有五条。……自乾隆元年，刑部奏准三年修例一次。十一年，内阁等衙门议改五年一修。……故乾隆一朝纂修八九次，删原例、增例诸名目，而改变旧例及因案增设者为独多。嘉庆以降，按期开馆，沿道光、咸丰以迄同治，而条例乃增至一千八百九十有二。盖清代定例，一如宋时之编敕，有例不用律，律既多成虚文，而例遂愈滋繁碎。其间前后抵触，或律外加重，或因例破律，或一事设一例，或一省一地方专一例，甚且因此例而生彼例，不惟与他部则例参差，即一例分载各门者，亦不无歧异。……宣统元年，全书纂成缮进，谕交宪政编查馆核议。二年，覆奏订定，名为现行刑律。②

刑部则例二卷（康熙十八年敕撰）。工部则例五十卷（乾隆十四年，史贻直等奉敕撰）。工部续增则例九十五卷（乾隆二十四年，史贻直奉敕撰）。吏部则例六十六卷（乾隆三十七年，傅恒等奉敕撰）。户部则例一百二十卷

---

① 赵尔巽，等撰．清史稿：第142卷[M]．北京：中华书局，1977：4182-4185．
② 赵尔巽，等撰．清史稿：第142卷[M]．北京：中华书局，1977：4185-4188．

(乾隆四十一年，于敏中等奉敕撰）。户部则例一百卷（同治十二年，潘祖荫等奉敕撰）。礼部则例一百九十四卷（乾隆四十九年，德保等奉敕撰）。兵部处分则例三十九卷（道光五年，明亮等奉敕撰）。金吾事例十卷（咸丰三年，步军统领衙门奉敕撰）。内务府则例四卷（光绪十年，福锟等奉敕撰）。宗人府则例二十卷（光绪十四年，世铎等奉敕撰）。理藩院则例六十四卷（光绪十七年，松森等奉敕撰）。光禄寺则例九十卷（官本）。①

大清会典二百五十卷（起崇德元年迄康熙二十五年，圣祖敕撰。自康熙二十六年至雍正五年，世宗敕撰，雍正十年刊）。大清会典一百卷，会典则例一百八十卷（乾隆二十六年，履亲王允祹奉敕撰）。大清会典八十卷，图一百三十二卷，事例九百二十卷（嘉庆二十三年敕撰）。大清会典一百卷，图二百七十卷，事例一千二百二十卷（光绪二十五年敕撰）。②

辛鲁盛典四十卷（康熙二十三年，孔毓圻编）。万寿盛典一百二十卷（康熙五十二年，王原祁等编）。南巡盛典一百二十卷（乾隆三十一年，高晋等编）。八旬万寿盛典一百二十卷（乾隆五十四年，阿桂等编）。西巡盛典二十四卷（嘉庆十六年，董诰等编）。大清通典四十卷（乾隆元年敕撰）。皇朝礼器图式二十八卷（乾隆二十四年敕撰）。满洲祭神祭天典礼六卷（乾隆四十二年敕撰）。国朝宫史三十六卷（乾隆七年敕撰）。宫史续编一百卷（嘉庆六年敕撰）。大清通礼五十四卷（道光四年敕撰）。③

学政全书八十卷（乾隆三十九年，素尔纳等奉敕撰）。磨勘简明条例二卷，续二卷（乾隆时奉敕撰）。科场条例六十卷（光绪十四年奉敕撰）。奏定学堂章程不分卷（光绪二十九年，管学大臣奉敕撰）。吏部铨选则例十七卷（嘉庆十年敕撰）。吏部处分则例五十二卷，验封司则例六卷，稽勋司则例八卷（道光十年敕撰，光绪十三年重修）。④

赋役全书一百卷（顺治间敕撰）。孚惠全书六十四卷（乾隆六十年，彭元瑞奉敕撰）。辛酉工赈纪事三十八卷（嘉庆六年敕撰）。户部漕运全书九十六卷（光绪二年敕撰）。⑤

八旗通志初集二百五十卷（雍正五年，鄂尔泰奉敕撰）。八旗通志三百五十四卷（乾隆三十七年，福隆安等奉敕撰）。八旗则例十二卷（乾隆三十

---

① 赵尔巽，等撰．清史稿：第146卷［M］．北京：中华书局，1976：4305-4306．
② 赵尔巽，等撰．清史稿：第146卷［M］．北京：中华书局，1976：4307-4308．
③ 赵尔巽，等撰．清史稿：第146卷［M］．北京：中华书局，1976：4308．
④ 赵尔巽，等撰．清史稿：第146卷［M］．北京：中华书局，1976：4309．
⑤ 赵尔巽，等撰．清史稿：第146卷［M］．北京：中华书局，1976：4310．

七年，福隆安等撰）。军器则例二十四卷（嘉庆十九年敕撰）。绿营则例十六卷（官本）。中枢政考三十二卷（嘉庆二十年，明亮等奉敕撰）。中枢政考续纂七十二卷（道光九年，长龄等奉敕撰）。①

督捕则例二卷（乾隆二年，徐本等奉敕撰）。大清律例四十七卷（乾隆五年，三泰等奉敕撰）。大清律续纂条例总类二卷（乾隆二十五年敕撰）。五军道里表四卷（乾隆四十四年，福隆安等奉敕撰）。三流道里表四卷（乾隆四十九年，阿桂等奉敕撰）。删除律例附商律不分卷（光绪三十一年，沈家本奉敕撰。商律，三十二年，商部奉敕撰）。清现行刑律三十六卷，秋审条款一卷（光绪时，沈家本等奉敕撰）。禁烟条例一卷（光绪时，善耆等奉敕撰）。蒙古律例十二卷（官本）。刑部奏定新章四卷（官本）。刑部比照加减成案三十二卷（许槤、熊义同撰）。刑案汇览六十卷，卷首一卷，卷末一卷，拾遗备考一卷，续编十卷（祝庆祺撰）。驳案新编三十九卷（全士潮等编）。②

乘舆仪仗做法二卷（乾隆十三年奏刊）。工程做法七十四卷（雍正十二年，果亲王允礼等撰）。物料价值则例二百二十卷（乾隆三十三年，陈宏谋等奉敕撰）。武英殿聚珍板程式一卷（乾隆三十八年，金简等奉敕撰）。内廷工程做法八卷（简明做法无卷数，工部会同内务府撰）。圆明园工部则例不分卷（不著撰人氏名）。城垣做法册式一卷（官本）。工部军器则例六十卷（嘉庆十六年，刘权之等奉敕撰）。战船则例内河五十八卷，外海四十卷（官本）。重订铁路简明章程一卷（光绪二十九年，商部撰）。③

太祖高皇帝圣训四卷（康熙二十五年敕编）。太宗文皇帝圣训六卷（顺治时敕编，康熙二十六年告成）。世祖章皇帝圣训六卷（康熙二十六年编）。亲政纶音不分卷（顺治时敕编）。圣祖仁皇帝圣训六十卷（雍正九年敕编）。庭训格言不分卷（世宗御编）。圣谕广训不分卷（雍正二年敕刊）。上谕内阁一百五十九（雍正七年敕刊，乾隆时续刊）。朱批谕旨三百六十卷（雍正十年敕编，乾隆三年告成）。上谕八旗十三卷，上谕旗务议覆十二卷，谕行旗务奏议十三卷（雍正九年敕编）。训饬州县条规二十卷（雍正八年敕刊）。世宗宪皇帝圣训三十六卷（乾隆五年敕编）。高宗纯皇帝圣训三百卷（嘉庆十二年敕编）。仁宗睿皇帝圣训一百十卷（道光四年敕编）。宣

---

① 赵尔巽，等撰．清史稿：第146卷［M］．北京：中华书局，1976：4311．
② 赵尔巽，等撰．清史稿：第146卷［M］．北京：中华书局，1976：4311-4312．
③ 赵尔巽，等撰．清史稿：第146卷［M］．北京：中华书局，1976：4312．

宗成皇帝圣训一百三十卷（咸丰六年敕编）。文宗显皇帝圣训一百十卷（同治五年敕编）。穆宗毅皇帝圣训一百六十卷（光绪五年敕编）。①

（一）清朝的法籍形式主要有律、会典、则例等

清朝法律制度方面的典籍，因年代较近，大多得以保存下来而为我们所详知。从如上的史书记载来看，清朝的法籍样式主要有：

其一，《大清律》，这是清兵入关后最先完成的一种法籍。先是顺治三年编成《大清律》，康熙年间对大清律进行了修订，只是并未颁行。雍正五年颁行了新修的《大清律》，为"三十门，而总为四百三十六条"且"自时厥后，虽屡经纂修，然仅续增附律之条例，而律文未之或改"。也就是说，雍正五年颁行的《大清律》是清律文的定本，其后历朝对《大清律》的刊定基本上只是对律条所附条例的修订（包括乾隆五年的修订也只是"芟除总注，并补入过失杀伤收赎一图而已"）。清朝的律条自此保持不变，直到清末，其间主要是经常修订问刑条例。

清朝编修《大清律》采明朝律例合编体例，有律、有例，故其书亦称《大清律例》。雍正时，例有三种，"曰原例，累朝旧例凡三百二十一条；曰增例，康熙间现行例凡二百九十条；曰钦定例，上谕及臣工条奏凡二百有四条，总计八百十有五条"，其后，乾隆一朝纂修八九次，到同治，而条例乃增至一千八百九十有二。② 最后，随着清末变法而对条例进行了大幅削减。

其二，《大清会典》，是清朝的法律全书，它类似于明朝的《大明会典》，只是不再编入《律》书。清朝的会典是各朝独立编制的，于是留下了卷帙浩繁的五朝会典。《大清会典》共编了五次，都是以官制为纲而汇集新旧法令与条例而成，其内容详实周密、体例严谨、规模宏大，它有现制也有沿革，这便于当时的实用，也为我们了解当时的法度提供了全面、系统、翔实的资料。

据记载，康熙朝会典，起崇德元年（1636年），迄康熙二十五年（1686年），全书162卷。雍正朝会典，起康熙二十六年（1687年），迄雍正五年（1727年）书成，共250卷。乾隆朝会典，起雍正六年（1728年），迄乾隆二十三年（1758年），展至二十七年（1762年），分辑为《大清会典》100卷、《会典则例》180卷。嘉庆朝会典，起乾隆二十三年（1758年），迄嘉庆十七年（1812年），展至二十三年（1818年），分为《大清会典》80卷、事例920卷、

---

① 赵尔巽，等撰．清史稿：第146卷 [M]．北京：中华书局，1976：4278-4279．
② 赵尔巽，等撰．清史稿：第142卷 [M]．北京：中华书局，1977：4185-4186．

图132卷，总计1132卷。光绪朝会典，起嘉庆十八年（1813年），迄光绪十三年（1887年），展至二十二年（1896年），分为《大清会典》100卷、《事例》1220卷和《图》270卷，总计1590卷。

由于大清会典收录了清朝廷所发布的大多数法令，并且还是以类相从编成的，那么，我们完全可以把会典视作单行法令的体系化合集，从中可以了解到清朝法律的高度复杂性和庞大且完整的体系及官府的勤政。①

其三，则例，这种法律形式是清朝所特有的。比如编入《大清律》的条例曾名刑部《现行则例》而不是明朝那样的《问刑条例》。清朝曾大量制颁则例，针对各类事项或各个衙门都颁行有专门的则例，比如，《工部则例》《吏部则例》《户部则例》《内务府则例》《宗人府则例》《理藩院则例》《光禄寺则例》《军器则例》《绿营则例》《督捕则例》等。清朝的则例有一个明显的特征就是篇幅往往很大，比如，《礼部则例》有一百九十四卷、《物料价值则例》有二百二十卷及《战船则例》有内河五十八卷、外海四十卷。清朝的则例也并不是全部都名为"则例"，也有其他与则例相近的法令，比如，《五军道里表》四卷及《三流道里表》四卷、《科场条例》《皇朝礼器图式》《赋役全书》等。这些名目繁多的则例是清朝法律的重要组成部分，这些则例的一部分编入了《大清会典》，也有一部分是独立起作用的。

其四，圣训，是按时间顺序条列皇帝诏令的政书。圣训所记载的诏令，有些是针对一时一事的处理决定，比如，《圣祖仁皇帝圣训·卷二十二》载"（康熙三十四年）四月庚子，户部题天津开河工程行文附近州县派夫定限挑浚。上曰，若行文，各州县定限派夫，必至苦累民间，着停止行文，即发与雇价，令天津等处雇民挑浚，如此则公事既得告成，而穷民亦可资以度日矣"，这一决定以雇佣金代徭役，有效减轻了人民负担。有些诏令是长行之法，比如，《圣祖仁皇帝圣训·卷二十六》载"（康熙四十四年）八月甲午，上谕大学士等曰，向来满洲无犯法杀人之事，康熙初年一年之内最多不过一二件而已，自平吴三桂以来，满洲杀人之事渐多，五年前至每月七八件，朕谓若不力禁，断不知改。

---

① 对比一下古罗马法（它是在西罗马灭亡后由东罗马进行了编制，这就是《查士丁尼法典》旧令12卷和《新律》新令168条）：古罗马在上千年中只有这么一点立法成果，不能不让人怀疑其官府存在严重的惰政；其法过度干预本应自治的民事，而却对极其重要的官制、税制、礼制、刑制等制度缺乏基本的设置，这说明古罗马法是不完整、不成体系的；虽是在民事法领域，古罗马法也是支离破碎的，于是当时的学者们纷纷逞自己的聪明去填补法律漏洞，而学者们的主张又有很多是不一致的，这表明其法令自身并不是自洽的，学术观点与法令之间也不是协调的。

自定为新例,又将都统、副都统、佐领官一并治罪。是以去年仅有三件,今年仅有一件。由是观之,则知法严而人命之事自少矣",这就是以创制新规则的方式来维持良好的社会秩序。

(二)清朝的单行法令数量大且极为重要

清朝的法律主要是由大部头的法籍与众多单行法令组成。其法籍,五朝《大清会典》合3414卷、《大清律》47卷、《大清通礼》53卷三者合计有3515卷(其中部分内容可能是重复的),以《大清律例》47卷约为45万字折算,则清朝这三种法籍当有超过3000万字的巨大规模。除法籍之外,清朝还颁行有大量的单行法令(主要是诏令),这些法令当然是即时生效的,大多收入会典、实录、圣训等书,从史书中所记录的诸部"圣训"达1442卷①的规模即可知单行法令数量之巨大。这些法律制度成为清朝长盛不衰的重要支撑。

从实务角度看,真正生效的法籍可能只是《大清律例》和诸单行法令。《大清会典》总是滞后的,整个清朝近三百年也只编了五次,这相当于有些单行法令是在生效许多年后,甚至有些法令已经失效或修正后才开始重新编修会典,那么,会典是不敷实用的。至少,大清会典不如明朝的会典有那样大的实用意义:一方面,会典颁行后,其所收录的单行法令仍然是有效的,则二者一同有效时,与其认为是会典在生效,不如认为是单行法令在生效。另一方面,清朝会典的篇幅过于巨大,可能并没有也无从颁行天下诸州县,其流传不广,也就无从直接施行。在各个衙门里,所施行的可能主要是单独编制的各种则例,比如《理藩院则例》《吏部则例》《户部则例》之类。那么,清朝的会典只是录存法律的书而已,这多多少少类似于当今美国联邦层面的《美国法典》。

(三)律令传统随清亡而基本终止

1912年,清朝因宣统皇帝退位而结束,即《清史稿·刑法志一》所言"迨宣统逊位,而中国数千年相传之刑典俱废"。这一说法是基本属实的,只是措辞稍逊,不是仅"刑典"俱废而是整个古代法俱废。清亡前,进行了一些法律改革以自救,但进展相对缓慢且改革方向错乱,传统的律令体系并无明显改观。《清史稿·刑法志一》对清末的法律改革做了一个总结:"(《大清新刑律》)分则遂未议决。余如民律、商律、刑事诉讼律、民事诉讼律、国籍法俱编纂告竣,未经核议。惟法院编制法、违警律、禁烟条例均经宣统二年颁布,与现行刑律仅行之一年,而逊位之诏下矣。"② 如此看来,整个清朝仍是古代律令时代中的

---

① 赵尔巽,等撰. 清史稿:第146卷[M]. 北京:中华书局,1976:4278-4279.
② 赵尔巽,等撰. 清史稿:第142卷[M]. 北京:中华书局,1977:4191-4192.

重要朝代，律令传统仍通行于整个清朝。只是清朝之后，律令传统逐渐被放弃了。

　　以律令为主体的法律传统，始成于秦孝公时，其后经过两千多年的传承与发展，直到清亡才终止。故，我国的律令传统有一个未曾间断的长达两千多年的发展过程。对此，我们姑且不用考虑律令传统因何终止，也暂不用去考虑其终止是否正当，哀叹是无益的。

　　为有助于民族的发展和文化的延续，我们至少必须深入研究：这历经两千多年的律令发展史，它有什么发展规律？它有什么恒久不变的准则？它有什么经验教训可资借鉴？律令的精神是什么？下章将就这些问题进行探讨。

第三章

律令传统的规律性

秦孝公三年（公元前359年），卫鞅得到任用而开启了变法图强的革新，其最先颁行的法令当是《垦草令》（或《垦令》），而后又颁行了大量的"律"、令，从而确立了秦国得以富强的坚实法律基础。一百多年后，秦国得以统一中国，秦朝成为接续周朝的中国历史上的第四个朝代。以律、令为表现形式的法律制度始成于秦，并得到后世诸朝的传承与发展，直到清朝宣统四年（1912年）才基本终止。即，我国古代律令体系的历史长达2271年之久。一套法律制度能运行如此之久，这在整个人类历史上是绝无仅有的，这值得我们重视与深入研究。

对于古代律令传统，一方面，我们须承认其合理性。任何历史或现实的存在，均须以其合理性为基础或条件。以律令为主体的制度体系（律令体系）在秦朝形成了，并且能延续两千多年，这充分体现了其经久不衰的合理性。另一方面，我们须承认其实效性。它保障了这个民族长达两千多年的安全与强盛，其卓越实效和强大功用是不可否定的，而在同期的世界史上能长期保持独立与安全的民族却是极罕见的，如此的对比正能凸显律令体系的优越性。再一方面，我们需要承认其科学性。律令体系肇始于秦孝公时代，当秦孝公与卫鞅逝世后，无人强制要求这些律令继续生效，但由于它是当时所知的最为优秀的法度，后代秦君别无选择而只能继续坚持和发展律令体系。秦亡时，无人强迫继续采用律令体系，后续朝代其实是有机会废止律令体系的，但尝试这么做的（包括西楚霸王项羽、六国后裔等）都失败了，由于秦法是当时所知的最为优秀的法度，新王朝别无选择而只能继续坚持和发展律令体系，"汉承秦制"是最优选择也是别无选择。汉朝之后的历朝历代对前朝律令体系的传承与发展同样是别无选择也是最优选择，因为在古代世界中，律令体系是最科学的法度，也近乎是科学法度的唯一代表。故，我们需要对律令进行研究，需要把古代律令传统和律令发展史当作一座巨大、丰富的文化宝藏去赞赏、去研究、去传承、去发扬，以服务于中国现代法律的建立与完善。相反，封存自己的宝藏并流浪自己而行乞于外，这是不智。

虽然本书旨在分析古代法在形式方面的规律性，法的形态就是指法的成长或发展过程所体现出来的整体样貌，本章即是以律令为线索来分析法的形态。但是，由于法的形态是通过法令的编纂体例表现出来的，法的内容与法的形式之间有依存关系。故，如下尝试对法的这两个方面都进行分析，以展现其中的规律和联系。

第一节　律令内容方面的规律性

与古代世界上大多数民族的文字与法律近乎完全失传的情况不同，中国古代的文字与法律大多得以传承下来，并且自古以来都有详细、连续、系统的史书。从而，我们对古代律令的研究就有良好的文献依据与史实及法律依据，从而有助于得出科学可信的结论。

从前述对古代法的梳理中，我们可以发现律令传统的基本规律。

一、律令内容的优先发展

律令的内容就是律令的法条所记载的内容，也就是具体的事制规则与赏罚规则。

律令的内容在古代法中体现出优先发展的态势。秦及汉时期所重点发展、重点关注的就是法条本身的完善，而不是法条的归类或法令的篇章及名称。自秦孝公始，以事务（比如，农耕、手工业、度量衡、军事、吏治、赋税等）为中心的法令大量颁行，大量的法条随之形成。这些法令虽然大都有篇名（比如《田律》《田令》《工律》等），但这些篇名仅表示其法令所涉及的大致的事务范围，这可以从出土秦律名达约五十种之多，且多个律令涉及同一或相近事务上看出来，这说明法令篇章在当时立法过程中并不太受重视。立法者重视的是律令中的法条，通过制定法条而为社会提供足以实现民富兵强目标的众多事制规则与赏罚规则，内容优先的立法特征是非常明显的。

律令，首先是具体表现为一系列的法条。这些法条中的规则就是律令的内容，它们也正是律令的主体、实体、实质部分或实效部分。为了实现立法目的，首先就需要有这些法条，一个时代早期立法的近乎唯一的任务就是创制法条。这一基本特征的出现自有其必然之"理"，那么，分析古代两千多年律令传统发生发展的基本原理是非常具有借鉴意义的。

这里所说的"律令的内容"就是指具体法条所规定的具体法律规则。虽然古代律令，从秦律到大清律这两千多年中，法条都没有类似"第一条""第二条"这样的编号，但法条的观念则是自始即存在着的，先秦时即出现了"科条"一词，对此较直接的记载出现于西汉。比如，《前汉书》即记载汉宣帝时诏律令有不便者可"条奏"，并且西汉宣帝前后时已有"大辟四百九条"，汉成帝时"大辟之刑千有余条"等记载，并较多地使用"科条"一词，这说明，律令的条文及条文的数目是自始受到关注的。

早期法条的实物形态从出土的秦律令、汉律令即可见到。另外，《商君书·垦令》的二十条可能就是对秦《垦草令》这一法令的二十个法条的摘抄与解释，这说明，律令的条文形态（一个具体的法令是由若干个法条构成）是自秦孝公变法时起就存在了（至于这之前是否存在法令的条文形态，由于暂无任何实物依据，故不适宜于讨论这个问题。而从《尚书》所收录的三代文献来看，人类早期的法令是以文告形式来表现的，也就是并无条文。这说明，法令的条文并不是天然就存在着，而是在一定的时代条件下创制出来的）。

（一）法条化

人类更早期的法令可能并不是采取法条的形式，而可能是并不分条的文告或短文形式，而这显然不能满足东周时期的社会对法令的具体、明确、可操作性的时代要求。

在东周时期，科技、人文得到发展，社会生产生活复杂化，从而对法律的需要也就有了更多、更高的要求，各种社会改革应需而生。不过，各种改革一定是有成败、优劣之分的，早期的改革即使有成果也基本上是探索性的、初步的。比如，东周时期，齐国对盐铁生产的鼓励、晋国的刑鼎、郑国的刑书和竹刑、楚国的茅门之法、鲁国的初税亩等都体现出了一定的改革成就，但无一不是由于不完整、不周密等原因而归于失败，这些诸侯国也都衰败并相继消亡了。长期的天下混战引起了人们的深思和更多的改革尝试，这些改革虽可能取得一时之效，但无一取得持续的颠覆性成功。继之而起的商君，在总结东周以往三百多年历史与改革成败得失的基础上，提出了完整、周密的社会和法律改革的系统理论，这具体表现在传承至今的《商君书》中，随之而起的改革是很成功的，秦法（律令）随之得以确立。

法条，看似是简简单单的一种规定、一种命令，但其背后是有严肃的客观规律在起作用的，遵循此规律才能制定出有效的法条，未遵循此规律则不能制定出有效的法条。商君思想是秦国成功改革的理论依据和秦法的理论依据，则

275

律令的精神 >>>

《商君书》就是我们一窥律令堂奥的金钥匙,如果撇开此书将无从得其门而入。商君一改以往那种由朝廷单方面颁行和强推法令,而社会与公众被迫接受朝廷法令约束的旧立法模式。在旧立法模式下,必然导致过于强调刑罚的作用、过于强调维持现状与秩序、过于强调公众对官府的单向被动服从,也必然导致忽视构建社会规则、忽视社会的进取与发展、忽视民众的能力和要求。商君深知国家(国王)之富国强兵的需要和能力,也深知个人与家庭的追求名利、富贵的需要和能力,也深知只有充分结合官民二者的能力才能实现国治兵强、民富。为此,他强调法须一赏、一刑、一教、明白易知:

>所谓一赏者:利禄官爵抟出于兵,无有异施也。夫固愚知、贵贱、勇怯、贤不肖,皆尽其胸臆之知,竭其股肱之力,出死而为上用也,天下豪杰贤良从之如流水,夫故兵敌而令行于天下,万乘之国不敢苏其兵中原,千乘之国不敢捍城。①

>所谓一刑:无等级,自卿相将军以至大夫庶人,有不从王令、犯国禁、乱上制者,罪死不赦。有功于前,有败于后,不为损刑。有善于前,有过于后,不为亏法。忠臣、孝子有过,必以其数断。守法、守职之吏,有不行王法者,罪死不赦。②

>所谓一教者:博闻、辩慧、信廉、礼乐、修行、群党、任誉、清浊,不可以富贵,不可以评刑,不可独立私议以陈其上。坚者被,锐者挫。虽曰圣智巧佞厚朴,则不能以非功罔上利。然富贵之门,要存战而已矣。彼能战者,践富贵之门。强梗焉,有常刑而不赦,是父兄、昆弟、知识、婚姻、合同者,皆曰:务之所加存战而已矣。夫故当壮者务于战,老弱者务于守,死者不悔,生者务劝,此臣之所谓一教也。③

>圣人为民法,必使之明白易知,愚智偏能知之,万民无陷于险危也。④

在至少满足这些要求的前提下,所立的法才能很好地结合国家利益(国王)与个人利益,朝廷与公众也都会欢迎与支持这样的立法而不致有法而不能行,官吏也无从"便其私","法"成为整个社会和全民的行为方式与生存命脉,这样的法才能用于实现构建一个进取的、有序的、安全强盛的国家。

---

① 长治,撰. 商君书评注 [M]. 武汉:武汉大学出版社,2019:100.
② 长治,撰. 商君书评注 [M]. 武汉:武汉大学出版社,2019:101.
③ 长治,撰. 商君书评注 [M]. 武汉:武汉大学出版社,2019:102.
④ 长治,撰. 商君书评注 [M]. 武汉:武汉大学出版社,2019:130.

<<< 第三章　律令传统的规律性

商君立法的法条具体样本，其实在正式变法之前就已经发布了，那就是《史记·商君列传》中记载的徙木悬赏令。此令的内容是，若某人将一根三丈长的木材从国都市南门搬至北门就赏付十金（原文是：立三丈之木于国都市南门，募民有能徙置北门者予十金）。这其实就是典型的秦法条（或者说是秦法条的一个代表），行为内容是完全确定的（其要素是，一根三丈长的木材、国都市南门、北门、完成搬运），行为效力也是完全确定的（赏付十金）。这个悬赏令本来是一个重赏令，重到无人相信，后来将赏金由十金提高到五十金，从而使悬赏令得到执行。从这个悬赏令，我们可以形象地了解法条的基本形态和基本特征。

不但如此，秦代的法令有一部分事实上保存到了今天，这有两个途径：一是通过汉承秦制的方式而代代相承传到了清朝，我们可以通过唐宋明清法令而间接了解秦法令；二是秦代的文书档案直接保存到了当今，也就是出土文献，这就存在理解问题。由于秦汉之际正值文字隶变之际，出土秦简中的文字保持在两千多年前秦朝当时的状态，从而有识读上的困难。有学者用"睡虎地秦墓竹简"的用字与东汉《说文解字》的用字进行比较，即，"通过《睡简》1630个单字，与《说文》所收字字形进行比较，发现二者在形体结构上完全不合的有375字，占总字数的23.00%。二者在形体结构上略异或稍有差异的有410字，占总字数的25.13%。也就是说二者形体结构不合的共占48.15%，二者形体结构相合的占51.85%"。① 文字的字形发生了变化，再加上语言表达习惯也发生了较大变化，从而使得原本是"明白易知"而"秦妇人婴儿皆言②"的商君之法，令即便是当今的语言文字专家读起来也显繁难，更不用说当今的"妇人婴儿"了。也就是说，这些出土秦简对现今的我们俨然成了间接文献了：我们只有通过多次字形转换、转译、考证，才能"明白"它们。虽然如此，我们不能因此而否定秦律令是"明白易知"的，因为秦人和汉人是"明白"它们的，出土的汉《二年律令》有很多地方是承袭自秦律的事实就是一个很好的证明。比如：

> 汉《二年律令·盗律》：盗赃值过六百六十钱，黥为城旦舂。六百六十到二百廿钱，完为城旦舂。不盈二百廿到百一十钱，耐为隶巨妾。不盈百

---

① 龙仕平.《睡虎地秦墓竹简》文字研究 [D]. 重庆：西南大学，2010：406.
② 王守谦，喻芳葵，王凤春，李烨，译注. 战国策全译：秦策一 [M]. 贵阳：贵州人民出版社，1992：56.

277

一十钱到廿二钱，罚金四两。不盈廿二钱到一钱罚金一两。①

秦《睡虎地秦墓竹简·法律答问》："害盗别徼而盗，加罪之。"何谓加罪？五人盗，赃一钱以上，斩左止，又黥以为城旦；不盈五人，盗过六百六十钱，黥劓以为城旦；不盈六百六十钱至二百廿钱，黥为城旦；不盈二百廿钱以下到一钱，迁之。求盗比此。②

以上两条记载都出自出土竹简，前一条是用于处理普通盗窃的汉朝法条，后一条是用于处理类似监守自盗的秦朝法条（"害盗"是一种职官），故有"加罪"的规定（即，罪加一等）。虽然这两个法条的处罚对象略有不同，但从其具体规定来看，汉的这一律条是承袭秦的相关律条（并非就是如上那一条）而来，如上的秦律条文理当是以类似于如上汉律条文的相关秦律条文为基础而"加罪"的，甚至，如上汉律条文可能就是以秦律中的相应条文为底本而刊改个别字句而成。正是由于如上这两个条文有相同的条文基础（来源），所以这两个条文的内容与表述方式非常相近，比如，"六百六十钱""黥以为城旦"等语。这说明，汉初的吏民看"明白"了秦朝的诸律令，认为它仍然对当时的社会是必要的，所以将它们接续下来而成了汉律令。

我们可以从秦汉的法条形象地了解到法条的基本形态和基本特征，主要是：

1. 法条特征之一："明白易知"

法条的内容须具体、明确，且无歧义、易理解。之所以商君强调法必须要"明白易知"，在于法令要实现其富国强兵及荣家富民的效果是以法令的实施为先决条件的，而无论是民众还是官吏实施法令又都必须以理解法令为先决条件，不理解则当然无从实施。从民众方面来看，法条的内容须可理解，须知道该做什么、怎么做而可以"就福"，也须知道不该做什么、怎么避免违法而可以"避祸"，当法令本身把国家利益及个人利益结合起来了，则就可以实现"万民皆知所以避祸就福，而皆自治也"。③ 不仅如此，民众理解法令的内容不但可以为自己的行为提供指引，而且也是实现自我保护的必要条件，因为民众自身利益的安全在一定程度上是系之于官吏的执法情况的，当民众不知法而官吏又不守法时，则民众的利益即无任何保障，这会进一步导致法令的失效。必须确保"吏不敢以非法遇民"，④ 为防范官吏破坏法令及侵害民众利益，就需要确保法条

---

① 朱红林．张家山汉简《盗律》集释 [J]．江汉考古，2007，（02）：83．
② 睡虎地秦墓竹简整理小组．睡虎地秦墓竹简 [M]．北京：文物出版社，1990：93．
③ 长治．商君书评注 [M]．武汉：武汉大学出版社，2019：130．
④ 长治．商君书评注 [M]．武汉：武汉大学出版社，2019：128．

"明白易知"以使民众有机会知法。对官府与官吏来说，也需要法条"明白易知"，因为官府要实现一刑、一赏、一教是必须以"明白易知"的法令为依据、为标准的，而官府治民的关键在于治吏，如此则可以防范官吏"隐下以渔百姓"。① 当举国官民都知道法令的内容就可以防范官吏以权谋私，官吏奉法且民众守法则法就有机会落实了。故，法条"明白易知"不仅是民众、官吏及官府的需要，而且应是整个社会的共同需要，是公共利益之所需。

法条"明白易知"主要是指法条的内容具体、明确，我们可以从秦汉时的法条中直观地体会其具体内涵。比如《置吏律》：

> 县、都官、郡免除吏及佐、群官属，以十二月朔日免除，尽三月而止之。其有死亡及故有缺者，为补之，毋须时。郡免除书到中尉，虽后时，尉听之。②

从如上这一个法条来看，任免对象（"吏及佐、群官属"）、任免者（"县、都官、郡"等）及时限（"十二月朔日""尽三月而止""毋须时""后时"）在法条中都有具体、明确的规定，并且对例外情况也有明确规定，这些规定都是"明白易知"的，虽是在今天看来仍然如此。虽然初看起来，这个法条没有关于赏罚的规定，那它岂不是会沦为空文？这样的考虑是不必要的，因为我们所发现的秦律令基本上属摘抄而不是原始的律条，秦法原文中肯定是有违法的处罚规定的。比如，睡虎地秦墓竹简《秦律十八种·内史杂》中就有"过二月弗置啬夫，令、丞为不从令"的规定，那么，违反任免及其时限的规定是一定会受到处罚的。

当法条并不是"明白易知"时，则就会有歧义，并影响到法条的实施与效力。在如上的秦律法条中，如果完全没有时限方面的规定，则将在何时执行法条、是否执行、是否存在违法、是否追究责任及责任的大小的确定等方面出现困难。比如，如果没有"以十二月朔日免除，尽三月而止之"这一时限规定，任免过程将变得随意、不确定或难以执行，任何人可能随时被替换掉则将导致官制的紊乱，当职位有空缺时若长时间得不到填补则也会导致相关的政务无人处理或权力的集中等方面的问题，诸如此类都是有害的。法条不能留有疑问，否则法条的效力将难以有保障。当法条留下了大量的可能性，事情变得游移不定，法条将丧失或没有约束力，则法条的效力将大打折扣，甚至无效。这说明，

---

① 长治.商君书评注［M］.武汉：武汉大学出版社，2019：93.
② 参见周海锋.秦律令研究［D］.长沙：湖南大学，2016：123.

律令的精神 >>>

法条须全面、细致地对相关事项和可能的情形进行规定，而不能留有不必要的回旋余地，否则，其法条将不是"明白易知"并会令人一头雾水、争论不休，乃至形同于无法条。

"明白易知"是法条的基本特征，而要实现它，就需要法条是全面、细致而无疏漏的，也需要法条是具体、明确而无歧义的。实现法条的"明白易知"并不困难，在立法技术上是可以实现的，这就需要立法者是持"立法"态度而不仅是"劝说"或"宣示"态度，因为没有达到"明白易知"要求的法条就只能沦为"劝说"或"宣示"，而不会有法条所应有的约束力。

"明白易知"是商君对法条的立法要求，也是任何法条必须具备的特征。不过，这不仅是对古代立法的要求，现代各国的立法同样是追求这一目标的。比如，在美国法律中，关于总统的任期，据1988年版《美国法典》记载是"第一百零一条（任职开始的日期）：在任何情况下，当选总统和副总统的为期4年的任期，应在选举人投票选举日之后的1月20日开始"，① 这一规定是用一系列的时间点（4年的任期、选举人投票选举日、1月20日）来确定任期开始的日期，并且用"任何情况下"加以明确限定，从而可以据以确定一个任何人都可以理解、可以预测的日期，此法条的"明白易知"是足以达到"妇人婴儿皆言"程度的。以此而论，英美国家所秉持的立法态度同样是非常严谨的，为实现法条的明白易知而不遗余力，从而使其法条达到不需要讨论、不需要研究就能"明白"的程度（如果发现有疑问也会尽快修法或用判例加以补全），这使其法律周密、细致、具体，这使整个社会得以在精密的规则轨道上稳定运行，这正是明白易知立法带来的好处。

但是，在现代，并不是所有国家的立法者都能自觉地主动致力于实现法条的"明白易知"。由于追求快捷或好大喜功等方面的原因，很多国家的立法在追求抽象、追求超前、追求理想的道路上越走越远，以致其立法中充斥着不知所谓的规定，对那样的规定，不要说平民百姓无从理解其确切内容，就算是专家学者们往往也是各持己见，这就是典型的未能实现法条的"明白易知"要求的表现，这尤在欧陆法系国家的立法中体现得非常突出。比如，在希腊刑法中规定"第163条（侵犯投票秘密罪）：在秘密投票中，力图自己或者第三人获知选民所投的选票的，处不超过1年的监禁"。② 在这一条规定中，姑且不考察它对选票数量、选票类型没有任何明示这两处不明确，"不超过1年的监禁"这一处

---

① 美国法典：宪法行政法卷 [M]. 北京：中国社会科学出版社，1993：241.
② 希腊刑法典 [M]. 陈志军，译. 北京：中国人民公安大学出版社，2010：69.

就很抽象，由于其法总则第53条规定监禁刑的期间为10日以上五年以下，这意味着，对侵犯投票私密罪的处罚有监禁10日到365日这356种可能，它有太多的可能而不是唯一的，则没有人能从这一法条"明白"法律要对此类犯罪给予多少日的监禁。很明显，类似这样的规定毫无明确性可言。虽然类似这样的规定在欧陆法系国家立法中非常普遍，不过，普遍的未必就是正确的。这是如同接触感冒病毒的人普遍会患流感，并不因流感人数多而赋予其正确性、正当性，无论感冒多么普遍，流感终归是病，终归需要治疗与防范。无明确性的立法如同流感病毒一样需要修正与防范。虽然英美国家也有类似希腊刑法中那样的制定法法条，但由于判例法是其裁判的主要依据，先例当然是"明白易知"的，制定法主要起到指导或补充作用，其不明确无伤于法律整体上的明确。故，抽象是实现法条"明白易知"的大敌，需要严加防范，以避免法条陷于抽象。

法条是用于执行的，为实现"明白易知"要求，则它当然越具体越好，尤其不能是抽象的。作为探讨性的或研究性的理论、理想、思想等可以是抽象的，理论专著均可如此，它越抽象越能体现深奥，过于具体反而不好。但抽象性的表述不适合存在于法律中，而可以存在于专著中或研究报告中，这是需要进行明确区分的。一旦在法律中充斥着抽象的表述则就会形成一个法律健全的幻象，但一方面是它并没有解决现有的社会问题，另一方面是自满而不知进步，似乎有"法"实则无"法"，这种情况于一个特定社会是非常危险的。

由此可见，"明白易知"是须古今一贯坚持的立法基本准则：它要求法条的内容是全面、细致而无疏漏的，也需要法条是具体、明确而无歧义的，并且必须是不抽象的；它也要求每一个法条是"明白易知"的，而不是仅10%或50%的法条是"明白易知"的；它更要求尽量做到包括"妇人婴儿"在内的几乎每一个人都认为法条是"明白易知"的程度，而不是仅有少数几个思想家认为法条"明白易知"。

2. 法条特征之二：明确规定赏罚

法条是用来执行、实施的，它不同于劝说或建议，因为它须是判断是非正误的社会公共标准，从而必须规定违反这一标准的处罚及符合这一标准的奖赏，这就要求在法条中规定赏罚。无法律后果的规定不是法条。

赏罚是体现和实现法条约束力的关键措施，也是确保法条效力和落实的关键一环。故，法条中必须明确规定赏、罚以作为是否遵守法条的法律后果。守法者得"赏"、违法者受"罚"，这是官府与民众之间建立起利害联系的最主要渠道，即如商君所说"人主之所以禁使者，赏罚也。赏随功，罚随罪，故论功察罪不可不审也"。① 当有赏时则人们将努力去落实法条，而当有罚时则人们将努力避免违法，则有赏罚的法条将在民众心理及社会现实中产生无可抗拒的实际影响力。相反，如果法条中没有规定赏罚，则意味着：遵守法令未必能得到任何利益，如此以来则可能无人尊重、遵守法令，甚至视若无睹，那将有损法令的存在及威望；而违反法令也不会受到任何处罚或损失，则可能无人准备避免违法或不在乎自己是否违法，这将有损法的威严；当法条中无赏罚规定时，将导致法条无存在感，也无威严，则它实际上已丧失了法的属性，它就已经在事实上不是法了。故，赏罚是法条的核心特征或要素之一，缺之则不成其为法条。

赏罚是用于确认合法行为的效力及违法行为的后果，它最主要的功能是在民众与官府之间建立起利害联系。赏是民众获得利益而其给予者是官府，罚是民众失去利益而其施加者是官府，赏罚其实是对利益的触动，这看似是普通的、不足为奇的，因为任何国家、任何时代都会有赏罚措施。而秦法所确立的赏罚却产生了极大的功效，它促成了国强与民富，之所以如此，是因为：第一，赏罚须顺民之情。商君发现"民之求利失礼之法，求名失性之常"，② 这就说明民众对赏罚并不是天然持排斥态度的，即，民众可接受赏罚。同时，也发现"夫人情好爵禄而恶刑罚"，③ 则可以赏罚推动民众致力于实现国家改革的目标。第二，赏罚须服务于实现富国强兵的国家利益和"家必富而身显于国"④ 的个人利益，并且把国强与家富结合起来。未能实现此结合，则赏罚将失其效用。即，能有功于国强的则必使其家富，欲家富则必须对国强有贡献，这其实是秦法与商君思想中最为精妙的理论。即，个人的富显不能以损害国家强盛为手段，国家的强盛不能以损害个人的富显为手段。"赏随功，罚随罪"⑤ 是赏罚的基本准则，而所谓"功"就是有助于实现国富兵强、家富身显，而"罪"就是有害于实现国富兵强、家富身显，如此以来，法以赏罚就能实现促进社会文明进步的功能。第三，赏罚的法定，即完全依法赏罚。商君认为"明主慎法制，言不中法者不听也，行不中法者不高也，事不中法者不为也"，⑥ 国君须坚定地以法治国而不乱法、不行私，完全依法来定赏罚。如此，奸吏也就无从据之损公肥私，

---

① 长治. 商君书评注 [M]. 武汉：武汉大学出版社，2019：120.
② 长治. 商君书评注 [M]. 武汉：武汉大学出版社，2019：64.
③ 长治. 商君书评注 [M]. 武汉：武汉大学出版社，2019：79.
④ 长治. 商君书评注 [M]. 武汉：武汉大学出版社，2019：75.
⑤ 长治. 商君书评注 [M]. 武汉：武汉大学出版社，2019：120.
⑥ 长治. 商君书评注 [M]. 武汉：武汉大学出版社，2019：119.

即"天下之吏民虽有贤良辩慧不能开一言以枉法,虽有千金不能以用一铢"。① 同时,也可实现"行重赏而民弗敢争,行重罚而民弗敢怨",② 民众也会服从这样的法定赏罚,因为它是公平的,"赏诛之法不失其议,故民不争"。③ 以赏罚而促成有助于实现国强与家富的共同利害关系的形成,这正是法条需要实现的功能。这正表明法条对赏罚的高度依赖,无赏罚的法条是不完整的、有缺陷的。英美法系的基本法律观念是,无责任即无法律。故,有无赏罚规定是判断法条是否存在的关键指标。

赏罚是把个体的现实利益与公共社会整体的国家利益联系起来的纽带,因为任何人(君、吏、民)都有可能去追求法外的利益,而这正是需要防范与避免的。国家与公共社会也是有自身的利益的,这主要是公共安全、公共秩序、文明进步之类的利益,每个人(君、吏、民)也都有自身的利益,这主要是名利权势之类的利益,二者有很大的不同,甚至是有冲突的。当个人利益与国家利益无契合点时就会导致整个社会分崩离析,因为从局部来看,个人利益的实现也可能通过完全损害国家利益的方式实现。比如,商君认为,"释法而任私议,此国之所以乱也",④ "大臣争于私而不顾其民,则下离上。下离上者,国之隙也。秩官之吏隐下以渔百姓,此民之蠹也。故国有隙、蠹而不亡者,天下鲜矣",⑤ "农战之民日寡,而游食者愈众,则国乱而地削、民弱而主卑",⑥ 这些损害公共利益的个人利益在根本上或最终效果上是虚假的,因为当国乱、国亡之时将使个人所获得的利益无任何保障。相反也是如此,国家利益的实现也可能是通过完全损害个人利益的方式实现,这主要表现在官府横征暴敛、与民争利方面,此时就会使个人利益毫无保障,民贫、民散则将导致国家无安全保障,这会使国家的强盛是虚假的。故,必须把个人利益与公共利益在统一法令的协调下结合起来,而结合的途径主要就是赏罚,违法者罚,行法者赏。无赏罚作支撑,则法令将是空的、无效的,由此而导致公共利益无保障,也会导致个人利益无保障。故,法令(包括其中的每一个法条)必须有赏罚作依托。无赏罚规则作依托的规定即不是法条。

一个独立的法条必须毫无例外地有赏罚规则作为必备部分,否则即不是一

---

① 长治. 商君书评注[M]. 武汉:武汉大学出版社,2019:128.
② 长治. 商君书评注[M]. 武汉:武汉大学出版社,2019:106.
③ 长治. 商君书评注[M]. 武汉:武汉大学出版社,2019:91.
④ 长治. 商君书评注[M]. 武汉:武汉大学出版社,2019:90.
⑤ 长治. 商君书评注[M]. 武汉:武汉大学出版社,2019:93.
⑥ 长治. 商君书评注[M]. 武汉:武汉大学出版社,2019:119.

个完整的法条或不是真正的法条。秦汉时期的法令是律令不分的，也就是一个单行法令（这个法令可能是"律"，也可能是"令"）处理某一类事务，其中的每一个法条都是包含赏罚规定的（当然也要注意，一个法条未必即是一段文字，也可能是多段文字），即事制与赏罚是结合在一起的，在这种情况下，每一个法条都包括赏罚规定是很直观的现象。事制与赏罚之间的关联应是法定的、明确的，而不能是想象的、拼凑的联系。而到了魏晋之后，事制与赏罚有了一定程度的分离，主要是事制规则经简化后（简版事制规则）与处罚规则合并成书（即《律》书），具体的事制规定则单独汇集成另外的法籍（比如《令》《式》《会典》等），这就是律令分离。但这种分离不是绝对的：一方面是《律》书之外也会有许多诏令是包括处罚规定的，《律》书的制定与修订依据正是这些零散颁行的诏令，这些诏令作为新法还有优先效力，而且由于《律》书的修改不便而导致各个朝代的中后期经常出现《律》书近乎被搁置而以其他法令为依据来处理案件的史实。另一方面是违令则入于律是古代的基本法律原则，不违令则不可能受到处罚，二者之间有密切的分工与配合。律令分离其实是适度分离而不是完全隔离，因为刑律中并不是不包括事制，而是会包括简化了的事制规则，这些简版的事制规定指向律书之外的详细的事制规则，从而在事制与赏罚之间仍有密不可分的联系。比如，唐令主要是官制方面的规定，凡官皆有定名、定员、定品（《唐六典》对唐令进行了编纂，比如其中有"礼部尚书一人，正三品，侍郎一人，正四品下……祠部郎中一人从五品上，员外郎一人从六品上"）。虽然唐令没有规定对违制的处罚，但唐律中对此是有规定的，"诸官有员数而署置过限及不应置而置（谓非奏授者），一人杖一百，三人加一等，十人徒二年"，违令则入于律在这里体现得很完整，律令（即事制与赏罚）二者是无缝衔接的。可见，律令的分离仅是形式上的。从而，在有法籍时，（为了适用上的便利）法条的结构有了一定程度的形式上的分离，在实质上并没有分离，律令之间始终存在密不可分的联系，无事制规定的处罚规定当然更是不可能存在的。通观之，任何时代的每一个法条（包括律书之外的法条）都必须包括赏罚规定以使事制规则的效力得到保障，且必须有详尽的事制规则作为前提。

可见，法条包含赏罚规定是须一贯坚持的基本立法准则。不包含赏罚规定的即不是法条，不包含事制规定的也不是法条，它也不可能起到法条的作用。

3. 法条特征之三：量化

我们从出土的秦法令和汉法令都能发现法条的量化特征，而且这一特征世代相沿，在整个律令时代无任何变化。比如，在秦汉：

《岳麓书院藏秦简·田律》：黔首居田舍者毋敢酤酒，有不从令者迁之，田啬夫、士吏、吏部弗得，赀二甲。①

《岳麓书院藏秦简·亡律》：城旦舂亡而得，黥，复为城旦舂；不得，命之，自出也，笞百。其怀子大枸椟及杕之，勿笞。②

《二年律令·田律》：卿以下，五月户出赋十六钱，十月户出刍一石，足其县用，余以入顷刍律入钱。③

《岳麓书院藏秦简·金布律》：出户赋者，自泰庶长以下，十月户出刍一石十五斤；五月户出十六钱，其欲出布者，许之。十月户赋，以十二月朔日入之，五月户赋，以六月望日入之，岁输泰守。十月户赋不入刍而入钱者，入十六钱。④

《睡虎地秦墓竹简·秦律十八种·金布律》：禀衣者，隶臣、府隶之无妻者及城旦，冬人百一十钱，夏五十五钱；其小者冬七十七钱，夏卌四钱。舂，冬人五十五钱，夏卌四钱；其小者冬卌四钱，夏卅三钱。隶臣妾之老及小不能自衣者，如舂衣。亡、不仁其主及官者，衣如隶臣妾。金布。⑤

从如上的秦汉法条来看，其法条在量化方面是不遗余力的。以如上的法条为例，其法条量化的主要措施有：

（1）明确的时间。比如，如上的"五月""十月""十二月朔日"（朔日即秦历的初一）、"六月望日"（望日即月圆日，秦历十五日）、"岁""冬……夏"，这些明确的年、月、日、季的规定使得法条的执行有了时间上的限制和紧迫性，违时也就是违法，是要受罚的。

（2）确定的数量。比如，"二甲""笞百""户""刍一石""刍一石十五斤"，这些数量明确、具体而易理解、易操作，更易于实现裁判公平。

（3）确定的钱币。比如，"十六钱""百一十钱……五十五钱……七十七钱……卌四钱……卅三钱"。

---

① 参见周海锋. 秦律令研究［D］. 长沙：湖南大学，2016：55.
② 参见周海锋. 秦律令研究［D］. 长沙：湖南大学，2016：55.
③ 转引自张娜. 从出土《田律》看秦汉法制的变革：以睡虎地秦简与《二年律令》为中心［J］. 东方法学，2016，（04）：146.
④ 转引自张娜. 从出土《田律》看秦汉法制的变革：以睡虎地秦简与《二年律令》为中心［J］. 东方法学，2016，（04）：146.
⑤ 中国政法大学中国法制史基础史料研读会. 睡虎地秦简法律文书集释（四）《秦律十八种》（《金布律》—《置吏律》）［M］//中国古代法律文献研究［第九辑］. 北京：社会科学文献出版社，2015：47.

律令的精神 >>>

(4) 确定的全部事项（穷举，而非例举）。穷举的各个事项本身并不是数量，但穷举构成了一个列表，列表的各项是法定的、确定不疑的，列表项的数量是有限的、确定的，这个穷举的列表就成为一个重要的量化措施。从如上秦汉法条看，穷举有两种：一种是——列举，就是把列表项全部一一列出，比如，"田啬夫、士吏、吏部""隶臣、府隶之无妻者及城旦……其小者""舂……其小者""隶臣妾之老及小""亡、不仁其主及官者"。另一种是设限列举，也就是在列表项目是明知的、确定的情况下而设定一个上限或下限，"卿以下""自泰庶长以下"这两个表述即是，秦汉都是二十等爵制，汉朝的"卿"与秦朝的"泰庶长"基本上是相同的，这两个表述也就是相同的而包含相同的列表项。由于爵级是固定的二十级，则"以下"字样看似无底，实则是有限的、明确的，如上这两个表述也就仍然是穷举，它只是有限列表项的简化表述。

由于现实中的万事万物普遍存在数量，且其数量有无限的可能，从而，法条的量化就是使法条获得确定性和易理解的关键举措或立法技术。从现有文献来看，法条的量化技术首创于秦，它是古人对立法技术与法学的伟大贡献，是闪耀着严谨、务实、精确精神的智慧。

秦汉以后，法条的量化技术得到了传承，这使此优秀的立法传统得到了延续。例如：

《唐律疏义》：诸脱户者，家长徒三年；无课役者，减二等；女户，又减三等。脱口及增减年状（谓疾、老、中、小之类）。以免课役者，一口徒一年，二口加一等，罪止徒三年。其增减非免课役及漏无课役口者，四口为一口，罪止徒一年半；即不满四口，杖六十（部曲、奴婢亦同）。[1]

《大清律例》：凡一户全不附籍，有赋役者家长杖一百，无赋役者杖八十。[2]

（宗人府）国初置大宗正院，正一品衙门。洪武二十二年改院为府，设宗人令、左右宗正、左右宗人，职专玉牒谱系之事。初以亲王领谱事，后但以勋戚大臣掌之，而不备官。永乐七年迁都于北，置行在宗人府。十八年除行在二字。洪熙元年复称行在。正统六年复除之。以本府所领系宗室

---

[1] 袁文兴，袁超，注译. 唐律疏议注译 [M]. 兰州：甘肃人民出版社，2017：345-346.
[2] 《大清律例》卷八。参见沈之奇，撰. 大清律辑注 [M]. 怀效锋，李俊，点校. 北京：法律出版社，2000：187.

重事，故品秩特崇，序列于文职衙门之首。①

（宗人府）顺治九年，题准宗室自亲王以下至辅国公所生子女周岁，由长史司仪长典仪等官详开适出、庶出、第几男、第几女、母某氏所生子名某，并所生子女之年月日时，具册送府。镇国将军以下至闲散宗室由族长察明，亦照例开报送府，均载入黄册，其收生妇某一并开送存案。如将抚养异姓之子捏报者，治以重罪。②

从如上这些记载来看，秦汉之后各朝代的立法很好地坚持了量化精神，不仅刑律中有非常明确、全面的量化。比如，如上的"三年……二等……一、二等……脱口及增减年状……一口徒一年……杖六十""一户……杖一百……杖八十"，其他法令中同样坚持了量化措施，比如，"正一品……宗人令、左右宗正、左右宗人""宗室自亲王以下至辅国公……详开适出、庶出、第几男、第几女、母某氏所生子名某，并所生子女之年月日时……镇国将军以下至闲散宗室"，这些量化后的法条易理解，是否违制也易判断，追责时也易于实现公平无争。

法条的量化是使法条具有可理解、可预测、可操作的关键立法技术。相反，如果在事制（行为内容）及赏罚（行为效力）中都没有实现量化，则法条将丧失可理解、可预测、可操作的基本特征。比如，前文所提到的希腊刑法"侵犯投票私密罪"，该条文对"选票"的数量与类型都没有任何量化的限制，而"不超过1年"更是一个内容极不确定的抽象观念。如果按照中国古代法的立法标准来衡量，这样未经量化的条文是没有资格名为"法条"的，它也就不可能产生真实的约束力，它是不应该出现在法律中的。类似这样的表述如果出现在个人论著中倒还是合适的，因为个人观点正好也不需要法律约束力。法律规定（法条）与普通的观点主张有重要区别，法条需要依靠自身的确定的内容而为社会提供一个公共的标准，也就是说，法条在权力赋予其强制力之先，先须由它自身通过立法技术而完成约束力的构建，而量化正是使法条获得约束力的关键技术。

法条量化技术的关键是使法条所提及的所有事物有明确的数量或确定的项目，从而使其内容是明确的、可知的，以防所述内容模棱两可而让人难以捉摸、难以进行判断、难以有共识。量化，至少要在如下三个层次做到：第一层次是

---

① 申时行，等修，赵用贤，等纂. 大明会典［M］//续修四库全书：第789册. 上海：上海古籍出版社，2002：52.
② 钦定大清会典则例：卷一［M］//文渊阁四库全书：第602册. 上海：上海古籍出版社，2012：27.

法条中的各个事物都要以明确数量进行限定,这个数量可以表现为一个具体的数字(时间、数量、钱币方面)或确定数量的几个项目(穷举方面),当数量不确定时即是没有实现量化,此即法条的量化。第二层次是量化需要在一个法令中普遍实现,即每一个法条都需要量化,未经量化的条文由于内容不明确即不应出现在法令中,以免引起混淆或无效,此即法令的量化。第三层次是每个法令都要量化,而不仅是在刑法中进行量化,所有的单行法令及大部头的法籍都需要普遍地以量化技术进行组织,此即法律体系的量化。

法条量化技术是古人的智慧,它在现代仍然是立法技术的基础与核心,我们对此需要有清醒的认识。事实上,法条量化技术在英美法系中普遍存在。在现代立法中,我们需要传承并完善量化技术而不是放弃它。

4. 法条特征之四:可执行

法条必须可执行、值得执行,从民众与官府两个方面看都须是如此。比如,如上提到的徙木悬赏令:对普通民众来说,将一根三丈长的木材从国都市南门搬至北门是能够做到的,那么,这个法条对民众来说就有意义;假如法条是规定把一块十万斤的巨石从国都市南门搬至北门,对单个人来说那就是不能做到的,那么,这个法条就是虚假的,因为它是不可执行的。另外,对于赏金,十金或五十金的重赏对民众来说是有吸引力的,因而是值得争取的,它将使得民众愿意主动地促成法条的落实或实施,从而使法条是有效力的;假如把赏金定为一钱,劳动付出与收获不成比例,近乎是有劳无获,那么,将无人愿意把法条实施,从而,这样的法条将是无效的一纸空文。对官府来说,判断"徙木"的行为是否存在是可以办到的,只需要查明是否有人将那一根三丈长的木材从国都市南门搬至北门即可,这仅是一个事实问题的判断,并不需要进行复杂的推理或道德判断。然后,如果查明有这个事实,则予赏金;如果查明没有这个事实,则不予赏金。而赏金是十金(后来改为五十金),这个数量对官府来说是可办得到的。相反,如果把赏金定为一千万金,这个巨大数额对官府来说是不切实际的,可能办不到或虽能办也不应该去办,那它就是虚假的、无效的,从而沦为笑柄。再相反,如果把赏金定为一钱,这个极小数额对官府来说支付是没问题的,但由于它对民众来说过于微不足道而没有吸引力,将导致没有人在意这个法条,法令会被忽视,从而没有人会去落实这个法条,所以,它会使这个法条是虚假的。也就是说,法条对官府与民众来说都必须是可执行的、有意义的,否则,它必将成为一个虚假的而不是真实有效的法条。

从秦代关于违法的具体法条来看,其法条是有强可执行力的。比如,"'害

第三章 律令传统的规律性

盗别徼而盗,加罪之。'何谓加罪? 五人盗,赃一钱以上,斩左止,又黥以为城旦,"① 在这一条规定中,"害盗别徼而盗"及对"加罪"的解释"五人盗""赃一钱以上"这是行为内容,首先,"害盗"的违法是可能发生的,而且五人以上结伙作案往往所得赃款数额较大或危害较大,其次,官府在查办案件时是容易办理的,因为所需要判断的是量化的客观事实,那么,这一法条中的行为内容并不会落空或与现实没有契合点。另外,违法后果是有违法行为则"斩左止,有黥以为城旦",这一处罚是明确的,虽然其处罚略显重,不过,考虑到是监守自盗及结伙作案而有很严重的危害,及宋朝规定对强盗是处"集众决杀",那么,这一规定对官府来说并不会显得太重或太轻,对"害盗"违法来说它也体现出了强大的威慑力而使人不敢轻易试法,这说明,这一法条中的行为处罚部分并不会落空以致没有可执行性。

法条的可执行性,其实包括多方面的意义。首先,法条对官府与民众来说必须都是可执行的、值得执行的,它对任何一方缺少可执行性则即会使此法条是虚假的、无效的。其次,可执行包括可以执行或可以实现,也包括值得执行或有吸引力,也就是须对相关方有切实的利害关系,这两方面必须同时具备。再次,可执行是指法条的事制与赏罚二者都须可执行,任何一个不具有可执行性都将导致法条不具有可执行力。

5. 小结:以西汉初徐偃案为例说明

法令是由法条构成的,但并非写成一条条的就是法条,虚假的法条是可能出现的。而从中国古代法来看,法条有其自身的基本成立条件或基本特征,具体而言主要是须明白易知、有赏罚规定、量化、可执行。

只有法条具备这些特征或条件时,它才成其为真实的法条,从而记载法条的法令才成其为真实的法令。否则,其法条是虚假的,其法令也是虚假的,这将导致出现在事实上无"法"的可悲局面。当法条不是明白易知之时,官民都不能确定法的内容,官民必"惑",各种社会事务的解决将不得不依赖于各级官吏的专断,则这使官吏的权力将超过法律的权威,高效的、法治化的社会也将渐行渐远。当法条中无赏罚规定时,则遵守或违反法条将不确定是否有后果或效力,法条将成一纸"空"文。法条也需要完全量化,未经量化的法条将是"大"而不当的,初看起来似乎法条对一项社会事务有"全"面的规定,但由于法条没有实现对象化或具体化,从而导致法条实际上空乏无物,相当于无规定。而且,当法条不具有可执行性时,它将不会被实施,也不会被执行,从而

① 睡虎地秦墓竹简整理小组.睡虎地秦墓竹简[M].北京:文物出版社,1990:93.

变成一个虚"假"的条文，徒有其名而已，有"法"之名而无法之实。未实现法条化的法将会是惑、空、大、假，这样的法在古代存在过，在现代各国也仍然广泛存在，这是需要警惕和避免的，但如果不明其理则这样的伪法将正好可能成为法学家崇拜与模仿的对象。如果按照中国古代法的立法模式，则可以得到这个观点：欧陆法系国家的立法中充斥着抽象的条文而表明其缺少严格意义上的法条，讲究实用和实证的英美法系国家则大都有严格意义上的法条。

法条不同于理论主张、理想、思想、理论，它有其自身的规律性与特征，若将二者混淆则个人与社会均将受害。比如，汉朝初期发生了一件受到史学家关注的历史事件，即载于《前汉书·终军传》中的徐偃案：

> 元鼎中，博士徐偃使行风俗。偃矫制，使胶东、鲁国鼓铸盐铁。还，奏事，徙为太常丞。御史大夫张汤劾偃矫制大害，法至死。偃以为春秋之义，大夫出疆，有可以安社稷，存万民，颛之可也。汤以致其法，不能诎其义。有诏下军问状，军诘偃曰："古者诸侯国异俗分，百里不通，时有聘会之事，安危之势，呼吸成变，故有不受辞造命颛己之宜；今天下为一，万里同风，故春秋'王者无外'。偃巡封域之中，称以出疆何也？且盐铁，郡有余臧，正二国废，国家不足以为利害，而以安社稷存万民为辞，何也？"又诘偃："胶东南近琅邪，北接北海，鲁国西枕泰山，东有东海，受其盐铁。偃度四郡口数田地，率其用器食盐，不足以并给二郡邪？将势宜有余，而吏不能也？何以言之？偃矫制而鼓铸者，欲及春耕种赡民器也。今鲁国之鼓，当先具其备，至秋乃能举火。此言与实反者非？偃已前三奏，无诏，不惟所为不许，而直矫作威福，以从民望，干名采誉，此明圣所必加诛也。'枉尺直寻'，孟子称其不可；今所犯罪重，所就者小，偃自予必死而为之邪？将幸诛不加，欲以采名也？"偃穷诎，服罪当死。军奏"偃矫制颛行，非奉使体，请下御史征偃即罪。"奏可。上善其诘，有诏示御史大夫。①

对徐偃使胶东鲁国期间矫制鼓铸盐铁案，精通法律的御史大夫张汤认为徐偃有罪，"法至死"，而博士徐偃（可能就是《春秋》博士）本人则认为那是利国利民的事而无错，并且引《春秋》经义以自辩。汉武帝并没有直接强行给徐偃定罪处刑，而是让年约二十岁的俊才终军加以批驳。汉律的法条是非常明确具体的，张汤据法定罪是无可辩驳的，也正是这个原因，徐偃转而以并不是法

---

① 班固.汉书：卷六十四下 [M].北京：中华书局，1999：2127.

律的《春秋》经义为自己辩解，但是，可能是徐偃对《春秋》的理解过于浮浅，也可能是徐偃在强辩或狡辩，在终军的逐条批驳之下，徐偃辞穷而服罪。终军能把博士徐偃驳倒，当然与徐偃对《春秋》的理解过于浮浅、迂强、理想化有关。不过，更重要的是，《春秋》一书作为著作，它的各种理论主张都是很抽象的，远远达不到法条那样的明确、具体、量化的程度，这就为终军的驳斥提供了广阔的空间，况且还有徐偃违反盐铁专营法的事实在先，倒是徐偃自己没有多少辩解的回旋余地。

徐偃自以为经义比法律更高贵，但这是徒劳的幻想，而且如此想法必造成多方面的危害：对国家来说，法律的权威性受到挑战，盐铁专营法的实施会受到阻碍，从而导致国家赋税收入的减少，进而损害国家安全；对于私自制盐冶铁的民众来说，由于他们违法了，则一定会依法受到严厉的处罚；对于徐偃本人来说，不但其个人前程没了，而且由于被判处死而连生命也失去了。徐偃的自以为是带来了多方面的严重危害，这与他未能明确区分法条与理论是有关的：法条是具体、量化、有赏罚、可执行的，违反它是要受到处罚的，因为它是有内在的约束力和外在的强制力的；理论主张是抽象的、多义的、无赏罚的、言辞性的，对它的理解并不会是唯一的，违反它未必是违法的而并不会受到处罚，合乎它未必就不是违法的，它先天并无约束力和强制力。虽然汉初有些儒生仍然顽固地把经义置于法令之上，好在朝廷没有犯糊涂，坚持了法令的权威性而否定了法律虚无论。

从徐偃案，我们对法条与理论之间的差异有了更深入的认识：法条之所以是法条并有法条的效力，在于它有自身的基本特征和规律性，它通过具体化与量化而使法条有近乎是唯一的内涵而便于执行，再加上它有赏罚规定作支撑而有了自身的约束力；相比之下，理论的抽象性使它有多种理解，再加上它没有量化和赏罚的支撑则它也就没有约束力。以著作中的理论主张来对抗、否定、逃避法令的约束，这在汉朝初期并不是个例，其无知是自不待言的，而在其后则逐步减少。必须区分法条和理论主张，这是一个很大的历史教训。法条在实现社会秩序与社会公平方面有无可替代的优势，而理论主张或抽象陈述是难以满足这些需要的，须对二者进行严格区分。

在法律中必须排斥、避免出现空洞的理论说教，而必须以具体的、量化的、有赏罚的可执行法条为法令载体。即，法律须以法条化的方式来展开其内容。

（二）单行法令为法条的主要载体

在古代法中，一个法令包括一个或多个法条。主要解决社会事务的某一个方面问题的法条的集合即为单行法令，某一类型的法令的汇集即为法籍，① 这是本书基本的概念约定。

通过前一章对古代法的发展历程的梳理，我们已经可以得到这样的印象：自秦至清，单行法令是最为重要的法律形式，无论有无法籍之时都是如此。在这里对这个问题再加梳理，而后再探寻其原因。

古代法以单行法令为主的史实与规律，具体表现如下：第一，在秦汉时期律令不分的情况下，单行法令是唯一的法律形式。也就是说，在不存在法籍的情况下，法律只以单行法令的形式存在。从出土秦汉法律文献来看，所有的法律都是单篇的单行法令，而且处理同一个事务的法条可能分布在多个法令中。比如，出土有秦汉《金布律》，"《内史旁金布令》是新见于岳麓秦简的令名"，② 史书记载汉朝也有《金布令》，这说明，秦汉时期，处理与金布有关的事务是由多个法令来完成的，法令是分散颁发的，更不用说编制法籍了。并无史书记载秦汉时期编制过法籍，至于《晋书》所称的萧何九篇、傍章十八篇、越宫律二十七篇、朝律六篇等不过是汉初刊修秦法令的成果，即使这些记载为真，它们仍只会是单行法令。况且这些记载未必是准确、全面的，因为睡虎地秦简中分明有《户律》《厩苑律》，且秦律中也可能有《兴律》，则萧何九章律之说是不确实的，况且出土的汉律令也有二十多种。且相对于秦法令而言，汉朝的法令并无原创性、独创性，其法律名称和内容与秦法令基本一致。秦汉时期只有单行法令的史实是明确的。第二，魏晋以来至清朝，刑律是单独成书的，而其他法令则编入一种或多种其他法籍，这就是律令分立时期。在这个阶段，大部头的法籍陆续出现，特别是刑律这一法籍是历朝历代必然加以颁布的，但这一情况的出现并没有改变以单行法令为主的史实。这是因为，一方面是很多时候，这些法籍在事实上仅是用于炫耀文治的装饰而没有加以实施，也有一些王朝存在了很短的时间而使其法籍未及实施就灭亡了，无法籍实施并不意味着社会的运行没有法律依据，因为必有大量的单行法令存在并生效。另一方面是一些大的朝代（比如唐、宋、明、清等）在王朝的一开始就颁行了多部法籍，

---

① 法籍是古代的词汇，法典是近百年才流行开来的新词，不过，本书采用"法籍"一词。这是考虑到我国近百年以来的法学基本上是在仿效欧陆法学与欧陆法的基础上形成的，古代与当前我国并没有独立的法典论，与法典有关的思想观点都基本上只与欧陆法学有关，而与中国古代法无关。正是由于现代语境下的"法典"一词与中国古代法无关，而现代法又不使用"法籍"一词，故，作为以研究古代法的发展规律为职任的本书，只好采用"法籍"一词，而弃"法典"一词。参见刘广安. 法典概念在晚清论著中的运用 [J]. 华东政法大学学报，2009，(06)：136-138.

② 周海锋. 秦律令研究 [D]. 长沙：湖南大学，2016：67.

在这些法籍中以刑律的实施状况较好而基本上是生效的，其他法籍，有的是生效了的（比如，唐朝的令、格、式之类），有的基本上仍属于用于歌功的装饰品，特别那些没有印行天下的法籍大多是如此（比如，宋朝的多数"敕令格式"及清朝的多数"会典"），如此以来，在法籍未生效的领域就当然是由众多单行法令来维系的。不但如此，那些生效的法籍由于修订不便或从不修订而使得单行法令承担了适应社会现实需要的主渠道功能，特别是在王朝的中后期几乎是以单行的令、例为主（比如，在清朝，一如宋时之编敕，有例不用律，律既多成虚文），况且法籍就是单行法令的编纂（魏晋时期的法籍完全是对单行法令的编纂，而后来朝代的法籍大多是根据以前的法籍与本朝当前的单行法令编纂而成的，也有一些法籍仅是对当前生效单行法令的编纂，比如，宋朝的"敕令格式"即是）。即，在律令分立时期，单行法令仍是最为重要、最优先的法律形式。从法的实际效力上看，单行法令的主体地位在任何时代都是真实的。

作为中国古代史实，各种单行法令在律令传统的最初几百年中是唯一的法律形式，即是唯一的法条载体形式。而在编制出法籍之后的一千多年中，朝廷为解决现实的新情况、新问题而发布的新法令几乎完全是以单行法令为载体形式。而法籍要么是对单行法令的编纂，要么是用当前有效的单行法令对以前的作为单行法令汇纂的法籍进行刊改，法籍公布后仍然随时可以通过发布单行法令来修改法籍中的规定。这样一来，在任何时候，新法条几乎都首先以单行法令为载体产生出来，而后才以这些新法条为基础而编纂或刊改法籍。故，单行法令是法条的原始载体或来源载体。

过去两千多年的法律以单行法令为主要载体的史实表明，法律的内容远比法律的形式重要。

（三）事制与赏罚并行

对事制与赏罚的区分出现得较晚，它可能最早是魏晋时的杜预提出的，他说"律以正罪名，令以存事制"，[①] 这一观点的提出本是为了对律令分立后的立法动态进行解释。即，律是用于规定对违制的定罪处刑制度的法籍，而令则是规定社会事务的具体制度的法籍。在律令分立情况下，事制与赏罚是分立下的并行，事制是规定在一部或多部法籍中，而罪名与刑罚（即处罚，在现代就是行政处罚与刑罚）则规定在《律》这一法籍中。由于《律》书中已有简化的事制规定，故，多数情况下不需要参照事制规定就可以定刑罚，《律》书有了一定

---

① 欧阳询. 艺文类聚：卷五十四 [M] // 文渊阁四库全书：第 888 册. 上海：上海古籍出版社，2012：283.

的独立性。不过,《律》书中的事制规定终归是简略的,如果要准确判断是否存在违制的事实则仍然需要借助其他法籍,这说明,刑书只有相对的、一定程度的独立性。规定事制的法籍当然是可以独立生效的,人们遵守或实施事制规定即可以获得利益或奖赏,此时不需要刑书的参与。不过,事制规定的效力仍需要有刑书的保障,因为任何时候都可能有人违反事制规定而需要处罚违制者,这说明,规定事制的法籍也只有相对的、一定程度的独立性。律令分立之下,规定事制的法籍与规定刑罚的法籍是并行的,二者必须并存,缺一不可。

不过,事制与赏罚的并行是自律令出现以来即存在的,包括律令不分的秦汉时期。在秦汉律令中,事制与赏罚的并存不是分处于不同的法令,这二者往往是处于同一个法令或同一个法条中。法条的事制部分所规定的是社会事务的某一方面的具体制度,也就是规定吏民不可做什么或必须做什么(事制所规定的内容,也就是这两种:令曰勿为、令曰为之),事制作为公共的标准是供吏民遵守与实施的,当然也就不能排除有人违反它或不实施它,[1] 那么,事制规定就有两种后果:赏、刑。作为事制的效力保障措施,赏罚的规定通常是在法条中随事制一起做出规定,遵守或实施事制则赏,违反或不实施事制则罚。法条中的事制规定原本是供吏民主动遵守的,它本身也是有约束力的,在法律健全的情况下也是能够得到普遍实现的,这表明事制是有一定独立性的。法条中的处罚规定只有在存在违反事制的情况下才能被启用,它不具有独立地位,更不可能独立有效力。法条的处罚部分是以违反事制为实施的先决条件的,当不存在违反事制的事实则法条的处罚部分即不会实施,这表明法条的处罚部分没有任何独立性。在律令不分的时代,法条的事制规定与赏罚规定是结合在一起且密不可分的,事制规定具有一定的独立性,而赏罚规定不能脱离事制规定而独立存在或生效。

事制与赏罚二者缺一不可,必须并存,并结合起来才能起到法的作用,并且事制处于核心、主体地位,而处罚仅是处于服务、服从事制的依附地位,无论律令是否分立均是如此。

二、立法原则和立法模式的一贯性

立法是一定要有法律原则与立法模式做支撑的,否则其立法不可能是前后一贯的。从秦孝公到清宣统帝这两千多年中,中国古代法保持了良好的延续性

---

[1] 《睡虎地秦墓竹简·法律答问》载,"律所谓者,令曰勿为,而为之,是谓犯令。令曰为之,弗为,是谓废令也"。这表明,秦人即认为违制有两种情形。

与传承性,之所以能如此,在于创制和延续古代法的各阶段所奉行的立法原则与立法模式是恒定的。从法的历史发展看,我国古代法的发展有两大阶段,一是法的创制阶段,一是法的仿制阶段,而这两个阶段的法律体现了相同的法律原则与立法模式。

法的创制阶段,主要是秦孝公时期的立法与法律改革。虽然在秦孝公之前就已有东周王朝的法律及当时的各诸侯国的立法,但这些立法无助于改变新时期天下混战和内乱不止的局面,这些不全面、不系统、不深入的改革并没有带来国家的稳定安全和富强,而是时强时弱,这并没有从根本上解决社会治乱问题,从而并不是成功的改革。秦统一后,秦法之外的这些改革成就即从历史中完全消失,即如《晋书·舆服志》所言"旧法扫地尽矣",这正好证明了那些旧改革是有根本弊病的。汉朝延续的是秦制而不是战国时期其他诸侯国的法律,这也说明那些旧改革是不成功的。正是由于有秦国之外的这些法律改革的成败经验教训,全面总结法律革新过去四百年经验教训的商君思想应运而生。商君在富于进取精神与危机感的秦孝公的支持下在秦国进行了全面的法律革新,通过对兵制、田制、税制、官制、礼制、刑制、度量衡等方面公共制度的重构,经过二十多年的努力,秦法得以基本确立。

法的创制阶段的立法与法律改革主要是按照商君思想进行的,变革过程没有大的波折而很顺利,并且取得了《新序论》所称的"秦孝公保崤函之固以广雍州之地,东并河西,北收上郡,国富兵强,长雄诸侯,周室归籍,四方来贺,为战国霸君,秦遂以强"的功绩,《史记·秦本纪》记载秦孝公"十九年,天子致伯。二十年,诸侯毕贺。秦使公子少官率师会诸侯逢泽,朝天子"。很明显,秦孝公改革及秦法取得了稳定、巨大的成功,秦的改革成就一出即令其他诸侯国的改革成就黯然失色。

秦孝公时期的法律革新与秦法创制的理论依据就是商君思想(而并不是某种笼统的法家思想!),这理当是没有任何疑问的。《战国策·秦策一》所言"今秦妇人婴儿皆言商君之法,莫言大王之法"很可能就是秦人的原话,那么,秦人自己明知秦法本于商君思想。秦之后世的人们也是认同秦法本于商君思想的。比如,西汉刘歆在《新序论》中认为"夫商君,极身无二虑,尽公不顾私,使民内急耕织之业以富国,外重战伐之赏以劝戎士,法令必行,内不私贵宠,外不偏疏远,是以令行而禁止,法出而奸息,故虽书云无偏无党,诗云周道如砥其直如矢,司马法之励戎士,周后稷之劝农业无以易此,此所以并诸侯也"。苏轼虽然对商君颇有微词,但也承认"商君之法,使民务本力农,勇于公战,怯于私斗，食足兵强，以成帝业……故帝秦者，商君也"。① 秦孝公时期的立法指导思想无疑就是商君思想。尽管如此，秦朝之后研究商君思想或《商君书》的人并不多，之所以如此，主要还不是儒学当道，而在于商君思想通过立法已经具体体现于或固化于秦法中了，并且通过秦法的实施而使商君的法律思想成为平民百姓的思维习惯、生活方式、日常语言。自秦之后，人们对商君思想并不陌生，它从来没有远离过这个民族。由于古代法的法律原则或立法思想并没有改变过，它随古代法的演进而伴随着、护佑着这个民族。

商君主持创制秦法，本是依据复杂的法律原则或立法思想来完成的，这些法律原则作为系统法律思想的组成部分当然为商君本人所深知并坚守，人们也可以通过《商君书》来了解它，而这些抽象的法律原则具体化为法律时就体现为直观的立法模式。对秦法的立法模式，根据《商君书》和出土秦简，可以从多方面、多角度进行概括，比如，在法律形式方面采用单行法令的形式，在法条结构方面是事制与赏罚并行，在法条的语言方面强调量化与具体化，在制法时强调"当时而立法"而不泥古，在法的效力对象上强调公平不私，等。

在法的创制阶段始终以完整、系统的法律思想作为依据，其后仍坚持了这一立法模式，这是变法得以成功和秦法得以确立的关键。在这种情况下，秦法体现出一贯的立法模式，这些立法模式并不因商君是否在世及人们是否能精通《商君书》或秦朝是否存在而妨碍后世的人们对它的理解与效仿，从而使得其立法模式可以传之万世。

法的仿制阶段，主要是从秦惠公到清朝期间的立法。秦孝公与商君在同一年亡殁，而后，"惠王即位，秦法未败也"，②"惠王、武王蒙故业，因遗策"，③"后世遵其法"。④ 也就是说，孝公立法并没有因孝公与商君的去世而被废止。秦孝公时期的立法继续有效并沿用其立法模式而继续向前发展，到秦始皇时已是如泰山刻石所言"诸产得宜，皆有法式。大义休明，垂于后世"。得益于秦人对秦法的钟爱，我们可以从秦人保存于地下的大量简牍而看到这些秦法令。这表明，秦惠公到秦始皇这段时间，按照商君之法的立法模式进行的仿制是比较顺利、彻底的，取得了很大的立法成就和治绩，即《史记·秦始皇本纪》所载贾生所说，"振长策而御宇内，吞二周而亡诸侯，履至尊而制六合，执棰拊以鞭笞天下，威振四海南取百越之地，以为桂林象郡，百越之君俛首系颈委命

---

① 苏轼．东坡志林：卷三 [M]．北京：中国书店，2018：77．
② 张觉，译注．韩非子全译 [M]．贵阳：贵州人民出版社，1992：914．
③ 司马迁．史记：卷六 [M]．北京：中华书局，1999：197．
④ 司马迁．史记：卷一百三十 [M]．北京：中华书局，1999：2502．

下吏,乃使蒙恬北筑长城而守藩篱,却匈奴七百余里,胡人不敢南下而牧马,士不敢弯弓而报怨",也就是一统天下、建立帝制、刊定法度、拓定疆域。秦之后两千多年的法度、版图、社会关系之范式即奠基于秦代,这是秦对中国历史的伟大贡献。

秦法不但行于秦朝,而且汉朝以之为本略加刊定即成汉家之法,这就是《前汉书》所说的"汉承秦制"。汉承秦制并不仅只承袭秦朝的官制,而且是对秦刑制、礼制、兵制、税制等国家制度的全面承袭,也正是这个原因,汉朝得以在没有进行变法革新尝试的情况下而在极短的时间内迅速确立起有汉一代四百年的典章制度。而汉朝对秦法的仿制是成功的,进而实现了长期的社会安全和富强。不但如此,秦制经汉制而代代相承,魏晋南北朝及隋唐宋元明清的法度皆可溯源至秦制,"秦制仍为后代统治者所接受,继续在中国历史上发挥重要作用"是不争的事实。[1] 可能在秦朝之后,没有多少学者去研究商君思想,但各个朝代对前朝法度的承袭和刊改是容易实现的,从汉朝到清朝这两千多年的法律创建主要就是通过这种仿制方式实现的,如此也实现了法律原则与立法模式的保持,且历经两千多年而恒定不变,这是人类史上的奇迹。

虽然汉朝到清朝这段时间的学者及朝廷都尽力把本朝法度说成或粉饰成是合乎儒学、合乎礼制的,并尽力撇清与秦法和商君的关系。但到古代终结而迈向新的历史时期之后,人们对古代法则有了截然不同的观点。比如,谭嗣同在《仁学》一文中认为"两千年之政,秦政也",这实际上全面肯定了秦制在古代法中的基础地位。又如,1973年毛泽东在《七律·读〈封建论〉呈郭老》诗中说"百代都行秦政法",[2] 这再次肯定了秦制在古代法中的核心地位。尽管近来也有一些学者重提法律儒化论,"然而,学术界支撑法律儒家化这一论点的论据大体而言只能表明儒家礼教的教条被纳入法律之中,并不足以证明这样做符合儒家礼教的精神"。[3] 汉朝至清朝对秦制的承袭是无可否认的,至于其间的法律细节的变化及对儒学主张的吸引只能表明它与秦制是不冲突的,而并不表明是对秦制的否定或抛弃。

整体而言,在古代的两千多年中,法律原则与立法模式自秦制形成后得到了很好地承袭,并在古代法中一以贯之。

---

[1] 马卫东."秦法未败"探析[J].史学集刊,2016,(03):129.
[2] 建国以来毛泽东文稿:第13册[M].北京:中央文献出版社,1998:361.
[3] 屈永华.准五服以制罪是对儒家礼教精神的背离[J].法学研究,2012,34(05):191.

三、律令内容以变动回应实务之需

在古代法中,法的具体内容随时代的演进而发生变动是一个不争的事实。在一朝之内,法条的具体内容可能会发生变化,史书及各种典籍大多很详细地记载了其重要的流变。在不同朝代之间,法的具体内容的变化也很明显,比如刑名、官名、官阶、税额等大都或多或少地在缓慢地发生变化。那么,为什么律令的内容会有变化?其变化有什么规律可言?

(一)以变图强图存

在秦代,自秦孝公时商君即倡导"变"法,其"变"主要有两层涵义:

第一层,面对已落后的古代制度及不完美的当前制度必须求"变"以图实现国富兵强的目标。由于任何时候同时存在的国家或诸侯国并不是只有一个,则它们之间一定会有强弱、治乱、大小、安危的对比,那么,"强"国的需求就一定始终是存在的,为避免亡国则变法以图强的必要性就始终存在。国富兵强是一个积极的治理目标,它与单纯意图维持秩序的消极治理目标是有差异的,它要求达到治本的功效,因为治标可能是舍本逐末的,那么,就必然要求在涉及治乱的根本问题上找到解决问题的办法,这就要求社会治理依据要达到很高的理论深度。在秦孝公时代,虽然各诸侯国或多或少地都进行了一些改革,但由于没有触及治乱的根本,从而可能缔造一时的强国,但从来没有出现过一个稳定强盛的国家,这反而加剧了天下混乱的局面。因此,商君认为,"今民能变俗矣而法不易,国形更势矣而务以古"[1] 正是战乱不止的根源,从而指出,社会需要展开一场根本性的社会变革。故,与管仲以盐铁为主、晋国以刑制为主、吴起以兵力为主的细枝末节式改革显著不同,商君主持的是一场以"法"为核心的全面社会变革,并确立起系统且稳定运行的法度。在秦法,对刑赏、农战、爵禄、吏治等制度都有详细、可行的具体规定,社会秩序是以"法"为核心的制度化的法度来塑造的,而不是由长官们根据其个人意志操控的,从而可以得到稳定的治绩而不是时好时坏,没有保障。在商君和秦国,以"变"求强求存,最终实现为以"法"求强求存。

第二层,对于当前形成的新制度也须求"变",特别是当前制度带来了某些乱象或不能解决某些社会问题时,这是为了避免出现新的社会治理乱象或制度失效。在商君思想中,我们可以见到要求法律必须明白易知、加强法律宣传、吏民严格遵守及实施法律、君民共持法度、更法等主张,其中可能包含着要求

---

[1] 长治. 商君书评注[M]. 武汉:武汉大学出版社,2019:132.

保持法律的稳定性、连续性的观点，而没有要求保持法律不变的主张。其实，商君强调对时、势、务、俗的密切关注，法必须与之相适应，如此才能取得变法的成功，即"先王当时而立法，度务而制事，法宜其时则治，事适其务故有功。然则，法有时而治，事有当而功"。①求变以致治理当是贯彻于治国的全过程中的，而无缘由地求稳很容易蜕变为惰政、倒退。早在孝公变法之前，新发布的徙木悬赏令在一开始就出现了失效的可能，原本赏十金已属重赏，但由于人们不理解、不相信以致无人加以实施，于是果断地改为悬赏五十金，这才使悬赏令生效，这就是"变"的典范，失效的法令不是法令，即时的适当变通可以使法令生效。不但如此，有些法律制度在以往是有效的，但由于时势的变化而使之无效了。比如，在以往，皇帝拥有最高权威，但赵高的弄权显示皇权可以被架空，帝制一下就被破坏了，这就需要新的制度加以防范。西汉后期的外戚专权、东汉后期的宦官专权、唐后期出现的节镇割据等都是逐步涌现的社会问题，这些问题都需要及时加以解决，否则将危及社会安全，类似这样的新问题在法律的任何领域都可能出现，都需要加以及时解决。任何法律制度都不可能是一劳永逸的，面对新出现的问题都需要尽快通过立法革新加以解决。

"变"是国家治理或立法中必需的态度与方法，永远没有最好的、终局的、永恒的法度，能适时、适事、适务的法度就是好法度，这样的法度就能实现国家的安全与强盛。

（二）以变解决新问题

商君认为"治世不一道，便国不必法古"，②故，变革思维是治国者所必须时时保有的品格。遇事不愿变或不能变则很可能遭遇失败，但法律的革新不是没有规律的随意变更。一方面，经常进行的是对法律的诸细节的修正，以修正而使法度保持在能实现图强图存目标的状态。另一方面，也有一些是长期保持不变或不可改变的制度，特别是法条所体现的法的基本原则与立法模式是很不容易改变的，一些根本性的制度的变动则是极其缓慢的。无论是在一个朝代之内还是两个朝代之间，所进行的主要是法律细节的修正，从而，变中有不变，以不变实现衔接与稳定，以变实现调适与协调。变与不变都是为了使法度适宜于社会治理之需，均为必要。

法须与时、势同步，当时势发生变迁则法度必须因之而变，法须适于时，否则不足以实现社会治理并取得治绩。商君反复强调"当时而立法"，并为此举

---

① 长治. 商君书评注［M］. 武汉：武汉大学出版社，2019：132.
② 长治. 商君书评注［M］. 武汉：武汉大学出版社，2019：37.

例加以说明,"昔者昊英之世,以伐木杀兽,人民少而木兽多。黄帝之世,不麛不卵,官无供备之民,死不得用椁。事不同皆王者,时异也"。① 不同的时代,因有不同的时势而有不同的制度是一个普遍的常识,不过,由于时代的变迁通常是以人们所难以察觉的方式极缓慢地发生的,从而极可能使人们对时代的变迁产生误判,面对同一个时代,可能有人认为一切如常,可能有人认为时代已经发生了巨变,故,时、势的判断本身就一个重大的问题。实际上,时代的变迁有大小之别,大的时代变迁是上千年一遇,从而对绝大多数人来说是不会遇到的,因为人生七十古来稀,而小的时代变迁则可能随时发生,每个人都会遇到这样的变化。

对于大的时代变迁来说,就需要重构法度来完成对新时势的回应。新法度的内容不可能完全是新的,而是有相当多的旧成分,它的许多具体规定、具体措施可能延续了旧制,但新法度的立法思想、基本原则、基本制度、立法模式等必须是全新的,这就是法律变革。从而,即使新法度包括了旧法度的一些规定,但必须以全新的面目、全新的结构呈现出来,这是仅通过对旧法度的小修小改而无法完成的,法律变革是以法的创制为主而以传承为次。在中国古代,东周时期就是处于这样的一个大的时代变迁中,有些人认为时代未变而不需要变法,有些人认为时代仅是小变而只需要小的、局部的变革,而商君认为"圣人不法古、不修今。法古则后于时,修今则塞于势",② 也就是能"不法古、不修今"的人方才能成为时代的"圣人",他对法律变革的呼唤是急切的。正是由于秦孝公之前的各诸侯国未能确立起适于新时势的新法度,从而才出现"三代不四"③ 的时代困局,而在秦孝公与商君的推动下,秦国完成了真正是"不法古、不修今"的法律变革,崭新的、系统的新法度得以形成,从而使秦国成为接续夏、商、周的第"四"个伟大朝代,东周乱局也因之终结于秦之一统天下。经过法律变革,重构的法度可以重构社会的结构,从而使其社会以全新的、更加强盛与稳固的面貌出现。

对于小的时代变迁来说,也需要对现有法度进行有针对性的细微调整来完成对时势变化的回应。调整后的法度,其只有很少的内容是新的,而其法度的主体与具体内容则基本上是延续以往的,法度的立法思想、基本原则、基本制度、立法模式等当然都是延续原来的,只是在法度的细节上进行小的调整,古

---

① 长治. 商君书评注 [M]. 武汉:武汉大学出版社,2019:104.
② 长治. 商君书评注 [M]. 武汉:武汉大学出版社,2019:71.
③ 长治. 商君书评注 [M]. 武汉:武汉大学出版社,2019:71.

代的所谓新朝必"改正朔,易服色"就是如此,这只是正朔、服色等细节的改动,这就是法律革新,它不同于法律变革。法律革新之下,法的传承远胜于法的创制,这是法的仿制阶段的主要立法活动。秦始皇时与汉惠帝时相距不久,很明显是处于同一个时代,从这两个时代法律的具体内容来看,后者的法律是对前者法律的仿制,差异极小。例如,秦的户税是"十月户出刍一石十五斤,五月户出十六钱",汉初的户税是"五月户出赋十六钱,十月户出刍一石",① 这两个法条,除了语序不同外,最大的区别仅是秦朝在十月征刍时比汉朝的多"十五斤"(由秦"一石十五斤"变为汉"一石"),变动是很小的。又如,对于盗取财物行为的处罚,秦律规定若是吏员("害盗")且并非群盗则"盗过六百六十钱,黥劓以为城旦;不盈六百六十钱至二百廿钱,黥为城旦",② 汉律规定"盗赃值过六百六十钱,黥为城旦舂。六百六十到二百廿钱,完为城旦舂",③ 这两个法条的表述极其接近,而前者的处罚较后者稍重的原因很可能是前者的处罚对象是执法犯法者而有更大的危害性,而且这一汉律条文所依据的秦律法条可能是另一条而不是本条。从这些文献可以看出,汉律对秦律的仿制痕迹是非常明显的。从历代史书及法籍来看,后世的各朝代对前朝法律的仿制更是由史书记载得清清楚楚,比如,唐贞观律相比隋旧律的差异主要是"减大辟者九十二条,减流入徒者七十一条。其当徒之法,唯夺一官,除名之人,仍同士伍",而宋刑统、大明律、大清律的多数条文与唐律的条文基本上是相同的,律条的变化较小,其差异主要体现在事例或条例上。这是因为时代虽然变化了,但由于仅是小的时代变迁,故法律的革新只能是对旧制的微调。在一个稳定发展的时代,法律缓慢地适时革新可以确保法律与社会的协调与稳定,也可以实现使其社会保持在强盛与稳固的状态。

  法的变迁是依附于时势变迁的。时代的大变迁将带动法律的变革,此时,法的创新胜于法的传承。而时代的小变迁则将带动法律缓慢革新,此时,法的传承远胜于法的创新。可见,法度是随时势而亦步亦趋的,而不是相反。脱离时势即无法律。

  法随时势而变,其深层原因在于社会事务、民情风俗是会变化的。任何时代,只要是一个稳定的社会,就一定有某种样式的公共制度来维系那个社会,那么,就一定存在制度与社会是否匹配的问题。当不知晓时代之或大或小的变

---

① 转引自张娜. 从出土《田律》看秦汉法制的变革:以睡虎地秦简与《二年律令》为中心 [J]. 东方法学, 2016, (04): 146.
② 睡虎地秦墓竹简整理小组. 睡虎地秦墓竹简 [M]. 北京:文物出版社, 1990: 93.
③ 朱红林. 张家山汉简《盗律》集释 [J]. 江汉考古, 2007, (02): 83-90.

化，就会造成"民能变俗矣而法不易，国形更势矣而务以古"，① 从而使其法律落后于时代之所需，则其法就属《商君书》所说的"后于时"或"塞于势"，此时的法实质上是虚法，如此之法不可能得到实施，更不可能完成强国存国的使命。只有保持清醒的时代意识，才可能把出现的社会问题归结于法律本身的不完善而不是法律之外的原因（比如，未"修身齐家"）。立法、修法对人来说是一个可控的内在因素，而时势、民情对人来说是一个外在的不可控因素，人改变不了的就只能顺应它。则，正确的做法是依据现实的民情时势而确定法度，即"不法古、不修今，因世而为之治，度俗而为之法"，② 如此才可能创立适应时代的、健全的法度，进而"法有时而治，事有当而功"，③ 这样的法度才是实法，也才可能实现强国存国及富民的使命。相比而言，若固执地坚持旧法旧制，而且顽固地指责社会在变坏、人性在变坏，这对解决社会问题是无济于事的，更无助于社会的文明进步。

时势的本体是社会问题或社会事务，那么，解决社会问题就只能根据社会本身的性质与状态去寻求解决之道。而社会事务虽然纷繁复杂，但也并不是不可捉摸。商君及秦法把社会问题或社会事务归结或简化为"民之情"，并认为"法不察民之情而立之，则不成"。④ 以民情为着眼点来明察时势之状，深入体察时俗民情并据之完成立法，即，法是起于"民之情"的，且法又以合于"民之情"而取得效力与权威，因为只有这样的法才能得到民众自愿的遵守与实施。正是这个原因，时势并不抽象或玄远，解决社会问题也并不是通过玄想或臆断所能完成的，立法是一个实务性很强的经验性活动，律令的内容因社会问题或社会事务本身的现实性而是客观的、确定的，即，律令的内容取决于社会现实而不是有权势者的个人意愿或学者的个人主张。只有根据时势民情而创制的法令才能真正地解决社会问题或处理好社会事务，律令的内容也须随社会现实的变迁而变动以解决实际问题。

概言之，法度以根据时势解决社会现实中的实际问题、处理社会现实中的实际事务为本位，以实现图强图存为目标。则，能随时势变迁而保持实现目标者为实法，不能随时势变迁而持续实现目标者或无时势根据者即为虚法。

---

① 长治．商君书评注［M］．武汉：武汉大学出版社，2019：132.
② 长治．商君书评注［M］．武汉：武汉大学出版社，2019：76.
③ 长治．商君书评注［M］．武汉：武汉大学出版社，2019：132.
④ 长治．商君书评注［M］．武汉：武汉大学出版社，2019：76.

第二节　律令形式方面的规律性

通过前一章对古代两千多年律令发展历程的梳理，我们知道：律令的载体形式是变动的而不是固定不变的，而其发展与变化也体现出了一定的规律性。

中国自古有重史的传统，自尧舜起就有不间断的史书记载，特别是自秦至清这两千多年中的史书史料极其详尽丰富，这就使我们有可能实证地掌握古代律令传统发展的基本规律。从历史记载来看，自秦孝公变法开始至三国之前这一段时期律令的法律形式是单行法令，而自魏晋以来至清朝的各个朝代基本上都颁行有大部头的法籍，且与之同时也颁行有大量的单行法令，这是古代法发展的基本史实。

在古代历史上，单行法令的存在并不仅是一时现象，而是自秦至清这两千多年中时时都存在大量的单行法令。不但如此，单行法令在各个朝代的法律制度中始终居于基础性、主导性地位并起着基础性作用，如下从单行法令开始谈起。

一、单行法令

（一）东周、秦、汉时期的单行法令

虽然在东周时期，秦国之外的各个诸侯国都进行了一些立法尝试并颁行了一些法令，但由于均以失败告终，且这些法令都随着秦的一统而被抛弃了。而汉制（包括刑制）的唯一历史渊源无疑只有秦制。故，这里所讨论的秦汉单行法令只指秦朝（包括作为诸侯国时的秦国与一统天下后的秦朝）与汉朝（包括西汉与东汉）的法令。

1. 秦 152 年间只有众多的单行法令

从秦孝公变法始至秦灭，约 152 年。秦的法令，从史书记载及出土文献来看，体现出三个发展阶段：一是秦孝公时期的秦法创制阶段，此期不但确立了基本的法律原则与立法模式，而且颁行了大量用于实现国富兵强且利民富家目标的新法令，这些法令构成秦法的基础与核心。二是从秦惠文公到秦始皇统一中国前这段时间的秦法扩充阶段，此期在坚守商君之法的基础上进行法律的拓展，出台了众多新的法令，也有对原有法令的修订（比如，青川秦木牍所记"更修为田律"当是发生于秦武王时期），从而使秦法进一步完善和丰富。三是秦始皇统一中国之后的秦法刊定阶段，秦始皇曾"明法度，定律令"，而这只是刊定，即由于管辖领土的扩大及战争需求的减少，而需要对以往法令加以整理和修订以适应新的社会形势。

目前可见的秦法令文本（在第二章的"秦法概况"小节中已有详述），主要是睡虎地秦墓出土的大量法令简、岳麓书院收藏的秦法令简，这些秦代的律、令都是单行的，有约50种"律"，还有大量的"令"。① 各个法令的篇幅都不大。睡虎地秦法令简中，1枚简字相当于当今的1行字约40字，《秦律十八种》是18或19种法令的摘抄而才202枚简，《效律》篇幅最长而达61枚简一千多字。另外，岳麓书院藏秦简中的《亡律》更多达105枚简。② 而且，由于所发现的秦法令基本上都是底层官吏所保存、所施用的，这使得发现的这些法令偏重于基层实用、通用的方面，而更大量、更全面的秦法令只能有待于未来在其他地方（比如秦朝高官的墓葬及秦帝陵或汉初重臣的墓葬）的发现，而如果有新的发现，所发现的也只可能仍是类似睡虎地秦墓中发现的那种单行法令。

秦的法令，从最初发布的《垦草令》起就是采用单行法令的形式，其后虽屡有修订，并且在秦始皇时（一统后）还可能有过一次全面的律令刊定，但刊行后的法令仍是众多的单行法令。史书记载秦始皇时曾"定律令"及秦二世时曾"申法令"，但并不表明当时进行了系统的法律编纂，实证依据是出土的秦律令也都是单行法令而并不是法籍。出土的各个法令所记载的是某一类事务（比如，田、金布、置吏、徭、行书、关市等）或某一职官所处理的事务（比如，尉卒、内史、郡卒、食官、内史郡二千石官、内史户曹、内史仓曹等）相关法条，有如此分散且数量庞大的法令且律令不分，这正是单行法令的典型特征，这些材料足以说明秦并无律典或令典。

从后世的立法来看，编纂法籍需要进行长期的学术准备与尝试（东汉后期的马融、郑玄等诸儒章句或许就是一个重要体现），而且还需要朝廷来组织进行。西汉是承续秦制，东汉沿用的始终是西汉法律而没有进行法律改革，则，这样的两个前提条件在汉朝四百年间都是不具备的，在秦朝更是不可能满足这

---

① 至2016年，岳麓秦简尚待整理出版的绝大多数为秦令简，大约有900个编号。在岳麓秦简中，令的名称有内史郡二千石官共令、食官共令、内史户曹令、内史仓曹令、尉郡卒令、郡卒令、卒令、卜祠酏及它祠令、迁吏令等，其中还有带编号的，如内史郡二千石官共令第甲、内史郡二千石官共令第乙、内史郡二千石官共令第丙、内史郡二千石官共令第丁、内史郡二千石官共令第戊、内史郡二千石官共令第己和内史郡二千石官共令第庚等。参见周海锋. 秦律令研究［D］. 长沙：湖南大学，2016：2-5, 151. 这些编号表明当时的秦律令可能已经过整理（至于是抄写者的整理还是朝廷的整理则不得而知），也可能仅是抄写者为方便阅读与查找而随机进行的编号。

② 参见周海锋. 秦律令研究［D］. 长沙：湖南大学，2016：2.

样两个条件。

况且，魏晋以来的法籍编纂无一例外地与指责前朝法律过于"烦苛"是有关的，即为了简化法令而进行编纂，这样的批评与想法很大程度上与儒生厌恶法律的传统心理有一定的关系，真正要在立法上进行法籍编纂就需要儒生取得一定的政治地位之后才有可能。而秦朝的儒生"特备员弗用"[①] 且并无政治地位，则就不可能由儒生或赞同儒生指责的官员来组织编纂法籍，况且在整个有秦一代都非常崇敬法令且法的宣传与执行都进行得很好，至少在秦官府中并不存在认为法令烦苛而需要编纂以便于法律实施或防范官员舞弊的声音，那么，秦也就不可能无故去进行法律编纂而出现律典、令典了。有些学者认为秦朝有法律编纂及有律典、令典，其观点是没有史实及理论依据的。故，从秦孝公三年至秦二世这152年的秦代（即公元前359年到公元前207年）法律只有众多的单行法令，而不可能有法籍或法典。

实际上，法的内容是法条，只要诸法条是成体系（对解决各种社会问题而言）、结构完整（有详细的事制和明确的赏罚）的，也就是存在法的内容体系，这就已属法律健全而足以支撑起一个文明强盛的国家，至于这些法条是记载在众多的单行法令中还是少数几部法籍中则没有太大关系。

2. 两汉422年间只有众多的单行法令

西汉、东汉二朝有四百多年（公元前202年—公元220年），两汉所留下的文字（包括传世的和出土的）远较秦代的多。有传世文献和出土文献为据，则就有利于我们查明汉朝法律发展的基本脉络。

汉朝的立法始于灭秦之战前后定下的"三章之约"，其后为适应治天下的需要而"命萧何次律令，韩信申军法，张苍定章程"及"叔孙通所撰礼仪"，这些事都发生在汉高祖时期。具体而言就是，汉初，萧何攗摭秦法"作律九章""叔孙通益律所不及，傍章十八篇"。另，"张汤越宫律二十七篇，赵禹朝律六篇"当是汉武帝时期所颁。秦汉的"篇""章"与当今的篇、章有区别，不可混为一谈。汉初所立法律共二十七篇，这二十七篇当即是二十七个单行法令，而不是说一部法律有二十七个章节。汉初的基本治国思路是法令简约、与民休息，那么，最初所颁行的法令可能仍然是比较少、比较简约的，这二十七篇法令可能就是汉高祖时期所颁行的法令的总件数，也可能仅是汉初所颁行法令的一部分，因为汉高祖时这二十七篇颁行于何时及二十七篇颁行后是否又颁行了其他的法令都不得而知。由于汉惠帝四年（公元前191年）曾"省法令妨吏民

---

① 司马迁. 史记：卷六 [M]. 北京：中华书局，1999：183.

律令的精神 >>>

者，除挟书律"，这说明汉高祖时期的法令可能过多、过重而才需要"省法令"，那么，汉高祖时的生效法令很可能远远不止这二十七篇。况且，汉朝的官制就是确立于汉初，这需要有大量的法令来规定。且张家山汉墓出土的法令简是颁布于汉初，而就包括有二十八种律令，很可能其中并不包括傍章十八篇。汉高祖时期（前202年—前195年）正是百废待兴建章立制的时候，正好有萧何"入收秦丞相御史律令图书藏之"这样的优越条件，那么，随着官制、税制、刑制、礼制、兵制等制度的确立而就可能需要随之颁行上百个法令加以明确规定，这表明史书史料的相关记载有不明确之处且很明显有误，当然也可能在汉初前几年只刊定了少量秦法令以作为汉法令加以颁行，更多的秦法令则是直接在汉朝沿用（比如，秦"挟书律"等就是直接在汉朝有效而没有刊定过）。汉高祖之后，曾大量颁行法令的皇帝当属汉武帝，至少"张汤越宫律二十七篇，赵禹朝律六篇"即是，这些法令很可能也只是刊修秦法令的成果。到汉宣帝时（前74年—前49年），汉法已是"律令凡三百五十九章，大辟四百九条千八百八十二事，死罪决事比万三千四百七十二事"，也就是有359个单行法令，这是长期的立法累积的结果，并无史书记载汉朝何时颁行过这么多的法令，则其中有一部分可能就是直接沿用的秦法令，而此时已是西汉后期。行于西汉的这些法令，虽然有一部分会被修订，但大致传承到东汉而成为东汉法律的基础。东汉并无大规模的立法活动而主要是沿用西汉法律并时有损益，到了东汉后期则有"汉时决事集为令甲以下三百余篇，及司徒鲍公撰嫁娶辞讼决为法比都目，凡九百六卷"且"凡断罪所当由用者，合二万六千二百七十二条，七百七十三万二千二百余言"。这是两汉法律的基本情况，都只有零散的单行法令。

从史实及出土文献来看，两汉时期虽然颁行了大量的律、令，无论是统计为"六十篇""三百五十九章"还是"令甲以下三百余篇""九百六卷"或"二万六千二百七十二条，七百七十三万二千二百余言"，都表明是采取单行法令的方式。两汉都没有进行过法籍编纂，并无法籍，更不可能凭空而有法典。

汉朝作为中国历史上秦之后第二个重要朝代，其法律的重要特色是"承秦制"，其重要贡献也是承认并传承在秦国所形成的法度，并进行了完善官制、改革刑制等方面的改革，这其实仍然是法的内容方面的完善，而并没有涉及法的形式方面。即，在两汉时期，自秦开始的以单行法令为唯一法律载体形式的状况并没有改变。

3. 小结：在古代律令发展的最初 579 年间只有单行法令这一种法律形式

从公元前 359 年秦孝公主持变法革新开始并颁行新律令，到公元 220 年东汉亡于三国之曹魏，这 579 年间（这中间有 5 年是楚汉之争之乱世，而在争战期间，秦制实际上已在汉王刘邦的辖区得到一定程度的承续）只有单行法令这一种法律形式。

单行法令并非不是法律形式，它作为法条的原始载体，本身就是一种重要的法律形式，只是它与法籍非常不同。由于单行法令是记载某一方面事务或某一职官所管辖事务的包含多个法条的载体形式，而社会事务是众多的，职官也是众多的，就一事可能形成一个或多个法令（比如，《田律》外又有《田令》），就一官也可能形成一个或多个法令（出土有《尉卒律》和《郡卒令》，则就可能也有《尉卒令》和《郡卒律》），从而使得单行法令的数量大，这可以从出土法令及史书记载得到体现，仅出土的秦律就有约五十种，出土的秦令也可能达到数十种，而汉朝的法令曾达到"三百五十九章""九百六卷"，史载的法令的"章""篇"大致就应是单行法令的个数。法令的数量多正是单行法令的第一个重要特点，所有法律发达的国家概莫能外。

目前所发现的秦汉法令及史料中所记录的秦汉法令的个数或种数或已达百种以上（其中大多数出土法令可能并不是原法令的全文而是摘抄），这之中，以秦法中的《效律》与《亡律》这两个出土法令稍长，但这二者都也只有一二千字的样子，篇幅都不太长。史书中记录的诏令，篇幅也不长。这正说明了单行法令的第二个重要特点：法令的篇幅较短。之所以如此，在于事务及职官的职责大都比较具体、特定，经过了细化，为之而设定的法条的条文数及字数也就不会太多。

另外，在史书及出土法令中，我们屡见修订法令的记载。比如，秦有《田律》，又有"更修为《田律》"的记载。汉朝的法律修订记载更多、更详细，比如，为废肉刑就前后发布了多个法令。汉朝职官的变化也是通过发布诏令进行的，这是由于古代的职官是定职、定员的，若需要更改只能通过法令进行以形成公信力、约束力。法令适时进行修订是单行法令的第三个重要特点。法须"当时"而立，本是商君思想的一个重要理论，这也就是对适时修订法律是持鼓励态度，相反，如果法令不随时势进行必要修订则可能导致法令失效或有害，故，适时修订法律是正常、必要之举，本无可厚非。之所以秦汉时期修订法令成为常态，一个很重要的原因在于当时的法令都是单行法令而在修订时容易操作，只需要对某个单行法令进行修订而后重新颁行即可，其工作量不大、牵涉

律令的精神 >>>

面也不太广。也正是这个原因，秦汉之后的历朝历代对法律的修正也大都是通过单行法令的发布或修订来完成的。

单行法令还有一个最为基本的特征是事制与赏罚合一，也就是把对事务及职官职务的具体规定及违反这些规定的处罚、实施这些规定的利赏都集中规定在一个单行法令或一个法条中。事制与其利害须是紧密相连的，如此立法的好处是使关于事务或职官的全部规定呈现出一个完整的利害图景，从而利于民众的守法与自治及官吏的守法，进而有利于法的实施及实现最终的治理目标和树立法的权威。由此看来，虽然最初出现的法律形式就是单行法令，但它在很大程度上正是立法最应该采用的载体形式。

虽然秦汉五百多年的法律只有单行法令这一种载体形式，但由于它本身的内容是成体系的、完善的，而且它的修正又是可以很便捷地完成的，从而虽只是单行法令这一种法律形式即足以满足现实的国家治理需要。

总的史实是：秦代的后152年间最重要的立法成就是创制了新法度，这些法度只以单行法令为载体形式；汉朝的422年间最重要的立法成就是传承了秦法度并有所创新，而汉朝法度同样只以单行法令为载体形式。

秦汉法律长达五百多年的发展历程，正能体现出法律发展的必然规律，这些规律正是其后世和现代的立法者需要关注的，如此方可避免犯错与走弯路。

（二）曹魏至清朝的单行法令

三国的曹魏在一定意义上是承继了汉统（因为是禅让），从而在法律上接续了东汉后期的法律发展之路，其前期颁行有"科"，而其主要成就是在魏明帝时期颁行了（如前所述，具体颁行时间是在公元234年到公元239年之间）"新律十八篇，州郡令四十五篇，尚书官令、军中令，合百八十余篇"，也就是对现行的各种单行法令（汉及曹魏的法令）进行了全面的归类、编纂而颁行了法籍。曹魏立法主要的特征是律、令的分立，"律"从此主要是刑律，令则主要是官制官规等方面的事制，东汉后期编纂法令的一些学术努力终成立法现实。承此，其后的各个朝代也都颁行有法籍。

不过，虽然有了刑书、令书，但并不意味着单行法令这种法律形式从此不重要、不必要了。相反，单行法令这种法律形式的作用与基础性地位并没有因之而改变。

1. 在编制出法籍后单行法令仍然不可或缺

三国前期的法律样式有科、律、令，此期各国大部分时间仍然通行的主要是汉朝法令，则早期的法律所采用的仍然是单行法令形式。其后，魏、蜀、吴三国也各自进行了各有侧重的法律改革，也就是，各国先是颁行"科"以与汉律令并行（"科"可能较为接近后来的《律》，也就是有了一定的法籍属性，但它本身仍然倾向于属单行法令，因为它可能只编纂了一些最常用的科条，不常用但必要的科条仍存在于原有的汉律令之中）。而后是魏国"定科令"而颁行了编纂成书的律、令，由于这些法律典籍只颁行了一次并且始终没有修订过，则魏国在颁行法籍后仍会颁发单行法令以满足现实需要。如此一来，在整个三国时期，除了魏国后期的三十年左右有法籍施行外，主要的法律形式仍然是单行法令。那么，虽然在三国后期，魏国产生了法籍，但三国时期所施行法律的主体形式仍是单行法令。

晋朝始于公元265年司马氏代魏，后来晋室南迁，最终亡于公元420年。与曹魏在后期才颁行律令不同，晋在曹魏立法成就的基础上很早就颁行了三部法籍，其"凡律令合二千九百二十六条，十二万六千三百言，六十卷，故事三十卷"。不过，律、令、故事这三部法籍只是晋朝法律的最初的样子。根据《晋书》可知，晋初定制以来，各种制度都在渐渐发生变化，比如，官制在太康及元康年间有较大调整，刑制在东晋时期又有变化，至少一度议断不循法律而代之以各种诏书权宜从事，税制同样时有调整，这些改变都不是通过修正法籍而是通过直接颁行诏令完成的，而用于改变现行法律的诏令就是典型的单行法令。

通过晋朝法籍的运行情况，我们可以发现法籍是有惰性的，即法籍一旦制定完成就不会轻易被修订，晋朝的三部法籍中，可能除了故事由三十卷增为"四十三卷"外，新增的"故事"当即为收录的新单行法令，其他两部法籍都没有任何修订，即使法律有了重大变动也并没有去修正法籍。之所以后世诸帝不太重视修正法籍以使之保持在具有状态，主要在于诏令相比法籍而有优先效力（这些单行法令是新法且是适于新时势的，从而取得了优先于法籍的效力），这就使得法籍必然是滞后的。与法籍的惰性与滞后性相比，单行法令则是活跃的、适时的，且有优先效力。晋朝的法律再次表明，在有法籍的情况下，单行法令仍然发挥着不可替代的基础性功能，法籍可以失效或滞后，但单行法令却不可或缺、不可失效。

南朝有宋、齐、梁、陈四个朝代。其中：宋朝基本上沿袭东晋制度，只是在具体制度方面有较多的革新，但并没有颁行法籍，这说明单行法令必在当时发挥着主要作用。齐朝历时不长，但重视立法，颁行为"律文二十卷"。梁朝颁行有"梁律二十卷、令三十卷、科四十卷"，只是其实施情况不理想。陈朝也比较重视法律，曾颁有"律三十卷，令律四十卷"及"科三十卷"。由此可见，南朝是非常重视制定法籍的，只不过王朝更迭频繁，这些法籍大多没有得到严格施行，具体制度在被单行法令修正后也没有对法籍进行修正。南朝的官制、刑制、税制等的适时变更大都是通过单行法令进行的，可以从史书的职官志、食货志、礼仪制、刑法志等知其迁变梗概，由此也可知单行法令的重要性。

北朝历北魏、北齐、北周三朝，三朝都颁有法籍。北魏入主中原后即锐意于汉化，并仿魏晋旧制而颁行了律、令、格等法籍，但由于改革启动较晚及内乱，北魏的法律汉化改革显然是浅尝辄止，整个魏世的法律仍以旧有习惯及诸单行法令为主。北齐虽然一开国就下令修律令，但由于"积年不成"而只能沿用北魏旧制（此即《北史》卷七所记的天保元年诏"仍以旧格从事"），同时也颁发一些新令以应对新时势。而在北齐律令颁行后仍通过发布诏令进行改革，比如，天统五年诏应宫刑者普免刑为官口。北周好复古，这从其颁行的"大律"中体现得较为明显，而在编制刑书前后发布了较多的单行法令，比如之前的有"二十四条新制""十二条制""刑书要制"等，之后又有"诏制九条"等。可见，北朝的立法虽然仿汉制而努力编制法籍，但也非常注重以单行法令对制度进行必要调整以使法律保持在适于时势和适于实用状态。

隋唐承南北朝而在法制建设上多有建树，主要体现在都颁行了系统的律、令、格、式这样的法籍。我们从对隋唐法律演变的梳理可知，与以往几个朝代往往只编一次法籍不同，这二朝对法籍的编制并不只有一次，当然，后来的几次法籍编制很可能只是刊修。隋朝主要有两次法籍编制，而唐朝在更频繁地编制法籍，而之所以如此勤奋，主要是因为：一、此前发布了很多的单行法令从而使得法律发生了较大的变化，需要重新编制法籍或编制法令集；二、通过编制新法籍体现新气象、新成就。特别是唐朝一方面重视编制传统的法籍，另一方面通过发布诏、制、敕、册等单行法令来调整法律以解决各种新出现的社会问题，唐代中后期的各种编敕就是用于收录这些单行法令的。单行法令在唐朝法律中的重要性可见一斑。

宋朝在前期仿唐制而颁行了刑统、令、格、式等典籍。但到后来则把立法重点放在编制敕令格式、编敕、断例和会要上面了，而这些都是对单行法令的收录式编纂。而且，由于宋初编制的刑统、令、格、式等典籍长期无修订或重编，从而使得平时颁发的敕令有了优先于法籍的效力，这也就是史书所说的"神宗以律不足以周事情，凡律所不载者一断以敕"。[1] "敕令格式"这种法籍把"敕"置于首位所传达的也是对单行法令的重视。从史书记载可知，宋朝的各种法籍动辄数百卷或数千册，除了表明宋朝的勤政外，更体现出单行法令在整个法律体系中的基础性地位。

---

[1] 脱脱，等撰．宋史：卷一百九十九［M］．北京：中华书局，2000：3316.

元朝所编制的法籍是那种大合编的体例，也就是把以往的各种"法制事例"汇为一书，《大元通制》与《至正新格》基本上都是如此。而至正年间之所以重编政书，主要在于新形成了大量的单行法令，比如，《大元通制》只收有诏敕九十四条，而在《至正新格》则增为百有五十条，断例从原七百十有七条增为千五十有九条，条格从一千一百五十有一条增为千有七百条。这就表明，元朝仍以当朝颁行的单行法令为编制法籍的主要依据，而并不是盲从唐宋法籍，单行法令在整个法律体系中仍居基础性地位。

明清两朝的法籍都以律与会典为主，不过与以往也有所不同。明朝的《律》虽然是以唐律为本，并且还可能参考了宋刑统，但仍有大幅改进，其改进的依据就是当朝所颁行的各种法令。《明会典》则是将之前通过单行法令所确定的各种制度汇为一书，其中包括制度发展沿革（也就是收录之前发布的单行法令），后来对明会典所进行的多次刊定当然也是因为新颁行了大量的诏令。单行法令不但是编制大明律、大明会典的主要依据，而且在这二者之外始终还存在一些重要的单行法令，诸如《府州县条例》《宗藩条例》等。清朝的法籍也主要是律与会典，大清律自雍正五年起即不再变更律条而只刊修条例。但与明朝略为不同的是，清朝更加重视编纂法律流变沿革，这就是诸部大清会典的则例或事例，比如，嘉庆朝会典有《事例》九百二十卷，光绪朝会典有《事例》一千二百二十卷，这就使得有清一代的几乎所有重要的诏令得以保存至今。当然，除了大清律例、大清会典中收录的单行法令之外，还有一些始终是单行的法令，比如，《科场条例》《宗人府则例》《理藩院则例》《光禄寺则例》等。就明清二朝的立法情况来说，单行法令与法籍之间的关系其实并没有变化，单行法令仍然处于基础性地位。

由此看来，尽管魏晋以来各朝存在大部头的法籍，但是单行法令仍然是不可或缺的，并且始终处于基础性地位，这是史实，而之所以如此是有其深刻根据的。

2. 在编制出法籍后单行法令在法律中仍处于基础地位

自曹魏以来，直到清末，历朝历代都非常重视大部头法籍的编制，但单行法令在法律中的基础性地位从未动摇过，也没有哪个朝代刻意去改变这一状况。这表现在如下方面：

其一，诸单行法令是编制法籍的首要依据与材料来源。自魏晋以来历朝历代编制法籍时，首先考虑的是本朝或最近所发布的诸诏令，并以这些诏令为依据来修订前朝或本朝以前的相关法籍。比如唐武德七年律，即是"以开皇为准……惟正五十三条格，入于新律，余无所改"，而"五十三条格"是唐称帝后

律令的精神　>>>

颁行的单行法（这些条格类似于称帝前发布的约法二十条）。一个王朝开国时期所颁行的法籍大都是以这种方式制定的，自曹魏律、令到大清律、大清会典莫不是如此。一个王朝以前已经颁行过法籍，当再行编制法籍时，其主要的编制依据就是上次编制的法籍和旧法籍发布后所颁行的新诏令。比如，元朝《大元通制》是"纂集世祖以来法制事例而已"总共只有二千五百三十九条（其中"令类"有五百七十七条），而《至正条格》除去"令类"则有二千九百九条，相当于短期内增加近千条。清朝的后三部会典改变了前两部会典将现行制度和制度沿革合编的体例，也就是将会典与则例（事例）分开，此时的会典就是记录根据当前有效的诏令而形成的制度的当前状态。对于编制法令集之类的法籍来说，本朝过去的诏令即是唯一的材料来源，比如宋朝"绍兴重修敕令格式为名（总六百六十卷）"、中兴会要二百卷、明朝嘉靖八年复命阁臣续修会典五十三卷，万历四年又续修会典二百二十八卷、清朝嘉庆朝会典"事例九百二十卷"等即是其本朝一定时期内诏令的编纂，这些法令在事类之下是按时间顺序编排的。故，无论是编制内容和形式成体系的法籍，还是编制诏令集，都是以其本朝所发布的诸单行法令为主要依据或材料来源。或者说，之所以需要编制法籍或重新编制法籍，就在于当前的众多单行法令已经改变了过去法籍的内容，进而需要重新编制法籍加以集中呈现。

其二，新的单行法令作为新法有优先于法籍及以往单行法令的效力。自魏晋以来，历朝都很注重编制法籍，这就使得法律以两种形式呈现出来。一种类型是经归类整理的一部或多部大部头的法籍。法籍作为法律的当前状态的总结或当前制度状态的呈现就需要把当前有效的法令全部载入法籍，这会导致法籍之前的诏令因已载入法籍而不再使用，至少有一部分诏令是如此，特别是律书会带来这样的效果。另一种类型是因时、因事而发布的各种诏令，这就表现为数量众多的单行法令，它们会在发布后立即生效而不是需要等待编入法籍之后才生效，并且它们有优先于现有的法籍及以前的单行法令的效力，这些单行法令的发布会在一定程度上改变现有的法律并使之与当前的时势相适应。单行法令之所以在有法籍的时代仍然是必要的且需要有优先效力，就在于新情况、新问题总是不断涌现的，从而需要发布新的诏令加以解决，这些诏令也当然需要取得优先于以往法籍与单行法令的效力。也正是这个原因，在任何时代都需要有单行法令去推动法律的进步或使其适于时势。

其三，单行法令可以直接修改或废止法籍中的相关规定。法籍往往篇幅巨大，大多有几十卷到几百几千卷之多，从而导致编制法籍很困难，一般只是一朝编一次法籍，从曹魏到南北朝这三百多年中的各朝都是只编一次法籍，自隋朝开始才出现了一朝多次编制法籍的先例，且一般是历时较久的朝代才编多次，比如大明会典编了三至四次，大清会典编了五次，但《律》书基本上是一朝只编制一次。由于各朝的法籍编制次数少，这就导致法籍近乎是固定不变的，但时势民情不会一成不变。为解决近乎不变的法籍与不断变化的时势之间的不协调问题，就需要通过适时发布单行法令来补充、改变或废止法籍中的相关规定的方式来解决。在有法籍的时代，单行法令的作用原本不是用于修正法籍本身的，它实际上独立地创设了优先权更高的新法条，只是新法条作为新法有优先级而在事实上修正了法籍中的规定。即使法籍本身并没有修正，即使法籍本身看起来体量巨大，其后所颁行的单行法令已经对（法籍体现的）原有法律进行了修正与完善。比如，大清律成文于雍正五年（乾隆五年时只是补入一图而已，并无改动），其后律书不再修订，其中规定"犯流，妻妾从之，父祖子孙欲随者听"，但"乾隆二十四年，将金妻之例停止。其军、流、遣犯情原随带家属者，不得官为资送，律成虚设矣"（《清史稿·刑法志二》），可见，对大清律本身虽然不再修订，但并不表示它的规定没有变化，而其变化就是由其后发布的单行法令带来的。

其四，单行法令是法籍的内容体系的来源，也是其形式体系的来源。我国古代法籍的内容都不是凭空编造出来的，而是以以前的单行法令（及法籍，如果前朝或本朝之前有了法籍的话）为据经整理、综合而成。由于最初一部法籍完全是通过整理综合以往单行法令中的法条而成书（曹魏法籍就是如此编制而成的），其后朝代的法籍则是以本朝的新单行法令来刊定旧法籍，故，法籍内容体系是完全源自当时切实可行的单行法令。法籍的形式体系，即其篇章体系同样必然是源自以往的单行法令的名称。自秦汉时期开始，朝廷所发布的各种类型的单行法令有很大一部分是有法令名称的（当然，有些诏、制可能并无名称），特别是经过整理的单行法令一般都有名称，比如秦的《关市律》《工律》《田令》《津关令》等，这些法令名称就是后世刊修单行法令及编制法籍时确定篇名的主要依据，曹魏律书"十八篇"的绝大多数篇名就是秦汉时期法令的旧名称，同时颁行《州郡令》四十五篇、《尚书官令》的各篇名称也可能大多是秦汉时的法令旧称。自魏晋以来的历朝在有法籍的情况下仍然会发布各种单行法令以应时需。比如唐朝的《升中书门下品秩诏》（《唐大诏令集》所收录）、"度支长行旨五卷"等即是。宋朝的史料极为丰富，从而留下了大量的单行法令名称，比如"仪制令一卷……农田敕五卷""窃盗律……捕盗令""录令十卷，又驿令三卷，审官院编敕十五卷"等，这些单行法令在其后的法籍编制中将决定或影响其篇章体系。可见，单行法令是法籍编制的材料来源，无论从内容方

313

面还是形式方面看都是如此。

其五，法籍可以被搁置，而生效的单行法令通常不会被搁置。法籍主要有两种类型，一种是宣示性的法籍，比如宋朝的会要、清朝的圣训及大清会典事例等即是，这种法籍是把一段时期内颁行的各种诏令都收录于其中，而不论其是否有效或失效，则也就无是否被搁置的问题。另一种是用于实施的法籍，比如历朝的律书（刑统）、令书、会典（通制）等即是用于实施而且有执行力的，违者将受到处罚。虽然如此，由于这些法籍是通过重编而不是修正的方式来实现法籍的改进的，且一个朝代的法籍编制次数又很少，当新颁行的大量单行法令对法籍进行了大幅改进时就会导致法籍或多或少地被搁置，这对律书（刑统）来说很容易发生，因为刑罚方面的条例、断例会越积越多而导致可以不需要律书就能断案，律书也就被不同程度地搁置了。比如，明朝弘治十三年的奏章中提到"中外巧法吏或借便己私，律浸格不用"，① 清朝也"有例不用律，律既多成虚文，而例遂愈滋繁碎"。② 类似这样的问题，历朝都会出现，之所以会出现这样的问题即在于法籍与新颁单行法令之间有冲突而会授人以柄，或者说，新颁单行法令的效力等级更高。另外，当一个朝代较短（比如南北朝诸国、隋等），法籍未及全面施行就陷入内乱或战乱而只能施行单行法令，这同样意味着法籍未施行或完全被搁置了。

可见，单行法令在法律体系中的基础性地位在有法籍的条件下并没有改变。

3. 单行法令正是编制法籍的依据

史实是，法籍出现之前只有大量的单行法令，而在法籍出现后仍会有大量的单行法令。法籍与单行法令之间的关系是：法籍编制之前的有效单行法令是法籍的近乎唯一的编制依据（偶尔有帝王过问法籍编制而直接加以调整的情况，比如明太祖），具体负责编制法籍的官员只能根据当前有效的单行法令来确定法籍的法条内容与篇章体例，从而，法籍化就是对单行法令的汇集、编纂。为了适应新的时势，在法籍颁行后仍会因时因事颁行大量的单行法令，这些单行法令可能完全是新的法条，也可能是对法籍或以往单行法令中的旧法条的修正，甚至直接废止法籍中的旧法条，这些新法令一经发布就有优先于法籍施行的效力。从而，新法令会使法籍所体现的法律发生一定程度的改变，长此以往将使法籍的真实性或与现实法律的符合程度降低，于是就产生了重新编制法籍的需要，而重新编制法籍的依据当然只能是当前法律的状态，也就是当前生效的单

---

① 张廷玉，等撰. 明史：卷九十三 [M]. 北京：中华书局，2000：1528.
② 赵尔巽，等撰. 清史稿：第142卷 [M]. 北京：中华书局，1977：4186.

行法令及以前法籍中的仍然有效的部分。故，在任何情况下，单行法令都是编制法籍直接或间接的基本依据。

法籍的出现，一方面改变了单行法令过多以致"言数益繁，览者益难"的问题，另一方面由于法籍长期不变而造成了不能适应时势的问题，为了使法律保持在合乎时势的状态，颁发新的单行法令就是一种非常关键的举措。单行法令的发布可保障使法律适应时势，由此也造成法律的缓慢变化，从而又产生了重新编制法籍以呈现法律当前状态或最新状态的需要。而新法籍发布后仍然需要发布新法令以适应新时势之需。单行法令与法籍就这样交互影响、交互变化，而这二者之中以单行法令为更根本、更活跃。也可以说，单行法令是法律的本质形式。

故，即使法籍看起来很宏伟、很厚重，但由于法籍充其量仅是汇集单行法令的容器，则在实际的法律中，单行法令显然较法籍更为重要、更为根本。

（三）单行法令的表现形式与性质

单行法令是以需要处理的某一社会事务或某一职官的职责范围为立法对象而发布的法令。于是，由于诸种事务或诸职官职责的复杂程度不同，单行法令就可能有多种不同的表现形式。况且，对一种事务或一种职官还可以多次发布或发布多个单行法令，这就使单行法令的具体表现形式多样化。

1. 单行法令的具体表现形式

自秦孝公始到清朝宣统帝这两千多年中始终存在单行法令，而且一年可能就颁行成百上千个单行法令（从传世文献较丰富的宋朝会要及清朝会典和圣训可知当时每年所发布单行法令的数量极其庞大）。[①] 从出土文献及传世文献来看，单行法令的具体表现形式主要有：

首先，单篇的法令，这是那种以某"令"、某"律"、某"例"等为名称的单行法令。比如，商君曾发布的《垦草令》，出土的秦汉简牍中就有数量可观的令文、律文，比如《田律》《田令》之类，每一篇这种律令通常只载入与某种社会事务或某一职官处理的社会事务相关的法条。单篇的律令并不是只有秦朝才有，秦之后的历朝历代都有，比如汉初的"挟书律"、宋朝初期发布有"窃盗律……捕盗令"、清朝的"督捕则例二卷"等即是。单篇的令文、律文中其实包含较多的法条，这意味着它要么一开始就包括多个法条，要么是经过编纂而把多个诏令中的法条归集到一个单行法令中了。

---

① 据商务印书馆2010年出版的《大清新法令》统计，1901年到1911年这十年间，清廷颁行了2000多件法令。

其次，诏、制、敕、册等类型的单行法令，它可能并没有名称，它们基本上是朝廷就一事、一务而随时发布的，因而它可能只包括一个法条或少数几个法条。由于朝廷施政的主要方式就是发布诏制，从而使得任何一个朝代都会发布大量的诏制，诏制正是单行法令的原始形式之一，也是单行法令中数量最为庞大的部分。

再次，断例、决事比、成案之类。历朝历代为了便于简易、公平地处理案件而就会重视对案例的运用，经朝廷认可的案例就会起到单行法令的作用，比如西汉后期有死罪决事比一万三千四百七十二事，宋朝、清朝有大量的判例还留存至今。

另外，经过整合编纂的用于处理某一种社会事务或某一职官职责的单篇编敕、则例、条例等也属单行法令。比如，宋朝的农田敕五卷、审官院编敕十五卷、盐法敕令格式并目录续降指挥共一百五十五卷、茶法敕令格式并目录续降指挥共一百四卷等，清朝的工部则例五十卷、兵部处分则例三十九卷、科场条例六十卷、督捕则例二卷等就是。当然，那种综合性的、全面的敕令编纂以认定为法籍为妥。即，以单个事务或单个部门职责为范围的法令，不论其篇幅大小，都以认定为单行法令为宜。而综合性的、全面收录各种单行法令的才属法籍。

2. 单行法令的性质

由于易于制定与修正以实现与时势的要求同步，这使单行法令成为使法律与时势相适应的基本渠道，由此而使单行法令成为法律的本质形式。

在没有法籍的时代，单行法令是法律的唯一表现形式。在编制出法籍后，单行法令仍是法律的基本形式。这样一来，法籍实际上仅是单行法令的派生形式。当然，单行法令之易于制定与修正使它在法律中处于基础地位，但由此也可能造成法令过多的问题，进而带来寻检困难与使用不便、奸吏舞弊的问题，于是各种类型的法籍应运而生。虽然有些法籍也会像单行法令那样有施行效力，特别是《律》，但由于法籍不可能实现"当时而立法"而能保持适于时势，则单行法令与法籍是有性质上的差异的。

单行法令是古代法中最初出现的法律形式，而且它贯穿古代法发展的始终，在出现法籍后并没有使它的地位与作用有所下降，这就表明单行法令的存在并不是可有可无的或可以替代的。作为法律内容的法条基本上全部是通过单行法令这个形式创制出来的，而后再编入法籍，这说明单行法令是法律的固有形式。也就是说，无单行法令即无法律，一国法律是寄托于单行法令之上的。相比于法籍，单行法令的整体就是法律，"当时而立法"的成果所采取的法律形式只能是单行法令。故，单行法令是能体现法律本质的载体形式，是法律的本质形式。

法籍是建立在单行法令充分发达的基础上的，没有单行法令就不可能有也不应该有法籍，这是中国古代法的历史发展所表现出来的历史理性。这表明，法籍并不是如单行法令那样高度地固有或必要，它是可有可无的，也是可以替代的，单行法令随时可以修正或废止法籍中的法条，而法籍却几乎无从修正或废止单行法令中的法条。法籍的内容与形式体例都是源出于单行法令，法籍自身基本上并不为法律创制出新的法条，法籍中的法条都是来自单行法令，可见，法籍并不是法律的固有形式。也就是说，无法籍无损于法律的完善。一国法律并不是寄托于法籍之上的。法籍也很难等同于法律，因为仅颁行法籍的当时，二者可能是等同的；由于单行法令会推动法律的变化与进步，而法籍极少变动，这使其他时候的法籍都是滞后于实际法律的。故，相比于单行法令，法籍仅是法律的技术形式，且是次要形式。

为客观表述，这里把依据单行法令而编制法籍的过程及其方法，叫作法籍化。

二、法籍

如前所述，为描述中国古代法，本书不采用当前较为流行的"法典"一词，而用"法籍"一词，二者字面意相近但其理大异。"法籍"一词可能最早现于解读《老子》的《文子》，而后用于指称法度。① 不过，中国古代法中的法籍与道家无关。本书中所使用的"法籍"一词也仅是"法律制度或典章制度的典籍"的简称而已，而与道家思想无关。本书对"法籍"的关注，其目的主要是要通过梳理中国古代法变迁的史实以发现古代法发生发展的规律。当前的"法典"一词及其观念主要源于欧陆法系的法律与其理论，与中国古代法无任何关系，其实与当前的普通法系也无任何关系，况且，"法典"是法典化的成果，中国古代（及现代的普通法国家）没有法典化的事实。故，本书在描述律令时弃用"法典"一词，而采用中文传统中的"法籍"一词。

（一）古代法中的法籍

把法条、单行法令归集为典籍，这起于东汉后期某些学者的尝试，而从立

---

① 《文子》中有"执一世之法籍，以非传代之俗，譬犹胶柱调瑟""守其法籍，行其宪令""故三皇五帝，法籍殊方，其得民心，一也"。又如，汉《淮南鸿烈解》中有"法籍、礼义者，所以禁君，使无擅断也""知法治所由生则应时而变，不知法治之源虽循古终乱。今世之法籍与时变，礼义与俗易"。

法上加以实现则是三国的魏明帝时期。魏明帝颁行了"新律十八篇，州郡令四十五篇，尚书官令、军中令，合百八十余篇"，这是公元234年之后的事，此时距秦孝公三年（公元前359年）开始变法至少已有593年。这表明，法籍编制是要满足一定条件的，条件不具备则无从编制法籍。

1. 古代法籍的概况

自曹魏制颁法籍始，其后历代相沿成制。晋朝颁有"律令，合二千九百二十六条，十二万六千三百言，六十卷"，还有"故事三十卷"。南朝齐"成立律文二十卷，录叙一卷，凡二十一卷"。南朝梁有"律二十卷、令三十卷、科四十卷"。南朝陈颁有"律三十卷，令律四十卷"及"科三十卷"。北魏颁行有职员令二十一卷、"后魏律二十卷"等。北齐有"律十二篇……令四十卷"。北周颁有"大律，凡二十五篇"。隋朝有律"五百条，凡十二卷"（开皇律）及律"凡五百条，为十八篇"（大业律）、令"三十卷"及格、式。唐朝曾多次颁布法籍，比如，贞观年间颁行有"律十二卷，又令二十七卷，格十八卷，留司格一卷，式三十三卷"。唐后期则重视编敕，比如有元和"格敕三十卷"等。唐朝还编有政书《六典》三十卷（即今《唐六典》），它编入了部分令、式。宋朝承唐而有"刑统三十卷""天圣令文三十卷""格三十卷""式三十卷"等，宋朝在编敕的基础上发展出了条法事类和会要，比如有"庆元条法事类八十卷……吏部条法总类五十卷"等及"中兴会要"二百卷等。与宋朝并立的辽、金政权的法律较为简略，不过也颁行有类似唐宋律、令那样的法籍。元朝的法籍采用了大综合的体例，比如其《大元通制》则是"断例七百一十七、条格千一百五十一、诏赦九十四、令类五百七十七"，其后的《至正条格》采类似的体例，其"断例"相当于唐朝的律，其"条格"相当于唐朝的令。明朝的法籍以律与会典为主，比如，洪武三十年律为卷凡三十，为条四百有六十，明正德会典是一百八十卷，明会典是依据自明初以来颁行的大明令、诸司职掌等编制的。清朝的法籍也以律与会典为主，比如，乾隆时颁有大清律例四十七卷及大清会典一百卷、会典则例一百八十卷等。如此看来，只要条件俱备，法籍编纂事业就能久盛不衰。实际上，有大量的古代法籍保存到了现在。

虽然到三国曹魏时期才开始法籍的编制与颁布，但由于有秦孝公变法以来近六百年的立法与用法之厚积，从而使得中国古代的法籍编制在世界古代法史上处于至高无上的重要地位。因为：

其一，持续时间长。从公元234年后曹魏颁行《律》《州郡令》等法籍为始，到光绪二十五年（1899年）编制光绪朝《大清会典》，有一千六百年以上从未间断的相沿不息的法籍编制历程，这在人类古代史上是独一无二的。相比古代中国，古代的各外国，要么从不编制法籍，要么很少编制法籍，要么法籍编制持续很短时间就中断了，更有大量的古代国家其民族或文字早已经消亡。世界历史上从未有哪一个古代国家像古代中国那样热衷于法籍的编定并以法律（以单行法令和法籍等成文法为主）保障民族安全的。比如，古代欧洲以罗马法为主，但在欧洲的古罗马（西罗马）至灭亡都没有编制过法典，倒是亚洲的东罗马（拜占庭）在西罗马灭亡后进行了编制，这就是查士丁尼在位期间主持编制的《查士丁尼民法大全》旧令12卷和新令168条，并同步颁布了教材性质的《法学阶梯》4卷和《查学说汇纂》50卷，这就是罗马法史上唯一的一次正式法律编纂活动，当然也有一些其他的零散汇编，并且都没有完整保存下来。有对比，方知差距。

其二，所编法籍系统全面。自曹魏编制律书、令书以来，历代所编的法籍并不是一部而是多部，其内容具体而言有刑制、官制官规和军法、税制、婚姻家庭制度、礼制、田宅和工商制度、度量衡制度和其他公共制度标准等，从而使一国社会生活中所可能遇到的各种事务"皆有法式"，而且这些法籍又有篇章上的体系。有内容体系和形式体系的法籍在一开始就成了社会秩序的主要标准而（象征性地）承担起了保障公共社会的安全、繁荣与秩序的使命，健全及发达的法律使古代中国一直保持着文明昌盛和世俗状态。与古中国形成对照的是，古代世界的绝大多数其他地方和绝大多数时间由于缺乏系统的法律而只能求助于宗教神权以精神强制来维持公共秩序，而由于宗教信条可能几百年乃至上千年不可变，这导致政教合一地区呈现死板、无生机的停滞特征，虽然并非无文明特征，但其文明显然是长期处于停滞状态。而中国古代作为法治化的世俗社会，立法虽然强调明确肯定，但由于法律是可以经常适时变更的，这就保障了社会的高效运转，其所达到的文明水平也就更高。于古代欧洲来说，古罗马法之所以被称为"民法大全"就在于它侧重于民法及诉讼法，而其官制、兵制、税制、刑制、国家标准等方面的制度是非常欠缺的，这表明罗马法并无内容上的系统性，在形式上的系统性更是不存在。东罗马《查士丁尼民法大全》旧令和新令是按分类和时间顺序来编排历代敕令的（每条敕令后还标注了日期和发布者），它相当于仅是两部敕令集而并非系统的法籍。法无内容体系时，则必无形式体系的法籍。

其三，所编法籍篇幅巨大。自曹魏以来的历朝所编制的法籍都是鸿篇巨制，虽然我们不知曹魏"律十八篇，州郡令四十五篇，尚书官令、军中令，合百八十余篇"共二百四十多篇的具体篇幅有多大，但考虑到它是在东汉后期所总结的"凡断罪所当由用者，合二万六千二百七十二条，七百七十三万二千二百余言"基础上编制完成的,曹魏政权又承继了汉统,则曹魏法籍达到数百万字的篇幅是很可能的。曹魏之后的历朝历代颁布的法籍也都有巨大的篇幅。比如,唐贞观年间所颁法籍合计有九十一卷,乾隆时颁行的大清律例和会典合计有三百二十七卷,这些文献有不少保存至今而可以目测其篇幅,古代法籍的巨大篇幅反映的正是中国古代法的发达。与之相对照的是,古巴伦汉谟拉比石碑法、古罗马十二铜表法其实都只有短小的篇幅。查士丁尼所编制的罗马法虽然有了一定的书籍外观,不过其篇幅小且无条理性可言,它多少有点类似于我国唐宋时期的"编敕",难以算得上法典或法籍。

其四,留存至今的法籍数量多。中国自曹魏至清末所颁行的法籍,虽然无从统计其具体卷数及字数(因为有不少法籍不能确定到底有多少卷或多少字),但可估算其卷数大致在一万卷上下,保存至今的也可能有四五千卷之多,这使中国古代法是世界古代法中有最丰富原始资料的研究对象。

基于如上的原因,我们可以认为,中国古代的法籍是世界古代法律史上最值得深入研究的对象。

2. 古代法籍的类型

古代,从曹魏到清朝这近一千七百年中,出现了大量的法籍,其结构与体例并不一致,呈现渐进流变之态。而且,长期的法籍编制积累了丰富经验并取得了巨大的成就,为理清其发展动态,就有必要根据法籍类型加以归类以作分析。

对古代法籍的分类,可以从多个方面加以考虑,这是因为古代法籍的编制是各朝根据现实需要和前朝的编制体例来进行的,编制方式时有变化,从而也就不会有亘古不变的编制标准和体例。由于并不是采用绝对方法且法籍本身复杂多样,故,如下每一种分类方法可能不能囊括全部法籍,但可以包括绝大多数法籍。

首先,从法籍的内容方面看,可以将法籍分为刑制法籍与官制法籍及礼制法籍。

刑制法籍,也就是刑制方面的法籍,常被称为律书,而其正式书名为《律》。古代法中第一部刑制法籍是三国时魏明帝所颁"律十八篇",此后历朝偶尔直接沿用前朝律书(比如南朝刘宋一朝),但基本上自行颁行本朝的律书。晋泰始间颁律二十篇。在南朝,齐颁"律文二十卷,录叙一卷,凡二十一卷",梁律是二十卷而"大凡定罪二千五百二十九条",陈有"律三十卷"。在北朝,北魏有"律二十卷",北齐有"律十二卷",北周有"律,凡二十五篇"。隋朝开皇年间颁有律"五百条,凡十二卷",大业三年又颁律"凡五百条,为十八篇"。唐朝的律书颁行过多次，其中武德"律十二卷"，贞观年间是"律五百条，分为十二卷"，永徽年间"律十二卷……律疏三十卷"，开元年间则刊行过"律疏三十卷"，大中年间编成的"大中刑法总要格后敕六十卷""大中刑法统类一十二卷"也属刑制法籍。宋朝在立国初期即已颁行《刑统》三十卷十二篇五百零二条，它将律文分为二百一十三门。元朝的律书是《大元通制》及《至正条格》中的断例部分。明朝的律书主要是大明律，也是多次编制，洪武六年的《大明律》是"六百有六条，分为三十卷"，洪武三十年律"为卷凡三十，为条四百有六十"，律中的例则代有修订。清朝雍正五年颁行了《大清律》，有三十门，而总为四百三十六条，乾隆五年刊行的《大清律例》是四十七卷。刑制法籍是我国古代形制最为稳定的法籍，其名称是基本固定的（只在宋朝和元朝有过其他名称），其篇章体例虽有变化但基本保持稳定，其内容也基本保持稳定而有变化。

官制法籍，也就是官制官规方面的事制法籍。三国曹魏在颁行律书的同时也颁"州郡令四十五篇，尚书官令、军中令，合百八十余篇"，虽然是三部书而并不是集中为一书，但认定其为法籍是必要的，它们是中国古代法中第一次编制成的官制法籍。曹魏之后历朝大多会编制本朝的官制法籍。晋朝有"令四十篇"和"故事三十卷"，南朝梁有"令三十篇"，南朝陈有"令三十卷"及"科三十卷"，北朝的北魏有《职员令》二十一卷，北齐有令五十卷或称"令四十卷"，隋朝开皇与大业年间颁行的令都是"三十卷"。唐朝的官制法籍大致有令、格、式三种，并且多次刊行，其中，贞观年间有"令一千五百九十条为三十卷""七百条以为格十八卷"，永徽年间有"式十四卷。式本四卷。令三十卷。散颁天下格七卷。留本司行格十八卷"，武则天当政期间又编成"垂拱式二十卷。又格十卷。新格二卷。散颁格三卷。留司格六卷"，唐中宗时期编成"散颁格七卷""式为二十卷""太极格"，开元年间刊有"令三十卷，式二十卷，开元新格十卷"。宋朝多次编制官制法籍，比如，绍兴元年"令五十卷，格三十卷，式三十卷"，又有"天圣令文三十卷"等。元朝的官制书主要是《大元通制》及《至正条格》中的条格。明朝初年曾颁行令一百四十五条等书，到弘治十五年则将官制法律汇集成书为《大明会典》，正德间进行了刊定，这就是《大明会典》一百八十卷，后来又编了二次会典。清朝的主要官制书就是《大清会典》，由于清朝的五朝会典留存至今，从而使我们对清朝官制官规在五个时间点的状态及其流变能有清楚的了解。

礼制法籍，是关于礼制方面的法籍。由于礼制与政制息息相关且密不可分，但又有所不同，故需要认定其为法律或法度的一个重要方面，又不宜与官制相混淆。对于官颁的与礼制相关的书籍宜区分为一种独立的法籍类型，这就是礼制法籍。古代法中的礼制大抵形成于秦，汉承之并传之后世，即《史记·礼书》所说"至秦有天下，悉内六国礼仪，采择其善，虽不合圣制，其尊君抑臣，朝廷济济，依古以来。至于高祖，光有四海，叔孙通颇有所增益减损，大抵皆袭秦故"。但秦汉二朝可能并未编制礼制法籍，可能只有大量的礼制单行法令。根据现有文献，最初官颁礼制法籍的朝代可能是南朝，南梁组织编撰了五礼，其篇幅达一千余卷。① 其后，唐朝有"大唐新礼一百卷"等，目前可见的主要有《通典》里的开元礼。《宋史·礼志一》载宋初编有"《开宝通礼》二百卷，本唐《开元礼》而损益之"，其后又屡有修撰。明初曾编有《大明集礼》，其后则将各种礼制文献编入《大明会典》中。清朝的礼书很多，比如南巡盛典一百二十卷、大清通礼五十四卷等。

其次，从法籍的效力方面看，可以将法籍分为实用法籍与荣颂法籍。

实用法籍，也就是用于施行且违反其规定者会受到处罚的法籍，律、令之类的法籍就属此类。魏晋以来历朝所颁行的法籍有很大一部分属于实用法籍，曹魏律十八篇、晋律令六十篇就是以实用为目的而颁行的法籍，其后在南朝，齐有律二十卷，梁有律二十卷、令三十篇，陈则有律三十卷、令三十卷等也是此类法籍。从历史发展看，历朝所颁行的法籍当以刑制法籍的实用性最强，因为刑制是容易实现长期稳定的，官制法籍则由于经常进行调整而难以体现实用性。虽然历代朝廷希望编制出法籍并加以施行，但由于多数法籍难以与时势保持同步，且法籍又不便于修订，从而使得多数法籍的实用性远远不及单行法令，这就使得多数法籍名义上是实用法籍而实则成了荣颂法籍，成了歌功颂德的重要途径。

荣颂法籍，这是用于彰显、歌颂朝廷功德与政绩的法籍。比较典型的是宋朝的会要、清朝的圣训等。

再次，从法籍的编制方式方面看，可以将法籍分为条贯法籍与直录法籍。

条贯法籍，是将各种单行法令打散但不改变其中的法条原意并按一定的体例编写的法籍，也就是有篇章体例的法籍。通常，实用的法籍都是有条贯的，它能全面体现本朝法律的当前状态。故，朝廷某年所颁行的全部条贯法籍合起来相当于是本朝法度的一个横截面，也只有在法籍颁行当日，法籍与法律是同一的，而法籍颁行后由于会有众多的单行法令改变原有法律，从而就会使法籍与法律不一致。故，条贯法籍对了解一朝一定时期的法度非常重要。曹魏的

---

① 姚思廉. 梁书：卷三 [M]. 北京：中华书局，2000：64.

"律十八篇、州郡令四十五篇、尚书官令、军中令，合百八十余篇"是最初的条贯法籍。晋律二十篇、晋令四十篇，南朝的律、令、科，北朝的律、令，隋唐的律、令、格、式，都是有条理系统的法籍。宋朝的条贯法籍有刑统、令、格、式及条法事类，比如，淳熙七年（1180年）编成的"条法事类"有四百二十卷，"为总门二十三，别门四百二十"，另有"淳祐条法事类凡四百三十篇"（《宋史·卷四十三》）等。元朝的《大元通制》"断例七百一十七、条格千一百五十一、诏赦九十四、令类五百七十七"及《至正条格》，和明清二朝的律、会典（会典中所附的带有沿革性质的则例或条例则是直录性质的）也是条贯的。

直录法籍，是将原有的各种单行法令直接汇集成法籍，从而，原有的各种单行法令将基本保持其原貌。晋朝的"删定当时制、诏之条，为故事三十卷"可能就是直录法籍。源于晋故事的南朝梁科"四十卷"或"三十卷"也当是直录法籍，其后南朝陈又有"科三十卷"。唐朝元和"格敕三十卷"同样是直录的。宋朝有很多编敕，比如咸平编敕有一万八千五百五十有五条，合"十二卷"等，还有全集性质的敕令编纂，比如元丰敕令格式等"成书二千有六卷"（《宋史·卷一百九十九》）、"庆元重修敕令格式及随敕申明二百五十六卷""绍兴重修敕令格式为名（总六百六十卷）"等当是直录法籍。此外宋朝还有大量的会要也是直录的，比如，"中兴会要"二百卷等。清朝的乾隆朝《会典则例》一百八十卷、嘉庆朝《会典事例》九百二十卷、光绪朝《会典事例》一千二百二十卷基本上就是记载制度沿革的直录法籍，各种"圣训"书（比如，圣祖仁皇帝圣训六十卷、上谕内阁一百五十九卷、宣宗成皇帝圣训一百三十卷等）也是直录的。

此外，还可以有其他的法籍分类方法。比如从法籍所收录法令的范围是否全面来看，可以将法籍分为局部法籍与整体法籍，比如，《大明律》是局部法籍，它仅是刑书，而《大明会典》则是整体法籍。

与法籍相关的是欧陆法系中的法典，对它的分类与态度有较大的分化。有法国学者从法国法学的角度将法典分为实质性法典与形式性法典，[①] 其对应的是欧陆法系与英美法系，这明显对英美法系国家的法籍持否定与轻视态度。当然，英美法系学者基于其实用主义或实证主义精神会对欧陆法系国家的法典持不认同态度，"更多的英国和美国职业法律人仍旧对法典化持不屑一顾的态度"，认

---

① 参见让·路易·伯格. 法典编纂的主要方法和特征[J]. 郭琛, 译. 清华法学, 2006, (02): 12-30.

为"与发达地区相比,法典更适合于偏远地区的实际情况"。[1]

(二) 法籍的编制

1. 法籍的编制条件

从我国古代法的发展历程来看,法籍编制并不是无条件的,否则在古代历史的一开始就会完成法籍的编制。历史表明,只有满足一定的条件才可能产生编制之必要并完成法籍的编制,那么,就需要查明这些条件是什么。

虽然从单行法令发展到法籍似乎是一个不可逆转的历史过程,但这个过程何时开始及如何进行则是有其自身规律可循的。基于重史的历史传统和海量的历史典籍,中国古代法发展详细的、完整的历史过程得以呈现在我们面前。由之看来,法籍编制条件主要是如下:

(1) 单行法令的充分发展(内容条件)

我国古代的法籍最显著的特征是,它是用之前就已经存在并仍在生效的单行法令编纂而成的。则,存在必要的单行法令是法籍编制的先决条件。法籍的内容是源自以往颁行的切实可行且正在生效的单行法令,从而就需要先行实现单行法令的充分发展,先行存在大量必要的单行法令才可能形成法籍编制的先决条件。即,只有当由众多单行法令构成的内容体系充分完整、充分完善,法籍编制的基本条件之一才算具备。

首先,法律并不是完全用于维护现有秩序的,则从现有社会秩序无从直接获得本社会所需要的法律,更无从由之直接获得或编制出法籍。在一个新的历史时期之初,只能通过研究确立基本的立法思想并从细处着手、从实际着手,先行颁行各种必要的单行法令,进而得以逐步创立起属于本时代的新法律(新法律的确立只是形成了编制法籍的条件之一,还需要其他条件俱备时才可以开始编制法籍)。秦孝公与商君所做的改革正是这个开创性的工作,通过变法而创立了大量全新的单行法令,法的内容体系得以形成,秦法因之得以确立。相比而言,秦孝公之前其他诸侯国颁有诸如刑书、刑鼎之类,这些就是舍本逐末的立法,注定是失败的,因为这样的立法所追求的正是维持现状而无进取精神。法制建设必须以实用、实务为方针而不能受狂热、梦想操控,并以强国富民为宗旨而不是以保全现行秩序或既得利益为目标,无论是法律的创制还是法律的传承都须如此,这就要求创制出现实社会所需要的所有事制规则,及违反它时必要的处罚规则。在没有先例可以参照的条件下,只能以尝试、探索逐步颁布

---

[1] 塔玛尔·赫尔佐格. 欧洲法律简史:两千五百年来的变迁 [M]. 高仰光,译. 北京:中国政法大学出版社,2019:349,365.

单行法令的方式努力创立新法度,即商君所说的"当时而立法,度务而制事",在这个过程中,只要有需要就应随时对现行的单行法令进行修改或废止,也可以颁行任何必要的新的单行法令,这就使得在法律创立初期(从世界历史看,每个历史时期的这个"初期"实际上往往有数百年之久)必须颁行单行法令且只能颁行单行法令,以此使法律的内容充实并发展起来。

其次,从我国的法律史来看,法籍所记载的内容只能来自单行法令而不能有其他的来源,但一个新社会所需要的各种单行法令的形成及其定型却需要一个相对长的时期。由于在新的历史时期,很多社会规则(法条)是全新的,而更多旧规则需要修改或废止,而如何创立、修改或废止社会规则并不是取决于命令或权力,而是取决于时势、民情,也就是取决于社会实践。如何立法?这就需要有立法思想的支持(当然,思想、理论并不是法律规则)。通过新的立法思想可以确定社会规则的大致发展方向,但社会规则的具体内容必须通过不断地探索和适应时势、民情才能得到确定,如此才能确立新的能施行、能取得预期效果的单行法令,而这个尝试、探索的过程是非常耗时间的。不但如此,已经确立并经证实是有效的新法令,也可能遇到时势、民情发生变化的情况,或被认为有不尽完善的情况,这时就需要对原法令进行调整,这又近乎是一个全新的尝试、探索的过程,这同样是需要耗费时间的。在各种制度确立后,还要考虑有没有其他的可能性,也就需要尝试能不能取消现某一些制度或某一个制度,比如汉初对秦"诽谤妖言律"承废不定即是明证,这个尝试的过程也是需要时间的,只有经尝试认定其为必不可少的法条才会保留下来,那些不必要的法条则会被修改或废止。故,整体来看,单行法令的确立本身就需要一个漫长的过程,并在这个过程中使法律的内容充分发展起来。

法籍的编制以内容体系的形成为先决条件,而所谓"内容体系"在最初就是由各种单行法令的法条所构成的规则体系。当各种社会事务"皆有法式"时,就是内容体系已经形成的标志。

(2)单行法令的实施推动形成了与新法度相符的社会习惯、风俗(社会条件)

一个新时代的法律必须根据当时的时势、民情来确定,否则可能有法而无从实施或虽施行却有害,但这并不是说新法律就是民众所熟悉的或习以为常的,而只能是民众和社会需要的。相反,符合的并不意味着它是现有的或旧有的,新的社会规则很可能是当时的民众所从未见过的或陌生的,这需要民众有一个适应及学习新法度的过程。随着新法度的建立、实施与完善,社会的习惯与风俗将会发生变化,渐渐形成一个有新风尚的更加文明富强的全新社会。虽然新法度有移风易俗的功能，但使一个社会形成普遍的新习惯、新风俗却并不容易，在这个过程中很多人可能由于各种原因而出现违法并受到处罚的情况，从而可能出现反抗或批评现有法度的事情。且新风尚也并不是很快就能实现的，以创造利益来消除部分人的抵触情绪及充分释放新法度的效能同样需要一个长期且循序渐进的过程。之所以需要考虑新法度是否造就了新的社会习惯与风俗，是因为在这种情况下不会再有普遍的违法及对新法度的抵抗情形，社会趋稳且社会规则趋稳，吏民普遍知法，此时才适宜于总结现有法律而编制法籍。

单行法令的长期实施促进形成了新的社会习惯、风俗，此时不需要进行广泛的普法宣传，人们也基本上知道如何行事才是合适的、不会受到处罚的，此时人们对现有法度不再生疏，甚或非常了解，这就为法令中原本合并在一起的事制规则与处罚规则的分离创造了认知条件。单行法令法条的基本结构是先规定事制规则以使人们知道如何做是合法的或可获得利益的，而后再规定违反事制规则的处罚或害处，这种立法模式的好处是内容完整、不会引起误解、不会招致奸吏舞弊，缺点是单行法令数量多而造成查找及阅读上的困难。当新风尚形成后，事制与刑制的分离就不会引起误解，在这种情况下就可能实现对各种单行法令进行全面、系统地整理与编纂而形成法籍。当新风尚形成后，法籍的编制并不是丢弃事制规则而只是将它与处罚规则分开记载，在刑制书中只保留简版的事制规则与处罚规则，而事制书则记载详尽的事制规则，二者结合起来看仍构成完整的法条，而且也不会引起误解或滥用。

从而，单行法令的长期实施促进形成了新的社会习惯、风俗就是编制法籍的一个重要条件，满足此条件才可能着手编制法籍。

（3）单行法令数百年的运行历程（时间条件）

从中国古代法的发展历程看，在法籍编制之前须有数百年的单行法令运行历程作为前提。从公元前359年秦孝公开始主持变法革新并颁行新律令始，到公元220年东汉亡于三国之曹魏，而曹魏则直到公元234年之后才正式颁布法籍，这593年间只有单行法令这一种法律形式，我们不妨认为这数百年正是法籍编制的时间条件，当时间条件达到了才能开始编制法籍并取得编制成功而颁行法籍。

编制法籍的时间条件虽然可以从中国古代法史中推出，但考之外国的古代法及现代法也仍然是如此。比如，不考虑之前的零散汇编，古罗马法的汇编是在西罗马灭亡后才在东罗马实现，相当于是在古罗马建国后一千年左右才开始编制法籍（且仅是敕令的汇编），这个时间是很长的。在现代，英国的历史发展是未间断的，英国的现代法与古代法之间没有绝对的界限，古代的一些法令与判例在现代仍然被认为是有效的，虽然如此，我们仍可以 1689 年光荣革命为其现代法的起点，那它距今也有三百多年了，但英国并没有颁行过欧陆各国那样的法典，且连美国联邦法典那样的法律整合也似乎不愿意编制，目前只是自古就有的大量官方或私人的判例集，以及一些通过法律整合而形成的单行法令。2008 年英国法律委员会（the Law Commission）宣布放弃刑法法典化的努力时，决定致力于对法律的各具体领域进行研究并提出立法建议。① 英国刑事法的发达程度在欧美世界是位于第一梯队的，但英国人似乎并不满足。英国放弃法典化的努力或许是对法典化主张的不认同，也或许是认为还需要继续发展本国法律以待时机成熟再讨论法籍编制的问题。看来，未来英国无论是否及何时开启法籍编制，可能都会受到时间条件的限制。众所周知，美国有一些法律典籍，比如联邦层面的 United States Code、宾夕法尼亚州的 Consolidated Pennsylvania Statutes 等，都是法律整合的成果，而它们基本上"属于永久索引模式"，② 是为检索及查找现有法律规则（制定法、行政法规及判例中的法律规则）提供便利和途径的，它们本身却并不能等同于法律，因为它们所指向的最终都是三种权力机关发布的各种文件（议会法案、行政法令、判例），特别是体现于判例中的规则。美国的这些法律典籍是 consolidation 的成果，而不是 codification 的成果，当然不属法典，而从美国独立起算到这些法律典籍的首次编制则有二百多年（从英国建立北美殖民地起算则更久）的时间，这也说明法籍编制是有时间条件的。

当今世界上还有一个欧陆法系，它的国家是在其革命后的一开始就颁布了法典，诸如刑法典、民法典、商法典等。那么，这是否就是对编制法籍的时间条件的突破或例外呢？以及《法经》在秦法形成前出现是不是例外？对此，我们需要看到：首先，欧陆法系的那种"法典"在一开始就面临着诸如过于理想化（基于自然法或一般人类理性的抽象理论）、③ 阻碍法律进步等问题。事实上，这些问题也一直困扰着那些法典，这说明这种类型的法典是有其弊端的，

---

① Jonathan Herring. Criminal Law（5th Edition）[M]. Oxford：Oxford University Press，2012：15.
② 参见李晓辉."水中之石"：普通法传统中的美国法典化 [Z]. 人大法律评论，2009：210.
③ 比如，德国有学者认为，"真正的法学，也就是哲学化的法学，就很容易自由地发展起来"。蒂堡. 论制定一部德意志统一民法典之必要性 [M]. 傅广宇，译. 北京：商务印书馆，2016：25. 法典的编制基本上都只可能采用哲学化的方法，而这在法国民法典第二草案上就有极端的体现，它"只不过是民法的目录"。参见穗积陈重. 法典论 [M]. 李球轶，译. 北京：商务印书馆，2014：34.

至少算不上很成功。其次，二战后，欧陆出现了"不管是商法典还是民法典，面对全球经济一体化的局面，都有瓦解的趋势"，[①] 这就表现为颁行了大量的单行法令（即特别立法）。再次，从其法典的实施效果来看，欧陆法系国家在很长一段时期内遇到了普遍的发展与生存困难，甚至有亡国之虞，相比英美法系国家是处于显著的劣势，如同魏国则亡于秦，这说明并没有完全实现当初制定法典的理想目标。针对这个情况，我们是否可以认为，法律发展的各个阶段是不可逾越的，若没有经历单行法令充分发展数百年这个阶段则相当于是欠了债，而欠的债终归是要偿还的。违背规律则欲速而不达，这里并不存在例外。法籍编制的时间条件是一个硬性的规律而不可违背。

如果在法籍编制之前有数百年单行法令的发展历程作为前提，那将有机会使法度变得充分健全与周密，从而为法籍的编制创造良好的内容条件与社会条件。至于"数百年"具体可能是多少年则会受一些偶然介入因素的影响。比如，若西汉之后不是东汉而是其他非刘姓王朝则就可能（也仅仅是可能，也就是说，也可能不发生）提前二百年编制法籍而不是等到曹魏时才完成编制，如果东汉时期能持续更久则可能延后更久才会开始编制法籍。中国古代法是经历了约六百年的单行法令发展之后才开始启动法籍编制，这本身就是一个很具体的史实。而无论如何，对法籍编制而言，至少数百年的时间（比如五百年左右）的法律积累与准备还是非常必要的。国外那种在新的历史时期的一开始就编制法典的做法无疑是违背规律的。

（4）对现有众多单行法令感到施用不便而有法籍编制的研究与尝试（学术条件）

以单行法令为主体的法律得到充分发展后，就会出现两方面截然不同的看法：从官府方面来看，事无巨细皆有法式而认为是法度健全；从民众方面来看，则是法令过多、处处受到管束而感到法律过于烦苛。有了法律的充分发展就会形成大量的单行法令，它一方面体现了巨大的立法成就和法律的发达，另一方面必然会带来施用上的问题，对官员、对民众来说都可能有查阅及理解上的困难，对官府来说还需要防范奸吏舞弊。当社会普遍感到现有法令过多、过杂而有施用不便的问题时，法籍编制的需要才渐渐出现。

但要实现对数量庞大的单行法令的编纂并不容易，按什么样的模式和篇章体例来编制是需要预先研究和尝试的。我国古代早在东汉后期就有不少学者对汉制进行了总结，得到的统计结果是，汉法令"凡九百六卷。世有增损，率皆

[①] 徐学鹿，梁鹏. 论非法典化 [J]. 时代法学，2005，(04)：75.

集类为篇，结事为章。一章之中或事过数十，事类虽同，轻重乖异……盗律有贼伤之例，贼律有盗章之文，兴律有上狱之法，厩律有逮捕之事，若此之比，错糅无常"。虽然旧有的法令大多本来有一定的篇名，但仍然存在体例贯彻不到位等问题，这带来了不便。于是，"后人生意，各为章句。叔孙宣、郭令卿、马融、郑玄诸儒章句十有余家，家数十万言"，这就是研究性工作。发现这些问题并努力找到解决问题的策略，这对编制法籍来说是很必要的智识准备。

仅有先行的学术性研究并不足以为法籍编制做好准备，因为编法籍是立法活动，还需要由官府来进行尝试并做一些预备。有一些关键性的法籍编制准备只能由官府来进行，从古代法来看，这个关键预备工作就是简版事制规则的编制，具体表现就是三国时的"科"的编制。三国的"科"与秦汉的律令是很不同的，它主要由简版的事制规则与处罚规则构成，"科"的出现为律书的出现及律令分立铺平了道路。当发现将简版的事制规定与处罚规定合起来编制于一文是可行的，则就不需要将详细的事制规则与处罚规则合编了，这就为事制规则与处罚规则的分离创造了条件，律书、令书才能随之出现。

法籍编制是需要一系列条件得到满足之后才可能进行。如上所述，这些条件主要是：单行法令的充分发展且通过数百年的实施而形成新的社会习惯和风俗，还需要先行的学术研究与立法尝试。这些条件在三国时期基本具备，于是就开始了法籍编制。

2. 法籍的编制方式

法籍当然是要通过一定的方式才能编制完成。从三国到清朝这一千多年之中有大量的法籍编制活动，由之可以总结出其编制方式。主要如下：

删定式法籍编制。各个朝代在其第一次编制法籍时基本上会采用这种方式，其好处是对过去与现有的法律制度做一次全面的总结，并为本朝确立起法律发展的基础和起点，也使本朝法度以一个全面、系统、崭新的面目呈现出来。比如，曹魏编制新律令时即是如此，当时，魏明帝"下诏改定刑制，命司空陈群、散骑常侍刘邵、给事黄门侍郎韩逊、议郎庾嶷、中郎黄休荀诜等删约旧科，傍采汉律，定为魏法，制新律十八篇，州郡令四十五篇，尚书官令、军中令，合百八十余篇"，也就是把汉律、魏科等当时有效或可能有效的法律进行收集整理，删去其无效的、重复的、不合理的法条，而定留、整理、归类必要的法条，从而编制出典籍。曹魏之后历朝的法籍编制方式与之相近，比如，明朝的律书"草创于吴元年，更定于洪武六年，整齐于二十二年，至三十年始颁示天下。日

律令的精神 >>>

久而虑精，一代法始定。中外决狱，一准三十年所颁"，① 也就是综合了唐律（及宋刑统）和本朝刑制而后才编成大明律。明朝在编制会典时也是采取删定式，即"大抵以洪武二十六年诸司职掌为主，而参以祖训、大诰、大明令、大明集礼、洪武礼制、礼仪定式、稽古定制、孝慈录、教民榜文、大明律、军法定律宪纲十二书。于一代典章，最为赅备"，② 也是对以往的制度进行全面系统的收集整理而后汇为一书。删定式法籍编制使以前的相关法令得到整理和明确，谬误与混乱得到避免，从而，它成为法籍编制的主要且历朝必然会采取的方式。

经删定式编制而形成的一部或多部法籍成为法度的新标准，作为编制法籍材料或依据的之前的单行法令或法籍可能将因之失效（特别是旧的刑事法令）。当然，经法籍确定的法度并不是不可变化，除了极少数情况外（比如，明太祖曾下令不得改定《大明律》），此后仍然可以随时颁行新的单行法令或法籍，以对当前的法度进行修订（但通常并不直接修订法籍本身）。删定式编制方法，一般在本朝法律发生较大变化时采用，当本朝前后有大的法律调整时，则就会组织起删定式法籍编制，比如，唐、宋、元、明、清等朝就有多次此类法籍编制。

刊定式法籍编制，这是对本朝之前的法籍本身进行一定程度的统一刊定，然后重新颁布。刊定式编制对法籍的改动幅度并不大，大多也不涉及法籍之外的单行法令，不比那种全面的删定，所以它不同于删定式法籍编制。刊定式编制通常基于某一原因对某一法籍进行全面"刊"修，而不是仅对某一些条文进行局部修正，刊定后是重新颁布法籍而不是仅发布修正后的某些条文，故，刊定式法籍编制不同于法律修正。其实，在一定意义上讲，古代并不存在现代立法中的那种法律修正案，则不应将法籍刊定与法律修正相混淆。法籍刊定在古代法中广泛存在，比如，隋朝有开皇律，及其后所颁行的大业律，二部律书都是"五百条"，只是将原十二卷改成"十八篇"，另外就是"其五刑之内，降从轻典者，二百余条。其枷杖决罚讯囚之制，并轻于旧"，虽然刊定涉及面广，但仍属在原法籍范围内的统一"刊"订，它是以"刑宽"为名进行的，故大业律（及大业令）属于刊定式法籍。法籍刊定的原因之一是避讳，比如，唐朝，贞观律确定了律条而永徽律确定了疏义则唐律基本上就定型了，但其后仍屡有刊定，比如开元七年、开元二十五年各刊定过一次律、令、格、式，这两次对"律"的刊定可能主要是避讳方面的刊定。刊定可能涉及法籍中的很多条文，比如大

---

① 张廷玉，等撰．明史：卷九十三 [M]．北京：中华书局，2000：1527.
② 纪昀总纂．四库全书总目提要：卷八十一 [M]．石家庄：河北人民出版社，1999：2125.

业律改动了"二百余条",但这些改动都是细节性的而不会对原法籍有大的改观,但它也能实现某一时期的国家政策(比如倡导"刑宽"),从而,刊定式法籍编制也很重要。

沿革式法籍编制,就是把体现制度发展沿革的法令按照一定的体例汇集成书。古人重视制度发展沿革从《前汉书》的各志就可见一斑。制度的变迁不但在各朝之间发生,而且会在一个朝代之内发生,相关法令或法条的流变不但可以显示朝廷的勤政与善政,而且对于其后的法律完善还有一定的借鉴意义,从而需要编制沿革式法籍。宋朝编制的"敕令格式"、清朝的会典事例或会典则例基本上是沿革式法籍。

全录式法籍编制,就是将之前一段时间内发布的诏令按一定的顺序收录编入法籍,比如宋朝的会要、清朝的圣训等就是此类法籍。此类法籍一方面体现了朝廷在一定时期内的政绩,另一方面也能显示出法律发展的沿革,故,全录式法籍在古代同样非常重要。而在现代,由于立法事业的繁荣而导致会发布大量的法令,这些法令势必对社会全文公开,于是编制并出版这种全录式法籍就是一种基础性工作,而后可以在它的基础上再编制索引以便于实用。

法籍编制的方式是多样化的。不过,古代法中实际出现的编制方式主要是如上的四种。

3. 法籍的编制过程

我国古代法籍的编制体现出了比较一致的流程。首先,由朝廷下令编制法籍。比如,魏明帝曾"下诏改定刑制",此事当发生于"青龙二年"(公元234年)之前。其次,确立编制组织并确立编制原则。比如,魏明帝所选定的编制人员为"司空陈群、散骑常侍刘邵、给事黄门侍郎韩逊、议郎庾嶷、中郎黄休荀诜等",这些人要么是朝廷重臣,要么是精干法吏,权威、强悍的编制组织确保了法籍编制的高水平。再次,确定编制原则与依据。魏明帝当时确立的编制原则是"删约旧科,傍采汉律,定为魏法",很明显,编制依据确定为旧科、汉律,也就是对现行有效的各种法令进行编纂,则编制依据就不能是官员们或学者们天马行空的想象或理论叙事。将经久可行的法令作为编制法籍的依据可以确保法籍的实用,并取得实效,而不是仅追求华丽而不敷实用。值得一提的是,皇帝可能施加个人影响,甚至直接下令修改,这其实相当于颁布了新的法令,并无不妥,很多情况下是有益的。比如,明太祖曾在大明律编制过程中对其各篇亲加裁酌,这确保了大明律的精审和适中。任何时候,法籍编制的主要依据只能是之前的各种有效单行法令而不是个人专著或理论。比如,明朝万历时期已是明朝的后期,其重修《问刑条例》同样是如此操作的,史载万历"十三年,刑部尚书舒化等乃辑嘉靖三十四年以后诏令及宗藩军政条例、捕盗条格、漕运议单与刑名相关者,律为正文,例为附注,共三百八十二条,删世宗时苛令特多"(《明史·刑法志一》)。从次,就是开始实际的编制过程,这是一个很耗时的活动,可能需要数年或数十年才能完成。比如,从北齐称帝的当年(公元550年)即下旨重议法律,其后则"积年不成",直到公元564年才编制完成并颁行,相当于花费了十五年时间才编制完成。最后,是颁行法籍,若编制成果得到朝廷认可,则即可将之作为法籍颁行,至此法籍编制过程结束。朝廷颁行是立法的一个重要程序,未经此程序者即不是法籍,这也是区分专著与法籍的主要依据。

古代法籍的编制过程深刻地体现了我国古代法的基本立法思想,那就是立法须"当时",法籍与单行法令都须如此,法律只能取决于民情时势,而不是取决于帝王或某些学者的个人意愿或理论主张。法籍不应该是"思维的杰作"而只能是实践出来的真知,即只能将合乎时势民情的有效法条编入法籍。故,法籍编制并不是创造新法条,而是对早已存在的法条的整理与编纂。

(三) **法籍的性质**

1. 法籍的性质

法籍是一种内容和体系均庞大的法律书籍,则其编制不易;由于它有巨大的篇幅,这使它的使用也不易;虽然如此,在法律发展的中后期,它仍是非常重要且非常必要的一种法律载体形式。故,我们在确定法籍的性质时必须综合考虑这些事实。

首先,法籍的本质是"法"而不是书,则它不能是理论性的思想观念或抽象理论的集合,而只能是经实践验证切实可行的法条的汇集。中国古代的帝王无疑有巨大的权威,但在立法问题上是很少施加帝王个人意志的,偶尔如明太祖等帝王亲自过问法籍编制,其实也是督促使法律在现有基础上得到进一步宽、简,这是有益的、必要的,这并不是专断,这也没有改变法律发展方向或立法模式,法籍作为以往单行法令编纂的实践性质(经验)并没有变化。毋庸置疑,学术与学者在法的发展过程中会起到一定作用,但起决定作用的则并不是学术与学者,而是经验基础和理性指导下的实践。无论是帝王旨意还是功臣、宿儒、学问家的主张,以及任何未经实践检验为可行且有益的法条或单行法令,都不能被编入法籍,这确保法籍的"法"的性质,而不致蜕变为理论专著或梦呓。

其次,任何一部法籍都是一朝法律在一个特定时期发展状况的集中全面展示,从而法籍并不能等同于法律或法度本身。由于法律并不因法籍的颁行而停止发展,则任何法籍仅只是法律发展过程中的一个截面。法律必是动态发展的,法籍一旦颁行即长期不变，这使大多数法籍的文献功能大于实用功能。相比法籍，单行法令是更常用、更优先的法律载体形式。

再次，法籍是有惰性的，它不易编制也不易修正。当法律有重大变动时理应重新编制法籍，但由于任何一个朝代往往只有一次或少数几次法籍编制，这使法籍总是与单行法令相结合才能起作用。从而，法籍只是法律的组成部分而不是其全部或唯一载体。单行法令可以比较方便地被修改，这使它成为法律与时势民情相适应的主要手段与基本法律形式，法度的核心载体只能是单行法令而不是法籍。相比单行法令能体现法的本质，法籍更多地是技术性的，可视法籍为法度的技术载体。

2. 法籍与法典的异同

本书所讨论的是中国古代的法籍，并不及于在欧陆法系国家所存在的那种法典。但由于法籍与法典①都是图书典籍，为避免混淆，这里简要地加以区分。

首先，编制阶段不同。法籍是在法律发展的成熟阶段才可以开始编制，也就是单行法令发展数百年之后再行编制。而法典往往是在法律发展的初期就已经编制完成，由于此时并不知道现实社会需要哪些具体法律规则，于是它的编制依据就不是现有的单行法令而是哲理、理想、理论。法国在大革命的一开始就开始编制法典，明显是在法律发展的初期。英国为了统治印度殖民地而在当地颁行了一系列法典，"英国人相信，法典化有助于宗主国在殖民地建立全新的、理性化的法律体系，并且能够有效地促使当地人变得更加开化，更加文明"，② 当时的印度明显是在法律发展的初期。况且，这些法典是对英国判例法的整合或重述，③ 与法国法典不同。在美国的十九世纪中后期，菲尔德法典（共五部）被纽约州、密苏里州、达科他州等很多州采用，一方面，学者们认为，"这些州和地区的法律体系要么存在严重的缺陷，要么根本不存在任何法律

---

① 当然，汉语中的或日本汉字中的"法典"一词，最早的大规模使用者可能是日本人穗积陈重。虽然穗积氏本人学习过些许多年的汉语，且到欧洲做过留学生，我们仍然可以把"法典"之说视为穗积氏个人的历史叙事，是他个人眼中的"世界"。其说是否与真实的世界相符，就要留待各人自己思考了，不思考而仅盲从至少是不可靠的。

② 塔玛尔·赫尔佐格. 欧洲法律简史：两千五百年来的变迁 [M]. 高仰光，译. 北京：中国政法大学出版社，2019：358.

③ 英国学者斯蒂芬认为，《印度刑法典》本质上是剔除了技术细节和多余东西的英国刑法。参见张文龙. 印度刑法现代化：以《印度刑法典》为线索 [J]. 清华法学，2022，16（01）：64-70.

体系",另一方面,采纳法典是"为了在本地推行新法而使用的工具",① 也就是用于使当地的法律向普通法过渡,② 可见,美国这些州的早期法典明显是发布在当地法律发展的初期。而无论是中国古代的各种法籍,还是当前美国联邦和各州的以法律整合方式编制的法律书,都是其法律在发展的成熟阶段的成果。

其次,编制依据不同。法籍是对编制之前现存的且有效的单行法令的编纂。法籍编制只是对当前法律规则的编纂与整理,基本上没有创制新的法律规则。而法典的编制依据是学术理论,其功能的一个重要方面是废止之前存在并生效的法律规则,否定之前的单行法令或之前不存在单行法令都不妨碍法典的编制。法籍编制依赖于之前的单行法令,而法典编制则依赖于法学理论而不依赖于之前的单行法令(至多是参考之前的单行法令),二者差异明显。

再次,编制方法不同。法籍是对当前有效的单行法令进行编纂以整合成书,当前英美国家的 consolidation 方法与之相近。而法典则使用法典化方法,以完成对体系化、理论化的法典的编制。法籍采法籍化,法典采法典化,二者的方法完全不同。

最后,编制的成果不同。法籍编制的成果是对现行有效的法律规则的整理、编纂,从而其篇幅必然巨大。比如,唐朝永徽年间,颁"律十二卷,又式十四卷,式本四卷,令三十卷,散颁天下格七卷,留本司行格十八卷。律疏三十卷。永徽留本司格后十一卷"。又如,清朝雍正五年颁行了新修的《大清律》,为"三十门,而总为四百三十六条","到同治,而条例乃增至一千八百九十有二",这是大清律例的情况,在会典方面,光绪朝有《大清会典》一百卷、《事例》一千二百二十卷和《图》二百七十卷。当然,英国、美国所整合的法律典籍也非常浩繁。比如,英国法律委员会从 1965 年以来整理了近二百件法律案。③ 美国的联邦和各州都在整理自身之前生效的法律,比如,美国联邦众议院法律修订专员办公室所编的 the United States Code 有五十多编,其有些编有上万条文,其 1994 年版是三十五卷,这仅是国会立法,此外还有大量的行政法令、法院判例汇编。又如,宾夕法尼亚州的州议会立法整合 Pennsylvania Consolidated

---

① 塔玛尔·赫尔佐格. 欧洲法律简史:两千五百年来的变迁 [M]. 高仰光,译. 北京:中国政法大学出版社,2019:365,368.

② 比如,加利福尼亚州民法典,尽管是以欧陆法系法典的方式来组织的,但它在很大程度上是公认的普通法规则的整合。See Paula Giliker. Codification, Consolidation, Restatement? How Best to Systemise the Modern Law of Tort [J]. International and Comparative Law Quarterly, vol 70, April 2021:279.

③ 参见江辉. 论法律修改后的文本发布 [J]. 甘肃政法大学学报,2022,(02):67.

<<< 第三章 律令传统的规律性

Statutes 有八千四百多页。① 由于法籍编制时汇集了几乎全部现行的法律规则，从而，法籍在发布时即等同于法律本身，故其本身有独立性，不必依赖于其他。法典是法典化的成果，为实现"整体的、快速的变革"且"在形式上和实质上都要完全"，② 则法典势必内容简明、篇幅短小、文本抽象。比如，民国时期及当前台湾地区的六法全书只是几本薄书或一个大厚本。正是由于法典过于抽象、原则，从而，法典在发布时尚未具体化，故其本身无独立性，必须依赖于法学理论和法律解释。

基于如上的分析，我们务必把法籍与法典区别开来，否则易生幻觉。从德国的蒂堡、日本的穗积陈重、匈牙利的 Csaba Varga③ 等人的作品来看，他们在表面上倾向于认为古今的一切稍厚的法律书都是法典，从而认为编制法典是天经地义、不言自明的公理，但他们实质上所主张的法典却是以《法国民法典》之类的法典为范型，而这种法典是法国大革命之后才出现的。视野再放大一点，欧陆法系之外的普通法国家是始终排斥法典化的，虽然在法律落后地区所制定的类法典也仅是作为向普通法过渡的工具来使用，英、美等国所编制的法律书是用 consolidation（它类似于中国古代的法籍编制方法，可译作中文的"法籍化"）方法完成的，而不是用法典化方法编制的。古代社会的一切法律书没有用法典化方法编制，中国古代也不存在法典化的法律书。法典至上论，明显是观念自我封闭后产生的幻觉。就如维特根斯坦的"语言的局限性是我的世界的局限性"的命题所揭示的，真正的概念必须是客观的，通过虚幻的概念只能看到幻觉或狭隘的世界。况且，法籍视野中的法的本质与法典视野中的法的本质是完全不同的。故，我们必须把法籍与法典区别开来。

综上，可以如下的图表来表示二者的区别：

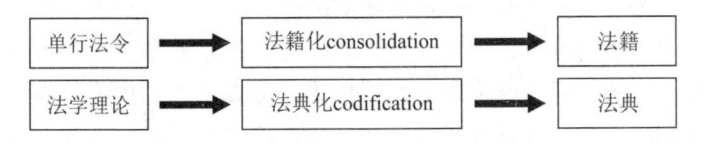

单行法令 → 法籍化 consolidation → 法籍

法学理论 → 法典化 codification → 法典

---

① 著者统计其页数的时间是 2018 年 9 月 13 日。参见宾夕法尼亚州议会网站. Consolidated Statutes [OL]. [2024-03-01]. https：//www.legis.state.pa.us/cfdocs/legis/LI/Public/cons_index.cfm.

② 蒂堡. 论制定一部德意志统一民法典之必要性 [M]. 傅广宇, 译. 北京：商务印书馆, 2016：12-13.

③ Csaba Varga 著有《作为社会历史现象的法典化》（Codification as a Socio-historical Phenomenon）一书，2011 年于匈牙利布达佩斯出版了此书第二版。

三、从单行法令到法籍

从中国古代律令的历史来看，法律形式发展的一般规律体现为，从单行法令到法籍的发展过程。

（一）法律形式发展的一般规律

中国古代法发展的前期只有各种单行法令，这些法令数量庞大、内容繁密，当时所重视的是法的实用性和实效性，这就是法的单行法令发展阶段，这个阶段经历了约六百年。而后，人们发现，数量过于庞大的单行法令造成了理解与适用上的困难，况且，当王朝发生了更替时也需要彰显新王朝的新气象，从而就产生了编制法籍的需要，经过努力，法籍应运而生。而一旦第一次编制了法籍，则其后历朝历代即相沿成制而必定尽力编制本朝的法籍，这就是法的法籍发展阶段，这个阶段经历了约一千七百年。在法籍发展阶段，并不是只要有法籍就可以确保国家的安定繁荣，实际上是法籍与单行法令并用，并且由于法籍往往滞后而使单行法令有优先效力，这使法籍不可能是唯一的法律形式。在这个阶段，有些法籍可能因新颁行的单行法令而失效或部分失效，有些法籍本来就不是用于实施的而是用于歌功颂德的，于是，法籍阶段并不是只有法籍，而且法籍还可能并不是最重要的法律形式，尽管法籍看起来很全面、很系统。虽然如此，我们仍然可以总结出法律形式发展演变的一般规律：法律形式的发展体现为从单行法令阶段向法籍阶段发展的过程，前者经历了数百年的仅有单行法令的阶段，而后者则经历了上千年的单行法令和法籍并存的阶段。

法律形式的状态与变化取决于服务于国家治理的阶段性实务需要，而不取决于个人意愿，它有自身的发展规律。在一个社会历史类型的前期必须有一个长达数百年的单行法令发展阶段，在这个阶段使法律的内容体系形成并充分完善，这是一个必经的阶段，否则这个民族、这个社会将无"法"可依仗以致难以实现生存。法的单行法令阶段的主要成果是形成了法的内容体系，即这个社会为处理或解决社会事务所需要的全部法条所构成的体系，这就会造成实际上存在着大量的单行法令，一方面它们是必需的，另一方面又渐渐会带来阅读、宣传、实施与遵守上的困难，这就渐渐产生了编制法籍的需要。

编制法籍的起因是为了更好地利用、驾驭单行法令，而并不是为了取消或消除单行法令。一方面，法籍颁行之前的旧单行法令并不当然就失效了，史书中常有某一制度（比如职官、品级、处罚等）来回改动的记载即是证明。正是由于以往的单行法令极为重要，从而才出现了专门收录法律发展沿革的会要、会典事例等类型的法籍。另一方面，法籍颁行之后还会颁发大量的新单行法令，这些新法令起到修正、补充法籍的作用。于是，在有法籍的时代，法籍实际上必须与单行法令结合才能发挥作用。总的来看，相比法籍，单行法令有更广泛的适应性和灵活性，更能及时满足经常变动的现实需要，从而更重要。

虽然人们所直接接触到的是单行法令与法籍，但社会所需要的及真正能影响人们的实际上是它们之内的法条。单行法令与法籍只是法条的载体形式，载体形式是随现实需要及朝代而变的（每个朝代都必有本朝的单行法令，魏晋以来的每个朝代基本上都会一次或多次颁行本朝的法籍），而作为内容的法条则变化相对要缓慢得多（比如秦朝的法条传承到了汉朝，唐律中的很多法条在明律、清律中赫然在列）。这说明，法有常规而无常形。法律形式确实会从单行法令阶段发展到法籍阶段，而这一规律是"形"上的而不是"理"上的规律，尽管它能部分反映法之"理"。对此，一方面，我们不能越过单行法令发展阶段而直接跳到法籍阶段，另一方面，我们不能认为法籍比单行法令更优或高级而优先发展法籍（或法典）并忽视单行法令。

（二）法律形式发展的阶段性

从中国古代法的历史来看，法律形式的发展体现出了很强的阶段性，不同阶段有不同的法律发展侧重点和形式特点。

1. 法律发展的上升期

在一个特定历史时期，法律发展的前期之所以只能是单行法令发展阶段，主要在于此期是法律发展的上升期。在这一上升期的数百年之中，大量全新的或经更新的法律规则产生了出来，这些法律规则的实施使这个社会在一个新的模式下向前发展和运行。而在法律的发展初期并不一定意味着国家没有安全保障，虽是在法律发展的上升期仅有众多单行法令，只要法律是以正常的方式在发展与完善，国家亦可以强大无比，因为国家实力是取决于法律的内容而不是取决于法律的形式，而诸单行法令是完全有能力容纳所有的法条的，通过单行法令足以构建出在内容上成体系的法度。

法律发展的上升期，是一个极其重要和极其关键的法律发展阶段，因为法律的基本内容正是形成并完善于这一时期。务实可行的法律规则并不是天然存在的，也不是可预测的，更不能通过抄袭而得。对任何一个具体的社会事务，都需要通过不断的调查、尝试、优化、完善，而为之创立一条新的法律规则，"当时而立法"是基本的立法准则，而其实现形式只能是单行法令。在此上升期，法律规则只能是以单行法令的形式出现，一个单行法令可用于承载一条或数条法律规则，而每一条法律规则都只能以同样的立法模式创立，这就必然使得单行法令的数量极多，这正是法律发展上升期法律形式的特点。

法律发展的上升期的立法成果是众多的单行法令，这些单行法令中的全部有效法律规则的整体构成一国法律的内容体系，而这些单行法令本身在一定意义上形成了一国法律的较为松散的形式体系。在此上升期，一国法律制度的基本结构和基本内容得以形成，此后仍会有法律发展，但法的发展将变得较为缓慢，这为法籍的出现创造了条件，此后将进入法律发展的平台期。

2. 法律发展的平台期

法的发展一般会进入平台期，因为特定历史类型一定有定型或基本定型的时候，这使法的发展变化不会是无止境的，一旦社会状态稳定下来则法律也就随之稳定下来，此后就进入法律发展的平台期。反向看，在一个特定历史时期，其法律发展的中后期之所以是法籍发展阶段，主要在于此期是法律发展的平台期。在此期，法律内容的发展并没有停止，但已进入缓慢发展时期，于是，人们才有条件对现有的法律制度进行整理、综合、编纂，法籍应运而生，法籍是在法律发展平台期法律形式的标志。不过，此期法的发展演变职能仍将主要是通过发布单行法令来完成的。

法律发展平台期的主要成果是少量法籍及众多的单行法令，它们中的全部有效法律规则的整体构成一国法律的内容体系，而法的形式体系则主要体现为法籍自身的篇章体例和由各法籍所组成的宏观体系，而诸单行法令在一定意义上仍属较为松散的形式体系。

任何历史类型的法律都是有其成长过程的，不可能在其产生的一开始就达到成熟，而是有一个渐进的成长过程。法的成长过程所体现出来的外部形态就是法的文本形态（如同植物那样有其形态 morphology），用英文表述就是 the morphology of the law。法有初生、有上升、有稳定生长，有其自身的规律性，这并不是人可以改变的。遵守法的成长规律则所立之法可成功，违背法的成长规律则所立之法必失败。

小　结

在法的内容方面。由于法律规则在任何时候都只取决于民情时势，则在立法时须避免采用"撰次诸国法"之类的文字编辑或单纯理论推导等脱离实际的方法。立法与执法当然都是理性活动，但它是那种高度联系实际与民众的实践理性，而不是那种以演绎推理和理论构建为基础的思维理性。作为法的内容的法条须满足明确具体、可执行、充分量化、事制与赏罚并行、明白易知等立法要求，而不能沦为华而不实的理论说教或理想宣示，如此才能使法条有实用价值，而不是徒有虚名或徒有"法"的外观却无"法"的实际内容。

在法的形式方面。立法者理当以制定和完善本国现实所需要的各种单行法令为唯一任务，并通过长期的立法积累而形成本国法的内容体系。在具体的立法过程中，单行法令一旦颁行当然是必须立即公之于众的；而长此以往必会导致单行法令数量过多而有查阅与使用不便的问题，则就可以逐年或定期分类编制法令集、案例集，也可以由官方或民间组织根据当前生效的全部单行法令来编制法律评注、法律索引、法律注释等法律图书；当各项法律制度已经充分完善、基本定型且单行法令的长期施行已形成稳定的社会风俗、社会习惯的时候，那时就可以尝试建立法的形式体系以编制出系统的法籍了。当然，即使编定了法籍，也不能忽视单行法令的基础性地位与作用，仍然需要通过发布新的或经修正的单行法令来推动法律的进步与完善。

第四章

律令传统的现代性

我国的律令传统长达2271年（从公元前359年到公元1912年），这是一个从未间断的持续发展历程，这在人类法律史上是一个无与伦比的奇迹，华夏各民族与其语言文字也在这个过程中得到了保全、发展与延续。这一史实无疑表明中国古代法是极为成功的，无论是从其"寿命"看还是其实施效果来看都是如此。中国古代法是在特定立法思想的指导下创制出来的，它在两千多年的传承过程中体现了良好的延续性和规律性并取得了预期的实效，由此而证实我国古代法在古代是有真理性的。

那么，进一步，我们需要知道我国古代法的基本精神在现代是否仍具有真理性，或者说是否有现代性。由此可以探讨：现代的中国是否需要及是否能够传承中国古代法的基本精神以服务于中国现代法的确立。

考虑到古人发展成为现代人不是以基因突变或以新基因替换旧基因的方式来完成的，那么，从古代法发展到现代法也就可能不是以抛弃古代法的基本精神而代之以全新的法理来完成的，至少这种可能性是存在的，因为英国法就是这样逐渐发展而来的，美国法又是在英国法的基础上发展起来的。从而，对古代法的基本原理和基本规律的现代性的考察是有重要意义的。

基于前面几章的研究基础，本章将着重从与当今世界较为成功的法律制度进行比较的角度来考察中国古代法所体现出的基本法理和基本规律的现代性。

由于古代律令的发展体现为法律内容与法律形式两个方面的并非同步的发展进步，法律内容主要是由事制规则与赏罚规则构成的法条，而法律形式则主要是承载法条的单行法令与法籍的篇章体系。如下将从这两个方面对律令传统的现代性进行梳理。

第一节 律令传统内容方面的现代性

一、法律规则类型的现代性

古代法这两千多年发展历程向我们昭示这样一个规律：立"法"就是创制或确认具体可行的事制规则与赏罚规则。

或许各个人、各个民族、各种语言对"法"的理解并不相同，但历史本身所显示出来的规律性却是我们所不能忽视的，这些规律是认识的主要对象。我国古代法所体现出来的规律性，主要表现为如下特征。第一，法须以事制规则与赏罚规则体现出来，并且二者必须同时给出，这使得当吏民有违反事制规则的情况发生时即可依处罚规则来处理。当立法者没有给出这两种规则或所立的"法"中没有这两种规则时，则该国实际上并不存在"法"。第二，法须是具体的。抽象的理论、空洞的理想、遥远的梦想、玄虚的主张等都不应出现在法律中，它们恰当的出现场合是专著或小说。在古代，商君思想虽然是秦法的指导思想，但它本身从来没有载入法律而成为法律。思想作为抽象理论是不具体的，从而不直接成为法律中的事制规则与赏罚规则。第三，法须是可行的，经实践检验为不可行的规则即不是法律，只有可理解、可操作、可实施、可执行的规则才能成为法的一部分。最后，法必须是规则，它须对官府、官员和平民起到同样的约束作用与保护作用。这一规律带来的必然后果是一国的法律规则极其繁多、琐细。秦法之周密自不待言。又如，"汉律……后稍增至六十篇。又有《令》三百余篇，《决事比》九百六卷（师古曰：比，以例相比况也。程大昌曰：古书皆卷，至唐始为叶子，今书册也），世有增损，错糅无常，后人各为章句，马、郑诸儒十有余家，以至于魏，所当用者合二万六千二百七十二条，七百七十三万余言，览者益难"、（汉宣帝前）"律令凡三百五十九章，大辟四百九条，千八百八十二事，死罪决事比万三千四百七十二事。文书盈于几阁，典者不能徧睹"。再如，清朝的法令大多保存到了现在，其中尤以其《会典》为最详细，其中最后一部会典包括大清会典一百卷、图二百七十卷、事例一千二百二十卷，这都包括大量的法令和法律规则。律、令、例的数量达到如此大的规模，不要说在古代，即使是在现代也是令人惊讶的（现代英美国家的法律其实也是这样的，其原有的法令很多，新法令每年还在增长）。只要一国的法律是以具体可行的事制规则与赏罚规则为内容，就一定会形成数量极为庞大的法律规则体系。虽然魏晋以来对法律屡经简化，但由于绝大多数法律规则都是必要的，任何一时被废弃的必要规则都可能被重拾。直到清朝，仍时而编出数百数千卷的法籍即表明当时的法律规则体系仍是庞大无比的，正是这些数量庞大的法律规则支撑起这个强大的、有序的国家与民族。

中国古代法中的这些规律在现代社会是否有效？在现代法中，普通法系是最早建立的，且英美国家相对而言更发达、更稳定，这里以普通法系的法律为例进行验证。

普通法系国家法律的基础是判例法，此外还有大量的议会制定法和行政机关依议会授权制定的行政法规。比如，在美国，联邦政府公报是每周周一至周五对外公布共五册行政法令，每年达二百多册，其中有些法规本身就篇幅巨大（比如总统依授权而组织起草并颁布的《军事审判手册》已达一千多页，其内容很详细，[1] 从而使其可操作性很强），这是行政法规部分，年复一年而使其法律规则累积数量是巨大的。[2] 在联邦国会，众议院的每届两年任期中要处理数千至上万件议案，[3] 其中一千件左右会成为法律，[4] 这些议会法案的累积数量同样极为巨大。在判例法方面，主要有官方的《美国最高法院判例汇编》和非官方的自1879年开始出版的《全国判例汇编系统》（简称：NRS）等，其中，NRS每年大约发表四万个案例，早就达到七千余卷约四百余万个案例，[5] 这些判例汇编中即蕴涵着大量的法律规则。正是由于联邦的议会法案、行政法规、判例的文献数量巨大，[6] 这些法源中包括数量巨大的具体法律规则。美国各州法律的情况又与联邦层面的相近。美国从联邦到各州的法律，以其具体、细致、周密且成内容体系的法律规则提供了推动国家实现安全强盛所必要的制度条件。

再如，英国自其光荣革命以来始终保持着安全、稳定、繁荣、文明，其所开创的判例法传统是当今世界约七十个国家法律的根基。英国判例汇编始于中世纪，其卷帙可能同美国一样浩繁，由此所累积的判例集与判例数量都极为庞

---

[1] 参见谭正义. 美国军事司法体制 [J]. 中国刑事法杂志，2006，(01)：112-120.
[2] 参见旻苏. 美国法律法规网站研究 [J]. 世界标准信息，2007，(03)：34-38.
[3] 比如，美国1997年至1998年第105届国会期间，参、众两院共提出了7529个议案和200个联合提案。参见查尔斯·W. 詹森，滕鑫曜，曹海晶，等. 美国国会立法来源、议案形式及日程：美国如何制定法律（一）[J]. 2001,：42-43.
[4] 参见易有禄. 各国议会立法程序比较 [M]. 北京：知识产权出版社，2009：44.
[5] 朱亚峰. 美国法律文献及其检索 [J]. 律师世界，2000，(02)：41-43.
[6] 据美国得州独立运动领导者Daniel Miller称美国的联邦法律法规合计有达18万页之多。这当然还不包括判例。

大。此外，英国也有数量众多的议会制定法，[1] 当然也都是单行法令。据英国学者统计，有约八千种法令中包含治罪条款，[2] 这些判例与制定法中累积了数量巨大的具体可行的法律规则。且，英国法的事制规则与赏罚规则基本上是结合在一起的而没有分离，由这些法律规则构成的内容体系推动着英国社会高效、稳定运行，也促成了英国文明及其世界影响力的形成。

汉朝的桓宽在《盐铁论·刑德》中评论秦法是"繁于秋荼，而网密于凝脂"，而实际上，中国秦汉以来的历朝法度都同样是如此，将它用于评价美国法、英国法也同样是合适的。详尽、细密正是法律健全的标志，而非恶法的表现。

反观欧陆则是另一番景象。比如，法国在大革命初期就颁行了数部法典，而被放逐到圣赫勒拿岛的原法国国王拿破仑却说："我的真正荣耀不是我取得过40场战役的胜利。滑铁卢的失败将它们的记忆全部抹杀了。但任何事物都不能抹杀我的《民法典》，它将在世间永存。"[3] 姑且不论拿破仑是否把立法与法律当成歌功颂德的工具，他对自身及法国的失败毫无反思反以为荣本身就是很可悲的。事实上，被法国人自己说成是"伟大"的法典化运动给法国及模仿法国法的各国带来了无休止的战乱、麻烦、失败。史实证明，不通过制定具体可行的事制规则与赏罚规则以跳过单行法令发展阶段而直接制定几本法典来治理一个国家的做法是对法律的无知。

与制定具体可行的事制规则与赏罚规则（二者合称法律规则）相关的一个事实是，法律规则有塑造官制的作用。在律令时代，为了执行与实施法律规则而才设立官职和官规，同时也会给出具体的赏罚规则，如果职官没有执行与实施法律规则将一定会受到处罚，由此可见，这样的官制是法律规则的派生物，这样的官制才是正常、严肃的。相反，如果先设立职官，再为职官创设需要执行与实施的法律规则，则各种职官一定会成为争权夺利的工具而不会顾及其民、其国，这样的一幕幕在世界上的许多国家经常上演，也在清末以来的旧中国经常上演，这样的官制是反常、可悲的。我们发现《前汉书》中出现了三十四次"秦官"字样，但在以往的古籍中很少见到秦代设立官制官规的记载，这是为何

---

[1] 比如，英王亨利八世在位时（1509—1547）就颁布了677件法律。而在1951—1953年间，英国内阁平均每年颁行的委托立法就多达2200件。参见郭成伟主编. 外国法律精神 [M]. 北京：中国政法大学出版社，2001：67-68.

[2] JONATHAN HERRING, Criminal Law (5thEdition), Oxford University Press, 2012：10.

[3] 转引自让·路易·伯格. 法典编纂的主要方法和特征 [J]. 郭琛，译. 清华法学，2006，2：16.

呢？由此产生的疑问是，"秦官"是如何形成的呢？其实，秘密就在具体可行的事制规则与赏罚规则上，正是为了执行这些规则而设置一一对应的职官。且秦制强调只爵禄有功者，且必处罚有过者或不守法者，由于法律规则很具体且可行，则这些职官最好自觉守法和执法，否则必会受到处罚，于是事制规则就催生了用于实施它的官制。秦官是为执行与实施法令而立，这就使得采纳了秦法的汉朝只能一并继受秦朝的官制，这是汉朝廷别无选择的，历史延续性的根据在这里。无实施法律规则之责即无官，有此责才立官，考之普通法系国家的官制也大致是如此逐步形成的。由于法律明白易知，人们也易于有效监督官吏的执法以保护自己的利益，官、民之间是平衡的，这利于实现社会稳定与社会正义。相比较而言，如果法律规定是抽象的，法律将成为官吏操控民命的工具，社会稳定与社会正义将难以实现。

与制定具体可行的事制规则与赏罚规则相关的另一个事实是，法律规则有塑造社会正义观和个人正义观的功用。由于法律规则自身就是具体、易知的，则法律的解释与实施即不可能操控于专家和官僚之手，个人命运及国家命运当然也不能被专家和官僚操控，社会在法治轨道上运行。当个人受到公共法律的保护则易于形成个人正义观，当社会在法律规则的引导下稳定运行则易于形成社会正义观。相反，如果法令中只有笼统的法律思想、抽象的法律原则则将使个人与社会都处于游移不定之中，少数官僚将成为特权者，这个社会中的各个人将努力成为那少数官僚以取得作威作福的资格，这势必使整个社会充盈着蝇营狗苟和不择手段地追名逐利的风气，如此则不可能有形成社会正义观和个人正义观的土壤。我们之所以关注正义观，是因为包括法国在内的很多欧陆法系国家在过去二百年之内总是处于动荡、不安之中，而这与其法律规则的虚无和正义观的缺失是有关联的。

可见，立法就是制定具体可行的事制规则与赏罚规则。这一规律并不因古今或国内外而有效力上的差异，只要存在国家、只要是国家，就一定会受到这一规律的拘束，守之者强盛，违之者削弱。立法就是创制适于时势的具体可行的法律规则，这看似事小且烦琐，但兹事体大，因为真正真实的社会文明正是根植于这些细节、烦琐。

二、法条化的现代性

中国古代法最重要的特征之一就是法条化。如前所述，法条化就是使创制的法条要同时给出详细的事制规则与赏罚规则，并把赏罚规则作为守或违事制规则的必然结果，并要做到使法条明白易知且可执行，也需要使法条充分量化以使其表述足够具体、详尽。

　　法条化在法的不同发展阶段有不同的体现，它在单行法令阶段的表现就是在同一个单行法令中给出具体的事制规则与赏罚规则。一个单行法令可记载一条或数条用于记载具体可行的事制规则与赏罚规则的法条，这就必然导致用于记载法条的单行法令数量庞大，而这是正常的、必要的。而在法籍阶段，大量的法条收入法籍，事制规则与赏罚规则还发生了分离；处罚类法籍（刑律）出现后，从字面上看，处罚规则是独立出来了，但实际上这种独立仅是文字的重新组织，而事制与刑律虽分离了但必有连结（即"违令则入律"），这种分离实际上是有限的，因为简版的事制规则与赏罚规则始终是结合在一起的，这使处罚规则及整部刑书都是附属于事制类法籍的；任何一个律条终归是要指向某一个具体的事制规则的，而任何事制规则都需要有律条加以保障。不但如此，在法籍之外新产生的大量单行法令是事制规则与赏罚规则一起给出的，刑律的发展仍然必须通过事制与赏罚合一的单行法令来推动。事制规则与赏罚规则的分离可能造成误解，即，误以为刑律可以独立起作用，于是，时而有过于仰赖刑律来达到维持社会秩序的目的的情况，也就是以刑治国，这注定是要失败的，因为事制规则才是维持社会秩序的根本依据。法条化在有无法籍之时都是坚实的规律。

　　法条化的本意是立法时把确立事制规则放在优先的、首要的位置，是用事制来实现立法目的，而为了保全事制规则的效力才确立赏罚规则。赏罚规则并不是直接用于实现立法目的，而是用于保全事制规则效力的，只有事制规则能实现立法目的。如此一来，赏罚规则是附随、依附于事制规则的，即，赏罚规则是不能越过事制规则而独立存在、独立颁行、独立实施的。那么，东周时期未经单行法令的充分发展、充分施行阶段就直接颁行的各种刑书、刑鼎等都是作为错误、失败事件出现的，在那个时代只可以有附属刑法而不应有专门的刑书，在其出现的一开始就注定是要失败的，也注定不会被后世传承，且迅即被历史抛弃。可叹的是，当今世界却有大量的类似东周刑书、刑鼎的刑事立法。法条化意味着不可逾越法的发展阶段而直接颁行刑律，事制规则是优先于赏罚规则且派生出赏罚规则的，且赏罚规则在任何条件下都不可能完全独立于或脱离事制规则。

　　法条是有结构的，也就是由事制规则与保全其效力的赏罚规则构成一个完整的法条。法条的这一结构有广泛的指导意义，因为赏罚规则只能根据事制规则来确定，这就使得事制规则与赏罚规则都是随着时代发展而共同向前发展、变化的。可能有人会说，类似杀人、盗窃这样的违法犯罪行为之受处罚是万世不易的事情，则当然可以撇开事制规则而直接单独确定处罚规则。只能说，这种想法是典型的不明事理，因为虽然类似杀人、盗窃这样的违法犯罪行为是理当受到处罚的，但如何处罚是不可能撇开事制规则而直接单独确定的，否则任何时代的杀人罪都只能判处死刑，而这是不符合史实的。史实是，同是杀人行为，其处罚显得越来越轻缓化、文明化。远古时代主要是同态复仇，杀人者必死是那个时代的常识。在近古，杀人者大多不会被处死刑，比如中国自秦汉以来即区分殊死与非殊死、真犯死罪与杂犯死罪，普通的杀人行为即属非殊死或杂犯死罪而通常不会被处死刑，而代以劳役，比如北魏时"冀州刺史源贺上言，自非大逆手杀人者，请原其命，谪守边戍。诏从之"（《魏书·卷一百一十一》）。又如英国"9世纪后，因为丹麦法的影响，死亡赔偿金制度才正式取代血亲复仇。如果罪犯不能偿付死亡赔偿金或拒绝出庭、规避审判，那么就会对其宣判死刑或放逐"，[1] 这都大幅削减了对死刑的施用，杀人者不必死成为新常识。到了现代，基于自由市场经济及民主制度等多方面的原因，各国都在严格限制死刑的适用，中国近些年来判决与执行的死刑案已较少。而在世界范围内，据考证，截至2004年10月，世界上以不同的方式废除死刑的国家和地区的总数已经达到了128个，而保留死刑并执行死刑的国家及地区仅为71个，[2] 这说明，杀人者非必死渐渐成为新常识。这一史例说明，处罚规则并不是可以脱离事制规则而可独立自存的，它必须跟随、服从事制规则的步伐而亦步亦趋，这是由法条的结构决定的。

法条化是一个重要的立法规律，它决定了一个历史类型前期阶段的法令都只能是单行法令。由于这些单行法令基本上都会表现为在事制规则后附以处罚规则，这使多数单行法令同时也是附属刑法（不排除也可能出现极少量的单行刑法），这在现代社会也是有体现的。比如，上面所提及的英国刑事法涉及多达约八千种法令，这些法令其实基本上是附属刑法（也就是把刑罚或处罚作为保障该法令所规定事制的法律措施）。美国在刑事方面的法令基本上也是附属刑法。这说明，法条化这一规律对现代国家仍是有效的。

在法的发展历程中，法条化是一个不可回避、不可违背的重要规律，这不但在古代如此，在现代同样如此。

---

[1] 曾龙，刘晓虎. 中世纪英国死刑制度考 [J]. 求索，2007，(3)：86.
[2] 参见罗吉尔·胡德. 死刑的全球考察 [M]. 刘仁文，周振杰，译. 中国人民公安大学出版社，2005：505-518.

三、"当时而立法"的现代性

中国古代法自其形成的一开始就是作经世致用的，因此而强调立法须合于民情、时势，这就使得法在一个确定的轨道中形成和运行。

法须"当时而立"（即合于时势、民情）是秦代在立法时所奉行的基本准则，其后朝历代的立法基于立法仿制也都注重及时调整法律以使其适于时势。古代使法律适于时势的主要途径是朝廷常年通过皇帝朱批奏折、朝会、内阁等工作机制来经常性地讨论法律并在必要时对其进行调整。在现代社会，立法权通常交由议会行使，行政机关只有经议会授权的补充立法权，而政府首脑和法院可以对立法权进行约束，议会与政府的定期选举换届可以促使立法不会脱离社会实际，法院要经常性地处理诉讼则也不会脱离社会实际。议会为完成其立法职能，美国、英国、澳大利亚、加拿大等国议会都是采用全年制会期,[1]（扣除假期等）年实际开会天数在三百天上下，从而，权力重大、运行稳定的议会并不是一个无足轻重的临时性机构而是一个全年运行的国家机构，这确保了经常性地审议法案、管理国家预决算、监督法律实施、监督议员和官员等这些重要的国家职能能落到实处，也使经常性地调整法律使其合于现实需要成为可能，无效的、有害的、事与愿违的法令基本上都有机会迅速地被修正，这能推动法律的完善与社会的进步。虽然法律有必要保持稳定，但只有那些合于时势与公共治理目标的法律才有资格保持稳定与存续；对不合于时势与经世致用目标的法令来说，它们是没有资格保持稳定的，而须立即加以修正，对此类法令一经发现则不妨朝令夕改，而不能任由它妨碍社会进步。法是可变的，任何时代都须对法律进行调整以确保它保持在合乎时势民情的状态。

立法无论是通过哪一渠道（朝会或议会等），一方面必须确保所立之法有正常完整形体，如果所立之法是结构不全（比如，仅有事制规则而无处罚规则，或仅有处罚规则而无事制规则）或发育不全（比如，仅给出的是抽象的思想、理论而没有给出足以达到实用标准的具体规则）则立法就是失败的，另一方面必须确保所立之法是"活"的法律规则，法必须有生存环境或生存土壤，须合于民情，即必须有现实依据，仅可读而不可用的法是死法、假法。如果所立之法是没有本国现实依据的古代法律规则或外国法律规则即是"死"法，则该立法是失败的。法的活力、活性或生命力正是来自"当时"，立法的关键在于使法合于"时"，真实有效的议会或朝会等相关制度正是"当时"的重要渠道。

---

[1] 蒋劲松.代议会期制度探究[J].法商研究，2015，32（1）：92-100.

法之所以必须"当时而立",在于只有这样才能实现经世致用的社会治理目标,而法令本身并不是立法的目标。法本身无所谓功、名,功、名都是实证的、实际的,则除非法令的实施达到了经世致用的目标,否则该法令即一无是处。那么,法令本身不可能成为用于炫耀治绩、歌功颂德的有效途径,法也不是用于好看或安抚人心的,因为无经世致用实效的法令即如同废纸。在现代较为健全的全年制议会中,会对一个议案进行广泛的讨论、听证与辩论,也有激烈的党派争夺,更可能有议会外的广泛社会动员和利益集团压力,以这些根源于现实社会的广泛深入的争辩与角力而达成是否制定、如何修正法律的决定,[①] 这就易于制定出用于实现经世致用目标的法令,至少不会轻易出现空洞、不敷实用的虚假法令,更不会出现主要用于粉饰太平、歌功颂德、空洞无物的虚假法律。而在现代议会制不健全的地方,比如在法国拿破仑独裁统治时期,法国议会在他的授意与强推下颁行了数部让他视为"真正荣耀"的法典,但问题是:法的真正魅力并不是"荣耀"、好看,而是实务、实用、实效。立法以经世致用,这同样是古今同理的。

立法是一项崇尚实证和时务的严肃公共事务,它部分地涉及法律思想,更主要地是涉及把握具体、实际的民情时势。从而,立法或法律草案是单纯的学术研究或单纯依靠学者无从完成的工作,那么,所谓的"学者法"或"学术法"就是实实在在的黄粱美梦。基本的法律思想并不难获知,因为基于立法目的可知它寓于"时",非偏执的正常人大多能知晓或理解它,它与学术研究或学者没有多大关系。而具体的立法思想和立法模式只取决于时务,它是根据对时势民情的总体考察来决定的。至于具体的法律规则更是只能通过对时势民情的具体考察来具体决定,这些都是实践性活动,这是通过学术性逻辑推理所无从解决的。

立法是一个实践问题而不是学术问题,考之现代各国立法的成败得失即可得到确证。欧陆法系国家的立法主要是寄托于专家学者的法典草案或法律草案,这些草案在议会中经过象征性的投票后成为法律,简单高效但脱离实际的立法注定无助于国家治理,普遍且经常的内乱或战乱正是其立法失败的表现或后果。普通法系国家同样有学者提出法典草案或法律草案,比如,英国功利主义者边沁是"法典化"论者,他一生致力于将英国的普通法法典化,但他的主张遭到

---

① 比如,1956 年至 1964 年的美国联邦参议院在讨论《民间平等法》法案时,就有一名议员连续发言 21 小时,使得其他参议员无法发表意见,以阻止法案的通过。参见蔡金. 美国国会的立法程序和执法监督 [J]. 人大工作通讯,1998,(1):35-38.

了强烈抨击而在英国和美国均失败，且柯克、布莱克斯通和梅因等著名学者均表示反对普通法的法典化。美国有纽约州律师菲尔德大力宣传法典化主张，他主持为纽约州拟定了《刑法典》《政治法典》和《民法典》等五部草案，虽然被一些州采纳，但这些西部州采纳菲尔德法典的意图是用法典取缔当地存在的习惯法、西班牙法、法国法传统，进而使普通法在当地得到推广。① 普通法系国家维持了以判例法为基础的普通法传统，学术法被摒弃，事实上普通法系国家大多较为文明强盛，这是其严肃立法带来的回报。②

虽然时不时有盛赞李悝著《法经》的论述见诸文端，殊不知李悝所在的魏国不久即被迫迁都，再不久就亡国了。虽然时不时也有盛赞法国拿破仑法典的论述见诸文端，殊不知拿破仑所在的法国不久即被联军攻陷，其后再也算不上强国。李悝之类的古今中外学者③莫不以能拟定法典草案为荣耀、为乐，殊不知他们自身可能实为不明法理的、只有资料整理小慧而却冒充有立法大智的宵小之辈，他们是要用自身的无知摧毁自己的国家和社会良知而不自知。立法并不简单，而纸上谈法是何其简单，但立法也并不神秘，但若不明其理则将反倒以谬误为荣耀。

可见，中国古代律令传统在内容方面体现出来的基本精神是有现代性的，则在现代社会理当注重对它的研究，并在立法中加以传承和发展。

---

① 在英美国家，大多数历史学家认为，普通法专家偏颇的法律观（只有普通法是文明的，其他法律体系都意味着野蛮）最终左右了美国官方对这一问题的认识。参见塔玛尔·赫尔佐格．欧洲法律简史：两千五百年来的变迁［M］．高仰光，译．北京：中国政法大学出版社，2019：368．
② 法的经验性是英语国家的基础性共识。比如，美国的霍姆斯法官说，法律的生命不在于逻辑，而在于经验。又如，有学者认为，"法律不可避免地是一种具有巨大的现实重要性和普遍的实际表现形式的人为的社会现象"。阿蒂亚，萨默斯．英美法中的形式和实质［M］．金敏，陈林林，王笑红，译．北京：中国政法大学出版社，2005：351．
③ 比如，起草法国《民法典》的特龙歇、马尔维尔、普雷阿梅纳和波塔。又如，1880年生效的日本刑法和刑事诉讼法，其起草者法国巴黎大学教授布瓦索纳德，他根据法国法编制了这两部法典的草案。另外，以穗积陈重、梅谦次郎和富井政章三人为主起草的日本民法典于1898年生效，此法是大量移植德国民法典的规定而编制完成的。再如，1846年之后在美国纽约州推动法典化的律师菲尔德。旧中国那些法典的起草者当然也属此类。

第二节 律令传统形式方面的现代性

一、单行法令的现代性

如前所述，在中国古代法中：单行法令是法律的本质形式，全部单行法令的整体就是一国的法度；而法籍则是法律的技术形式，法籍的内容与形式体例都是源于单行法令，通过对现有的单行法令的整合、编纂而成法籍；在一个社会历史类型的前数百年中，法的形式只能是单行法令；而在出现法籍之后仍须通过单行法令推动法律的发展与进步；单行法令是确立一国法度的关键法律形式。

为更清楚地表达这一现象，我们把对现有的单行法令的整合、编纂而成法籍的过程与方法，叫作法籍化。以此与欧陆的法典化现象相区别。

考之现代社会，最先确立现代法律制度的是普通法国家，这尤以英国为代表。到目前为止，英国的制定法中仍只有数量众多的单行法令，比如英国的刑事相关制定法多达八千种左右，[1] 而英国的判例法（实际上相当于是单行法令）其数量同样惊人。光荣革命之后已三百多年了，英国仍没有制颁刑法典的计划，英国把当前立法的重心仍放在致力于推动完善各项具体法律制度方面，[2] 也就是把发展和完善单行法令作为当前立法的主要工作。看来，英国编制法籍可能是未来很多年之后的事情了（基于当前美国法的发展情况，英国将来也可能进行法律整合而形成法籍，但不可能制定法典），在这之前仍只会以单行法令为法律形式。

美国法脱胎于英国普通法，这使其法律制度与法律文化与英国的较为接近。虽然美国独立后切断了与英国普通法的联系，而走上了独立发展本国法律的道路，但由于美国建国前后的各州及联邦的法律制度基本上是以英国法为基础和样板发展起来的，那么，美国法的发展其实也至少有三百多年了（以英国光荣革命为起点）。组成美国法的议会法案、行政法规等都是典型的单行法令。不

---

[1] JONATHAN HERRING. Criminal Law（5thEdition）[M]. Oxford：Oxford University Press，2012：10.

[2] JONATHAN HERRING. Criminal Law（5th Edition）[M]. Oxford：Oxford University Press，2012：15.

过，与英国法略微不同的是，美国从二十世纪初开始编制各种法律典籍（比如，联邦自 1926 年开始编制的 *United States Code* 及自 1936 年开始编制的 *Code of Federal Regulations* 等，各州也有类似的法律典籍）。对这些法律典籍的性质，第一是它与欧陆的法典不同，这些典籍并没有经过立法程序而只是对现有法令的技术性编纂，从而并不创立任何新的法律规则，第二是它主要充当索引之用，也就是说它并没有替代单行法令而仅是为查找单行法令提供线索与便利，它基本上也不会废除以往的单行法令，第三是它与其背后的单行法令都不是独立、直接起作用的，"在实际运用美国法律时，发现最新的可适用的制定法规定，还不是查考和研究的目的，你还必须去考查在每一案件中，这一特定的规定是如何由判例法加以解释的。只有这种法律才是决定性的"。① 故，不妨认为它们是一种新类型的法籍，且类似于中国古代的用于编纂现有单行法令的法籍，但明显不是欧陆以往出现的那种立法性质的法典。而美国（联邦和各州）的议会只负责制定法案（即单行法令），而议会下属工作机构所编的典籍是对现有单行法令的整合（consolidate existing laws）。正是因为较为接近，我们完全可以把美国法中的 consolidation 译作法籍化。即，美国的立法有法籍和单行法令，但仍以单行法令为基础性法律形式。

此外，在欧陆，有很多国家自二百多年前革命后马上就开始颁行法典，而这些法典并没有能阻止大量单行法令的出现，也没能阻止"解法典化"的趋势，更没能实现通过这些法典建立自由的理想国度的目标，反而经常受困于内乱和外乱。这说明，那些法典是在时机与条件极不成熟、对法的性质理解有偏差的情况下颁行的。单行法令充分发展阶段实际上是不可逾越的，否则，即使跳过了也得退回去重新出发，而重新出发后的发展方向也不应是法典，而是编纂现有单行法令的法籍。

单行法令之重要性及作为必经立法发展阶段的不可逾越性，不但可由中外历史所证实，也有一些学者从不同理论角度进行了一些论证。比如，德国学者萨维尼认为：法律只能是土生土长和几乎不知不觉、盲目发展的，它不能通过立法的方法来创建，并把法律视为民族精神的产物；立法者的法典编纂活动将阻碍或打断法律自然发展的过程，违背法律发展的内在规律，甚至引导其朝着错误的方向发展；任何法典都不可能涵盖所有的社会生活和预见未来一切有可能发生的事情，法典编纂者不是能够洞察一切和预知未来的超人或圣人，即使他竭尽全力，法典都会留有缺漏和空白，从这个意义上说，任何法典都是千疮

---

① 朱亚峰．美国法律文献及其检索 [J]．律师世界，2000，(02)：41．

百孔的;《法国民法典》《奥地利民法典》和《普鲁士民法典》三部法典是在一个错误的时代的错误的产物。① 美国学者卡特（T. C. Carter）也极力反对法典化,他认为,"法典编纂阻止了私法的自我发展——这是它真正的生长方式——当然,立法者可以制定法典,但国民的正义标准将比法典的静止规则更为强大,它将不断地在规则之外寻找自己的道路。因为如果法律是习惯,立法者就不能对之加以处理,立法者应尽可能少地对之干预,断然不能整体地将之编纂成法典,尤其在习惯是不断地生长的条件下,将全部习惯套入僵硬的、坚固的规则中去必定会粗暴地干涉这种生长""科学仅仅是对事实的整理和分类,具体案件的实际判决就是事实,它们只有在进入存在后才能被观察和分类,例如在判决作出后这样做。因此,要求法律科学为未来制定规则,在逻辑上是不可能的。换言之,法学家和法典编纂者不能对未知世界的人类行为进行分类并继而就它们制定法律,正犹如博物学家不能对未知世界的动植物进行分类一样""法律是活的、永远生长的科学,它与竖立反对法学的自然和正常生长的僵硬障碍的企图是根本不相容的"。② 普通法学者所从事的并不是法典化努力,而是对现有法律的整合,对他们来说,从事民法典风格的全面法典化将需要在法律推理和处理法律渊源方面进行过多的实践转变。③ 这些观点不无道理,值得关注和研究。

　　欧美现代的法律及法学理论佐证了单行法令充分发展阶段的重要性,不可盲目地追求法典化,也从侧面证实了中国古代律令发展规律的现代性。不但如此,由于中国古代法有两千多年的长久且完整的发展历程,它能提供更多法律发展规律的细节,从而有更为重大的研究和传承价值。比如:单行法令充分发展阶段至少需要数百年（中国古代的表现是约六百年。在国外,美国自英国光荣革命至自身开始编制法籍也有二三百年,若从殖民地建立时起算则更久）而不是几年、几十年或一百来年;单行法令的数量可不厌其多;法律渊源须多样化,特别是需要重视对案例的利用;法籍不能排斥单行法令;诸单行法令决定

---

① 参见封丽霞. 世界民法典编纂史上的三次论战:"法典化"与"非法典化"思想之根源与比较 [J]. 法制与社会发展, 2002 (4): 93-105. 不过,在德国,"民族精神"是一个模糊的、主观的观念,于是会引出自相矛盾的主张,萨维尼用民族精神理论阻止制定法典,而从哲理角度研究过"民族精神"的黑格尔则主张尽快制定法典。最终,德国只是延缓了几十年仍颁行了法典。
② 封丽霞. 世界民法典编纂史上的三次论战:"法典化"与"非法典化"思想之根源与比较 [J]. 法制与社会发展, 2002 (4): 93-105.
③ SEE PAULA GILIKER. Codification, Consolidation, Restatement? How Best to Systemise the Modern Law of Tort [J]. International and Comparative Law Quarterly, 2021, vol. 70: 271-305.

了法籍的状况而不是相反；必要时进行单行法令的法籍化，而不能法典化；等。我们应珍视律令传统。

二、法籍化的现代性

如前所述，在中国古代法中：相比单行法令能体现法的本质，法籍只是法的技术形式，法籍的内容与形式体例皆源于单行法令；只有在单行法令充分发展、充分实施数百年之后才适宜于编制并颁行法籍，此时，事制规则的长期运行已推动形成了合乎法度的社会风俗、社会习惯而具备了将事制规则与赏罚规则分类整理编纂的条件；法籍是通过对之前制定并生效的单行法令的编纂、整理而成，而不是凭空（脱离实际的社会生活实践）根据学术理论编制而成，法籍不是学术研究的成果，而是以往生效单行法令的派生物；法籍往往只能重新编制，而不便于修订；在中国古代法籍发展的一千七百多年中，虽然形成了品类繁多的法籍，但长期一贯的法籍主要是刑书（即魏晋以来各朝的《律》）与政书（主要是《令》《会典》）；在出现法籍之后，仍须继续颁行和发展单行法令，以推动法律的发展与进步。虽然现代法的发展从英国光荣革命起算至今仅有三百多年之短而无从一一验证这些规律，但仍然部分地可以从普通法系与欧陆法系成败两方面的经验教训中得到验证。

普通法系国家，特别是最早确立现代法律制度的英国及脱胎于英国普通法的美国，对法典化一直持拒斥态度，甚至视法典化为异端。就如法国学者所言，在美国、加拿大、印度，或者更广义上，在英语国家中，被称为"Code""Revised Laws"或"Consolidated Laws"的文件并不是欧洲意义上的真正的法典。① 美国有大量的"Code"，但它们基本上都只是现有法律的法律整合，其主要目的是表述制定法以使其条理化以便于人们查找。② 这些普通法国家的法律书籍明显不同于欧陆国家的法典。这说明，在有些国家，编制用于汇合单行法令的法籍的现实条件基本成熟，但未来仍会通过修正或颁行单行法令以致力于完善现有的具体法律制度，并适时编制法籍，而不是编制法典。

英语中的"codification"一词当为英国学者边沁所创，虽然他的主张在英语

---

① 普通法学者所说的"Code"是指建立在判例法原则基础上的现有法的整合，从而必须与欧陆法系中的"Code"相区别。SEE PAULA GILIKER. Codification, Consolidation, Restatement? How Best to Systemise the Modern Law of Tort [J]. International and Comparative Law Quarterly, 2021, 70: 280.

② 参见让·路易·伯格. 法典编纂的主要方法和特征 [J]. 郭琛, 译. 清华法学, 2006, (02): 12-30.

国家遭到抵制而全面失败，但他由此提出的问题却受到了长期的关注：如何体系化现有的法律规则？这个问题在英语国家是有吸引力的，因为这些国家经过长期的立法和司法实践而形成了海量的法律规则，从而有体系化现有法律的需要。经过探索，普通法系国家所找到的方法是"consolidation"，它接近于中华法系传统中的法籍化，这一方法论所做的只是整理现有的法律规则或展示现有的法律发展成就，它并不是革命，而是巩固现有立法，这是经过长期的积累而取得显著的立法成果。但边沁所说的"codification"其实是总结自法国的立法模式，这一模式并不是边沁所创，它并不是体系化现有的法律，而是把教材中的理论体系或某些学者所认可的理论体系纳入法典。比如，法国民法采纳的是《法学阶梯》的体系，而德国民法采纳的是《法学汇纂》的体系，从而，其法典是自带体系的。但法典化却不是巩固，而是革命，通过它而抛弃旧的法律规则，而代之以全新的法律原则，意图通过法律原则的革命而带来社会的进步，但实施结果是由此不断引发社会革命而妨碍了社会进步。不过，这些法典体系只是观念上的体系，而观念是因人而异的，从而有很强的随意性，况且，法典主要是法律原则的汇集而不是法律规则的汇集，从而也不可能达到边沁的目标。

欧陆法系的出现较普通法系要晚一百多年，形成至今也仅约二百年，是一个相当年轻的法系或现象，而它却正好是以法典化为首要特征，也就是在革命的一开始就颁布以抽象和全面为特征的法典。欧陆法系虽然以编制各种法典著称，但各种问题随之产生，比如过于抽象、过于僵化、妨碍法律进步、漏洞百出等。为此，在欧陆法系国家，一些法典解体而为众多的单行法令（比如，商法、税法等），一些法典在经修正后仍不能满足现实需要而只得在法典外颁行各种单行法令，并且在以往的法典（典型的是"六法"）所不涉及的领域则通常以颁行单行法令的方式加以处理而不是法典化或将其纳入现有的法典（比如，公司法、反垄断法等），现有的法典也往往被频繁修订而形同单行法令，除此之外，为了解决司法判决不公正的问题而也开始重视司法案例。这说明，这些国家之前进行的法典化努力并不成功。① 法典化面临的阻力和困难是很大的，其理论基础也备受质疑，其未来有很大的不确定性。

由于现代普通法系国家的法律包括大量的议会制定法、行政法规、判例法，其法以具体、明确、详尽著称，这导致单行法令的数量极多、内容丰富且周密，

---

① 有美国学者指出，"大陆法系国家目前正在发生基本转型，这种转型部分表现为民法典作用的衰微以及宪法权威的树立；另一方面则表现为欧洲联邦主义的勃兴。大陆法系国家的这种彼此关联的向'非法典化''宪法化'以及'联邦'方向演进的趋势看来已成定局"。转引自徐学鹿，梁鹏.论非法典化［J］.时代法学，2005，（04）：71.

相应地，法律整合的篇幅就极为庞大。一些普通法系国家除了有成千上万卷的判例集之外，还有数十数百卷的法律整合图书，这些法律整合是用于实用的而不是用于炫功的，而它们作为皇皇巨制与中国古代动辄编制出成百上千卷的法籍是有相通之理的。

第三节　律令精神的传承创新

通过考察律令传统中的基本规律及其现代性，使我们对中国古代律令的精神有了基本的了解。对律令传统中的"活性"成分，我们理当加以传承，并进行创新性发展，以服务于法律现代化的事业。

一、律令精神的传承

中国古代的律令传统并不因时过境迁而丧失现实性或现代性，它值得中国人自己进行深入研究和传承，也值得世界任何国家的学者对它进行研究与借鉴。但是，传承的最大障碍可能在于知识论。

要解决律令精神的传承问题就需要首先对中文系统中的知识论进行反思和梳理。在欧洲大陆之所以形成或盛行民法法系，与其启蒙运动时期风行的唯理论有关，也可能与其中世纪长达上千年的宗教主义历史传统有关，只不过，中世纪的立法者是教廷，而大革命之后的立法者换成了议会，而其所立之法都被当成了绝对命令、绝对真理。在英语国家之所以形成或盛行普通法系，与其知识论上占主流地位的经验论有关，且不存在特别强的宗教主义传统，法律被视为实现正义的具体经验，法律渊源也是多样化的。对于古代中国来说，既不存在唯理论传统，也不存在宗教主义传统，虽然也不存在英国那样的经验论学说，但经验论的文化倾向还是很显著的。之所以在清末之后对法典论情有独钟，并不是因为唯理论，而与当时紧急"时局"下对知识论的忽视是有关系的，不知何为知识则也就不能区分真知与谬误。

虽然知识论是一个复杂的问题，但对之进行反思和总结仍是极为必要的。否则，在不了解人的认识能力、不知何为知识、不知如何获得知识的情况下，要想实现知识的进步必是困难的或偶然的。

在人的认知能力方面，实际上是有着多种截然不同的看法。中国古代的学者在这方面有可贵的探索。老子《道德经》五千言中有"知"字达五十多处，其中认为"知不知，尚矣。不知知，病也"，这是说，知道自己有所不知是高

"尚"的，不知道却自称知道是"病"态的。《庄子·养生主》认为："吾生也有涯，而知也无涯。以有涯随无涯，殆已！已而为知者，殆而已矣！"庄子实际上是认为人的认知能力是有限的。《论语·为政》中认为："知之为知之，不知为不知，是知也。"孔子这是说，理智的人会承认有自己不懂的地方，自视无所不知的人实际上不理智。这说明，从文化传统上来说，中国古代主流的观点是认为人的认知能力是有限度的，并不认为人有无限的、绝对的认识能力。这当然是务实的、恰当的。而在外国，则有经验论和唯理论之别。哈耶克认为，经验主义世界观在英国曾占支配地位，而理性主义世界观在法国占支配地位。① 经验论认为，人的理性是有限的、易犯错的，重视观察、实验，归纳法是其核心方法。而唯理论则认为人的理性是至上的、完美的，重视理性分析、逻辑推理，演绎法是其核心方法。无疑，我国的文化传统与经验论较为接近，法律被认为有权威，但从来没有被认为是绝对真理，这是需要明知的，否则极可能下意识地抗拒律令传统。

在何为知识的问题上，同样存在多种看法。英语国家的经验论认为，知识是长期反复实践得来的经验，知识来自经验。欧陆的唯理论认为，知识来自理性，是理性的产物。而在我国，"实践出真知"是公共信念，但实务上对知识的定性却游移于经验论与唯理论之间并明显偏于唯理论，以致时而要反对教条主义，这说明对知识的性质缺乏深入的研究。就我国古代律令来说，法律从来没有被当成绝对真理或一成不变的教条。律令在不同朝代往往是不同的，在一朝之内也是不断变化着的，律自唐朝开始在一朝之内较少修订，从而就不能避免被更务实的新令、新例架空，这正说明了法律的实践性或经验性，不了解这一情况则将难以得律令之门而入。

在如何获得知识的问题上，同样存在观点上的分歧。一种观点认为知识（包括法律）来自经验，从经验中分辨、提取出知识，其知识以具体化为特征，也就是主要用归纳法获得知识，无自身（而非他人）经验基础的即不是知识，进而对知识的探索、质疑较为重视。另一种观点认为知识来自逻辑推理，其知识以抽象化为特征，主要从演绎法中获得知识，认为知识可以脱离实际而有普遍的意义，从而对知识的学习、移植较为重视。对中国古代法而言，律令背后的指导思路或许一直是"当时而立法，度务而制事"，律令本身一直处于变动之中。这说明，法律并非事前的设计，而是实践中探索的成果。正是由于立法必须切合复杂多变的现实时势民情，这使得实际的立法只能是零打碎敲式地根据

---

① 哈耶克. 自由宪章 [M]. 杨玉生，等，译. 北京：中国社会科学出版社，2012：85.

现实的具体需要而制定的各种单行法令，相应地，法籍编纂的篇幅就极为庞大，这是古今无异的正常法律现象。由于单行法更为基础和重要，则，单行法与法籍法也不存在尊卑贵贱的问题。无论是古代，还是现代，实际上都不存在所谓的"帝王级"或"最高级"的法律形式。

故，有什么样的知识论就有什么样的知识。法律文化的传承需要有相应知识论的支持。

二、律令精神的创新

自清末以来，中国即面临着法律现代化的历史使命。但法律现代化，非从天坠，亦非从地出，更非可借或可拿，只能在秉持知识创制规律基础上的经验性法律知识积累方可成就。

回望过去两千多年的传统律令发展历程，我们理应对古人所取得的立法成就和社会发展成就感到欣慰，也应对律令传统所显示出的立法规律加以珍视。古代法的发展规律有长期一贯的史实加以证实，也有古代法律思想上的根据，还可以从现代国家的法律史实得到确证，则那种视中国古代法律文化为草芥或毒物的观点是极其有害的。对中国优秀法律文化传统，我们理应加以研究、传承和发扬。

回望过去一百多年的中国，在立法实务层面，当清末的人们认为中国的法律落后于欧洲某些新兴国家的之后，清朝的吏民即开始讨论和选择立法模式了（仅是选择，而并不是研究与反思，也不是独立发展）。比如，清末宪政编查馆大臣奕劻等的《议复修订法律办法折》即分析了"单行法"与"法典"的取舍问题，由于他们较熟悉欧陆立法模式，因而片面地认为"各国编纂法典，大都设立专所，不与行政官署相混，遴选国中法律专家，相与讨论，研究其范围，率以法典为限，而不及各种单行法"，于是起而强调编纂法典的重要性。[1] 其后几十年间的旧中国立法尝试也大致就是依这一思路进行的。这实际上是走上了跳过单行法令发展阶段而直接"取各国最新之法而集其大成，为世界最完备之法典"的道路，这与战国时期魏国李悝"撰次诸国法，著法经"的自灭之路岂不是高度雷同。即如《韩非子》所言"与死人同病者不可生也，与亡国同事者不可存也"，极其严肃的立法活动由此蜕变为轻率的写作活动，且所仿非正，其结果当然是无不失败。立法之精义在于要为社会提供可行且有实效的法律规则，

---

[1] 转引自刘广安. 法典概念在晚清论著中的运用 [J]. 华东政法大学学报, 2009, (06): 138.

而不是编制优雅好看的图书,不明此理则断不会有成功的立法。

而在法律学术层面,自一百多年前开始的很长一段时期内,立法与法学研究变成了译员与资料整理员们的文字游戏,"中国法学界实际上成了西方法学界的传声筒或实验场",[①] 他们将从世界各地、各种渠道拿来的法律相关材料加以翻译、整理就成了一篇篇的法典草案或法律草案及一篇篇的法学论著,进而牟取法学家的美誉或官爵利禄的厚利,但国家与民族的卑微与危机并没有因他们的存在而有改观。此期,在法学研究中:学者们研究"花朵"的多,他们着力于翻译引进各国的法条或法学著作而不顾及中国的现实情况,似乎那就是普世真理;而研究"根茎"的少,他们少有真正独立地去研究或反思知识论、法的本质、立法模式等方面的深层次基础理论问题,以致旧中国的立法与法学只能亦步亦趋而无实质进步。之所以出现这一反常的文化现象,一定程度上在于那时的学者是用眼睛思维(只背诵、只记忆、只转述各种文献材料,而不思考、少反思)、用辞典研究(只翻译他国的理论而不"生产"理论)。本国、本民族不可能建立于外国人的理论、梦境与想象的基础上,破除此困境就须尚实证、尚实践而贱盲从、贱效颦,学者们须低下身段做务实的、基础的"根茎"研究而不总是趋"花朵"若鹜,否则不可能成为知识的生产者,而只能是域外知识素材的搬运工或消费者。法学研究须是植根于经验和实证基础上的独立思考,而不是植根于模仿、翻译基础上的文本推演,不明此理则断不会取得有益于社会文明进步的学术成就,更不会有助于法律进步。

我们不但需要反思法律形式、立法原理,也需要进一步研究法的本质。前已述及,普通法系视野中的法本质与欧陆法系视野中的法本质是不同的,普通法系强调以实践"发现"法律,而欧陆法系则强调以理性"推导"法律,差异如此之大,必有一误,想占"综合"的便宜或取骑墙态度是不可行的。这理当引起我们的反思:中文语境中,我们应当如何理解法的本质?如何发展法律?

当然,做研究、推动法律发展都须有可靠的方法论作基础。从中国古代文化及现代较为成功的某些外国文化来看:以经验论为认识论的根本,并附之以实践检验来区别意见和知识,乃是可靠、坚实的方法论。不过,这之中,怀疑的态度是极为必要的;但也不应该怀疑一切,因为经验只可能发生在某个具体的对象上;也不必人人怀疑,因为只有研究者或探究者才需要进行怀疑,而实施者则有遵循指令而为的责任,但也不能否认人人皆有探究知识的机会与使命。

---

① 秦强.法律全球化与中国传统法律文化的价值定位[J].中国矿业大学学报(社会科学版),2005,(01):42.

如果把在某个事项上得来的某个观点当成了绝对真理而要千秋万代地守下去，那在这个事项上就不可能有进步，或者说一定是落后的。所以，做研究的可靠方法大致是：先在某个具体事项上怀疑现有观点可能存在不完善、不正确、不充分、不周密之处，再进行经验的考察以得出新观点，而后进行实践检验，不能在经验中得到证实的即为错误的、不实的意见，能在经验中得到证实的即为新的、真的知识。只有真知才可付诸实用，进而推动社会进步。

法律现代化的实现需要一系列的条件，其中必不可少的一个条件是对传统法律文化的传承创新：这是无法回避的，因为我们的民族有此财富、有此"巨人之肩"而并不是一无所有；也是不可回避的，因为舍弃这些珍贵的文化传统则将使我们处于类似于原始人步入现代社会那样的可怜境地。

律令的精神是中华民族实现法律现代化的高起点和准确路标，找到它、延续它并超越它，才会有法律发展的光明未来。

参考文献

[1] 赵尔巽,等撰. 清史稿[M]. 北京:中华书局,1977.

[2] 董说. 七国考[M]//文渊阁四库全书:第618册. 上海:上海古籍出版社,2012.

[3] 郑樵. 通志[M]. 北京:中华书局,1987.

[4] 杜佑撰. 通典[M]. 北京:中华书局,1988.

[5] 睡虎地秦墓竹简整理小组. 睡虎地秦墓竹简[M]. 北京:文物出版社,1990.

[6] 王锳,王天海,译注. 说苑全译[M]. 贵阳:贵州人民出版社,1992.

[7] 李林甫,等撰. 唐六典[M]. 北京:中华书局,1992.

[8] 世界各国法律大典总编译委员会. 美国法典:宪法行政法卷[M]. 北京:中国社会科学出版社,1993.

[9] 李国祥,等译注. 资治通鉴全译[M]. 贵阳:贵州人民出版社,1994.

[10] 司马迁. 史记[M]. 北京:中华书局,1999.

[11] 班固. 汉书[M]. 北京:中华书局,1999.

[12] 范晔. 后汉书[M]. 北京:中华书局,1999.

[13] 陈寿. 三国志[M]. 北京:中华书局,1999.

[14] 房玄龄. 晋书[M]. 北京:中华书局,2000.

[15] 沈约. 宋书[M]. 北京:中华书局,2000.

[16] 萧子显. 南齐书[M]. 北京:中华书局,2000.

[17] 姚思廉. 梁书[M]. 北京:中华书局,2000.

[18] 姚思廉. 陈书[M]. 北京:中华书局,2000.

[19] 魏收. 魏书[M]. 北京:中华书局,2000.

[20] 李百药. 北齐书[M]. 北京:中华书局,2000.

[21] 令狐德棻等. 周书[M]. 北京:中华书局,2000.

[22] 魏徵. 隋书[M]. 北京:中华书局,2000.

[23] 欧阳修, 宋祁, 撰. 新唐书 [M]. 北京: 中华书局, 2000.

[24] 刘昫, 等撰. 旧唐书 [M]. 北京: 中华书局, 2000.

[25] 脱脱, 等撰. 宋史 [M]. 北京: 中华书局, 2000.

[26] 脱脱, 等. 金史 [M]. 北京: 中华书局, 2000.

[27] 脱脱, 等. 辽史 [M]. 北京: 中华书局, 2000.

[28] 宋濂, 等撰. 元史 [M]. 北京: 中华书局, 2000.

[29] 张廷玉, 等撰. 明史 [M]. 北京: 中华书局, 2000.

[30] 沈之奇, 撰. 大清律辑注 [M]. 怀效锋, 李俊, 点校. 北京: 法律出版社, 2000.

[31] 申时行, 等修, 赵用贤, 等纂. 大明会典 [M] // 续修四库全书: 第789册. 上海: 上海古籍出版社, 2002.

[32] 《续修四库全书》编纂委员会. 续修四库全书 [M]. 上海: 上海古籍出版社, 2002.

[33] 阿蒂亚, 萨默斯. 英美法中的形式和实质 [M]. 金敏, 陈林林, 王笑红, 译. 北京: 中国政法大学出版社, 2005.

[34] 钱大群撰. 唐律疏义新注 [M]. 南京: 南京师范大学出版社, 2007.

[35] 徐瑞康. 欧洲近代经验论和唯理论哲学发展史: 修订本 [M]. 武汉: 武汉大学出版社, 2007.

[36] 程树德. 九朝律考 [M]. 北京: 商务印书馆, 2010.

[37] 沈家本. 历代刑法考 [M]. 北京: 商务印书馆, 2011.

[38] 丘光明. 中国古代度量衡 [M]. 北京: 中国广播出版社, 2011.

[39] 哈耶克. 自由宪章 [M]. 杨玉生, 等译. 北京: 中国社会科学出版社, 2012.

[40] 徐松辑, 刘琳等较. 宋会要辑稿 [M]. 上海: 上海古籍出版社, 2014.

[41] 马世年, 译注. 新序 [M]. 北京: 中华书局, 2014.

[42] 楼劲. 魏晋南北朝隋唐立法与法律体系敕例、法典与唐法系源流 [M]. 北京: 中国社会科学出版社, 2014.

[43] 穗积陈重. 法典论 [M]. 李球轶, 译. 北京: 商务印书馆, 2014.

[44] 蒂堡. 论制定一部德意志统一民法典之必要性 [M]. 傅广宇, 译. 北京: 商务印书馆, 2016.

[45] 陈伟主编. 秦简牍合集（释文注释修订本共2册）[M]. 武汉: 武汉大学出版社, 2016.

[46] 袁文兴, 袁超, 注译. 唐律疏议注译 [M]. 兰州: 甘肃人民出版社, 2017.

[47] 吴兢. 贞观政要 [M]. 成都: 四川美术出版社, 2018.

[48] 长治. 商君书评注 [M]. 武汉: 武汉大学出版社, 2019.

[49] 塔玛尔·赫尔佐格. 欧洲法律简史: 两千五百年来的变迁 [M]. 高仰光, 译. 北京: 中国政法大学出版社, 2019.

[50] 郭齐勇. 中国哲学通史: 先秦卷 [M]. 南京: 江苏人民出版社, 2021.

[51] 黄盛璋. 云梦秦墓两封家信中有关历史地理的问题 [J]. 文物, 1980, (8).

[52] 吕名中. 秦律赀罚制述论 [J]. 中南民族学院学报（哲学社会科学版）, 1982, (3).

[53] 李昭和, 莫洪贵, 于采芑. 青川县出土秦更修田律木牍: 四川青川县战国墓发掘简报 [J]. 文物, 1982, (1).

[54] 张警.《七国考》《法经》引文真伪析疑 [J]. 法学研究, 1983, (6).

[55] 蒲坚.《法经》辨伪 [J]. 法学研究, 1984, (4).

[56] 陈炯.《法经》是著作不是法典 [J]. 现代法学, 1985, (4).

[57] 张传汉.《法经》非法典辨 [J]. 法学研究, 1987, (3).

[58] 张建国."科"的变迁及其历史作用 [J]. 北京大学学报（哲学社会科学版）, 1987, (3).

[59] 徐进. 秦律中的奖励与行政处罚 [J]. 吉林大学社会科学学报, 1989, (3).

[60] 殷啸虎.《法经》考辨 [J]. 法学, 1993, (12).

[61] 蔡金. 美国国会的立法程序和执法监督 [J]. 人大工作通讯, 1998, (1).

[62] 朱亚峰. 美国法律文献及其检索 [J]. 律师世界, 2000, (2).

[63] 杨慧清.《法经》名称由来驳议 [J]. 韶关学院学报（社会科学版）, 2001, (04).

[64] 封丽霞. 世界民法典编纂史上的三次论战："法典化"与"非法典化"思想之根源与比较 [J]. 法制与社会发展, 2002 (4).

[65] 刘笃才. 汉科考略 [J]. 法学研究, 2003, (4).

[66] 孟彦弘. 秦汉法典体系的演变 [J]. 历史研究, 2005, (3).

[67] 徐学鹿, 梁鹏. 论非法典化 [J]. 时代法学, 2005, (4).

[68] 廖宗麟. 李悝撰《法经》质疑补证 [J]. 河池学院学报（哲学社科

学版），2006，（1）．

[69] 让·路易·伯格．法典编纂的主要方法和特征［J］．郭琛，译．清华法学，2006，（2）．

[70] 阮啸．《法经》再辨伪［J］．法制与社会，2007，（7）．

[71] 张忠炜．《居延新简》所见"购偿科别"册书复原及相关问题之研究——以《额济纳汉简》"购赏科条"为切入点［J］．文史哲，2007，（6）．

[72] 李晓辉．"水中之石"：普通法传统中的美国法典化［Z］．人大法律评论，2009．

[73] 刘广安．法典概念在晚清论著中的运用［J］．华东政法大学学报，2009，（6）．

[74] 杨振红．从出土秦汉律看中国古代的"礼"、"法"观念及其法律体现——中国古代法律之儒家化说商兑［J］．中国史研究，2010，（4）．

[75] 龙仕平．《睡虎地秦墓竹简》文字研究［D］．重庆：西南大学，2010．

[76] 武树臣．秦"改法为律"原因考［J］．法学家，2011，（2）．

[77] 屈永华．准五服以制罪是对儒家礼教精神的背离［J］．法学研究，2012，34（5）．

[78] 段俊杰．《七国考》中《法经》引文真伪再辨［J］．求索，2015，（1）．

[79] 蒋劲松．代议会期制度探究［J］．法商研究，2015，32（1）．

[80] 高培华．"悝、克二人说"驳议：子夏弟子丛考之二［J］．寻根，2016，（3）．

[81] 马卫东．"秦法未败"探析［J］．史学集刊，2016，（3）．

[82] 周海锋．秦律令研究［D］．湖南大学，2016．

[83] 陈松长．岳麓秦简中的几个令名小识［J］．文物，2016，（12）．

[84] 张娜．从出土《田律》看秦汉法制的变革：以睡虎地秦简与《二年律令》为中心［J］．东方法学，2016，（4）．

[85] 朱德贵．岳麓秦简所见《戍律》初探［J］．社会科学，2017，（10）．

[86] 张文龙．印度刑法现代化：以《印度刑法典》为线索［J］．清华法学，2022，16（1）．

[87] 江辉．论法律修改后的文本发布［J］．甘肃政法大学学报，2022，（2）．

[88] CSABA V. Codification As a Socio-Historical Phenomenon［M］．Budapest：Szent István Társulat，2011．

[89] HERRING J. Criminal Law (5th Edition)［M］．Oxford：Oxford University

Press, 2012.

[90] GILIKER P. Codification, Consolidation, Restatement? How Best to Systemise the Modern Law of Tort [J]. International and Comparative Law Quarterly, 2021, 70.

后　　记

　　本书是从2018年9月开始动笔，后因学习和生活原因导致中间屡有停顿，直到2020年10月才完成初稿。其后，稿件的修改过程同样是屡有停顿，经几易其稿，终于达到目前自己还算满意的状态，当然也自知这仅是阶段性研究成果。试想，亚当·斯密的《道德情操论》有六个版本，这说明作品的修改本无止境。如果有机会，本书的不足将在未来加以改善。通过研究中国古代的律令，有了一些起初预料之外的收获，也算是我敢于把此书奉献于诸君的底气。

　　通过研究，可以得出确定的结论：立法就是国家根据现实需要因时、因事而制定出各种单行法令；只有在单行法令充分发展、充分实施数百年后而形成法的内容体系且形成较为稳定的社会风尚、社会习惯之后才宜于制颁法籍；作为兼具法的内容体系与法的形式体系的法籍只能是通过对之前颁行并仍然有效的单行法令的汇合、整理而成，这就是法籍化；法籍的内容与形式体例都是源于单行法令自身；在颁行法籍之后，为与时势的变迁同步，仍须继续颁行和发展单行法令以推动法律的发展与进步。同时也证明，编制法典化的法典并不是在条件成熟后就可以进行，而是可能永远都不可行，过去、现在是如此，未来也应当如此。法的形式发展的这一规律在古代中国两千多年历史中客观地存在并发挥着积极效力，它在现代已经存在了几百年的普通法系中同是客观地存在并发挥着积极效力，它在现代那些立法失败的国家中同样客观地存在但发挥了消极效力。正视并尊重这一规律是任何时代、任何国家的立法者取得立法成功、保有法律尊严和民族尊严的先决条件。

　　自古以来，立法之事尤重且难。而所谓立法，就是因事、因时而制定单行法令以便为社会提供行之有效的法律规则，当单行法令数量过多时可将已经发布并生效的众多单行法令整合成法籍以便于实用，有法籍之后仍须因事、因时而制定单行法令以回应实务之需。在法律形式方面，正常的立法即是如此而已，并无神秘或深不可测之处。故，我相信，古代、现代或未来，任何国家都有机会、有能力独立完成立法的时代使命。站在富于现代性的古代律令文化底蕴这一"巨人之肩"上，我国当然能独立自主地发展出现代化的先进法律制度并复兴中华法系。

　　作者也自知，任何研究都是尝试，可能瑕瑜互见。如上这些愚见，望诸君识之。个人能力有限，错误难免，文责自负。

　　感谢尊敬的张斌峰教授、马腾教授提出的宝贵修改意见。如果没有师长、家人、朋友及社会的支持，本书的研究不可能完成，在此一并致谢！

李长海，广州
2023 年 12 月 16 日